Hochzeitsplanung für Dummies – Schummelseite

Eine Hochzeit zu planen ist eine aufregende, aber oft auch stressige Zeit. Viele Fragen schwirren den Brautleuten durch den Kopf. Woran muss alles gedacht werden, welche Zeitabläufe sind zu beachten, welche Trends sind aktuell und wie findet man neben der Traumlocation auch noch die passenden Dienstleister, die die Gäste bei Laune halten? Kurzum: Wie gelingt es uns, unsere Hochzeit unvergessen zu machen? Hier finden Sie einige wichtige Tipps, wie Sie Ihrem Traum einer perfekten Hochzeit ein Stückchen näher rücken.

Die richtige Hochzeitslocation wählen

Neben der Suche nach dem perfekten Hochzeitskleid ist für die meisten Brautleute die Suche nach *der* Traumlocation besonders wichtig. Dabei gibt es so einiges zu beachten, denn nicht nur Sie, sondern auch Ihre Gäste sollen sich an Ihrem großen Tag rundum wohlfühlen:

- ✔ Schätzen Sie zunächst ein, wie groß der Raum für Ihre Feier sein sollte – am besten sehen Sie sich jede Location persönlich an, möglichst mit einer Tischordnung, die Ihren Wünschen am nächsten kommt.
- ✔ Fragen Sie nach, ob Sie die einzige Hochzeitsgesellschaft am Tag der Hochzeit sein werden. Sonst laufen Sie eventuell Gefahr, nicht die einzige Braut vor Ort zu sein und unter Umständen Toiletten oder Außenanlagen miteinander teilen zu müssen.
- ✔ Wenn Sie sich frei trauen lassen, fragen Sie nach einer »Schlecht-Wetter-Alternative«, die Sie bei Regen oder anderen ungünstigen Wetterverhältnissen für Ihre Trauung nutzen können.
- ✔ Oft wünschen sich Brautpaare große, runde Tische. Für die Kommunikation unter den Gästen bieten sich jedoch eher kleine, runde Tische oder Tafeln an.
- ✔ Überlegen Sie auch, ob Sie separate Räumlichkeiten für die kleinen Gäste auf Ihrer Hochzeit brauchen (Stillraum, Spielzimmer und so weiter).
- ✔ Haben Sie ältere oder gehbehinderte Gäste, sollten Sie unbedingt im Vorfeld prüfen, ob die Begehung der Location und der Weg zu allen anderen Räumlichkeiten, insbesondere der Toilette, behindertengerecht ist.
- ✔ Achten Sie darauf, ob ausreichend Platz für den DJ oder gar eine Band ist. Zudem muss dorthin Strom verlegt werden können. Eine Tanzfläche sollte ebenso in den Platzbedarf einkalkuliert werden. Allerdings können zu späterer Stunde auch ein paar Tische weggeräumt werden, um Platz zum Tanzen zu schaffen.
- ✔ Kalkulieren Sie zudem Raumbedarf für einen Geschenketisch und andere Ideen wie eine Fotobox oder eine Gästebuchaktion ein, für die ein zusätzlicher Stehtisch oder Ähnliches benötigt wird.

Übernachtungsmöglichkeiten organisieren

Auch gilt es zu überlegen, ob Sie und Ihre Gäste vor Ort übernachten wollen, um am nächsten Morgen gemeinsam zu brunchen und die Feier gemütlich ausklingen zu lassen. Bedenken Sie dabei Folgendes:

- ✔ Wenn Sie sich für eine Location entschieden haben, zu der alle Gäste anreisen müssen, sollten Sie Ihren Gästen möglichst schon mit der Einladung eine Auswahl an Übernachtungsmöglichkeiten an die Hand geben.
- ✔ Reservieren Sie Zimmer in verschiedenen Hotels unterschiedlicher Preisklassen und geben Sie diese Hotels in Ihrer Empfehlungsliste an. Ihre Gäste können dann selbst entscheiden, zu welchen Konditionen sie in den umliegenden Häusern nächtigen wollen.
- ✔ Richten Sie zudem einen Shuttle ein, der die Gäste von den Hotels zum Ort des Geschehens und wieder zurück bringt. So stellen Sie sicher, dass sich niemand »ab vom Schuss« fühlt. Außerdem ersparen Sie Ihren Gästen so unter Umständen eine nervenaufreibende Parkplatzsuche.

Das Hochzeitsessen planen

Das Hochzeitsessen ist oft einer der Höhepunkte des Tages und trägt sehr zum Wohlbefinden Ihrer Gäste bei. Auch hier ist eine umsichtige Planung angebracht:

- ✔ Um sich von den Künsten und der Qualität der Küche vor Ort oder eines Cateringbetriebs zu überzeugen, melden Sie sich zu einem Probeessen an. Bei diesem Termin kann Ihnen in der Regel eine Auswahl verschiedener Gerichte in kleinen Portionen gekocht werden.

Hochzeitsplanung für Dummies – Schummelseite

✔ Lassen Sie sich von dem Koch zu saisonalen Spezialitäten oder Alternativen beraten. Vertrauen Sie dem Fachmann.

✔ Fragen Sie Ihre Gäste bereits in der Einladung, ob Sie Rücksicht auf Allergien oder Besonderheiten bei dem Essen nehmen müssen. Vegetarier oder Veganer sollten eine Alternative anstelle der Fleischbeilage finden.

✔ Muslimische Gäste essen zum Beispiel kein Fleisch, das mit in ihrer Kultur verbotenen beziehungsweise mit sogenannten unreinen Fleischsorten auf einem Grill gelegen hat. Hier muss ein extra Grill zur Verfügung gestellt oder mit Grillschalen gearbeitet werden.

✔ Bei einem Buffet sollten Sie beschriften (oder vom Caterer beschriften lassen), welche Zutaten in den Gerichten enthalten sind. Nicht immer ist deutlich, welche Lebensmittel verarbeitet wurden, schon gar nicht, wenn es um Soßen geht.

✔ (Kleine) Kinder wollen nicht unbedingt stillsitzen und das Drei-Gänge-Menü mitessen. Wenn mehrere Kinder auf der Hochzeit sind, arrangieren Sie einen Kindertisch mit kindgerechtem Essen.

Den großen Tag genießen

Endlich ist es soweit, Ihr Hochzeitstag ist da! Herzlichen Glückwunsch. Sie haben sich monatelang mit den Vorbereitungen auf Ihren schönsten Tag beschäftigt und sich viel Arbeit und Mühe gemacht, damit an Ihrem großen Tag alles so abläuft, wie Sie es sich wünschen. Und nun stellen Sie sich die Frage: Aber was, wenn ...? Behalten Sie die Nerven und erleben Sie »trotzdem« den schönsten Tag in Ihrem Leben!

✔ Die Ringe sind nicht da: Wenn es so ist und auch nichts mehr daran zu ändern ist, lassen Sie sich die Zeremonie davon nicht verderben. Genießen Sie die Zeremonie und stecken Sie sich die Ringe in ganz privater Atmosphäre später an!

✔ Sie haben Ihre Hochzeitsschuhe gewissenhaft eingelaufen und trotzdem drückt der Schuh bereits nach wenigen Minuten und die erste Blase kündigt sich an? Zu einer guten Vorbereitung auf den Hochzeitstag gehört es unter anderem, dass Sie Pflaster und auch Blasenpflaster dabeihaben. Laufen Sie nicht unnötig lange in unbequemen Schuhen herum, nur weil diese so perfekt zu dem Kleid passen! Wechseln Sie die Schuhe sofort!

✔ Sie haben sich bei dem Sektempfang, beim Anschneiden der Torte oder einfach bei den vielen Gratulationen von geschminkten weiblichen Gästen das Kleid beziehungsweise das Hemd beschmutzt, aber noch keine Zweisamkeitsfotos mit dem Fotografen gemacht? Wechseln Sie Ihr Hemd, denn sie haben natürlich ein Ersatzhemd dabei. Als Braut packen Sie vorsorglich Fleckentücher, Fleckenstift, Haushaltssalz (zum Beispiel für Weinflecken) und auch Reinigungstücher in Ihre Tasche. Ein Fleck, der schnell mit den richtigen Mitteln bekämpft wird, kann sich oft leichter in Luft auflösen, als Sie denken.

✔ Zu einer guten Vorbereitung auf Ihren Hochzeitstag gehört es, dass Sie einen Ablaufplan erstellen, in dem auch die Rufnummern und Kontaktdaten aller Dienstleister und sonstiger Ansprechpartner vermerkt sind. Am besten haben Sie einen guten Freund dafür bestimmt, den Tagesablauf im Auge zu behalten und schnell zu reagieren, wenn sich ein Dienstleister offensichtlich verspätet oder vor Ort ausfällt.

✔ Falls sich Ihr DJ verspätet, halten Sie CDs bereit oder schließen Sie Ihr Smartphone an und spielen Sie die dort gespeicherten Lieder ab. Zur Not sollten Sie auch eine Version Ihres Hochzeitslieds parat haben.

✔ Schreiben Sie Ihr Eheversprechen auf besonders schönes Papier auf und binden Sie eine kleine Schleife darum. Wenn es dann soweit ist, können Sie dieses Papier wie eine kleine Schriftrolle ausrollen und gebührend vorlesen, so verspricht sich garantiert niemand!

✔ Halten Sie Nadel und Faden als auch klaren Nagellack und Textilkleber in Ihrem »Notfallkoffer« parat. Ein gerissener Träger, ein abgerissener Knopf, ein Häkchen an Ihrem Kleid, was einfach nicht mehr halten will, oder auch Nähte, die aufplatzen, sind Dinge, die Sie an Ihrem großen Tag nicht brauchen können. Auch Sicherheitsnadeln oder kleine Stecknadeln helfen, diese Pannen schnell und unkompliziert aus dem Weg zu schaffen!

Hochzeitsplanung
für Dummies

Nadine Schill

Hochzeitsplanung für Dummies

WILEY

WILEY-VCH Verlag GmbH & Co. KGaA

Bibliografische Information der Deutschen Nationalbibliothek
Die Deutsche Nationalbibliothek verzeichnet diese Publikation
in der Deutschen Nationalbibliografie; detaillierte bibliografische
Daten sind im Internet über http://dnb.d-nb.de abrufbar.

1. Auflage 2014

© 2014 WILEY-VCH Verlag GmbH & Co. KGaA, Weinheim

Alle Rechte vorbehalten inklusive des Rechtes auf Reproduktion im Ganzen oder in Teilen
und in jeglicher Form.

Wiley, die Bezeichnung »Für Dummies«, das Dummies-Mann-Logo und darauf bezogene Gestaltungen
sind Marken oder eingetragene Marken von John Wiley & Sons, Inc., USA, Deutschland und
in anderen Ländern.

Das vorliegende Werk wurde sorgfältig erarbeitet. Dennoch übernehmen Autorin und Verlag für die Richtigkeit
von Angaben, Hinweisen und Ratschlägen sowie eventuelle Druckfehler keine Haftung.

Printed in Germany
Gedruckt auf säurefreiem Papier

Coverfoto: fotolia © Kzenon
Korrektur: Frauke Wilkens, München
Satz: inmedialo Digital- und Printmedien UG, Plankstadt
Druck und Bindung: CPI – Ebner & Spiegel, Ulm

Print ISBN: 978-3-527-70902-1
ePDF ISBN: 978-3-527-68643-8
ePub ISBN: 978-3-527-68906-0
mobi ISBN: 978-3-527-68644-5

Über die Autorin

Nadine Schill wohnt mit ihrem Mann und ihren zwei Töchtern in Vettweiß, in der Nähe von Köln. Nach ihrer Ausbildung zur Bürokauffrau und ersten Erfahrungen auf dem Arbeitsmarkt beschloss sie, ein kaufmännisches Studium zur Diplom-Kauffrau zu absolvieren. In dieser Zeit legte sie zudem die Prüfung zum Ausbilder vor der IHK ab.

Die Möglichkeit, einige Jahre in den USA zu leben und zu arbeiten, ließen sich Nadine Schill und ihr Mann nicht entgehen und so kam es, dass sich der Aufenthalt dort als Sprungbrett für den Beruf des Weddingplaners entpuppte. Seit 2009 ist Nadine Schill wieder in Deutschland und begleitet als selbstständige Hochzeitsplanerin jedes Jahr viele Brautpaare auf dem Weg zu ihrem schönsten Tag.

Wenn Sie persönlich mit Nadine Schill Kontakt aufnehmen wollen, so steht Ihnen die Autorin gerne mit weiteren Empfehlungen und Tipps für Ihre Hochzeitsplanung zur Verfügung. Schreiben Sie einfach eine E-Mail an: meinhochzeitsplaner@icloud.com.

Cartoons im Überblick
von Christian Kalkert

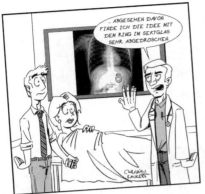
Seite 27

Seite 61

Seite 107

Seite 157

Seite 249

Internet: www.stiftundmaus.de

Inhaltsverzeichnis

Über die Autorin 7

Einführung 21

Über dieses Buch 21
Wie Sie dieses Buch verwenden 22
Törichte Annahmen über den Leser 23
Wie dieses Buch aufgebaut ist 24
    Teil I: Alles beginnt mit der entscheidenden Frage 24
    Teil II: Die Wahl der richtigen Location 24
    Teil III: Die Trauzeremonie 24
    Teil IV: Das schöne Drumherum 25
    Teil V: Der rote Faden 25
    Teil VI: Der Top-Ten-Teil 25
    Anhang 25
Symbole, die in diesem Buch verwendet werden 26
Wie es weitergeht 26

Teil I
Alles beginnt mit der entscheidenden Frage 27

Kapitel 1
Der Heiratsantrag und seine Folgen 29

Eine Frage mit langer Tradition 30
    Die Familien einbeziehen 30
    Den Heiratsantrag machen – zur richtigen Zeit am richtigen Ort 31
    »Dos and Don'ts« bei einem Heiratsantrag 32
Der Tag danach 33
    Die Neuigkeit mitteilen 33
    Der Umgang mit Reaktionen 34
Die Bedeutung der Verlobung 35
    Rechtliche Auswirkungen der Verlobung 35
Erste Gedanken und Wünsche rund um die Hochzeitsvorbereitungen sortieren 36
    Informationen finden 37
    Wünsche für den Hochzeitstag schriftlich formulieren 38
    Flitterwochen planen 39
    Möglichkeiten, sich das Ja-Wort zu geben 39
    Traditionen und Sitten anderer Kulturen 40

Hochzeitsplanung für Dummies

Prioritäten bei den Wünschen setzen	41
Ein Budget festlegen	41
Eine Gästeliste erstellen	42
Unterstützung bei der Hochzeitsplanung	42
Zeitlicher Vorlauf	43
Anmeldung zur Eheschließung	43
Buchung der Location und Dienstleister	45

Kapitel 2
Das Hochzeitsbudget und wie man es einhält — 47

Kostengruppen bilden und Listen erstellen	47
Verträge abschließen	48
Vereinbarungen schriftlich festlegen	48
Nicht im Preis enthalten: Kostenfallen	49
AGB, Rücktrittskosten und Anzahlungen	50
Da freut sich das Sparschwein	51
Mieten statt kaufen	51
Sich begrenzen, heißt nicht gleich streichen	52

Kapitel 3
Countdown bis zum großen Tag – der Zeitplan — 53

Die Basics: Neun bis fünf Monate vor der Hochzeit	53
Die Kür: Fünf bis drei Monate vor der Hochzeit	54
Der Countdown läuft: Drei bis einen Monat vor der Hochzeit	55
Der große Tag rückt näher: Zwei bis eine Woche vor der Hochzeit	55
Der Tag vor der Hochzeit	56
Am Ziel: Der Hochzeitstag	57
So wird die Hochzeitsfeier perfekt: Musik ist Trumpf	57
Für den kleinen Hunger zwischendurch	58
Hochzeitsspiele mit Augenmaß	58
Mr. and Mrs.: Nach der Hochzeit	59

Teil II
Die Wahl der richtigen Location — 61

Kapitel 4
Die Gegebenheiten vor Ort — 63

Platz für Sie und Ihre Gäste	63
Den Raumbedarf einschätzen	63
Schlecht-Wetter-Alternativen	64
Runde Tische oder lange Tafeln?	65

Der Brautpaartisch	67
Wofür noch Raum gebraucht wird	68
Die Sitzordnung: Gäste richtig zusammensetzen	69
Streithähne auf Hochzeiten trennen	70
Der vermeintliche Knigge der Sitzplanerstellung	70
Übernachtungsmöglichkeiten vor Ort oder in der Nähe	71
Die Parksituation vor Ort	72
Rücksicht auf Gäste mit Besonderheiten nehmen	73
Gehbehinderte Gäste auf der Feier	73
Gäste mit Nahrungsmittelallergien	73
Gäste mit Babys und Kindern	74

Kapitel 5
Die Angebotserstellung   **75**

Raummieten und Kosten für Equipment	75
Mindestumsätze anstelle von Raummieten	76
Exklusivbuchung einer Location	76
Dekorationsartikel vor Ort nutzen	77
Das dicke Ende: Die Endreinigung	79
Vom Aperitif bis zum Mitternachtsimbiss: Gaumenfreuden für die Hochzeitsgesellschaft	80
Menü, Buffet und besondere Varianten	80
Empfang der Gäste	82
Für hungrige Nachtschwärmer: Der Mitternachtsimbiss	83
Von Pauschalen, Kork- und Gabelgeldern – die Cateringkosten	83
Getränkepauschalen – nicht immer von Vorteil	84
Für mitgebrachte Getränke: Das Korkgeld	85
Das Gabelgeld für mitgebrachte Speisen	85
Mitgebrachte Speisen der Tradition halber	86
Kostenfaktor Personal	86
Kosten der Logistik	86
Mal etwas anderes: Zelthochzeiten	87
Erste Überlegungen zur Zelthochzeit und Ausstattung von Zelten	87
Der Teufel steckt oft im Detail	90
Hygienische Aspekte	91
Ein heißes Thema: Wasser und Strom	92
Hoffentlich lecker: Das Probeessen	92
Varianten beim Probeessen	93
Wein- und Sektverkostung	94

Kapitel 6
Locations im Ausland — 95

Im Ausland heiraten — 95
 Die Rechtslage bedenken – benötigte Unterlagen — 96
 Zeitlicher Vorlauf und Kosten für die Bürokratie — 98
 Das Land der (standesamtlichen) Träume – Mauritius — 99
 Heiraten in Las Vegas — 100
 Kirchliche Trauung im Ausland am Beispiel Mallorca — 101
Wahl des perfekten Ortes für Ihre Hochzeit — 103
 Möglichkeiten der Unterbringung — 104
 Kosten für Flug und Übernachtung der Gäste — 104
Tipps für die Auswahl Ihrer Dienstleister vor Ort — 105

Teil III
Die Trauzeremonie — 107

Kapitel 7
Die standesamtliche Trauung — 109

Wenig romantisch, aber nötig: Wichtige Dokumente und Rechtliches — 109
 Zeitlicher Vorlauf und Kosten — 109
 Benötigte Unterlagen zur Anmeldung und Eheschließung — 110
 Eine große Entscheidung: Die Namenswahl — 112
 Jetzt wird's ernst: Der Ehevertrag — 115
Ablauf der standesamtlichen Trauung — 117
Wo standesamtliche Hochzeiten stattfinden können — 119
 Der »Normalfall«: Das Standesamt oder die Amtsstube — 120
 Wie es Ihnen gefällt: Außen- und Ambientetrauorte — 120

Kapitel 8
Mit Gottes Segen – die kirchliche Trauung — 121

Die evangelische Trauung — 121
 Jenseits des »Normalfalls«? — 121
 Eine bestimmte Kirche auswählen — 122
 Zeitlicher Vorlauf, Kosten und benötigte Unterlagen — 123
 Der Ablauf einer evangelischen Trauung — 124
Die katholische Trauung — 129
 Die Bedeutung der Trauung in der katholischen Kirche — 129
 Ehevorbereitung und Voraussetzungen für die katholische Trauung — 130
 Zeitlicher Vorlauf, Kosten und benötigte Unterlagen — 131
 Der Ablauf einer katholischen Trauung — 132
Die ökumenische Trauung — 136
 Der Ablauf einer ökumenischen Trauung — 136

Inhaltsverzeichnis

Zwei Ereignisse in einem: Die Traufe	138
Die Paten für Ihr Kind auswählen	139
Benötigte Unterlagen zur Anmeldung zur Traufe	140
Die Traufe vorbereiten	140
Der Ablauf der Traufe	141

Kapitel 9
Die freie Trauzeremonie **143**

Rechtskraft des Ja-Wortes in einer freien Trauzeremonie	143
Freie Redner und freie Theologen	144
Die Wahl des richtigen Redners beziehungsweise Theologen	145
Inhalte der Zeremonie	146
Der Ablauf – Ihre ganz persönliche Geschichte	147
Ihre Gäste in die Zeremonie einbeziehen	147
Die musikalische Begleitung zur Zeremonie	149
Symbolische Handlungen und Rituale zur Trauzeremonie	150
Organisation im Freien	153
Fester Boden unter den Füßen	154
Bei »bestem« Wetter	155
Fliegende Teppiche	155

Teil IV
Das schöne Drumherum **157**

Kapitel 10
Hochzeitstraditionen und wichtige Statisten **159**

Der Polterabend	159
Traditionen des Polterabends	159
Wer zu einem Polterabend eingeladen wird	160
Den Polterabend planen	161
Außer Haus oder zu Hause poltern	162
Musik für die gute Stimmung	163
Erinnerungen richtig festhalten	164
Bekanntere Traditionen und ihre Bedeutung	164
Das Hochzeitsgefährt	164
Aktionen vor dem Standesamt	165
Achtung Falle! – »Scherze« in Ihrer Wohnung	165
Die Hochzeitstorte	166
Brautsträuße, Strumpfbänder und die berühmt-berüchtigte Türschwelle	166
Aufgaben des Bräutigams	168
Blumen für die Braut	168
Die Morgengabe	168
Gastgeber sein	169

Ihre Trauzeugen	170
Notwendigkeit von Trauzeugen	170
Aufgabe der Trauzeugen	170
Bekleidung der Trauzeugen	171
Bridesmaids und Groomsmen	171
Aufgaben von Bridesmaids und Groomsmen	172
Bekleidung von Bridesmaids und Groomsmen	173
Blumenkinder	174
Accessoires für Blumenkinder	176
Bekleidung von Blumenkindern	176
Der Geschenketisch	177
Reisen mit Flittermeilen	177
Für einen guten Zweck	179
Der virtuelle Geschenketisch	180
Andere Geschenkewünsche	182

Kapitel 11
Kleider machen (Braut-)Leute — 183

Das Highlight für die Braut	183
Halsausschnitte bei Brautkleidern	185
Die richtige Silhouette wählen	187
Accessoires zum Kleid	192
Der passende Kopfschmuck	194
Der passende Schuh	201
Alles für darunter	202
Bräuche rund um das Brautkleid	203
Der Anzug für den Bräutigam	205
Schnittformen für Herrenanzüge	205
Der passende Anzug für Ihren Typ	208
Accessoires für den Bräutigam	208

Kapitel 12
Wichtige Dienstleister rund um die Hochzeit — 213

Das Styling für sie und ihn	213
Sport, Diäten und Stress	217
Das perfekte Make-up	218
Die richtige Zahnpflege	219
Brautfrisuren für jedes Haar	219
Der Trauring als Symbol der Liebe	221
Das Material und die Farbvarianten von Eheringen	222
Diamonds are forever – der Steinbesatz von Trauringen	225
Trauringgravuren – Sprüche für die Ewigkeit	225

Inhaltsverzeichnis

Emotionen durch die richtigen Bilder festhalten	226
Zusatzservices von Fotografen	227
Festlegung von Motiven	228
Kosten für vereinbarte Leistungen	228
Rechte an den Bildern	229
Fotobücher als Erinnerungsstücke	229
Nachbestellung von Bildern	229
Bewegende Momente auf Video	230
Die Ausrüstung für den Film der Filme	230
Musikalische Untermalung und Präsentation des Filmmaterials	231
Kosten für einen Videografen	232
Verzauberte Hochzeitsgesellschaften	232
Schnell gezeichnet und viel gelacht	233
Schnellzeichner und Karikaturisten	233
Zeichnungen auf der Hochzeitsfeier	234
Schmetterlinge im Bauch und Sterne am Himmel	235
Ohne Genehmigung kein Feuerwerk	236
Kosten und Besonderheiten	236
Kellner, die mehr als nur servieren können	237
Aufgaben und Programme von Comedy-Kellnern	237
Kosten für Comedy-Kellner	238
Gästeunterhaltung mittels Selbstauslöser	239
Unterschiede zwischen der Fotobox und dem Fotobooth	239
Kosten für Fotoboxen und Fotobooth	241
Eine Hochzeitstorte, die nicht nur gut schmeckt	242
Tortenformen für jeden Geschmack	242
Füllungen und Umhüllungen für Ihre Hochzeitstorte	245
Hochzeitstorten und ihre Dekoration	246
Bräuche rund um die Hochzeitstorte	246
Die gute Fee für alle Brautpaare, die sich das wünschen	247
Professionelle Planer erkennen	247

Teil V
Der rote Faden
249

Kapitel 13
Die Wahl des richtigen Themas oder Mottos
251

Ein Thema wählen und umsetzen	251
Hochzeiten im mittelalterlichen Stil	252
Eine Hochzeit in den Herbst- und Wintermonaten	253
Eine Reise um die ganze Welt	254
Das Monogramm	256
Entwicklung eines Monogramms	256
Die Umsetzung eines Monogramms	257
Ein Farbkonzept wählen	258

Kapitel 14
Die Gesamtpapeterie festlegen 259

Bitte vormerken! – Save-the-Date-Karten	259
Einladungen zur Hochzeit	261
Kirchenhefte und Hefte zur freien Trauung	262
Menü- und Buffetinformationen	263
Individualisierte Informationen kombinieren	264
Alternativen zu individuellen Menü- oder Buffetinformationen	264
Tischnummern und Sitzpläne zur Orientierung	266
Hinweisschilder machen das Besondere aus	267
Danksagungskarten nach der Hochzeit	268
Varianten von Danksagungskarten	269
Sonstige Papeterieelemente	269
Banner in groß und klein	269
Walltattoos oder Aufkleber für Wand und Auto	270
Papeterien mal anders	270

Kapitel 15
Geschlossene Gesellschaft –
Einladungen richtig formulieren und verschicken 273

Inhalt und Umfang einer Einladungskarte	273
Einladungstexte formulieren	274
Wegbeschreibungen und Hotelunterkünfte	277
Flugbuchungen und Shuttleservice	278
Das Hochzeits-Abc	279
Rückantwortkarten und ihre Inhalte	281
Hochzeitswebseiten nutzen	282
Einladungen richtig adressieren	283
Adressen auf den Briefumschlägen	283
Anreden in der Einladung	284
Zusagen und Absagen festhalten	284

Kapitel 16
Die Dekoration 287

Dekoration der Location	287
Stimmungsvolle Ideen für den Außenbereich	288
Tisch- und Stehtischdekorationen	289
Dekoration auf den Toiletten	292
Dekorationen in der Kirche und bei der freien Trauzeremonie	293
Dekoration der Außenbereiche	293
Der Braut- und Wurfstrauß	294
Blumen für den Bräutigam	297

Blumenschmuck für die Gäste 298
    Blumen für die Trauzeugen 298
    Blumen für Bridesmaids und Groomsmen 299
    Blumen für die Kinder 299
Einen Floristen auswählen 300
    Die Beratung macht es aus 300
    Die Angebotserstellung 300

Teil VI
Der Top-Ten-Teil
301

Kapitel 17
Fast zehn Tipps für die richtige Musik zum richtigen Zeitpunkt
303

Kapitel 18
Zehn Tipps, wie man die Nerven behält
307

Anhang A
Übersichtstabellen für das Hochzeitsbudget
313

Anhang B
Tabellen für die Planung
321

Anhang C
Wichtige Fragen für die Auswahl von Dienstleistern
331

Abbildungsnachweis
337

Stichwortverzeichnis
339

Einführung

Herzlichen Glückwunsch! Sie halten den Ratgeber *Hochzeitsplanung für Dummies* in den Händen, haben diesen also gekauft oder blättern gerade in der Buchhandlung noch ein bisschen durch die Seiten, um zu prüfen, ob sich ein Kauf auch wirklich lohnt. Er lohnt sich in jedem Fall! Vielleicht gehören Sie zu den glücklichen Brautpaaren in spe, die sich mit den ersten Gedanken rund um die Planung ihrer Traumhochzeit beschäftigen. Dann gratuliere ich Ihnen, dass Sie den Bund fürs Leben eingehen wollen, und möchte Ihnen mit diesem Ratgeber nicht nur viel Freude wünschen, sondern vor allem auch Planungssicherheit und eine gute Vorbereitung ermöglichen, damit alles an Ihrem großen Tag so verläuft, wie Sie es sich erträumen. Oder Sie gehören zu der Gruppe von Lesern, die ein Brautpaar in der Planungszeit unterstützen und beratend begleiten wollen.

So oder so ist dieses Buch genau das richtige für Sie, denn eine Hochzeit gehört immer noch zu den ganz besonderen Festen. Etwas Einmaliges, etwas, an das Sie und Ihre Gäste sich noch in vielen Jahren zurückerinnern werden. Viele Fotos und vielleicht auch ein Video werden aufgenommen. An den Hochzeitstagen werden die Filme und Fotos wieder hervorgeholt und man erinnert sich gemeinsam an die spannende Zeit der Vorbereitungen und an das rauschende Fest.

Heiraten gehört unumstritten zu den schönsten Dingen auf dieser Welt. Zwei Menschen, die sich gefunden haben und den Rest ihres Lebens zusammen verbringen wollen, besiegeln ihre Liebe mit einer Hochzeit, einem einmaligen Fest mit lieben Menschen, die sie gerne um sich haben. Oft werden Freunde oder auch Familienangehörige eingeladen, die Sie als Brautpaar aus Gründen der Distanz vielleicht nur wenige Male im Jahr, wenn überhaupt so oft, sehen. Jedes Brautpaar möchte, dass an diesem Tag alles perfekt ist, die Gäste sollen sich gut unterhalten, die Familien sich näher kennenlernen, und Sie als Brautpaar wollen die Emotionen, das Fest und einfach sich selbst genießen.

Eine Hochzeitsfeier kann man nicht wiederholen. Deswegen ist vielen Brautpaaren eine gute und stressfreie Vorbereitungszeit auf das Fest so wichtig. Gut geplant ist halb gefeiert! Eine schöne Hochzeit muss zudem nicht gleich auch sehr kostenintensiv sein! Viele Bräute träumen schon seit Kindertagen davon in »Weiß« zu heiraten. Und auch wenn Sie nicht zu dieser Gruppe gehören, sondern es lieber pragmatisch mögen, ist und bleibt eine Hochzeit ein Ereignis in Ihrem Leben, das mit keinem zweiten so leicht zu vergleichen ist.

Über dieses Buch

Hochzeitsplanung für Dummies eignet sich für jede Planungsphase Ihrer Hochzeit. Ganz gleich, ob Sie noch ganz am Anfang Ihrer Hochzeitsplanung stehen oder schon einige Meilensteine hinter sich gebracht haben. Das Buch ist so aufgebaut, dass Sie gezielt Informationen herausfiltern, nur bestimmte, für Sie interessante Kapitel lesen und andere überspringen oder – ganz klassisch – den gesamten Ratgeber »am Stück« für die Planung Ihrer Hochzeit heranziehen können.

Hochzeitsplanung für Dummies

Ihre Hochzeit soll nicht nur gut geplant, sondern auch gut durchdacht sein. Genau das will dieser Ratgeber mit der Kombination von altem und neuem Wissen, zusammen mit den Ratschlägen einer professionellen Hochzeitsplanerin, erreichen. Gut informiert können Sie zudem abschätzen, ob Angebote, die Sie von Hochzeitsdienstleistern erhalten haben, nachverhandelt werden sollten oder ob der Preis durch die gute Leistung, wie angeboten, gerechtfertigt ist. Anhand dieses Ratgebers werden Sie in der Lage sein, gute von weniger guten Dienstleistern zu unterscheiden und sich im Zweifelsfall lieber ein alternatives Angebot einzuholen.

Sie erhalten auch Anregungen, welche Aufgaben Sie an die Familie oder auch Freunde abgeben können und wie Sie trotzdem den Gesamtüberblick behalten. Neben Wissen rund um die Hochzeitsplanung finden Sie auch Checklisten und Zeitabläufe in diesem Ratgeber, die Ihnen helfen, die Planungsschritte festzuhalten und bei keiner Phase der Planung die Übersicht zu verlieren.

Auch sind Traditionen und Hintergrundwissen zu dem Thema Hochzeit und Heiraten mit in diesen Ratgeber aufgenommen. Auf diese Weise wird viel Wissen rund um den schönsten Tag mit hilfreichen Tipps und Tricks kombiniert.

Viele Brautpaare wissen gar nicht, welche schönen Aufgaben die Trauzeugen, Brautjungfern oder auch der Bräutigam traditionell übernehmen sollten. Nehmen Sie sich die Zeit und beschäftigen Sie sich neben der eigentlichen Planung auch mit solchen Fragen rund um Sitten, Bräuche und Traditionen, es wird in jedem Fall eine Bereicherung für Sie und Ihr Fest sein. Sie können überdies auch im Bekannten- und Freundeskreis sowie bei Hochzeitsdienstleistern mit Ihrem Wissen rund um diese Themen glänzen!

Wie Sie dieses Buch verwenden

Während der Planung Ihrer Hochzeit werden Sie sicherlich immer mal wieder das Gefühl haben, Sie hätten etwas vergessen, oder sich fragen, ob Sie zeitlich noch gut im Rennen sind. Auch Informationen, die Sie bereits schon mal gelesen haben, müssen Sie unter Umständen noch einmal nachschlagen.

Hochzeitsplanung für Dummies ist so aufgebaut, dass Sie gezielt Informationen suchen und noch einmal nachlesen können. Sie müssen den Ratgeber nicht chronologisch lesen, sondern können Kapitel überspringen oder gezielt heraussuchen. Markieren Sie sich die hervorgehobenen Tipps, die Sie vor einem Fettnäpfchen oder Planungsfehler bewahren sollen.

Bereiten Sie sich mithilfe dieses Buches auch auf Gespräche mit Inhabern von Locations oder auch Dienstleistern der Hochzeitsbranche vor. Stellen Sie Fragen anhand von Checklisten, die Sie in diesem Buch finden, und notieren Sie sich die wichtigen Eckpunkte, die man Ihnen mitteilt. Auf dieser Basis haben Sie, wenn Sie wieder zu Hause sind und noch einmal gemeinsam besprechen wollen, welche Location es sein soll und ob zum Beispiel der Hochzeitsfotograf, den Sie gerade kennengelernt haben, der richtige für Sie ist, Ihre Notizen zur Hand und können die Anbieter besser miteinander vergleichen.

Dieser Ratgeber zielt nicht darauf ab, immer den preiswertesten Anbieter zu finden und zu buchen, sondern darauf, das Maximale aus Ihrem Budget herauszuholen, Dienstleister zu fin-

Einführung

den, die ein gutes Preis-Leistungs-Verhältnis anbieten, und diejenigen auszusortieren, die überzogene Preise haben oder einen unprofessionellen Eindruck machen.

Mögen Sie bei Ihrer Planung am liebsten nur mit Listen arbeiten, anhand derer Sie sich orientieren? Dann blättern Sie zum Anhang und nutzen Sie die dort vorgegebenen Listen beziehungsweise passen Sie die Listen an Ihre Bedürfnisse an. Möchten Sie jedoch neben der Arbeit mit Listen auch mit Hintergrundwissen rund ums Heiraten versorgt werden, so lesen Sie gezielt die Kapitel, die für Sie infrage kommen. Vielleicht heiraten Sie nur standesamtlich und nicht auch noch kirchlich, oder Sie planen eine freie Trauung. Dann schlagen Sie direkt das entsprechende Kapitel auf. Die Informationen in diesem Buch sind so aufbereitet, dass Sie Inhalte nicht doppelt lesen müssen, um das zu finden, was für Sie infrage kommt.

Das Einfachste dürfte sicherlich immer noch sein, den Ratgeber gemütlich an mehreren Abenden auf der Couch oder bei gutem Wetter auf der Terrasse von vorn bis hinten durchzusehen und hier und da Markierungen zu setzen, welche Teile Sie während der Planung Ihrer Hochzeit noch einmal gezielt nachschlagen wollen, wenn die Zeit gekommen ist. Auf diese Weise sind Sie rundum informiert und haben alle Tipps und Tricks gelesen, die Sie auch für Ihre Hochzeitsfeier anwenden können!

Törichte Annahmen über den Leser

Es ist immer wichtig, sich beim Schreiben eines Buches Gedanken dazu zu machen, für wen man eigentlich schreibt. In diesem Fall bin ich von folgenden Vermutungen ausgegangen:

✔ Sie wollen heiraten, haben noch nicht so viel Ahnung vom Thema »Hochzeitsplanung«.

✔ Sie sind sich unsicher, welche Location zu Ihnen und Ihrem Budget passt.

✔ Sie sorgen sich, dass Sie auch wirklich gute Dienstleister der Hochzeitsbranche finden, und wollen nicht die »Katze im Sack« kaufen.

✔ Sie hätten gerne eine paar Ideen und Anregungen rund um den schönsten Tag im Leben.

✔ Sie waren schon auf mehreren Hochzeiten im Freundeskreis und möchte, dass Ihre Hochzeit »anders« als die Hochzeiten wird, auf denen Sie schon »getanzt« haben.

✔ Sie wollen, dass sich Ihre Gäste an Ihrem Hochzeitstag amüsieren.

✔ Nicht nur das »Ja« und die steuerlichen Vorteile sind Ihnen wichtig, sondern Sie wünschen sich eine individuelle Hochzeit.

✔ Sie wollen Ihre »Do it yourself«-Hochzeit möglichst sorgfältig vorbereiten und suchen deshalb einen Ratgeber vom Profi.

✔ Sie wollen sichergehen, dass Sie bei der Planung Ihrer Hochzeit an alles gedacht haben.

✔ Ein Ihnen nahestehendes Paar will heiraten und Sie möchten es tatkräftig bei der Planung unterstützen.

✔ Sie interessieren sich für den Beruf des Weddingplaners und wollen sich einen Überblick verschaffen, an was ein Weddingplaner alles denken muss und welche Informationen rund um den Hochzeitstag noch wichtig sind.

Wenn eine oder mehrere dieser Annahmen auf Sie zutreffen, haben Sie mit dem Kauf dieses Buches alles richtig gemacht – oder sollten nun zur Kasse gehen!

Wie dieses Buch aufgebaut ist

Dieses Buch ist in insgesamt sechs Teile gegliedert, die wiederum in einzelne Kapitel, insgesamt 19 an der Zahl, unterteilt sind. Anhand des Inhaltsverzeichnisses und der jeweiligen kurzen Einführung zu den Kapiteln und Teilen in diesem Buch sind Sie in der Lage, schnell das zu finden, was Sie gerade suchen. Im Folgenden möchte ich Ihnen jedoch bereits jetzt schon einen ersten Überblick verschaffen, in welchen Teilen welche Inhalte behandelt werden.

Teil I: Alles beginnt mit der entscheidenden Frage

In diesem Teil des Buches beginnt alles mit dem Heiratsantrag, der alles entscheidenden Frage, nach der Sie sich offiziell in die Planungsvorbereitungen auf Ihre Hochzeit stürzen dürfen! Der Heiratsantrag soll dabei gut vorbereitet sein, Sie erfahren, über welche Dinge Sie sich im Vorfeld Gedanken machen sollten und auch welche rechtlichen Konsequenzen sich daraus ergeben.

In Kapitel 2 erhalten Sie erste Tipps, wie Sie Ihre Gedanken rund um die ersten Planungsschritte für Ihre Hochzeit sortieren und welche Quellen Ihnen für das Einholen erster Ideen und Anregungen zur Verfügung stehen. Auch das Thema »ein erstes Budget aufstellen und einhalten« wird hier behandelt, ebenso wie die Flitterwochen und das Erstellen der Gästeliste. Kapitel 3 bietet Ihnen schließlich einen Überblick über den zeitlichen Ablauf Ihrer Hochzeitsplanung und wichtige Planungsschritte, die Sie berücksichtigen sollten.

Teil II: Die Wahl der richtigen Location

Der zweite Teil des Buches beginnt mit wichtigen Überlegungen zur Wahl der richtigen Hochzeitslocation und gibt Ihnen Kriterien an die Hand, die Sie bei der Besichtigung prüfen sollten. So spielt es eine Rolle, ob Sie sich vor Ort trauen lassen oder ausschließlich feiern wollen, ob es eine »Schlecht-Wetter-Variante« gibt und wie es mit einem zusätzlichen Raumangebot für Kinder und Dienstleister vor Ort aussieht. Auch die Sitzordnung, die viele Brautpaare vor große Herausforderungen stellt, wird in diesem Teil abgehandelt, ebenso wie das Thema »Gäste mit Besonderheiten« wie Behinderungen oder Lebensmittelallergien. Die Angebotserstellung von Locations ist ganz unterschiedlich, dazu erhalten Sie in Kapitel 5 wertvolle Tipps, auf welche Kriterien und Vertragsklauseln Sie achten sollten, um nicht in sogenannte Kostenfallen zu tappen! Auch wer sich im Ausland trauen will, kommt in Teil II auf seine Kosten. In Kapitel 6 lernen Beispiele für Auslandstrauorte kennen und finden Hinweise auf hilfreiche Webseiten zu diesem Thema.

Teil III: Die Trauzeremonie

Grundsätzlich gibt es drei verschiedene Möglichkeiten, sich in Deutschland das Ja-Wort zu geben. In diesem Teil des Buches werden die standesamtliche Heirat, die evangelische sowie die katholische Hochzeit und auch die in Deutschland immer populärer werdende freie Trauung behandelt. Dabei erfahren Sie, welche Unterlagen Sie für die jeweilige Trauzeremonie benötigen, wie der Ablauf einer entsprechenden Trauung sein kann und welche Möglichkeiten der musikalischen Untermalung Ihnen zur Verfügung stehen. Für die freie Trauung werden überdies noch besondere organisatorische Herausforderungen sowie spezielle Rituale und Zeremonien besprochen.

Teil IV: Das schöne Drumherum

Im vierten Teil dieses Ratgebers erhalten Sie viel Hintergrundwissen über alte sowie neue Traditionen rund um das Heiraten. Sie erfahren überdies, welche Aufgaben Ihre Trauzeugen und auch der Bräutigam traditionell zu erfüllen haben und welche Vorteile ein Polterabend haben kann. Zudem werden die Bedeutung und die Aufgaben von Bridesmaids und Groomsmen erklärt. In Kapitel 11 geht es um die Auswahl des Brautkleides und des passenden Anzugs für den Bräutigam. Hier stelle ich Ihnen verschiedene Möglichkeiten und Stile vor, sodass Sie einen ersten Überblick haben und für den ersten Besuch eines Brautmodengeschäfts gerüstet sind. Die Dienstleister der Hochzeitsbranche machen Ihren Tag zu etwas ganz Besonderem. Ob es der Fotograf ist, der einzigartige Hochzeitsbilder schießt, oder der Karikaturist, der Ihre Gäste bestens unterhält, jeder Dienstleister trägt einen Teil zum Gelingen Ihres großen Tages bei und sollte deswegen mit Bedacht ausgewählt werden. In Kapitel 12 erhalten Sie nützliche Tipps, wie Sie die für Sie richtigen Dienstleister finden.

Teil V: Der rote Faden

Der fünfte Teil dieses Buches behandelt Themen, die Ihre Hochzeit einzigartig werden lassen. Wählen Sie ein Thema oder Motto für Ihre Hochzeit aus, das sich als »roter Faden« durch Ihre Hochzeit zieht: von den gedruckten Elementen wie der Einladungskarte über die Dekoration bis zur Wahl spezieller Dienstleister. Welche Papeterien, also gedruckten Elemente, es überhaupt gibt und mit welchen Dekorationselementen Sie tolle Akzente (für Ihr Motto) setzen können, erfahren Sie in Kapitel 14 und Kapitel 16. In Kapitel 15 geht es schließlich darum, wie Sie Einladungen richtig formulieren, adressieren und eine Gästeliste korrekt führen.

Teil VI: Der Top-Ten-Teil

Hier finden Sie die berühmten Zehnerlisten. In der ersten Top-Ten-Liste gebe ich Ihnen Tipps, welche Musik Sie zu welchem Anlass spielen können. Musik trägt entscheidend zu der Stimmung auf Ihrer Hochzeit bei, aus diesem Grund habe ich diesem Thema eine eigene Liste gewidmet! Auch Pannen werden Sie an Ihrem schönsten Tag nicht aus der Bahn werfen, wenn Sie die Tipps aus Kapitel 18 gelesen haben. So können Sie vermeintliche Katastrophen gelassen hinnehmen, ohne dass diese Ihnen den Tag verderben.

Anhang

In diesem Teil des Buches finden Sie nützliche Listen, die Sie für den zeitlichen Ablauf Ihrer Hochzeitsplanung stets zur Hand haben sollten. So können Sie immer sicher sein, dass Sie keinen Planungsschritt ausgelassen oder gar vergessen haben. Außerdem hilft Ihnen eine weitere Tabelle in Anhang A dabei, Ihr Budget auf tragfähige Beine zu stellen, und eine Reihe von Fragenkatalogen (Anhang C) unterstützt Sie bei der Auswahl von Dienstleistern.

Symbole, die in diesem Buch verwendet werden

Dieses Symbol steht für besondere Tipps. Markieren Sie für Sie wichtige Tipps mit einem Post-it und greifen Sie auf diese Information zurück, wenn Sie beispielsweise in Preisverhandlungen stecken oder etwas für die Hochzeit recherchieren wollen. So sparen Sie oft wertvolle Zeit, die Sie anders investieren können!

An dieser Stelle erhalten Sie Hinweise auf eine kostengünstigere Alternative oder eine andere Möglichkeit, Geld zu sparen!

Achtung, hier ist besondere Vorsicht geboten! Treten Sie nicht in ein Fettnäpfchen während der Planung, weil Sie unaufmerksam waren oder schlichtweg nicht umfassend informiert!

Hier erhalten Sie besondere Hinweise, die Sie beherzigen und nicht vergessen sollten. Wichtige Sachverhalte werden noch einmal aufgegriffen und erklärt. Schauen Sie also gerne etwas genauer hin!

Unter diesem Symbol finden Sie zusätzliche Hintergrundinformationen. Wenn Sie es sehr eilig haben, können Sie diese Passagen auch überlesen.

Wie es weitergeht

Nun wissen Sie alles, um endlich loslegen zu können. Schlagen Sie einfach die nächste Seite auf, wählen Sie aus dem Inhaltsverzeichnis ein Kapitel, das Sie interessiert, oder schlagen Sie einen bestimmten Begriff mithilfe des Stichwortverzeichnisses am Ende des Buches nach. Ich wünsche Ihnen nun viel Freude bei der Planung Ihrer Traumhochzeit! Genießen Sie die Vorbereitungszeit, freuen Sie sich auf den großen Tag, feiern Sie ein rauschendes Fest!

Und noch ein letzter Hinweis: Natürlich freue ich mich auch über Bilder oder ein kurzes Feedback, wie Sie Ihre Traumhochzeit mithilfe dieses Ratgebers in die Tat umgesetzt haben. Schicken Sie mir Ihre Rückmeldung einfach an: meinhochzeitsplaner@icloud.com.

Teil I

Alles beginnt mit der entscheidenden Frage

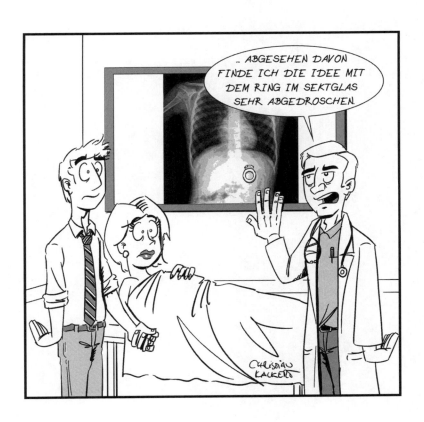

In diesem Teil ...

Im ersten Teil dieses Ratgebers widmen wir uns zunächst dem Heiratsantrag und all dem Drumherum, an das Sie dabei denken sollten. Doch kaum ist der Heiratsantrag gestellt, so drängt sich die Frage auf, wie viel Budget eigentlich für die Hochzeit zur Verfügung steht, mit anderen Worten also, wie viel Sie eigentlich ausgeben wollen beziehungsweise können. Hier hilft Ihnen das Erstellen eines gut strukturierten und realistischen Budgetplans weiter. Zu guter Letzt erfahren Sie, welche terminlichen Dinge Sie bei Ihren Vorbereitungen beachten müssen und wie Sie mithilfe von Checklisten vom Beginn Ihrer Planung bis hin zu Ihrem Hochzeitstag alle Termine, Fristen und Abläufe im Blick behalten.

Der Heiratsantrag und seine Folgen

In diesem Kapitel

▶ Sich auf die Frage vorbereiten

▶ Die Neuigkeit verbreiten und mit den Reaktionen umgehen

▶ Gedanken und Wünsche fürs Erste sortieren

▶ Informationen rund um das Thema »Heiraten«

▶ Zeitabläufe, die berücksichtigt werden sollten

*H*erzlichen Glückwunsch: Sie haben »Ja« gesagt – oder gehören zu dem Kreis der Auserwählten, die an den Vorbereitungen einer Hochzeit beteiligt sind. Nun beginnt für Sie eine aufregende, aber oft auch stressige Zeit, nicht nur das Leben der Brautleute wird von nun an turbulent, sondern auch das gesamte Umfeld, besonders Familie und Freundeskreis, ist in die Vorbereitungen involviert.

Vielleicht haben Sie bereits jetzt schon Sätze wie »Also wenn das meine Hochzeit wäre, dann ...« oder »Ich würde das ganz anders machen« gehört. Ich rate Ihnen: Hören Sie zu, nicken Sie freundlich und filtern Sie nur das heraus, was für Sie nützlich ist, den Rest dürfen Sie einfach wieder vergessen. Nicht Ihren Eltern, nicht Ihren Freunden und auch nicht den Dienstleistern, die Sie für Ihre Hochzeit buchen, muss Ihre Hochzeit gefallen – nur Ihnen ganz allein.

In diesem Kapitel erfahren Sie, wie Sie die ersten Schritte bei den Vorbereitungen auf Ihren großen Tag angehen und dabei planerisch und zeitlich optimal vorgehen. Bevor Sie sich jedoch voller Energie und kreativer Einfälle der Planung Ihrer Hochzeit widmen, steht die Frage aller Fragen ganz vorn an: »Willst du mich heiraten?« Denn auch der Heiratsantrag will wohlvorbereitet und -durchdacht sein. Entspannen Sie sich nun erst einmal, lehnen Sie sich zurück und tauchen Sie in die Welt der Heiratsanträge, Hochzeitsvorbereitungen und rosaroten Brillen ein.

Wenn Sie nicht Braut oder Bräutigam sind und dieses Buch in dem guten Vorsatz lesen, informiert bei der Planung an der Seite eines Brautpaares zu stehen, beherzigen Sie ganz besonders diesen Rat: Hören Sie den Brautleuten zu. Es ist nicht Ihr großer Tag, sondern der von jemand anderem. Lernen Sie, sich zurückzunehmen und immer wieder die einfachste aller einfachen Fragen zu stellen: »Was kann ich für euch tun, damit ihr euch wohlfühlt?«. Dann tun Sie genau das Richtige.

Beherzigen Sie diesen Rat auch, wenn Sie Inhaber einer Location sind oder die Planung von Hochzeiten zu Ihrer Profession machen wollen. Bei aller Romantik vergessen Sie nie, dass Sie Dienstleister sind, Sie dienen dem Brautpaar, Sie tragen entscheidend dazu bei, dass Sie auch bei der 100. Hochzeit den schönsten

Tag im Leben des Brautpaares mitgestalten. Jedes Brautpaar kommt mit der gleichen Euphorie zu Ihnen und wünscht sich im Grunde das Gleiche: Dass alles perfekt ist. Nehmen Sie jedes Brautpaar mit seinen Problemen und Wünschen ernst.

Eine Frage mit langer Tradition

Sie kennen sicherlich wunderbare und äußerst romantische Heiratsanträge aus TV-Shows,
die sich rund um das Thema Liebe drehen. Vielleicht haben Sie schon mit Ihrem Liebsten
oder Ihrer Liebsten über das Thema Heiraten gesprochen und wollen nun den richtigen Zeitpunkt für den Antrag abpassen oder fragen sich: Wer macht eigentlich wem den Antrag?

Heiratsanträge nach alter Schule

Fragen Sie einmal Ihre Eltern oder Ihre Großeltern, wie sie ihren Heiratsantrag gestellt
haben. Sie erfahren sicherlich spannende Dinge. Wenn wir noch weiter, etwa ins 19. Jahr-
hundert, zurückgehen, so war es beispielsweise üblich, dass der Mann bei dem Vater der
Braut zunächst die Erlaubnis dafür einholte, die Geliebte zu bitten, ihn zu heiraten.
Daher rührt im Übrigen auch die Redensart »um die Hand anhalten«. Gab der Brautvater
seinen Segen, stand dem eigentlichen Antrag nichts mehr im Wege. Auch war es zu der
Zeit nicht unüblich, einen Boten zum Haus der Geliebten zu schicken, der im Namen des
Mannes um die Hand der Angebeteten anhielt. »Warum denn das? Warum nicht selbst um
die Hand anhalten?«, mögen Sie sich nun fragen. Nun, andere Zeiten, andere Sitten.
Einen Boten zu schicken, zeugte in der damaligen Zeit von Wohlstand. »Mann« konnte es
sich leisten, jemanden zu beauftragen. Der nicht uneigennützige Gedanke dabei war sicherlich auch, der Schmach nicht selbst ins Auge sehen zu müssen, wenn anstelle des er-
hofften »Ja, ich will« ein »Nein, danke« aus dem Munde der Braut kam.

In der heutigen Zeit wollen Frauen gerne ein Wörtchen mitreden, wenn es um die Frage aller
Fragen geht. Schließlich geben wir mit dem kleinen Wörtchen »Ja« das Versprechen ab, den
Bund der Ehe einzugehen: Für immer und ewig nur diesen einen Mann zu lieben, zu ehren,
ihm treu zu sein und zu ihm zu stehen, in guten und in schlechten Zeiten. Im traditionellen
Sinne bedeutet das Ja-Wort auch gleichzeitig die Verlobung und somit das Versprechen, den
Lebenspartner innerhalb eines Jahres zu heiraten. Auch dies wird in der heutigen Zeit bei
Weitem nicht mehr so streng gesehen, manche kennen diese Sitte schon gar nicht mehr. Ab-
gesehen davon, dass der große Tag entsprechend geplant werden muss, ist es doch letzten
Endes nur entscheidend, ob und wie geheiratet wird, nicht wann.

Die Familien einbeziehen

Auch wenn heutzutage sowohl die Frau als auch der Mann den Heiratsantrag stellen kann, so
wünschen sich Frauen – trotz aller Modernität – den Umfragen zufolge meist einen »altmodi-
schen« Heiratsantrag. Was versteht man aber genau unter altmodisch? Vielleicht hilft Ihnen
das folgende Szenario:

1 ➤ Der Heiratsantrag und seine Folgen

Verstehen sich der Bräutigam und die Familie der Braut gut, so bietet es sich an, bei dem Vater der Braut – eben wie in alten Zeiten – vorzusprechen und um die Hand der Geliebten anzuhalten. Versetzen Sie sich als zukünftiger Ehemann – und vielleicht auch bereits Vater einer Tochter – in die Rolle Ihres zukünftigen Schwiegervaters: Ihre vielleicht einzige Tochter – gerade war sie noch so klein und wunderbar – stellt Ihnen ihren Freund vor, kurze Zeit später zieht sie mit ihm zusammen und schwärmt von dem Tag, an dem sie heiraten wird.

Für viele Väter fühlt sich die Heirat der Tochter so an, als übergäbe man sie nun in die Obhut eines anderen und müsse für immer loslassen. Sie haben das Gefühl, plötzlich keinen Einfluss mehr auf das Leben ihrer Tochter zu haben und denken ein bisschen wehmütig an die alten Zeiten zurück. Wie würden Sie empfinden, wenn Ihnen Ihr zukünftiger Schwiegersohn den Respekt zollt, Sie um die Hand Ihrer Tochter anzuhalten? Mein Vater ist vor Freude fast geplatzt, als mein Mann es genau so tat – dafür bin ich ihm noch heute dankbar. Auch wenn Sie diese Tradition anfangs vielleicht belächeln und als überflüssig ansehen – denken Sie als zukünftiger Ehemann einmal darüber nach.

Mit einem solchen Schritt beziehen Sie außerdem die Familie – Ihre zukünftige, angeheiratete Familie – von vornherein mit ein. Vielleicht müssen Sie im weiteren Verlauf der Planung ein paar Grenzen setzen, um Ihre individuellen Ziele und Wünsche nicht vor lauter gut gemeinten Ratschlägen und Kommentaren aus den Augen zu verlieren. Im Moment konzentrieren Sie sich jedoch nur auf den perfekten Antrag und das Einbeziehen oder auch Nichteinbeziehen der Familie in diesen Prozess.

Den Heiratsantrag machen – zur richtigen Zeit am richtigen Ort

Es gibt ganz unterschiedliche Möglichkeiten, einen Heiratsantrag zu machen. Davon hängt dann auch der Umfang der Vorbereitung ab. Denken Sie nur an die Shows, in denen Heiratsanträge vor laufender Kamera stattfanden. Pärchen kämpften in einer niederländischen Show, der »Traumhochzeit« mit Linda de Mol, um den Hauptpreis und wir alle durften live das Ja-Wort miterleben. Ihrer Fantasie und Romantik sind bei den Überlegungen für den Antrag keine Grenzen gesetzt. Die einen mögen es genau so: öffentlich, mit der Möglichkeit, ins Fernsehen zu kommen und vielleicht noch etwas dabei zu gewinnen. Aufsehen soll erregt werden, sie wollen das Ereignis mit so vielen Menschen wie nur möglich teilen. Aber es kann auch witzig sein, den Antrag aus einer alltäglichen Situation heraus zu stellen. Oder Sie bevorzugen eine eher romantische Atmosphäre.

Wie kommt man also auf die Frage aller Fragen? Erinnern Sie sich, führen Sie sich besondere Momente mit Ihrem Partner vor Augen.

✔ Wo haben Sie sich kennengelernt – vielleicht an einem besonderen Ort, im Urlaub, bei der Arbeit oder bei einem gemeinsamen Hobby? Was verbindet Sie als Paar und was würden Freunde über Sie beide sagen? Vielleicht auch eine Geschichte, die Sie anfangs zusammengeschweißt oder vielleicht sogar erst zusammengebracht hat. Wie steht es mit dem Datum, an dem Sie sich kennengelernt oder Ihre Liebe besiegelt haben, Ihr erster Kuss oder etwas, an das Sie sich noch heute mit einem Lächeln erinnern.

Sie müssen das Rad nicht neu erfinden. Für die Romantiker und Genießer unter Ihnen liegt das Candle-Light-Dinner immer noch voll im Trend. Buchen Sie sich zum Beispiel ein Wochenende in einem Wellness- oder Romantikhotel ein. Hier lassen sich im Voraus gut Absprachen treffen. Servieren Sie den Ring als Dessert oder lassen Sie »Ihre« Musik, »Ihr« Lied im Hintergrund bei einem romantischen Abendessen spielen. Gekühlter Champagner, gravierte Gläser, Rosenblätter in der Badewanne und viele Kerzen auf dem Hotelzimmer lassen keine Wünsche mehr offen.

✔ Sie reisen gerne? Wie wäre es dann mit einem Städtetrip? Haben Sie sich so auch kennengelernt? Dann fahren Sie in das Land, an den Ort, an dem Sie sich kennen- und vielleicht auch bereits lieben gelernt haben und stellen dort die entscheidende Frage. Auch hier lassen sich Absprachen im Vorfeld mit Mitarbeitern von Hotels und Restaurants oder anderen öffentlichen Orten, zu denen Sie eine besondere Beziehung haben, treffen. Fragen Sie in dem Reisebüro Ihres Vertrauens nach, welche Möglichkeiten der Vorbereitung es vor Ort gibt und an wen Sie sich selbst wenden können.

✔ Sprechen Sie mit dem Inhaber der Unterkunft, in der Sie schon seit Jahren Ihren Urlaub zusammen verbringen, ob Sie Unterstützung bei dem Antrag erhalten können. Nehmen Sie im Vorfeld Kontakt zu dem Restaurant auf, in dem Sie abends essen gehen werden. Oder organisieren Sie heimlich einen Picknickkorb und fragen Sie Ihren Partner bei Wein, Käse und Trauben im Licht der untergehenden Sonne am Strand oder am See, ob Sie den Rest Ihres Lebens miteinander verbringen wollen!

✔ Gehen Sie beide gern ins Kino oder vielleicht auch ins Theater? Wer rechnet schon mit einem Heiratsantrag auf der Kinoleinwand oder auf der Bühne mitten im Theaterstück?

✔ Sie können auch einen Radiosender kontaktieren und nachfragen, ob Sie den Antrag zu einer bestimmten Zeit ausstrahlen können, oder sich auch die Genehmigung beim Ordnungsamt holen, um für einen Tag Plakate in der Stadt aufzuhängen, auf der die Frage adressiert an den Partner steht.

Überlegen Sie auch, ob Sie beide nach dem Antrag lieber allein wären oder ob sich Ihr Partner über einen Umtrunk mit den zuvor heimlich eingeladenen Freunden freuen würde. Genießen Sie auf jeden Fall die Zeit danach, lassen Sie sich nicht von Fragen wie »Und wie geht es jetzt weiter« nervös machen. Blocken Sie diese höflich ab: »Im Moment koste ich noch mein Glücksgefühl aus.« In ein paar Tagen ist immer noch Zeit, langsam, aber sicher mit der Planung für den großen Tag zu beginnen.

»Dos and Don'ts« bei einem Heiratsantrag

Auch wenn Sie sich immer ganz individuell fragen sollten, was Ihnen beiden noch lange in guter Erinnerung bleibt, so gibt es doch einige »Dos and Don'ts«, die grundsätzlich bei einem Heiratsantrag beachtet werden sollten.

✔ Es ist ungeschickt, sich unvorbereitet in einen Heiratsantrag zu stürzen. Machen Sie sich Gedanken über Zeit, Ort und Rahmen, in dem Sie den Antrag stellen wollen.

1 ➤ Der Heiratsantrag und seine Folgen

✔ Vielleicht haben Sie bereits mit Ihrem Partner über das Thema Heirat gesprochen und Sie haben das klare Signal bekommen, dass im Moment nicht der richtige Zeitpunkt ist oder sich Ihr Partner generell noch etwas mehr Zeit in der »wilden« Ehe wünscht. Respektieren Sie die Wünsche und handeln Sie nicht voreilig, auch wenn Sie glauben, der andere müsse doch vor Freude platzen, wenn Sie den Antrag stellen.

Wer sich noch nicht bereit für die Ehe fühlt, befindet sich in der Zwickmühle, den Fragenden nicht verletzen, aber auch den eigenen Standpunkt vertreten zu wollen. Krisen in der Beziehung, in der Familie oder im Freundeskreis, die Sie beide belasten, können auch zu den Situationen zählen, in denen ein Antrag vielleicht nicht passend ist.

✔ Fragen Sie nicht einfach: »Schatz, willst du mich heiraten?« – ohne ein weiteres Wort davor oder danach. Bereiten Sie einen kleinen Monolog vor, überlegen Sie sich, was Sie an Ihrem Partner besonders schätzen und warum Sie mit ihm oder ihr alt werden wollen.

✔ Erwähnen Sie bitte nicht unter dem Weihnachtsbaum, dass Sie noch schnell dieses Jahr der steuerlichen Vorteile wegen heiraten sollten.

✔ Stellen Sie den Antrag nicht auf öffentlicher Bühne oder singen gar etwas, wenn Sie wissen, dass Ihr Partner dies so gar nicht mag.

✔ Fragen Sie nicht an Silvester betrunken, ob »die Holde nun Ihr Weib sein mag« – das mag niemand mit »Ja, ich will« beantworten.

✔ Geben Sie Ihrem Partner das Gefühl, dass Sie sich ernsthaft Gedanken über den Antrag gemacht haben. Sie haben den Menschen gefunden, mit dem Sie den Rest Ihres Lebens verbringen wollen, in guten und in schlechten Zeiten, in Krankheit und Gesundheit. Diesen Ernst eines Antrags mit all seinen Konsequenzen sollten Sie – egal wie und wo Sie fragen – immer berücksichtigen. Dann haben Sie alles richtig gemacht!

Der Tag danach

Der Tag nach einem Heiratsantrag, der mit »Ja« beantwortet wurde, fühlt sich ungefähr so an wie der Tag nach Weihnachten. Man ist noch ein bisschen betäubt, genießt die Schmetterlinge im Bauch und: Ja, die Geschenke, in dem Fall der zukünftige Ehepartner, sind auch noch da – wundervoll. Kann nicht jeder Tag so beginnen? Kann er, denn ab jetzt läuft die Zeit bis zu Ihrem großen Tag. Sie erleben sozusagen die letzten Monate in wilder Ehe, bald sind Sie »Mann und Frau«, tragen unter Umständen den gleichen Nachnamen und gewöhnen sich langsam und lächelnd daran, nicht mehr zu sagen: »Darf ich vorstellen, das ist mein Freund …« – nun dürfen Sie »Mein Mann …«, »Meine Frau …« sagen – ein tolles Gefühl!

Die Neuigkeit mitteilen

Wenn Sie weder Familie noch Freunde oder nur einen Teil davon in die Antragspläne eingeweiht haben, verbreiten Sie in den Tagen danach die freudige Botschaft. Warten Sie nicht allzu lange, also nicht Wochen oder Monate, Ihre Familie und Freunde könnten sich dann »ausgeschlossen« fühlen und sind betroffen, dass Sie Ihren Glücksmoment nicht sofort teilen wollten. Viele Menschen in Ihrem Umfeld freuen sich nämlich riesig für Sie und teilen die Vorfreude in vollen Zügen mit Ihnen. Und hier gilt: Geteilte Freude ist doppelte Freude.

Wie Sie die Neuigkeit verbreiten, ist ganz Ihnen überlassen, allerdings sollten Sie Rücksicht auf Familienmitglieder nehmen, wie zum Beispiel Opa, der sich schnell aufregt, wenn es so große Neuigkeiten gibt. Laden Sie die Familie zu sich ein, weihen Sie sie bei einer Tasse Kaffee ein und lassen Sie sich ordentlich beglückwünschen.

Seitdem soziale Netzwerke so beliebt sind, gibt es neben der »Kaffee-und-Kuchen-Methode« für die älteren Herrschaften auch die Möglichkeit, die Botschaft via »Freundeslisten« zu verbreiten. Sofern Sie Ihre Freunde, Bekannten und Arbeitskollegen entsprechenden Gruppen, so wie es in Facebook zum Beispiel möglich ist, zugeordnet haben, können Sie ohne Probleme steuern, wem Sie die Neuigkeit online überbringen wollen und wem nicht.

Überlegen Sie dabei, wie viele Freunde oder Familienmitglieder von Ihnen online sind und wer eine solche Rundmail nicht als zu unpersönlich empfinden würde. Versuchen Sie möglichst zeitnah, allen Freunden und Familienmitgliedern die Botschaft selbst zu übermitteln. Im Zeitalter von Internetzugang und Smartphones immer und überall wäre es doch schade, wenn ein Teil Ihres Freundes- oder Familienkreises nicht von Ihnen, sondern von einer dritten Person die Nachricht überbracht bekäme.

Alternativ verbreiten Sie die Neuigkeiten auf einem Fest, bei dem Sie viele Freunde treffen, richten Sie selbst eine kleine Party aus, gehen Sie gemeinsam essen oder rufen Sie die Freunde an, die zu weit weg wohnen, um sich zeitnah mit Ihnen treffen zu können. Wie Sie sich auch entscheiden, entscheiden Sie gemeinsam und sprechen Sie ebenso darüber, wie Sie mit negativen Reaktionen umgehen wollen. Seien Sie eine Einheit!

Der Umgang mit Reaktionen

Vielleicht gibt es niemanden in Ihrem Umfeld, der sich nicht für Sie freut. Herzlichen Glückwunsch! Unter Umständen ist es aber nicht so und Sie müssen sich mit Skepsis und Neid auseinandersetzen. Vielleicht ist Ihr Partner nicht der, den sich Ihre Familie oder Ihre Freunde für Sie wünschen. Sie müssen miteinander leben, niemand anders. Nehmen Sie allerdings auch Rücksicht auf Reaktionen von guten Freunden oder Familienmitgliedern, die gerade eine schwere Zeit durchmachen und sich, ohne es böse zu meinen, nicht so für Sie freuen (können). Eine frische Trennung, eine Krankheit oder auch finanzielle Sorgen können belasten und dazu führen, dass die Freude nicht ganz so groß wirkt, wie es sich das Brautpaar und auch der Gratulant vielleicht tatsächlich gewünscht haben.

Bitten Sie die Kritiker, sich zurückzuhalten und Ihre Entscheidung zu akzeptieren. Sprechen Sie mit den Menschen, bei denen Sie das Gefühl haben, dass Probleme oder Sorgen auf das Gemüt drücken, und zeigen Sie Verständnis dafür. Hat sich Ihre beste Freundin gerade getrennt, so drücken Sie Mitgefühl aus, kommunizieren aber auch, dass Sie sich Ihre Freundin an Ihrer Seite wünschen. Sprechen Sie wie immer offen und ehrlich, dann finden Sie für alle eine gute Lösung.

Die Bedeutung der Verlobung

Ganz offiziell laut Gesetzestext ist das Verlöbnis oder die Verlobung das Versprechen, eine Person (den Verlobten beziehungsweise die Verlobte) zu heiraten, das heißt eine verbindliche Übereinkunft zwischen zwei Personen, dass sie eine Ehe oder Lebenspartnerschaft eingehen. Das hört sich wenig romantisch an, oder? Nun, ein Verlöbnis im heutigen Sinne stellt mehr eine kulturelle als eine rechtliche Grundlage dar. Denn die Ehe kann tatsächlich nicht auf Grundlage einer Verlobung vor Gericht eingeklagt werden. Mit dem Tragen eines Verlobungsrings zum Beispiel signalisiert das Paar öffentlich, dass es sich versprochen hat zu heiraten. In dieser Zeit ist es auch nicht unüblich, dass sich die Familie der beiden Partner näher kennenlernen. Es bietet es sich also an, ein Familien- oder auch Freundestreffen zu organisieren, um die Parteien vor der Hochzeit schon einmal miteinander bekannt zu machen. Nehmen Sie Rücksicht darauf, wie weit Ihre Freunde und Familienmitglieder auseinander wohnen.

 Wenn Ihre Gäste weiter weg wohnen, bietet es sich unter Umständen an, bereits wenige Tage vor der Hochzeit ein sogenanntes Get-together zu organisieren. Ihre Gäste müssen dann nicht zweimal von weit her anreisen, sondern haben die Möglichkeit, sich einige Tage vor der Hochzeit bei einem Abend in der Kneipe oder auch in einem Restaurant kennenzulernen. Gestalten Sie den Ablauf locker und unverbindlich.

Eine Bootstour, eine Weinprobe, ein Fahrradausflug oder auch eine Stadttour in Ihrem Heimatort sind nur einige Ideen, wie Sie Ihre Gäste vor der Hochzeit zusammenbringen. Die Zeit der Verlobung ist also für Sie und Ihre Gäste spannend, denn nicht nur Sie als Brautpaar freuen sich auf den großen Tag, sondern auch die Gäste fiebern mit Ihnen.

Der Verlobungsring als Symbol

In einigen Ländern ist es Brauch, den Verlobungsring nach der Heirat in einen kleinen Blumentopf zu legen und ihn mit Erde zu überdecken. Der Topf wird in die Sonne gestellt und mit Samen versehen. Nach einiger Zeit sprießt die Pflanze und der Ring wird durch den Blumenstängel bis zur Blüte transportiert. Der Brauch gilt als Symbol dafür, dass die Verlobung durch die Hochzeit den Höhepunkt erreicht hat und daher an der Spitze der Blume ist. Anders interpretiert könnte man auch sagen: »Die Ehe befindet sich nun in ihrer Blütezeit.«

Rechtliche Auswirkungen der Verlobung

Dem anderen einen Antrag zu machen oder sich zu verloben, ist keine rechtliche Voraussetzung für eine Eheschließung. Dennoch sind in Deutschland die rechtlichen Verhältnisse des Verlöbnisses im Familienrecht (§§ 1297 – 1302 des Bürgerlichen Gesetzbuchs) geregelt. Danach handelt es sich bei dem Verlöbnis um ein einvernehmliches Eheversprechen, nämlich dass sich zwei Personen versprechen, künftig die Ehe miteinander eingehen zu wollen. Es gibt somit kein einseitiges Eheversprechen, an dem nur der eine, aber nicht der andere Partner gebunden ist. Das Versprechen betrifft immer Sie beide. Die Regeln der Verlobung sind auch für Lebenspartnerschaften (§ 1 Absatz 3 des Lebenspartnerschaftsgesetzes) anzuwenden.

Hochzeitsplanung für Dummies

Dass Sie sich verloben, ist keine Bedingung für eine Heirat, Sie können sich auch ohne Verlobung »trauen«. Umgekehrt können Sie nicht, wenn Sie sich verlobt haben, die Ehe einklagen. Grundsätzlich findet eine Verlobung vor der Eheschließung immer statt, auch wenn Sie sich darüber vielleicht nicht im Klaren sein mögen. Sobald Sie Ihrem Partner einen Heiratsantrag stellen und dieser mit »Ja« beantwortet wird, sind Sie beide eine Versprechen, eine sogenannte Willenserklärung zur Ehe, eingegangen. Sie sind verlobt. Es spielt dabei keine Rolle, ob dies in aller Stille, ganz privat oder vor großem Publikum in aller Öffentlichkeit stattfindet. Sie gelten ebenso auch dann als verlobt, wenn Sie sich – ganz ohne klassischen Heiratsantrag – beim Standesamt zur Eheschließung angemeldet haben. Vielleicht überlegen Sie an dieser Stelle, ob Sie »Schaden ersetzen« müssten, wenn Sie die Verlobung lösen? Tritt einer von Ihnen beiden ohne wichtigen Grund von dem Verlöbnis zurück, so hat er tatsächlich seinem Partner den unter Umständen entstandenen Schaden zu ersetzen.

Schadenersatz bei Auflösung einer Verlobung

Welchen Schaden kann man aber aufgrund einer gelösten Verlobung davontragen, fragen Sie sich? Vielleicht hat einer von Ihnen in Erwartung der Ehe Einkäufe für eine gemeinsame Wohnung oder gar die Hochzeit getätigt. Unter Umständen sogar einen Kredit aufgenommen oder gar die Arbeitsstelle gekündigt, um die vereinbarte Rollenverteilung in der Ehe wahrzunehmen. Ansprüche der Verlobten untereinander verjähren nach § 1302 BGB innerhalb von drei Jahren nach Auflösung des Verlöbnisses. Bei einer – auch einvernehmlichen – Auflösung der Verlobung kann jeder Beteiligte vom anderen die Herausgabe aller Geschenke verlangen, die zum Zeichen des Versprechens gegeben wurden.

Darauf werden Sie hoffentlich nie zurückgreifen müssen, doch der Vollständigkeit halber ist auch zu erwähnen, dass schon Verlobte in einem Gerichtsprozess ein Zeugnisverweigerungsrecht haben. Das Gesetz erkennt mit einem Heiratsantrag also an, dass Sie beide sich in Zukunft das Ja-Wort geben wollen und damit Rechte und auch Pflichten eingehen. Schlagen Sie nun nicht die Hände über dem Kopf zusammen (oder gar das Buch zu). Ein Heiratsantrag wird in der Regel nur von Partnern gestellt, die tatsächlich das Leben miteinander verbringen wollen und schon einige Höhen und Tiefen durchgemacht haben. Haken wir also das Thema »negative Konsequenzen« ab und widmen uns wieder den schönen Dingen der Verlobung.

Erste Gedanken und Wünsche rund um die Hochzeitsvorbereitungen sortieren

Es sind also ein paar Tage nach dem mit »Ja« beantworteten Antrag vergangen und Sie wollen sich mit den ersten Planungsschritten auf den großen Tag beschäftigen. Aber wo sollen Sie anfangen? Welche Punkte sind am wichtigsten und welche haben eine weniger hohe Priorität? In den meisten Fällen wird die Jagd auf das perfekte Brautkleid direkt nach dem Antrag eröffnet. Zur gleichen Zeit werden Magazine, die sich mit dem Thema Heiraten und Hochzeit beschäftigen, gekauft. Auch Bücher gehören heute zu den unverzichtbaren Ratgebern einer gut vorbereiteten Braut.

Informationen finden

Welcher »Medientyp« sind Sie? Mit anderen Worten, welche Informationsquellen liegen Ihnen am meisten? Lesen Sie gerne, schauen Sie sich gerne Bilder an und lassen sich davon inspirieren? Sind Sie eher kreativ oder pragmatisch, was die Umsetzung von Ideen angeht? Es gibt viele Wege, sich heute zu informieren, im Folgenden stelle ich Ihnen die für eine Hochzeitsplanung wichtigsten vor.

Das Internet

Das Internet bietet heute unendlich viele Möglichkeiten, sich zu informieren. Sie können Dienstleister aller Kategorien recherchieren, sich Anregungen durch die Bildersuche im Web holen oder ganze Konzepte für Hochzeiten downloaden und sich in Foren tummeln, in denen bereits Verheiratete, Brautleute in spe wie auch Dienstleister ihre Kommentare abgeben. Internetseiten wie www.dreamz.de, www.weddix.de, www.euer-hochzeitsplaner.de, www.weddingstyle.de und www.braut.de bieten zahlreiche Anregungen und Möglichkeiten, sich mit anderen Brautleuten auszutauschen. Doch wenn Sie einfach drauflos suchen, ohne sich Gedanken darüber zu machen, wonach Sie suchen, werden Sie schnell überfordert und unter Umständen auch frustriert sein. Auch in Foren tummeln sich gefühlte hunderttausend Menschen, die alle eine andere Meinung haben.

Machen Sie sich vor jeder Recherche Gedanken, was Sie heute recherchieren und wie viel Zeit Sie sich dafür nehmen wollen. Surfen Sie nicht stundenlang, ohne danach Ergebnisse vorweisen zu können. Bereiten Sie sich gezielt vor und sondern Sie aus. Das heißt, in Ihrem gesetzten Zeitlimit sollten Sie zwei, maximal drei Alternativen zu Ihrer jeweiligen Suche recherchieren, die restlichen Ergebnisse eliminieren Sie sofort wieder – glauben Sie mir, Sie werden sonst ordnerweise Ideen sammeln und in wenigen Tagen das Gefühl haben, nicht mehr Herr der Lage zu sein. Oder, im schlimmsten Fall: Sie wissen gar nicht mehr, was Sie eigentlich einmal wollten. Lassen Sie den Rechner im Zweifelsfall also erst einmal aus, auch wenn es schwerfällt.

Hochzeitsmessen

Hochzeitsmessen sind – insbesondere bei Frauen – sehr beliebt. Die zukünftigen Bräutigame gehen in vielen Fällen nur aus Liebe mit und halten den Tag über eher durch, als dass sie tatsächlich Informationen sammeln würden. Wenn es auf einer Messe so etwas wie das Kinderparadies eines großen schwedischen Möbelherstellers – in dem Fall eher mit elektronischer Unterhaltung für Männer – geben würde, sollten Sie Ihren Verlobten dort abgeben. Gibt es nur leider nicht – im Grunde genommen eine klare Marktlücke.

Lassen Sie Ihren Verlobten zu Hause. Sie werden die beste aller Frauen auf der ganzen Welt für Ihren Verlobten sein, glauben Sie mir! Nehmen Sie Ihre Freundin, Trauzeugin oder Mama mit. Nehmen Sie nur jemanden mit, der gewillt ist, den ganzen Tag lang nur für Sie da zu sein, sich die Füße wund zu laufen, Sie zu ermutigen, auch den letzten Stand noch einmal genau anzusehen und sich beraten zu lassen – und die vollgepackten Tüten für Sie zu schleppen.

Vor dem Besuch einer Messe sollten Sie niederschreiben, in welchen Bereichen Sie sich dort informieren wollen. Lesen Sie das Ausstellerverzeichnis und schreiben Sie sich auf, zu welchen Ständen Sie gehen wollen. Weniger ist mehr, also steuern Sie nicht jeden Stand an. Es gibt auch andere Wege, sich zu informieren, es muss nicht für alle Bereiche diese eine Messe sein.

Es gibt Dinge, die auf fast jeder Hochzeit gebraucht werden oder gebucht werden müssen. Das sind neben den Ringen und der Kleidung auch bestimmte Dienstleister wie ein DJ oder ein Fotograf. Auch Locations stellen sich auf Hochzeitsmessen vor und bieten unter Umständen Rabatte für bestimmte Wochentage oder Monate im Jahr an. Konzentrieren Sie sich auf diese Leistungen, damit werden Sie an einem Messetag ausreichend zu tun haben. Welche Artikel und Leistungen Sie auf einer Messe recherchieren wollen, können Sie in einem Hochzeitsmagazin im Vorfeld entsprechend sichten und notieren. Es lohnt sich auch, auf Messerabatte oder besondere Angebote zu achten. In vielen Fällen lässt sich gutes Geld sparen, wenn Sie für die Ringe, den Anzug, das Kleid oder für Dienstleistungen einen Rabatt erhalten.

Hochzeitsmagazine

Hochzeitsmagazine können in Umfang sowie Qualität der Ratschläge und Anregungen für Ihre Traumhochzeit ganz unterschiedlich sein. Oft erscheinen die Magazine vier- bis sechsmal im Jahr und enthalten neben Abbildungen zu Modetrends auf dem Brautkleidermarkt Informationen rund um Dienstleister der Hochzeitsbranche, Erfahrungsberichte ehemaliger Brautpaare und Anregungen zu Themen- oder Mottohochzeiten (mehr Informationen dazu finden Sie in Kapitel 13). Blättern Sie durch diese Magazine, genießen Sie einfach mal die Zeit allein bei einer Tasse Tee oder einem Glas Wein auf der Couch und stöbern Sie, ohne sich Druck zu machen, in genau dieser Zeitschrift etwas Passendes finden zu müssen.

Markieren Sie die Seiten, die hilfreiche Informationen enthalten oder auf denen Sie ein Kleid sehen, das Ihnen besonders gut gefällt. Legen Sie die Zeitschrift wieder weg und blättern Sie wenige Tage später noch einmal darin. Gefällt Ihnen immer noch, was Sie sehen, oder könnten Sie es schon wieder aus der Auswahl entfernen? Wenn ja, machen Sie das!

Wünsche für den Hochzeitstag schriftlich formulieren

Formulieren Sie schriftlich, wie Sie sich Ihren schönsten Tag im Leben vorstellen, ohne sich über ein Budget oder andere Einschränkungen Gedanken zu machen. Wie wäre es, wenn Sie sich hierzu ein Tagebuch, sozusagen ein Hochzeitstagebuch, kaufen? Sie grübeln noch und trauen Sie sich nicht, Ihre Wünsche ohne Limitierungen aufzuschreiben? Haben Sie Angst, Sie könnten »über die Stränge schlagen« und enttäuscht sein, wenn Sie nicht alles so umsetzen können, wie Sie es sich wünschen? – Denken Sie daran: Sie heiraten den Partner Ihrer Träume und Sie haben diese eine Chance, es richtig zu machen, so wie Sie es sich vorstellen.

Es gibt für viele Wünsche Alternativen, die sich auch tatsächlich umsetzen lassen und mit denen Sie sicherlich gut leben können. Sie werden feststellen, dass Sie anfangs alles haben und jedermann einladen wollen. Allerdings werden sich Ihre Wünsche während der Vorbereitungszeit ändern und auch die Gästeliste wird kürzer werden.

1 ➤ Der Heiratsantrag und seine Folgen

Ich nenne es »Antrags-Flash« – nach dem Heiratsantrag sind Sie emotional »geflasht« und nicht ganz Herr Ihrer Sinne. Genießen Sie das Hochgefühl – das gehört dazu. Weisen Sie sich und Ihre Gedanken nicht gleich in die Schranken, sondern schreiben Sie einfach drauflos: Was wollen Sie, was sind Ihre Träume? Sie finden schon wieder zu sich selbst und haben dann keine Probleme, den einen oder anderen Wunsch etwas weiter nach hinten auf die Prioritätenliste zu setzen. Tauschen Sie sich mit Ihrem Partner aus, er wird vielleicht ganz andere Wünsche haben oder Ihnen sind verschiedene Dinge wie ein Brautauto oder auch die Art der Location unterschiedlich wichtig.

 Machen Sie sich neben den allgemeinen Wünschen für den Hochzeitstag auch Gedanken um den Termin, eventuell auch zwei oder drei Alternativtermine, dann sind Sie flexibler, was die Buchung von Locations oder auch Dienstleistern angeht. Vielleicht haben Sie ein konkretes Wunschdatum, an dem Sie heiraten wollen, vielleicht auch erst einmal nur einen Wunschmonat oder eine Wunschjahreszeit.

Notizen helfen Ihnen, sich immer wieder an Ihren Wünschen zu orientieren und nicht das Gefühl zu haben, etwas zu vergessen. Zu diesem Zeitpunkt Ihrer Hochzeitsplanung können Sie sich auch schon Gedanken zu Ihren Flitterwochen machen.

Flitterwochen planen

Manche Wünsche bezüglich der Flitterwochen brauchen mehr zeitlichen Vorlauf als andere und auch hier gilt: Messe- und Frühbucherrabatte erfragen! Entscheiden Sie, ob Sie direkt nach der Hochzeit in die Flitterwochen fliegen oder ob Sie erst einige Wochen oder sogar Monate später den sogenannten Honeymoon genießen wollen. Berücksichtigen Sie bei Ihren Planungen, ob Sie standesamtlich, kirchlich oder frei heiraten wollen. Trennen Sie Standesamt und die kirchliche oder die freie Trauung mehrere Monate voneinander, so stellt sich auch hier die Frage nach dem Wann der Flitterwochen. Wollen Sie lieber direkt nach der standesamtlichen Heirat flittern oder zu einem späteren Zeitpunkt?

Möglichkeiten, sich das Ja-Wort zu geben

Wollen Sie vor dem Gesetz verheiratet sein, einen gemeinsamen Namen tragen und unter Umständen steuerliche Vorteile genießen? Dann müssen Sie sich standesamtlich trauen lassen. In Deutschland gibt es mittlerweile neben den »normalen« Amtsstuben, die oft – aber nicht immer – wenig Romantik ausstrahlen, auch die Möglichkeit, sich bei einer offiziellen Außenstelle des Standesamtes trauen zu lassen.

Doch in dieser ersten Planungsphase ist es für Sie erst einmal nur entscheidend zu überlegen, ob Sie an dem Ort, an dem Sie feiern wollen, auch standesamtlich getraut werden möchten oder ob Sie diese beiden Ereignisse räumlich und zeitlich (an Ihrem Hochzeitstag oder sogar an verschiedenen Tagen) voneinander trennen möchten. Lassen Sie sich von der folgenden Aufzählung inspirieren:

✔ **Ambientetrauorte** sind offizielle Außenstellen des Standesamtes. Das heißt, der Wunsch, standesamtlich vor Ort zu heiraten und dann zu feiern, schränkt Sie in der Auswahl der potenziellen Locations ein, da Sie sich leider keinen Standesbeamten an den Ort Ihrer Träume »bestellen« können. Standesbeamte trauen nur in anerkannten Außentrauorten des jeweiligen Standesamtes. Sie sind neugierig geworden, was genau Ambientetrauorte sind? Dann blättern Sie zu Kapitel 7, dort werden Außen- und Ambientetrauorte ausführlich behandelt.

✔ **Die kirchliche Heirat:** Wenn Sie kirchlich heiraten wollen, ist es zu diesem Zeitpunkt wichtig zu überlegen, wie weit Kirche und Location für die Feier auseinanderliegen dürfen. Wenn Sie eine Location recherchieren, so schauen Sie auch immer, ob es in der Nähe eine Kirche gibt, in der Sie getraut werden können.

Befinden Sie sich durch die Wahl der Location nicht mehr in Ihrer kirchlichen Heimatgemeinde, müssen Sie Formalitäten und Auflagen der jeweiligen Kirche einhalten, die es möglicherweise erschweren oder gar unmöglich machen, eine Kirche in unmittelbarer Nähe zu wählen. Buchen Sie die Location noch nicht. Was alles bei einer kirchlichen Heirat zu beachten ist, finden Sie in Kapitel 8.

✔ **Die freie Trauzeremonie:** Frei zu heiraten stellt für viele Paare eine wundervolle Möglichkeit dar, auch außerhalb der Kirche die Trauzeremonie etwas individueller und auch umfangreicher zu gestalten, als das auf dem Standesamt möglich ist.

Auch hier gilt es, zu diesem Zeitpunkt erst einmal nur zu überlegen, ob Sie sich an dem Ort, an dem Sie feiern, auch frei trauen lassen möchten oder nicht. Diese Frage ist wichtig, da Sie daraufhin die Suchkriterien für die Location anpassen müssen. Ist überhaupt Platz für den Aufbau einer freien Trauung mit all Ihren Gästen? Gibt es einen Plan B, falls es regnen sollte, und ist ausreichend Equipment, wie zum Beispiel Stühle und Bänke, vorhanden? Die freie Trauzeremonie wird in Kapitel 9 ausführlich behandelt.

Traditionen und Sitten anderer Kulturen

Andere Länder, andere Sitten – das gilt natürlich auch für Hochzeiten. Sie werden je nach kulturellem Hintergrund unterschiedlich gefeiert. Es würde sicherlich den Rahmen dieses Buches sprengen, auf jede einzelne Kultur einzugehen, deshalb hier nur einige allgemeine Hinweise.

✔ Wenn Sie Gäste haben, die nicht deutschsprachig sind, ist es immer schön, wenn nicht nur die Trauansprache zweisprachig, sondern auch Elemente der Papeterie, wie zum Beispiel die Einladungskarten, die Menükarten, Traühefte, Tischnamen oder auch die Gastgeschenke zusätzlich in der jeweils gesprochenen Sprache gehalten beziehungsweise gedruckt werden. Falls Sie Dokumente nicht selbst in die entsprechende Sprache übersetzen können, hilft die Suche im Internet nach einer Übersetzungsagentur.

Druckereien in Ihrer Stadt oder auch im Internet sind meist in der Lage, auch fremdsprachige Texte zu drucken. Erkundigen Sie sich vor der Auswahl der Papeterie, ob der Druck in einer fremden Sprache möglich ist und, wenn dies extra berechnet wird, wie viel es kostet. Entscheiden Sie dann, ob es sinnvoll ist, den Mehraufwand in Kauf zu nehmen.

✔ Mehrsprachige Redner für freie Trauzeremonien können zum Beispiel über eine professionelle Agentur für Hochzeitsplanung wie unter www.agentur-traumhochzeit.de oder auf www.unser-freier-redner.de gebucht werden. Etwas schwieriger gestaltet sich die Suche nach mehrsprachigen Pastoren oder Pfarrern. Wenden Sie sich zuerst an Ihr Heimatpfarramt und sprechen Sie offen über Ihre Wünsche, die Rede neben der deutschen Sprache auch in einer anderen Sprache gestalten zu wollen.

✔ Auf einigen Festen ist es üblich, traditionelle Musik zu spielen oder auch einen Moderator zu engagieren. Lassen Sie sich für die musikalische Begleitung Hörproben und zwei bis drei Referenzen schicken. Sprechen Sie mit Brautpaaren, auf deren Hochzeiten der Dienstleister schon dafür engagiert war. Hörproben garantieren, dass die Musikrichtung in der Qualität gespielt wird, wie Sie es sich wünschen.

Prioritäten bei den Wünschen setzen

Nachdem Sie sich einmal ganz ohne Einschränkungen Ihrer Fantasie und Ihren Wünschen hingegeben haben, lassen Sie die Liste ein paar Tage liegen. Nehmen Sie sich dann beide mindestens einen Abend Zeit und besprechen Sie bei einem Glas Wein in Ruhe, welche Punkte Ihnen auf Ihrer Liste besonders wichtig sind. Setzen Sie Prioritäten. Streichen Sie nichts von der Liste, sondern schreiben Sie Ihre Gedanken und Wünsche in der Reihenfolge auf, in der Ihnen die einzelnen Punkte rund um die Hochzeit am wichtigsten erscheinen.

Wichtig ist, dass Sie beide Ihre Wünsche miteinander kombinieren und gleichwertig behandeln. Werten Sie die Wünsche des anderen nicht ab, nur um Ihre eigenen weiter oben zu platzieren. Nehmen Sie Rücksicht auf Ihren Partner und gehen Sie Kompromisse ein. Willkommen im Vorstadium der Ehe!

Ein Budget festlegen

Nun ist es an der Zeit, sich erste Gedanken über das Budget zu machen und grob dessen Höhe festzulegen. Es geht noch nicht darum, genau festzuschreiben, für welche Bereiche Sie welches Budget einplanen. Das können Sie zu diesem Zeitpunkt noch gar nicht, denn Sie können sicherlich noch nicht abschätzen, wie die Hochzeit im Detail aussehen wird und welche Kosten Sie für die einzelnen Bereiche ansetzen sollten.

In dieser Planungsphase geht es darum, das Sparschwein zu knacken. Überlegen Sie, wie viel Vorlaufzeit Sie noch bis zur Hochzeit haben. Was können Sie in dieser Zeit noch ansparen? Haben Sie getrennte Konten oder schon ein gemeinsames Sparkonto, das Sie für die Hochzeit auflösen wollen. Wie viel Geld würde hier zusammenkommen? Überlegen Sie auch, ob Sie von den Gästen Geld oder doch lieber Geschenke bekommen möchten? Wie sieht es mit Ihrer Familie aus? Können Sie davon ausgehen, dass Sie von der Familie finanziell unterstützt werden? Sprechen Sie offen darüber, nur so können Sie das Budget festlegen. Es steht Ihnen auch die Möglichkeit eines Kleinkredits offen. Besprechen Sie gemeinsam, wie hoch der Kredit sein soll, welche Rate Sie monatlich aufbringen können, um den Kredit zurückzuzahlen, vergleichen Sie anschließend Angebote Ihrer Hausbank oder anderer Banken. Wenn Sie unsicher sind, wenden Sie sich an Ihre Verbraucherzentrale vor Ort.

Eine Gästeliste erstellen

Wer soll an Ihrem großen Tag an Ihrer Seite sein? Vielleicht haben Sie schon angefangen, die Namen Ihrer Gäste zu Papier zu bringen und stellen dabei fest, dass die Zahl der Gäste plötzlich viel höher ist, als Sie anfangs dachten. Es gehört sich doch, die Nachbarn einzuladen, oder? Was machen Sie mit Ihren Arbeitskollegen oder mit Onkel Wilfried, zu dem Sie schon seit Jahren keinen Kontakt haben, an dem aber Ihre Mutter sehr hängt? All diese Menschen stehen zunächst einmal auf Ihrer Gästeliste.

Sie haben grundsätzlich zwei Möglichkeiten: Entweder Sie verfolgen Plan A, das bedeutet, dass Sie ohne Wenn und Aber Gäste von der Liste streichen, oder Sie entscheiden sich für Plan B, den Polterabend. Führen Sie zunächst am besten eine Zu- und Absagenliste und laden Sie unter Umständen Gäste nach, wenn Ihnen mehr Absagen als erwartet ins Haus flattern – es weiß ja niemand, dass er »Nachrücker« ist, wenn Sie ihn nicht allzu spät einladen. Sollte Ihnen Plan A danach noch Bauchschmerzen bereiten – denn Sie sind einfach nicht so gut darin, rigoros Gäste von der Liste zu streichen –, schreiten Sie zu Plan B, dem Polterabend. Blättern Sie zu Kapitel 10, dort finden Sie die passende Lösung für Ihr »Gästeproblem«. Ein Polterabend ist nicht nur eine elegante, sondern auch für Sie als Brautpaar eine angenehme Lösung (noch ein Anlass zu feiern!).

Unterstützung bei der Hochzeitsplanung

Bevor Sie mit der Planung anfangen, überlegen Sie sich gut, wie viel Zeit Sie selbst investieren können, um den Tag so zu gestalten, wie Sie es sich wünschen.

 Arbeiten Sie viel und lange, ist die Vorlaufzeit bis zum Hochzeitstag nur noch ein knappes Jahr? Haben Sie schon Kinder oder haben Sie Hobbys, die zeitintensiv sind? Dann sollten Sie sich Unterstützung holen.

Fragen Sie im Familien- oder Freundeskreis, wer Lust und vor allem Zeit hat, sich an den Vorbereitungen für die Hochzeit zu beteiligen oder Sie am Hochzeitstag zu unterstützen. Vergessen Sie dabei jedoch nicht, dass Ihre Helfer, genau wie Sie, wahrscheinlich zum ersten Mal eine Hochzeit planen. Sagen Sie offen, in welchen Bereichen und in welcher Form Sie sich Hilfe wünschen und auch, dass Sie Kritik üben möchten, wenn es nicht so läuft, wie Sie es sich vorgestellt haben. Sprechen Sie auch an, was Sie selbst umsetzen möchten.

Belasten Sie keine Freundschaften oder Ihre Familie mit Zwistigkeiten rund um die Planung. Denken Sie dann lieber darüber nach, einen professionellen Hochzeitsplaner zu engagieren. In Deutschland ist der Beruf des Hochzeitsplaners noch nicht so bekannt wie in den USA, doch in den letzten Jahren haben sich immer mehr Paare auch in Deutschland für professionelle Hilfe entschieden. Hochzeitsagenturen gibt es in manchen Regionen wie Sand am Meer und die Brautpaare haben die Qual der Wahl.

Agenturhonorare können ganz unterschiedlich ausfallen. Gehen Sie von einer professionellen Agentur für Hochzeitsplanung aus und lassen Sie sich von Beginn bis zu Ihrem großen Tag planerisch begleiten, können Sie in der Regel von einem Honorar von etwa 15 Prozent des

1 ➤ Der Heiratsantrag und seine Folgen

Hochzeitsbudgets netto ausgehen, das heißt plus 19 Prozent gesetzliche Mehrwertsteuer. Agenturen, die schon lange am Markt agieren, wissen, wie viel Arbeit und Verantwortung bei einer Hochzeitsplanung anstehen und wie hoch das dafür anzusetzende Honorar ausfallen muss, um dem Planungsaufwand gerecht zu werden. Individuelle Angebote lassen sich in der Regel ohne Problem ausstellen. Fragen Sie Ihren Hochzeitsplaner, bei dem Sie ein gutes Gefühl nach dem ersten, kostenlosen Gespräch hatten.

Den passenden Hochzeitsplaner wählen

Wie wählen Sie den für Sie passenden Hochzeitsplaner aus? Achten Sie darauf, ob der Internetauftritt professionell gestaltet ist. Telefonieren Sie vorab mit dem Planer und fragen Sie, ob ein unverbindliches und für Sie kostenloses Gespräch möglich ist. Wie lange gibt es die Agentur bereits und wie viele Hochzeiten hat sie schon geplant? Gibt es Referenzen, die Sie von der Professionalität und Qualität überzeugen? Stimmt beim ersten Gespräch die Chemie zwischen Ihnen und dem Planer und welche Angebote können Ihnen unterbreitet werden? Sind Teilplanungen möglich? Können Sie sich vorstellen, diesen Planer für die nächsten Monate oder ein Jahr lang an Ihrer Seite zu haben? Wenn ja, steht einer Zusammenarbeit nichts mehr im Wege. Ein Hochzeitsplaner kann Ihnen Sicherheit geben und nimmt Ihnen unangenehme Aufgaben, wie zeitaufwendige Recherchen oder die Buchung von Dienstleistern, ab. Unter www.agentur-traumhochzeit.de finden Sie Deutschlands größte Agentur für Hochzeitsplanung. Einen Planer in Ihrer Nähe ausfindig zu machen, sollte somit kein großes Problem darstellen.

Zeitlicher Vorlauf

Eine Hochzeit feiern Sie nur einmal im Ihrem Leben – in der Location Ihrer Wahl und zu der Jahreszeit, die zu Ihren Vorstellungen passt. Dafür müssen Sie sich an bestimmte Vorlaufzeiten halten, um auf dem Standesamt Ihren Wunschtermin zu reservieren und die Location zu buchen, die Ihren Wunschtermin noch frei hat.

Anmeldung zur Eheschließung

Grundsätzlich können Sie sich auf dem Standesamt sechs Monate vor Ihrem Wunschtermin offiziell zur Eheschließung anmelden. Bestimmte Ambientetrauorte nehmen Reservierungen schon weit vor diesem Termin an, so haben Sie sich diesen besonderen Ort schon einmal rechtzeitig gesichert.

Um sich auf dem Standesamt anzumelden, benötigen Sie Unterlagen, die nicht älter als sechs Monate sind. Wenn Ihr Hauptwohnsitz in der Stadt ist, in der Sie standesamtlich heiraten wollen, Sie volljährig sind, die deutsche Staatsangehörigkeit besitzen und noch nicht verheiratet oder verpartnert, also gleichgeschlechtlich verheiratet waren, müssen Sie folgende Unterlagen zur Anmeldung zur standesamtlichen Trauung mitbringen: Sowohl bei der Anmeldung zur Eheschließung als auch bei der Eheschließung an sich müssen Sie einen *gültigen Personalausweis oder Reisepass* vorlegen. Schauen Sie jetzt vielleicht einmal nach, wie lange Ihre Ausweise

43

noch gültig sind. Zudem müssen Sie eine *beglaubigte Kopie Ihrer Geburtsurkunde* und bei ausländischen Urkunden eine Übersetzung eines staatlich anerkannten Übersetzers mitbringen. Urkunde und Übersetzung müssen Sie bei der Anmeldung im Original vorlegen. Eine beglaubigte Kopie Ihrer Geburtsurkunde erhalten Sie bei dem Standesamt Ihres Geburtsortes.

Kinder und die Anmeldung zur Eheschließung

Haben Sie schon ein gemeinsames Kind, benötigt das Standesamt die Geburtsurkunde, in der Sie *beide* als Eltern eingetragen sind. In Deutschland muss die Geburt eines Kindes innerhalb einer Woche schriftlich angezeigt werden. Wenn Ihr Kind in einem Krankenhaus geboren wurde, zeigt dieses die Geburt beim Standesamt in der Regel vor Ort automatisch an beziehungsweise bietet Ihnen diesen Service an. Sie können Ihr Kind auch selbst in der Stadt der Geburt anmelden. Gleiches gilt für eine Geburt im Geburtshaus. Eine mündliche Anzeige der Geburt an das Standesamt durch die Mutter ist nur bei einer Hausgeburt erforderlich.

In der Geburtsurkunde muss der Vater nicht automatisch eingetragen werden, jedoch müssen Sie die Geburtsurkunde Ihres Kindes beziehungsweise Ihrer Kinder bei der Anmeldung zur Eheschließung vorlegen. Ist der Vater des Kindes nicht in der Urkunde aufgeführt, müssen Sie einen *Nachweis über die Vaterschaftsanerkennung* vorlegen. In besonderen Ausnahmefällen, in denen der Vater nicht bekannt ist, sprechen Sie vorher mit Ihrem Standesbeamten, welche Besonderheiten Sie beachten müssen.

Gesetze und Bestimmungen können sich in manchen Fällen schnell ändern, sodass Sie am besten immer eine aktuelle Information vom Standesamt einholen, bei dem Sie sich auch zur Trauung anmelden müssen, also dem Standesamt an dem Ort, an dem Sie gemeldet sind. Eine Kopie der Geburtsurkunde erhalten Sie bei dem Standesamt, bei Sie die Urkunde nach der Geburt Ihres Kindes abgeholt haben, Ihr Kind nach der Geburt somit auch angemeldet haben. Sie können die Urkunde abholen oder auch ein Familienmitglied wie die Oma oder den Opa oder auch eine enge Freundin mit einer entsprechenden Vollmacht schicken.

 Denken Sie auch an Ihre Hochzeitsreise. Beantragen Sie bei der Anmeldung zur Ehe einen Reisepass mit Ihrem neuen Namen. Der Ausweis kann Ihnen bei der Eheschließung durch den Standesbeamten gleichzeitig mit der Heiratsurkunde ausgehändigt werden. Vergessen Sie nicht, ein oder vielleicht auch gleich zwei biometrische Passfotos zur Anmeldung mitzunehmen. Neben dem Reisepass können Sie auch einen neuen Personalausweis beantragen, vorausgesetzt, Sie nehmen einen anderen Nachnamen an.

Es gibt Fälle, in denen weitere Unterlagen auf dem Amt vorgelegt werden müssen. Vielleicht ist einer von Ihnen nicht in der Stadt angemeldet, in der Sie heiraten wollen. Dann benötigen Sie eine Aufenthaltsbescheinigung Ihres Hauptwohnsitzes, die Sie bei Ihrer Meldebehörde beantragen können.

1 ➤ Der Heiratsantrag und seine Folgen

Waren Sie schon einmal verheiratet oder verpartnert, benötigen Sie zusätzlich eine beglaubigte Kopie des Eheregisters Ihrer letzten Ehe mit Auflösungsvermerk. Wenn die Ehe erst vor Kurzem aufgelöst wurde, brauchen Sie anstelle der beglaubigten Kopie Ihr rechtskräftiges Scheidungsurteil beziehungsweise eine Kopie des Auflösungsvermerks bei Verpartnerung. Diese Kopie aus dem Eheregister erhalten Sie beim Standesamt Ihres damaligen Heiratsortes beziehungsweise dort, wo Ihre Partnerschaft eingetragen wurde. Erkundigen Sie sich vor der Anmeldung auf dem Standesamt telefonisch, welche Unterlagen vorgelegt werden müssen. Informieren Sie sich rechtzeitig, so ersparen Sie sich neben verlorener Zeit auch Frust – und den können Sie bei den Vorbereitungen auf Ihren großen Tag wirklich nicht gebrauchen!

 Auch für eine kirchliche oder freie Trauzeremonie sollten Sie sich an bestimmten Vorlaufzeiten orientieren. Bedenken Sie, dass viele Brautpaare an einem Samstag heiraten wollen und davon gibt es nicht allzu viele in der Hochsaison von April bis Ende September. Vorlaufzeiten für die Anmeldung in einer bestimmten Kirche von bis zu einem Jahr sind heute die Regel. Erkundigen Sie sich in Ihrem zuständigen Pfarramt, mit welchem zeitlichen Vorlauf Sie rechnen sollten.

In manchen Fällen wird man Sie vertrösten und Ihnen einen späteren Zeitpunkt nennen, an dem Sie sich für die Trauung anmelden können. Merken Sie sich diesen Termin vor, um dann die Ersten zu sein, die sich für ihren Wunschtermin und auch für ihre Wunschuhrzeit eintragen lassen. In manchen Fällen mag Ihr Wunschtag nämlich noch frei sein, nicht aber die passende Uhrzeit. Frühe Uhrzeiten sind für die organisatorischen Abläufe an Ihrem Hochzeitstag eher unglücklich. Überlegen Sie, ob Sie um 6 Uhr aufstehen wollen, damit Sie um 10 Uhr in der Kirche sind, die Gäste dann den ganzen Tag unterhalten müssen oder eine Unterbrechung bis zur Feier am Abend in Kauf nehmen wollen. Eher nicht, oder?

Eine freie Trauzeremonie kann zwar grundsätzlich an jedem Ort Ihrer Wahl stattfinden, das heißt, hier müssen Sie keine offiziellen Vorlaufzeiten wie auf dem Standesamt oder dem Pfarrheim berücksichtigen. Allerdings sollten Sie nicht vergessen, dass Sie die passende Location finden und auch den entsprechenden Redner buchen müssen. Auch diese Buchung können und sollten Sie so früh wie möglich in Angriff nehmen, denn auch hier gilt: Jeder freie Redner oder Theologe kann meist nur ein oder zwei Brautpaare an einem Tag annehmen. Mit anderen Worten bleiben auch hier nicht viele beliebte Samstagstermine übrig, an denen ein entsprechend gefragter Redner noch gebucht werden kann. (Mehr Informationen zur Wahl eines freien Redners finden Sie in Kapitel 9.) Freie Redner und Theologen, die über ganz Deutschland verteilt Brautpaare verheiraten, finden Sie unter anderem unter www.agentur traumhochzeit.de im Bereich »Freie Trauung« oder auch unter www.unser-freier-redner.de.

Buchung der Location und Dienstleister

Die Vorausbuchung einer Hochzeitslocation ist fast das Wichtigste bei der Planung. Denn viele Hochzeitslocations sind schon ein Jahr oder länger im Voraus ausgebucht. Bleiben Sie flexibel und denken Sie über alternative Trau- oder Feiertermine nach. Sie können viel Geld sparen, wenn Sie auf einen Donnerstag oder Sonntag ausweichen. In Deutschland wird überwiegend an Samstagen oder Freitagen gefeiert. Für eine Hochzeitsfeier dürfen Sie erwarten, dass sich Ihre Gäste, wenn Sie sie rechtzeitig einladen, auch ein oder zwei Tage Urlaub nehmen. Wem Ihre Hochzeit das nicht wert ist, den wollen Sie vielleicht auch nicht unbedingt dabeihaben.

Lassen Sie so früh wie möglich eine Option für Ihren Wunschtermin eintragen. In der Regel können diese Optionen zwei Wochen kostenlos von den Locations oder den Dienstleistern gehalten werden. Innerhalb dieser Zeit sollten Sie sich dann für oder gegen eine Location oder einen Dienstleister entschieden haben. Vergessen Sie nicht, auch diejenigen zu benachrichtigen, deren Angebot Sie nicht gewählt haben. Termine werden sonst unnötig weiterhin für Sie blockiert, obwohl Sie bereits eine andere Entscheidung getroffen haben. In der Zeit, in der Sie die Option halten, haben Sie noch Zeit, sich Alternativen anzusehen, und können eine feste Buchungszusage dann auch noch etwas später tätigen.

Ihr erster Gedanke, wenn Sie sich als Brautpaar mit Ihrem Liebsten oder Ihrer Liebsten sehen, ist sicherlich Sonne, Sommer, Sonnenschein. Eine Winterhochzeit kann jedoch auch charmant sein und oft stehen in den Wintermonaten noch viele Termine zur Verfügung, die Sie bei der Planung flexibler machen. Bedenken Sie auch mögliche Preisvorteile. So gibt es Locations, die einen Rabatt auf Hochzeitsfeiern an bestimmten Tagen oder in bestimmten Monaten geben – vielleicht investieren Sie das so gesparte Geld wieder in ein etwas ausgefalleneres Reiseziel für Ihre Hochzeitsreise.

Die Vorteile, die für Locations an Terminen außerhalb der Hoch- oder Lieblingssaison »Sommer« gelten, können grundsätzlich auch auf die beliebten Dienstleister der Hochzeitsbranche übertragen werden. Gehen Sie davon aus, dass jeder Dienstleister nur einen Termin pro Tag vergibt. Mit anderen Worten, der Top-Fotograf oder der Videograf, der als Einziger bewegte Emotionen festhalten kann, oder auch die Band oder der DJ, die beziehungsweise der für die Partystimmung auf Ihrer Hochzeit sorgt, ist ungefähr genauso schnell ausgebucht wie die Location. Auch hier gilt: Fragen Sie nach Vorzugspreisen, wenn es sich um eine weniger beliebte Jahreszeit oder einen anderen Tag als Freitag oder Samstag handelt. Sie werden überrascht sein, welch hohes Einsparpotenzial Sie auch hier finden werden.

Das Hochzeitsbudget und wie man es einhält

In diesem Kapitel
- Kostengruppen für die Planung bilden
- Wichtiges vor Vertragsabschluss
- Möglichkeiten, Kosten einzusparen

In diesem Kapitel geht es um die Frage, wie Sie die Kosten für Ihre Hochzeit realistisch einschätzen, sich an Ihr Budget halten und Alternativen finden, mit denen Sie Kosten sparen können.

Kostengruppen bilden und Listen erstellen

Hilfreich ist es, alle geplanten Kostenpunkte schriftlich festzuhalten. Um aber später nicht vor einer riesigen und unübersichtlichen Excel-Tabelle zu stehen, die von den kleinsten Ausgaben bis zu den größten Kostenpunkten alles enthält, sollten Sie Kostengruppen beziehungsweise Themenbereiche für die einzelnen Ausgaben rund um Ihre Hochzeit bilden. So finden Sie auch einzelne Positionen schneller wieder. Im Folgenden erkläre ich Ihnen, wie Sie mithilfe einer oder mehrerer Listen arbeiten können.

In Anhang A finden Sie mehrere Tabellen mit Kostengruppen, die quasi »universell« anwendbar sind. Sie können diese Tabellen so übernehmen oder auch an Ihre individuelle Planung anpassen: Fügen Sie weitere Bereiche hinzu oder löschen Sie diejenigen, die Sie nicht benötigen. Aktualisieren Sie regelmäßig Ihre Daten und Zahlen. Die beste Tabelle wird Ihnen keine Hilfe sein, wenn Sie sie einmal mit viel Mühe erstellt, aber danach nie wieder aktualisiert haben.

Bedenken Sie, dass Sie einige Kostenblöcke kopieren und zweimal in Ihrem Budgetplan ansetzen müssen, wenn Sie standesamtlich und danach kirchlich oder frei heiraten.

Für jeden Kostenpunkt gibt es eine Spalte für die geplanten Kosten und eine Spalte für die tatsächlichen Kosten. Es wird ein bisschen Recherchearbeit erfordern, um Werte in die »Geplant-Spalte« einsetzen zu können, da es hier regional und abhängig vom Anbieter sehr große Unterschiede geben kann.

Denken Sie an Ihre Prioritätenliste: Was war Ihnen beiden besonders wichtig und in welchen Bereichen könnten Sie auch auf etwas verzichten oder sich mit Alternativen zufriedengeben?

Sie müssen den Budgetplan nicht an einem Tag ausfüllen, sollten sich jedoch einen Termin setzen, bis wann Sie Ihre Zahlen beisammenhaben wollen. Erst dann fangen Sie mit konkreten Schritten an, denn nur so haben Sie von Beginn an die Planungssicherheit, die Sie für eine stressfreie Vorbereitung brauchen. Wenn Sie sich gut informiert und genaue Vorstellungen von Ihrem Budget haben, werden Sie sicherer in den ersten Verhandlungen mit Dienstleistern oder auch Locations sein oder – sofern nötig – eben auch in der Lage sein, dankend abzulehnen und nach Alternativen zu suchen.

Für jeden Bereich habe ich zudem die Zeile »Kostenpuffer« eingesetzt. Sobald Sie die Summe, also das Gesamtbudget Ihrer Feier, kalkuliert haben, rechnen Sie noch einen Kostenpuffer ein. Freuen Sie sich, wenn Sie hier und da unter Ihrem Budget bleiben. Nutzen Sie den nicht genutzten Puffer dann, um sich in anderen Bereichen etwas mehr zu gönnen, oder legen Sie das Geld beiseite, um es für die Flitterwochen auszugeben. Rechnen Sie nicht von Beginn an auf den Cent genau – das ist so gut wie unmöglich.

Verträge abschließen

Zur Zeit unserer Urgroßeltern oder auch noch der Großeltern zählte ein Handschlag als gültiger Vertrag. Das Wort wurde nicht gebrochen und man war sich auch so fast immer einig. Heute ist das in anderen Ländern und Kulturen vielleicht noch so umsetzbar – in Deutschland sollten Sie, vor allem was Vereinbarungen zu Ihrer Hochzeit angeht, jedoch immer schriftliche Verträge abschließen.

Vereinbarungen schriftlich festlegen

Nicht jeder Dienstleister oder jeder Inhaber einer Location wird Ihnen von sich aus einen Vertrag anbieten. Auf der Suche nach der passenden Location wie auch beim Einholen erster Angebote werden Sie schnell merken, dass sich Informationsmaterialien und die Vertragsunterlagen, die man Ihnen bei einer festen Zusage zur Verfügung stellt, oft deutlich voneinander unterscheiden.

Von einigen Locations bekommen Sie umfangreiche und zuverlässige Unterlagen, die Sie gründlich lesen und – wenn alles wie verabredet und zu Ihrer Zufriedenheit ist – unterschreiben und zurücksenden sollten. Machen Sie sich von jedem Vertrag eine Kopie und legen Sie einen Hochzeitsordner oder eine Hochzeitsmappe an, in der Sie – ähnlich wie in der Tabelle zum Budget – Themenfelder bilden und die Unterlagen abheften.

Manchmal bekommen Sie keine oder nur sehr dürftige Vertragsunterlagen, die Ihnen rechtlich kaum Sicherheit geben und wenig darüber aussagen, welche Absprachen Sie getroffen haben. Die Location inklusive Essen und Getränke wird erfahrungsgemäß den größten Kostenblock Ihrer Hochzeitsfeier einnehmen. Zudem müssen Sie hier die meisten Entscheidungen treffen, die sich wiederum auf die Kosten für die abendliche Feier auswirken können, also ist besonders hier ein aussagekräftiger Vertrag wichtig.

Mit Dienstleistern verhält es sich ähnlich. Lesen Sie genau, was Sie bei den jeweiligen Dienstleistern gebucht haben. Nehmen wir als Beispiel einen Fotografen. Schon bei den ersten Recherchen werden Sie feststellen, dass es Hochzeitsfotografen wie Sand am Meer gibt. Welcher

2 ▶ Das Hochzeitsbudget und wie man es einhält

ist nun der richtige für Sie und welcher bietet ein angemessenes Preis-Leistungs-Verhältnis an? Legen Sie Wert auf ein Fotobuch oder darauf, alle Bilder in digitaler Form zu bekommen? Meiner Meinung nach ist das kein besonders gutes Kriterium, einen Fotografen auszuwählen. Als Brautleute wollen Sie sich später doch nicht Tausende von Fotos ansehen, oder? Wollten Sie nicht lieber eine »Best-of-Auswahl« gemeinsam anschauen, die vielleicht sogar schon manuell bearbeitet ist und wo Sie stets wunderbar aussehen? Wägen Sie ab und lesen Sie die Konditionen genau. Stellen Sie Fragen, wenn Ihnen etwas nicht ganz klar ist.

Nicht im Preis enthalten: Kostenfallen

Welche überraschenden Kosten oder gar Kostenfallen können Sie mit einer entsprechenden Vereinbarung umgehen? Da Sie individuell entscheiden, welche Dienstleister Sie auf Ihrer Hochzeit buchen, kann ich hier unmöglich alle Eventualitäten aufzeigen. Ich will Ihnen jedoch die wichtigsten Punkte nennen.

Nehmen wir zum Beispiel die Getränke, die auf Ihrer Hochzeit serviert werden sollen. Sie haben oft die Wahl zwischen einer *Getränkepauschale* oder der Abrechnung der Getränke nach Verbrauch. Überlegen Sie mit Ihrem Partner, wie trinkfest Ihre Gäste sind. Wird erfahrungsgemäß viel und lange Alkohol getrunken, sollten Sie eine Pauschale wählen, die Ihnen von Beginn an Kostensicherheit gibt. Haben Sie eher Verwandte, Bekannte und Freunde, die sich an ihr Wasserglas klammern und nur zum Anstoßen ein Gläschen Sekt in die Hand nehmen, wählen Sie lieber die Abrechnung nach Verbrauch.

In einer Getränkepauschale sind oft Softgetränke, eine Auswahl an Bieren, Weinen und Kaffee enthalten. Wollen Sie Aperitifs oder Digestifs servieren, überlegen Sie im Vorfeld, ob Sie diese limitieren wollen, also nur zwei oder drei bestimmte Sorten anbieten. Schnaps-Pinnchen, also kleine Gläser, in denen hochprozentiger Alkohol wie Absacker oder Magenbitter serviert wird, sind oft sehr teuer und können kostentechnisch schnell aus dem Ruder laufen. Viele Gäste stellen ihr halb leer getrunkenes Glas auch irgendwo ab, wissen später nicht mehr genau, welches ihres war, und bestellen sich dann lieber ein neues Getränk. Leider kann genau das die Endabrechnung in die Höhe treiben. Auch ist das Personal nicht immer bis zum Schluss der Veranstaltung ohne Zusatzkosten für Sie im Einsatz, in den vereinbarten Zahlungen ist das Personal in vielen Fällen bis Mitternacht oder 1 Uhr in der Früh gebucht, danach zahlen Sie pro Servicekraft entsprechend nach oder es wird eine Stundenpauschale berechnet.

 Fragen Sie auch nach, ob Dinge wie Tischdecken, Gläser, Besteck und Teller extra berechnet werden oder ob dies in dem angegebenen Preis für das Essen enthalten ist – nicht dass Sie fälschlicherweise annehmen, es sei automatisch enthalten, weil Sie die Location vor Ort so ausgestattet gesehen haben. In manchen Fällen wird eine Nebenkostenpauschale pro Person erhoben. Fünf Euro pro Person mag sich erst nicht viel anhören, aber bei 100 Personen machen das noch mal zusätzlich 500 Euro aus.

Wie sieht es mit der Dekoration im Raum aus? Sie haben sich den Raum vielleicht in eingedecktem Zustand angesehen, das heißt mit allerhand Blumendekoration auf den Tischen, hohen Kerzenleuchtern in den Fensternischen und mit schöner Beleuchtung, die den Raum wunderbar romantisch wirken ließ. Sind diese Elemente im Preis inbegriffen oder müssen Sie

49

die Stuhlhussen mit den Schleifen und auch die Kerzenleuchter extra anmieten? Stuhlhussen können bis zu 12 Euro das Stück kosten und auch Kerzenleuchter kosten zwischen 5 und 25 Euro Miete.

Hier helfen Ihnen die Budgetlisten aus Anhang A weiter, in denen Sie abhaken, welche Artikel und Leistungen im Angebot der Location abgedeckt sind und um welche Sie sich selbst kümmern und damit auch extra in Ihr Budget einplanen müssen. In Anhang C finden Sie Fragenkataloge, die Ihnen helfen, die richtigen Fragen in der Location beziehungsweise bei Dienstleistern zu stellen.

Schreiben Sie mit, wenn Sie mit den Pächtern, Serviceleitern oder sonstigen Verantwortlichen der Location oder auch mit anderen Dienstleistern sprechen und (Zusatz-)Vereinbarungen treffen. Sie beide wissen in wenigen Wochen vielleicht nicht mehr genau, wer was gesagt oder welche Zusagen getroffen hat. Schicken Sie eine E-Mail mit dem Besprochenen und lassen Sie sich die Eckpunkte noch einmal schriftlich bestätigen. Drucken Sie die E-Mail aus und heften Sie sie zu den Unterlagen in Ihrem Hochzeitsordner oder legen Sie sie in Ihrem E-Mail-Ordner ab.

AGB, Rücktrittskosten und Anzahlungen

Wenn Sie einen Vertrag unterschreiben, gibt es auch immer *allgemeine Geschäftsbedingungen*, kurz AGB. Sie sind oft sehr klein geschrieben und eher langweilig zu lesen. Langweilig heißt aber noch lange nicht unwichtig, denn oft verstecken sich hier wichtige Klauseln, die Sie im Nachhinein Geld kosten können (schauen Sie dazu auch in den Abschnitt »Nicht im Preis enthalten: Kostenfallen« weiter vorn in diesem Kapitel). Nehmen Sie sich die Zeit (und vielleicht eine Lupe), um auch diese Zeilen zu lesen und nachzufragen, wenn Ihnen etwas nicht ganz klar ist. Beachten Sie außerdem Folgendes:

- ✔ *Anzahlungen* sind nicht immer fällig – sei es für die Reservierung einer Location oder bei der Buchung eines Dienstleisters für Ihre Hochzeit. Im Zuge der Buchung einer Location können Sie in der Regel von einer Reservierungspauschale ausgehen, die unterschiedlich hoch ausfällt. Mit der Anzahlung reservieren Sie Ihr Wunschdatum dann verbindlich. Ähnlich kann es sich bei Dienstleistern der Hochzeitsbranche verhalten. In der Regel zahlen Sie deren volle Leistungen erst nach der Feierlichkeit, also nachdem die Leistung erbracht wurde.

- ✔ *Stornokosten* werden ebenfalls sehr unterschiedlich gehandhabt. Eine Location mag eine Ausfallpauschale oder auch Stornokosten dann erheben, wenn sie den Termin, der von Ihnen verbindlich reserviert und danach wieder abgesagt wurde, nicht mehr neu belegen kann. Gleich verhält es sich mit Zimmern, die Sie vorab in einem Hotel verbindlich gebucht haben. Merken Sie sich in jedem Fall auch, bis zu welchem Zeitraum vor der Hochzeit Sie die Möglichkeit haben, die Gästezahl in der Location beziehungsweise beim Caterer anzupassen. Wenn Sie eine Pauschale von 80 Euro pro Person kalkuliert und vereinbart haben und fünf Personen weniger kommen als angemeldet, dann zahlen Sie letzten Endes schon 400 Euro ohne entsprechende Gegenleistung. Für dieses Geld können Sie sich eine Menge anderer Dinge leisten.

Dienstleister, denen Sie abgesagt haben und die dann keinen neuen Auftrag mehr bekommen, können ebenfalls Stornokosten verlangen. Aber auch diese Besonderheit muss vertraglich fixiert sein, sonst müssen Sie keine Rechnung erwarten. Sofern Sie eine Anzahlung geleistet haben, kann es ohne schriftliche Fixierung schwierig werden, sie wieder zurückzubekommen.

Für Ihre Finanzplanung, also wann Sie welche Zahlungen tätigen müssen, ist nicht ganz unwichtig, zu welchem Zeitpunkt Sie die jeweiligen Rechnungen der Dienstleister oder die der Location begleichen müssen, insbesondere dann, wenn Sie mit dem geschenkten Geld der Gäste ein paar der offenen Rechnungen bezahlen wollen.

Da freut sich das Sparschwein

Auch wenn Sie zu jedem Bereich Kostenpuffer eingeplant haben, soll Sie das natürlich nicht davon abhalten, günstige und dennoch schöne Alternativen zu finden, um Kosten zu sparen. Oft geraten Paare in einen wahren Rausch, wenn es darum geht, Artikel oder Leistungen für die Hochzeit zu kaufen oder zu buchen.

Unterscheiden Sie zwischen den Dienstleistern, mit denen Sie eng zusammenarbeiten, wie neben dem Fotografen auch dem Redner oder dem Videografen, und zwischen denen, die zwar ebenso wichtig sind, die Chemie zwischen Ihnen jedoch nicht ganz so wichtig ist. Ein DJ muss in erster Linie gute Musik und gute Stimmung machen können. Ob Sie menschlich auf einer Wellenlänge sind, spielt da eine eher untergeordnete Rolle.

Vergleichen Sie nie »Äpfel mit Birnen«. Vergleichen Sie immer nur miteinander vergleichbare Leistungen. Onkel Otto, der gerne fotografiert, ist sicherlich günstiger als der professionelle Fotograf, hat aber nicht die entsprechende Ausrüstung und auch keine Möglichkeiten, Bilder nachzubearbeiten. Überlegen Sie, welche Leistungen Sie erwarten dürfen und welcher Preis hierfür angemessen ist.

Mieten statt kaufen

Viele Artikel, die Sie für den schönsten Tag im Leben brauchen, müssen Sie nicht kaufen. Mit den meisten Dingen könnten Sie im Nachhinein kaum noch etwas anfangen, zumindest nicht in so großen Mengen. Vor allem Dekorationsartikel und Artikel rund um die Trauung sollten Sie sich bei entsprechenden Anbietern ausleihen. So müssen Sie keinen weißen oder roten Teppich kaufen, leihen Sie ihn aus und lassen Sie den Teppich auch gleich professionell verlegen. Dann muss niemand den Teppich nach der Trauung einrollen und das unhandliche Ding in seinen Wagen hieven. Dekorationen für den Außenbereich, zum Beispiel ein Rosenbogen oder Blumenstäbe, die den Weg zur Kirche oder zur Trauung säumen, oder auch Fackeln können bei Dekorationsfirmen oder Floristen in der Regel günstig ausgeliehen werden.

Auch Gefäße für die Blumen auf den Tischen, Kerzenleuchter in verschiedenen Höhen und Stuhlhussen können Sie gegen ein oft geringeres Entgelt ausleihen. Wie wäre es mit gemütlichen Loungemöbeln im Außenbereich oder Stehtischen für die warmen Sommerabende auf der Terrasse der Location? Anlieferung, Abholung und Verleih sind hier oft in einem Angebot zusammengefasst. Fragen Sie in der Location, ob es Kooperationspartner gibt, die die Location für einen solchen Verleih empfehlen kann, oder ob gar feste Verträge für den Verleih solcher Artikel mit bestimmten Partnern bestehen. Wenn Sie sich eine neutrale Empfehlung, Recherche und auch Angebotserstellung wünschen, die nicht durch die Location oder gar deren Partner erfolgt, können Sie sich auch an eine Agentur für Hochzeitsplanung wenden.

Sich begrenzen, heißt nicht gleich streichen

Sollten Sie auf Ihrer Hochzeit überhaupt irgendetwas begrenzen? Haben Sie dieses Buch bisher nicht so verstanden, dass dies der schönste Tag in Ihrem Leben sein soll und Sie nicht am falschen Ende sparen sollten? Das heißt aber nicht, dass Sie ohne Beschränkung alles buchen sollten, was Ihnen angeboten wird. Vor allem Getränke, die Sie Ihren Gästen anbieten, können schnell hohe Kosten verursachen, wenn Sie im Vorfeld nicht mit der Location und dem Caterer absprechen, in welchen Maßen oder zu welchen Kosten Schnäpse, Weinbrände und dergleichen angeboten werden.

Begrenzen Sie den Ausschank dieser Getränke oder schließen Sie von vornherein aus, dass sich Gäste diese Getränke individuell bestellen können. Stellen Sie Getränkekarten auf den Tisch, auf denen klar zu erkennen ist, welche alkoholischen Getränke Sie Ihren Gästen anbieten. Lassen Sie für alle einen Aperitif und einen Digestif servieren und bieten Sie sonst nur Getränke aus der Getränkepauschale an wie Weine, Biere, Softgetränke und Kaffee.

In der Regel bieten Hochzeitspaare ihren Gästen immer eine Auswahl an Bieren, Weinen und Softgetränken an, das ist meist vollkommen ausreichend. Die Servicekräfte werden Ihren Gästen mitteilen, welche Getränke serviert werden und welche nicht. Entscheiden Sie sich dafür, auch »harte Getränke« wie Wodka, Rum und Co. anzubieten, sollten Sie im Vorfeld mit der Location oder dem Caterer einen festen Preis pro Flasche vereinbaren, der unter dem Preis liegt, der normalerweise berechnet wird, wenn Sie im Gegenzug eine entsprechende Menge abnehmen. Sie können oft auch entscheiden, ob die Flaschen mit den Getränkepinnchen auf den Tischen stehen und die Gäste sich die Gläser selbst nachfüllen oder ob die Servicekräfte zwar in kleinen Pinnchen ausschenken, jedoch nach Flaschenverbrauch abrechnen. Flaschen und Gläser auf den Tischen haben den Vorteil, dass die Gäste nicht für jeden »Schluck« die Servicekräfte herbeirufen müssen. Erfahrungsgemäß wird dann allerdings auch mehr und schneller getrunken.

Fragen Sie, ob es möglich ist, selbst Getränke für Ihre Feier mitzubringen und welche Kosten dafür anfallen. Diese Kosten nennt man übrigens *Korkgeld*. In der Regel ist es nicht erlaubt, eigene Getränke mitzubringen, oder das Korkgeld ist so hoch, dass es sich nicht lohnt, eigene Getränke zu servieren. Das hört sich im ersten Moment vielleicht verwirrend an, ist aber grundsätzlich nachvollziehbar, da Locations gerade auch über den Verzehr von Getränken Umsätze machen. Würde jedes Brautpaar seine eigenen Getränke zu der Hochzeitsfeier mitbringen, würden die Gewinne in vielen Locations um einiges niedriger ausfallen.

Countdown bis zum großen Tag – der Zeitplan

In diesem Kapitel

▶ Sich mit Checklisten bis zum Hochzeitstag vorarbeiten
▶ Tipps für den Tag vor der Hochzeit
▶ Sich den Hochzeitstag so angenehm wie möglich gestalten
▶ Erledigungen nach der Hochzeit

Es wird bestimmt Phasen in der Hochzeitsvorbereitung geben, da wälzen Sie sich im Schlaf, wachen mitten in der Nacht auf und grübeln, ob Sie auch wirklich an alles gedacht haben. Vielleicht haben Sie eine entscheidende Kleinigkeit übersehen, die Ihre Vorbereitungen über den Haufen wirft? Diese Unsicherheit kann ich Ihnen nehmen. Denn in diesem Kapitel erhalten Sie einen Überblick über die jeweiligen Planungsschritte und die anstehenden Aufgaben. Sie sind in Zeitperioden ab neun Monate vor der Hochzeit unterteilt, sodass Sie eine nach der anderen abarbeiten können. In Anhang B finden Sie die zugehörigen Checklisten in Tabellenform.

Die Basics: Neun bis fünf Monate vor der Hochzeit

Sie stehen noch ganz am Anfang Ihrer Planung. Einen Budgetplan haben Sie bereits aufgestellt (Informationen dazu finden Sie in Kapitel 2) und sich vielleicht sogar schon die ein oder andere Location für Ihre Hochzeitsfeier angesehen. Sie haben bereits ein Wunschdatum und wissen auch schon, wie Sie sich das Ja-Wort geben? Herzlichen Glückwunsch, dann dürfen Sie bei den ersten Punkten in Tabelle B.1 (siehe Anhang B) ein »erledigt« oder ein Smiley einfügen. Haben Sie diese Punkte noch nicht geklärt, fangen Sie damit nun als Erstes an. Denn in dieser ersten Planungsphase vor der Hochzeit sollten Sie sich grundsätzliche Gedanken rund um die ersten zu erledigenden Planungsschritte machen. Vielleicht haben Sie ein ganz konkretes Wunschdatum vor Augen, an welchem Sie sich das Ja-Wort geben wollen, oder sind in dieser Hinsicht noch vollkommen flexibel.

 Je flexibler Sie sind, was das Datum angeht, desto mehr Locations und auch Dienstleister werden Ihnen zur Verfügung stehen. Wenn Sie bereit sind, an einem Sonntag, Freitag oder gar Donnerstag zu feiern, da darauf unter Umständen ein Feiertag folgt, können Sie Rabatte in nicht unerheblichem Maße erhalten. Fragen Sie bei der ersten Recherche von Locations nach, ob es zu bestimmten Zeiten Nachlässe dieser Art gibt.

Ebenso sind sich einige Brautpaare in dieser Planungsphase noch gar nicht im Klaren darüber, ob sie nur standesamtlich, kirchlich oder gar frei heiraten wollen. Die Möglichkeiten, sich das Ja-Wort zu geben, werden ausführlich in den Kapiteln 7 bis 9 beschrieben. Blättern Sie vor und informieren Sie sich, was zum Beispiel die Unterschiede zwischen einer kirchlichen und einer freien Trauzeremonie sind. Ebenso legen Sie zu diesem Zeitpunkt eine erste Gästeliste an, um bei der Wahl der Location eine grobe Zahl nennen zu können, wie viele Personen Platz finden müssen. Sie werden sicherlich hier und da einige Personen noch einmal von der Liste streichen, es geht in diesem Stadium darum, sich Gedanken zu machen, ob Sie sich eher eine kleine und sehr private Feier im engsten Kreise der Familie und Freunde wünschen oder doch lieber eine große Anzahl von Gästen an Ihrem besonderen Tag um sich haben wollen.

Das, was in der Regel sowieso an allererster Stelle von den Damen der Schöpfung in Angriff genommen wird, ist der Brautkleidkauf. Auch dies dürfen Sie gerne so früh wie möglich angehen, denn Kleider haben zum Teil lange Lieferzeiten, sodass einer Brautkleidsuche und dem Brautkleidkauf mindestens sechs Monate vor dem großen Tag nichts im Wege steht! (Alles rund um das Brautkleid und die passenden Accessoires lesen Sie in Kapitel 11.)

 Auch wenn Sie sich gedanklich erst einmal mit der Zeit vor und vielleicht schon ein bisschen mit dem Tag der Hochzeit an sich beschäftigen, so sollten Sie in dieser Zeit bereits Angebote für die Flitterwochen vergleichen. Machen Sie sich Gedanken darüber, wann Sie flittern wollen und holen Sie sich zum Beispiel in Reisebüros und auf Hochzeitsmessen Angebote hierfür ein. Auch Urlaube müssen beim Arbeitgeber teilweise mit langer Vorlaufzeit angegeben werden, lassen Sie hier also nicht zu viel Zeit ins Land verstreichen.

Sobald Sie die Location Ihrer Träume gefunden und gebucht haben, machen Sie sich auf die Suche nach den ersten für Sie infrage kommenden Dienstleistern. Worauf Sie hierbei achten sollten, erfahren Sie in Kapitel 12.

Die Kür: Fünf bis drei Monate vor der Hochzeit

Die grundlegenden Entscheidungen zu Ihrer Hochzeitsfeier sind getroffen, nun starten Sie mit der Detailarbeit und beschäftigen sich mit den Feinheiten rund um den schönsten Tag. Blättern Sie zu Anhang B und schauen Sie sich Tabelle B.2 an. Diese Übersicht mag vergleichsweise »kurz« aussehen. Die Texte für die Einladungskarte herauszusuchen oder auch erst die richtige Karte zu finden, kann jedoch viel oder mehr Zeit in Anspruch nehmen, als Sie sich das im Moment vorstellen.

Bestellen Sie Probekarten, schreiben Sie eigene Einladungstexte, lassen Sie diese ruhig ein paar Tage liegen und schauen Sie dann noch einmal darüber. Niemand verlangt von Ihnen, dass Sie sich jeden Tag und ausschließlich mit der Planung Ihrer Hochzeit beschäftigen. Gönnen Sie sich zwischendurch auch einmal eine Pause, wenn Sie gut in der Zeit liegen! In dieser Planungsphase beschäftigen Sie sich zudem mit den Accessoires zu Ihrem Kleid, ebenso wie mit dem Kauf des Anzugs für den Bräutigam mit den dazugehörigen Accessoires. Worauf Sie hier achten sollten und zwischen welchen Accessoires Sie sich grundsätzlich entscheiden können, lesen Sie in Kapitel 11 nach.

Der Countdown läuft: Drei bis einen Monat vor der Hochzeit

Die Vorfreude steigt immer mehr, allerdings auch die Nervosität. Ihr Umfeld wird sich nun vermehrt nach dem Stand der Dinge erkundigen. Lassen Sie sich nicht nervös machen, machen Sie einfach so weiter wie bisher. Nehmen Sie für Ihren Check-up, ob Sie an alles gedacht haben, Tabelle B.3 zur Hand; auch diese finden Sie in Anhang B dieses Buches. In dieser Phase der Vorbereitungen beschäftigen Sie sich weiterhin mit detaillierten Fragen, die jede für sich relativ viel Zeit in Anspruch nehmen können. So überlegen viele Brautpaare nicht unerheblich lange, welche Treue- oder Trauversprechen sie sich gegenseitig geben wollen. Ebenso sollten Sie sich mit dem Standesbeamten, dem Pfarrer oder auch dem freien Redner treffen, um den Ablauf der Trauung festzulegen. Hieraus ergeben sich wiederum Planungsschritte, die es zu entscheiden gilt. Wollen Sie Gesang mit in Ihre Trauung einbinden und wenn ja, welche Sängerin oder welche musikalische Begleitung könnte hierfür infrage kommen?

Bei einer freien Trauung sind zudem noch weitere Entscheidungen zu treffen (als das bei einer standesamtlichen oder auch kirchlichen Hochzeit der Fall ist), die sowohl die Organisation rund um die Trauung als auch die Inhalte der Trauung betreffen. Anregungen zu den Inhalten und Tipps für die organisatorischen Feinheiten einer freien Trauung finden Sie in Kapitel 9. Das Thema Dekoration steht auf der Beliebtheitsskala bei den Damen meist gleich hinter dem Thema Brautkleidkauf und kann in diesem Planungszeitraum final besprochen werden. Auch die Buchung der Dienstleister sollte in diesem Zeitraum beendet sein.

 Lesen Sie in Kapitel 12 nach, worauf Sie bei der Recherche und der Buchung von Dienstleistern der Hochzeitsbranche achten sollten.

Der große Tag rückt näher: Zwei bis eine Woche vor der Hochzeit

Sie haben es fast geschafft: Die Planung ist so weit abgeschlossen und Sie können die letzten Kleinigkeiten entspannt angehen. Blättern Sie in Anhang B zu Tabelle B.4. Wenn möglich, nehmen Sie sich auch vor dem Hochzeitstag schon Urlaub, so hetzen Sie nicht von einem Termin zum anderen und können auch diesen Abschnitt der Hochzeitsvorbereitung in vollen Zügen genießen.

Jetzt ist es an der Zeit zu besprechen, welche Aufgaben die Trauzeugen und Familienmitglieder an Ihrem großen Tag übernehmen. Legen Sie konkrete Aufgaben fest und gehen Sie mit den Beteiligten den Ablauf noch einmal durch. Wenn zum Beispiel das Ringkissen, die Ringe, das Streukörbchen oder dergleichen von einem Familienmitglied oder Freund mitgebracht werden sollen, empfiehlt es sich, immer alles schriftlich festzuhalten – nicht nur Sie sind an Ihrem großen Tag besonders aufgeregt!

Sofern Sie die Möglichkeiten haben, führen Sie eine Generalprobe in der Kirche oder bei einer freien Trauzeremonie in der Location durch. Es geht hierbei zum Beispiel um die Laufgeschwindigkeit beim Einzug. Sie sollten, ebenso wie alle anderen, die vor Ihnen einziehen, langsam gehen. Das fällt den meisten Menschen erstaunlicherweise ziemlich schwer.

Den Urlaub, den Sie im besten Fall vor Ihrer Hochzeit schon haben, sollten Sie auch dafür nutzen, zum Friseur zu gehen, sich das letzte Mal unter das Solarium zu legen und auch um die Maniküre und Pediküre in Ruhe abzuschließen. Im besten Fall fühlen Sie sich positiv aufgeregt und natürlich rundum gepflegt.

Vergessen Sie in keinem Fall die von der Location gesetzt Deadline, bis wann Sie die aktuellen Gästezahlen durchgeben müssen. In der Regel sagen vor der Hochzeit fest angemeldete Gäste in geringer Zahl doch noch ab. Allerdings zahlen Sie die vereinbarte Pauschale für Essen und Getränke meist voll, wenn Sie nicht bis zu einer vereinbarten Vorlaufzeit die Zahl der Gäste der Location aktuell mitgeteilt haben. Sparen Sie sich dieses Geld lieber für Ihre Flitterwochen auf!

Der Tag vor der Hochzeit

»Einen Tag noch« oder wie wir als Kinder so schön sagten: »Noch einmal schlafen, dann ist es so weit«. Entscheiden Sie gemeinsam, ob Sie die Nacht vor der Hochzeit gemeinsam verbringen wollen oder ob Sie getrennt voneinander schlafen. Schlafen Sie getrennt voneinander, so könnte auch Ihre Trauzeugin oder der Trauzeuge bei Ihnen oder Sie entsprechend in deren Haus schlafen. Sie frühstücken dann gemeinsam und machen sich für Ihre Liebste oder Ihren Liebsten in aller Ruhe fertig. So muss zum Beispiel der Bräutigam nicht in aller Frühe das Haus verlassen, da die Braut zu Hause gestylt und angezogen wird.

An Ihrem letzten Tag als unverheiratetes Paar sollten Sie sich um kaum mehr etwas kümmern müssen. Das Allerwichtigste ist nun, sich zu entspannen und rechtzeitig ins Bett zu gehen. Natürlich gibt es auch Brautpaare, und vielleicht gehören Sie genau zu diesen, die am Abend vorher noch mit Freunden oder auch der Familie gemütlich zusammensitzen und den Tag Revue passieren lassen. Vielleicht haben Sie sogar an diesem Tag standesamtlich im kleinen Kreis geheiratet und lassen morgen die große Party mit kirchlicher oder freier Trauung steigen.

Auch wenn Sie mit Gästen ausgehen oder diese gar bei sich zu Hause bewirten, denken Sie daran, dass Sie am kommenden Tag fit sein müssen. Sie werden vor Aufregung sowieso nicht ganz so gut schlafen und früh für das Styling aufstehen müssen. Die Trauung, der Empfang, das Essen mit anschließender Feier werden an Ihren Kräften zehren, obwohl Sie sich mit Sicherheit wünschen werden, dass der Tag noch ein bisschen länger gedauert hätte.

3 ▶ Countdown bis zum großen Tag – der Zeitplan

Es ist also in keinem Fall unhöflich, sich am Abend vor Ihrem großen Tag frühzeitig zu entschuldigen und ins Bett zu gehen, um Ihren Dornröschenschlaf zu genießen. Bevor Sie ins Bett gehen, prüfen Sie zudem noch einmal, ob Sie alle für den kommenden Tag benötigten Unterlagen und Dinge zurechtgelegt haben. Sie wollen nicht an Ihrem Hochzeitstag in Hektik verfallen, weil eine Urkunde, die Ringe oder sonstiges gerade nicht aufzufinden sind! Nutzen Sie hierfür die Tabelle B.5 in Anhang B.

Am Ziel: Der Hochzeitstag

Ihr großer Tag – endlich ist es so weit. In wenigen Stunden heiraten Sie den Mann oder die Frau Ihrer Träume und feiern anschließend ein rauschendes Fest. Ein wirklich aufregender Tag! Genießen Sie jede Stunde, jede Minute mit jeder Faser Ihres Körpers. Diese Gefühle, die Nervosität und das Glück erleben Sie in diesem Maße wohl nur an diesem besonderen Tag. Ihr Tag soll perfekt sein. Sie wollen, dass sich alle Gäste von Beginn an wohlfühlen und sich noch lange positiv an das Fest erinnern. Natürlich ist jede Hochzeitsgesellschaft einzigartig und anders, im Folgenden möchte ich jedoch noch auf einige allgemeine Dos and Don'ts eingehen.

So wird die Hochzeitsfeier perfekt: Musik ist Trumpf

Erinnern Sie sich noch an eine Hochzeit, auf der Sie Gast waren und sich nicht wirklich amüsiert haben? Vielleicht war es auch eine langweilige Firmenveranstaltung oder ein Familienfest, das einfach kein Ende nehmen wollte? Warum ein Fest nicht gelingt, kann viele Gründe haben. Musik ist einer davon. Musik bringt Menschen zusammen, schafft Atmosphäre und hebt die Stimmung bei den Gästen. Es muss also »nur« die richtige Musik sein. »Das ist ja leicht«, meinen Sie vielleicht. »Das kann doch der Friedhelm machen, der macht das sonst auf Partys doch auch immer!« Überlegen Sie bitte genau, ob es für Sie einfach nur bequem und günstig wäre, »Friedhelm« die musikalische Begleitung zu überlassen, oder ob Sie nicht lieber doch einen professionellen Musiker für Ihre Party engagieren wollen. Da wären wir also wieder bei dem Thema, die richtigen Dienstleister zu finden, zu buchen und auch bereit zu sein, einen entsprechenden Preis dafür zu bezahlen. Nicht jeder gute DJ ist übrigens auch hochzeitstauglich.

Ein absolutes »No-Go« ist, *nur* ihre Lieblingsmusik – vielleicht eine eher ungewöhnliche Musikrichtung – spielen zu lassen. Nehmen Sie Rücksicht auf Ihre Gäste, besprechen Sie sich mit dem hochzeitserfahrenen DJ und nehmen Sie gute Ratschläge an. Auf einer Hochzeit müssen Sie Gäste im Alter »von bis« bespaßen. Das ist nicht ganz einfach. (Blättern Sie zu Kapitel 17, dort erfahren Sie, zu welchem Zeitpunkt welche Musik am besten passt.)

Wenn Sie einen DJ auswählen, der ein Gespür für die Stimmung hat und nicht nur sein Programm abspult, haben Sie und Ihre Gäste den ganzen Abend viel Spaß. Livemusik ist sicherlich etwas kostspieliger, gehört aber meiner Meinung nach zu der Art von Entertainment, an das sich Ihre Gäste noch lange erinnern. Lassen Sie sich im Vorfeld Hörproben geben oder sehen Sie sich den Künstler live an – wenn möglich. Dann kann im Grunde genommen nichts mehr schiefgehen!

Für den kleinen Hunger zwischendurch

Hungrige Gäste sind schlecht gelaunte Gäste. Geizen Sie nicht mit Häppchen, wenn es einige Zeit vom Ende der Trauung bis zum Essen dauert. Verlangen Sie nicht von Ihren Gästen, um 11 Uhr bei der Trauung anwesend zu sein, um dann bis 18 Uhr mit einem Stück Kuchen oder einem Kräcker in der Hand bis zum Abendessen durchzuhalten. Das drückt die Stimmung und kleine und vielleicht auch große Kinder werden irgendwann quengelig. Überlegen Sie, neben herzhaften Häppchen auch die Hochzeitstorte am Nachmittag servieren zu lassen. Auch kleine Suppen, angeboten in heißer oder kalter Variation zum Beispiel in kleinen Flaschen mit Strohhalmen, machen sich als Highlight und Magenfüller bei den Gästen besonders gut. Ist das Wetter optimal oder gar heiß, kommt unter Umständen auch ein Eiswagen infrage. Glauben Sie mir, nicht nur die Kinder werden sich von dem kalten Süß ab und zu einen Nachschlag holen!

Hochzeitsspiele mit Augenmaß

Die oft von den Gästen inszenierte Brautentführung findet heute eigentlich niemand mehr lustig. Die Brautleute sind von der Gesellschaft getrennt, es findet in dieser Zeit oft keine Animation der Gäste statt und auch sonst ist es eher so, dass niemand genau weiß, wie und wo es nun mit der Feier weitergeht. Blättern Sie zu Kapitel 15, dort finden Sie ein sogenanntes Hochzeits-Abc. In diesem können Sie vermerken, dass Sie sich keine Brautentführung wünschen, da Sie das Fest gemeinsam mit Ihren Gästen erleben wollen.

Spiele, die den Brautleuten extrem zusetzen, wie das Baumstammsägen bei gefühlten 40 Grad im Schatten oder die Tortenschlacht im nagelneuen Kleid, findet auch nicht jeder gut. Überlegen Sie genau, ob überhaupt und wenn ja, wie viele Spiele Sie sich als Brautpaar wünschen. Entweder Sie geben in dem eben angesprochenen Hochzeits-Abc Hinweise auf gewünschte oder nicht gewünschte Spiele oder Sie verweisen auf einen konkreten Ansprechpartner wie den Hochzeitsplaner oder auch die Trauzeugen, die Anlaufstelle für diese Art der Animation sind.

Auch der Chefkoch wird es Ihnen sehr danken, wenn Sie dafür sorgen, dass das auf den Punkt gekochte Menü nicht plötzlich um Minuten verschoben werden muss, weil spontan eine kleiner »Act« eingebracht wird. Die Konsistenz und auch der Geschmack des Essens leiden beträchtlich unter solch einer Unterbrechung!

Doch eine Hochzeit ohne Spiele ist natürlich völlig unmöglich! So sind Spiele meist ein großes Thema bei den Vorbereitungen auf eine Hochzeit. Spezielle Ratgeber, die sich nur mit Hochzeitsspielen befassen, gibt es in Hülle und Fülle auf dem Markt zu kaufen. Sie sollten, bevor Sie sich für oder gegen Spiele auf Ihrer Hochzeit entscheiden, gemeinsam überlegen, wie gut sich Ihre Gäste untereinander kennen. Vielleicht haben Sie eine sehr aktive Gesellschaft, die nicht schwer zu animieren ist.

Wenn dem nicht so ist, gibt es auch sogenannte *passive Spiele*, in die die Gäste zwar mit eingebunden werden, sich aber nicht aktiv beteiligen müssen, wenn sie es nicht möchten. Ein Beispiel dafür ist, wenn das Brautpaar raten muss, welche Eigenschaften die Gäste gemein haben, die sich, nach Aufruf durch den Spieleleiter, von ihren Plätzen erheben. Hier wird sich sicherlich kein Gast unwohl fühlen, jedoch interessante Gemeinsamkeiten mit anderen Gästen entdecken. Auch lustig ist das sogenannte Gästequiz oder ein Hochzeitsbingo, bei dem die Gäste, jeder für sich oder als Gruppe, ihr Wissen über das Brautpaar unter Beweis stellen müssen. Auch hier wird jeder Gast gerne mitmachen, da jeder für sich oder wahlweise auch als Paar oder in der Gruppe raten kann. Der Sieger des Hochzeitsbingos erhält dann von dem Brautpaar einen vorher bestimmten kleinen Preis. Es gibt sehr spielbegeisterte Gesellschaften, bei denen sich die Gäste und das Brautpaar bei noch so vielen Einlagen pudelwohl fühlen. Grundsätzlich sollten Sie allerdings anhand des geplanten Tagesablaufs beurteilen, wie viele Spiele zu welcher Uhrzeit angemessen sind. Manchmal ist weniger eben mehr.

Ein absolutes »Do« auf Hochzeiten sind kurze und knackige Einlagen, die von professionellen Künstlern vorgetragen oder von Gästen inszeniert werden. Je kürzer, desto besser! Lange Reden, die weder lustig noch gut geschrieben sind, mag niemand hören. Die Stimmung fällt ab und Ihre Gäste langweilen sich. Einlagen von Künstlern wie Karikaturisten, Schnellzeichnern oder Zauberern, die sich unter die Gäste mischen, ebenso wie eine Tanzeinlage einer Tanzschule sind oft ein voller Erfolg. Lesen Sie hierzu in Kapitel 12 nach, welche Dienstleister sich unter anderem anbieten und worauf Sie bei der Auswahl achten sollten.

Mr. and Mrs.: Nach der Hochzeit

Herzlichen Glückwunsch: Sie sind verheiratet, haben vielleicht einen neuen Namen angenommen und gelten nun offiziell als Mann und Frau! Nun sind natürlich auch offizielle Dinge zu beachten und Behördengänge zu erledigen. Neben der kurzen, übersichtlichen Tabelle B.6, die Sie in Anhang B finden, möchte ich Ihnen im Folgenden noch eine Übersicht möglicher Behörden und Stellen auflisten, die Sie nach einer Heirat über den neuen Familienstand und Ihren neuen Namen unterrichten sollten.

✔ **Arbeitgeber:** In Ihrem Arbeitsvertrag müssen Sie unter Umständen den neuen Namen einsetzen lassen, gegebenenfalls müssen Sie auch Ihre neue Kontoverbindung mitteilen. Zwar sind Sie gesetzlich nicht dazu verpflichtet, Ihrem Arbeitgeber die Heiratsurkunde vorzulegen, da sich aber Ihre Steuerklasse verändert, kommen Sie in der Regel um eine entsprechende Information – zumindest nach der Hochzeit – nicht herum. Zudem zahlen einige Unternehmen eine Prämie als Hochzeitsgeschenk oder gewähren sogar ein oder mehrere Tage Sonderurlaub.

✔ **Finanzamt:** Ändern Sie Ihre Steuerklasse. Verheiratete Paare genießen andere steuerliche Vorteile als unverheiratete Paare. Die neuen Steuerklassen werden bei dem Lohnsteuerausgleich rückwirkend für das ganze Jahr berücksichtigt. In der Regel bekommen frisch verheiratete Paare für das Jahr, in dem geheiratet wurde, eine Steuererstattung aufgrund der nun günstigeren Steuerklassen zurückgezahlt. Ob Sie als Ehepaar die Kombination vier/vier oder die Klassen drei/fünf wählen, hängt davon ab, ob Ihre Gehälter ungefähr gleich sind oder nicht. Sind Ihre Einkommen in etwa gleich, wählen Sie am besten die Kombination vier/vier, sonst drei/fünf. Das Finanzamt vergleicht bei Ihrem Lohnsteuerjahresausgleich allerdings ohnehin, welche Kombination für Sie von Vorteil gewesen wäre, und erstattet daraufhin zu viel gezahlte Steuern. Falsch machen können Sie also nichts.

Hochzeitsplanung für Dummies

- ✔ **Banken und Kreditinstitute:** Tragen Sie einen neuen Namen, müssen Sie auch neue Karten mit Ihrem neuen Namen beantragen. Sie können Ihre eigenen Konten behalten oder ein Gemeinschaftskonto als Ehepaar eröffnen. Sprechen Sie am besten vorher mit Ihrem Steuerberater, welche Kombination sinnvoll ist, da es wichtig ist, wer Kontoinhaber ist, wenn zum Beispiel Zahlungen für ein Haus oder Erbschaften anstehen. Eine fachliche Beratung spart Ihnen oft viel Geld in diesem Bereich! Falls Sie einen Kredit aufgenommen haben, denken Sie daran, auch dieses Institut über Ihre Namensänderung zu unterrichten.

- ✔ **Versicherungen:** Gehen Sie am besten Ihren Versicherungsordner durch und kündigen Sie die Versicherungen, die Sie unter Umständen doppelt abgeschlossen haben oder die Sie nun als Familienversicherung führen können. Auch hier lassen sich einige Euro im Jahr sparen! Typische Versicherungen sind zum Beispiel die Hausratversicherung, Haftpflicht- oder auch Unfallversicherungen, die Sie gemeinsam führen können. Wenn Sie möchten, lassen Sie sich bei Lebensversicherungen gegenseitig als Bezugsberechtigten im Todesfall einsetzen, und aktualisieren Sie gegebenenfalls Patientenverfügungen, Pflegevollmachten und Ihr Testament.

- ✔ **Krankenversicherung:** Lassen Sie sich eine neue Karte ausstellen.

- ✔ **Grundbuchamt:** Wenn Sie Eigentum besitzen und dies im Grundbuch eingetragen ist, sollten Sie das Grundbuchamt benachrichtigen.

- ✔ **Zentrale Rentenversicherungsanstalt:** Auch dieses Amt sollten Sie benachrichtigen, die Sozialversicherungsträger werden automatisch vom Standesamt informiert.

- ✔ **Vermieter:** Lassen Sie Ihren Mietvertrag auf Ihren neuen Namen ändern. Informieren Sie auch die Anbieter von Strom, Gas und Wasser.

- ✔ **Fitnessclub, Vereine und Co.:** Lassen Sie Ihren Namen ändern oder fragen Sie nach Rabatten für Ehepartner bei zum Beispiel Sportvereinen nach.

- ✔ **ADAC:** Sie können hier Familientarife in Anspruch nehmen.

- ✔ **DKMS (Knochenmarkspenderdatei):** Teilen Sie auch hier unbedingt Ihren neuen Namen mit.

- ✔ **Blutspenderausweis:** In der Regel wird dieser vom Roten Kreuz ausgestellt. Fragen Sie nach einem Ansprechpartner, an welchen Sie sich für die Namensänderung wenden können. Nehmen Sie den Ausweis sonst zu Ihrem nächsten Spendetermin mit.

- ✔ **Organspendeausweis:** Diesen füllen Sie selbst neu aus. Herunterladen und ausdrucken können Sie den Ausweis zum Beispiel unter www.organspendeausweis.org. Denken Sie daran: Organspende rettet Leben!

- ✔ **Sonstige Stellen:** Miles-and-More-Karten für Ihre Flugmeilen; GEZ, Unitymedia als Kabelanbieter oder auch Verträge bei Sky; Handyverträge und Telefonanschluss zu Hause; E-Mail-Adressen; Profile im Internet (Facebook, Twitter und so weiter); Skype oder iChat

Schauen Sie auch einmal in Ihr Portemonnaie – Mitgliedskarten geben Aufschluss darüber, wo Sie Ihren Namen auch noch ändern und neue Mitgliedskarten beantragen sollten.

Teil II

Die Wahl der richtigen Location

In diesem Teil ...

Wenn Sie bei diesem Teil des Buches angekommen sind, haben Sie schon einiges hinter sich gebracht und wahrscheinlich auch schon einmal einen Blick in die Checklisten im Anhang geworfen. Ab jetzt wird es konkret und Sie beginnen, sich die ersten Locations für Ihre Traumhochzeit anzusehen. Dabei erfahren Sie, auf welche Kriterien Sie unbedingt achten sollten und welche Punkte wichtig sind, um Angebote von verschiedenen Locations miteinander vergleichen zu können. Unter Umständen gehören Sie auch zu den Brautpaaren, die mit dem Gedanken spielen, im Ausland zu heiraten, und hierzu viele Fragen haben oder aber einfach Anregungen suchen. All dies wird in diesem Teil des Buches behandelt.

Die Gegebenheiten vor Ort

In diesem Kapitel
- Wichtige Informationen rund um die Location erfragen
- Möglichkeiten der Sitzordnung
- Besonderheiten vor Ort beachten
- Rücksicht auf besondere Bedürfnisse Ihrer Gäste nehmen

Locations, in denen Sie Ihre Feier oder gar Trauzeremonie durchführen können, gibt es überall in Deutschland. Die meisten Brautpaare suchen jedoch eher regional nach einer Möglichkeit, den schönsten Tag im Leben mit den Gästen zu verbringen. Lange Fahrstrecken für ortsansässige Freunde und die Familie sind vielleicht eher hinderlich und können zu mehr Absagen führen, als Sie sich das im Moment vorstellen.

In diesem Kapitel erfahren Sie, auf welche Kriterien Sie bei der Wahl Ihrer Traumlocation achten sollten, welchen Platzbedarf Sie und Ihre Gäste überhaupt haben und wie sich Räume und Platzbedarf optimal aufeinander abstimmen lassen.

Platz für Sie und Ihre Gäste

Vielleicht sehen Sie sich und Ihre Gäste in Ihrer »Sollte ich jemals heiraten«-Fantasie an großen, runden Tischen mit Kerzenleuchtern und denken an eine Feier, die bis in die Morgenstunden geht. Sie übernachten vor Ort, brunchen am nächsten Tag gemeinsam mit Ihren Gästen und schlendern dann ganz in Ruhe zu den Fahrzeugen, die Sie wenige Schritte vor der Location geparkt haben. Eine schöne Vorstellung, die nur leider nicht immer ganz mit der realen Welt in Einklang zu bringen ist. Die Bedingungen sehen in vielen Fällen auf den zweiten Blick oft ein wenig anders aus.

Den Raumbedarf einschätzen

Lassen Sie sich immer einen Raumplan von der Location beziehungsweise von den Räumen, die Sie nutzen wollen, an die Hand geben, wenn Sie vor Ort nicht »live« sehen können, wie die Tische gestellt werden können. Im besten Fall ist dieser Raumplan mit Raummaßen versehen, sodass Sie neben dem Raumbedarf für die Gästetische auch zum Beispiel den Bedarf für den Geschenketisch, das Buffet oder den DJ einzeichnen beziehungsweise einplanen können.

 Fragen Sie nach, ob die Möglichkeit besteht, vor der Hochzeitsfeier eines anderen Paares die eingedeckten Tische und den hergerichteten Raum zu besichtigen. Haben Sie jedoch auch Verständnis dafür, dass an diesem Tag die Ansprechpartner aufgrund der aktuell anstehenden Feierlichkeit vielleicht wenig oder gar keine Zeit für Sie haben. Sie wollen ja schließlich auch, dass an Ihrem großen Tag alle Servicekräfte nur für Sie da sind.

Erkundigen Sie sich vor allem, ob Sie an diesem Tag die einzige Hochzeitsgesellschaft in der Location sind oder ob es die Möglichkeit gibt, die Location exklusiv zu buchen. Diese Überlegung hängt immer davon ab, ob es Sie stört, wenn in unmittelbarer Nähe noch eine Hochzeit gefeiert wird (Ihnen somit also noch eine andere Braut über den Weg laufen könnte), und vor allem ob Sie vor Ort nicht nur feiern, sondern sich auch frei trauen lassen wollen (Informationen zur freien Trauzeremonie finden Sie in Kapitel 9).

Sind neben Ihnen noch andere Hochzeitsgesellschaften gleichzeitig anwesend, so lassen Sie sich am besten vor Ort oder anhand von Raumskizzen zeigen, ob es direkte Berührungspunkte zwischen Ihnen und der anderen Gesellschaft gibt. Unter Umständen sind die Anlagen und Räume so voneinander getrennt, dass Sie einander gar nicht wahrnehmen. Es kann natürlich auch sein, dass Sie sich zum Beispiel die WC-Anlagen oder die Außenbereiche teilen. Hier lässt sich dann kaum vermeiden, dass Sie der anderen Braut über den Weg laufen. Überlegen Sie also im Vorfeld, ob Ihnen das etwas ausmachen würde.

Lassen Sie sich vor Ort frei trauen, so müssen zum einen ein passender Außenbereich sowie ein Raum für die Regenalternative zur Verfügung stehen. Lassen Sie sich den Raum zeigen und stellen Sie sicher, dass auch der Weg zur Trauzeremonie frei ist und dass während der Trauzeremonie keine Störungen durch andere Gesellschaften oder gar externe Besucher vorkommen können. Unterschätzen Sie nicht die Schaulust von Biergartenbesuchern oder Fußgängern. Ich musste hartnäckige Zuschauer schon einmal regelrecht »aus dem Weg räumen«, damit die Zeremonie privat blieb.

Beachten Sie bei der Besichtigung des Raumes, in dem Sie essen und später dann die Feier stattfinden soll, wo der Brauttisch platziert werden kann. Sie sollten jeden Gast sehen können und jeder Gast sollte Sie sehen können. Sind Pfeiler oder Säulen im Raum, die die Sicht einschränken? Können sich alle Gäste sehen oder sitzen sie verwinkelt oder gar auf zwei Ebenen? Diese Variante muss nicht immer schlecht sein. Wichtig ist, dass Sie sich ein Bild gemacht haben, einen Raumplan erhalten oder den Raum grob selbst zu Hause nachzeichnen, um später dann über mögliche Tischanordnungen sprechen zu können (mehr dazu erfahren Sie im Abschnitt »Runde Tische oder lange Tafeln?« weiter hinten in diesem Kapitel).

Schlecht-Wetter-Alternativen

Natürlich wünscht sich kein Brautpaar der Welt Regen an dem schönsten Tag im Leben. Regen oder einfach nur schlechtes Wetter soll Ihnen aber nicht die Stimmung verderben. Überlegen Sie sich von Beginn an auch einen Plan B, also eine Regenvariante.

Zu unterscheiden ist, ob Sie draußen nur einen Sektempfang oder eine freie Trauung geplant haben. Den Sektempfang sollten Sie bei schlechtem Wetter möglichst in einem Foyer, einem überdachten Gang oder einer überdachten Terrasse veranstalten können. Bedenken Sie jedoch neben dem Regen auch die Kälte, die Ihre Gäste schnell unzufrieden werden lassen kann. Die Damen tragen oft nur leichte Kleidung und offene Schuhe, frieren schnell und wollen im schlimmsten Fall eigentlich nur noch nach Hause in die warme Badewanne. Sie hingegen wünschen sich ein rauschendes Fest und glückliche Gäste.

Sprechen Sie in der Location das Thema Regen an und bitten Sie die Verantwortlichen, Ihnen die Räume zu zeigen, in die Sie ausweichen können. Unter Umständen müssen Sie hierfür noch einmal eine Dekoration oder auch Heizstrahler buchen. Doch diese Investition lohnt sich, da Sie sich dann keine Gedanken mehr über das Wetter machen müssen.

 Kann der Empfang im Innenbereich stattfinden, so achten Sie darauf, dass keiner der Gäste bereits im Vorfeld in den eigentlichen Festsaal schaut. Der Wow-Effekt sollte bei allen Gästen hervorgerufen werden – und zwar erst dann, wenn Sie den Raum geöffnet haben.

Etwas schwieriger wird es, wenn Sie eine freie Trauung planen und das Wetter nicht mitspielt. Ein Stehempfang nimmt sehr viel weniger Platz weg als eine freie Trauung mit Stühlen und einem Mittelgang. Lassen Sie sich auch hier den Raum zeigen, in den Sie ausweichen können, und skizzieren Sie, wie viel Platz Sie für die Stuhlreihen, den Mittelgang, den Altar und für die begleitende Musik brauchen.

Runde Tische oder lange Tafeln?

Die meisten denken beim Stichwort Hochzeitsfeier automatisch an große, runde Tische. Fotos, auf denen wundervoll eingedeckte, runde Tische im Raum verteilt sind, wirken oft festlicher als Tafeln. Doch es gibt nicht nur Tafeln in verschiedenen Breiten und Längen, sondern auch runde Tische in verschiedenen Größen. Je größer runde Tische im Durchmesser sind, desto schwieriger ist jedoch eine Unterhaltung mit seinem Gegenüber. Ihre Gäste sind dann quasi gezwungen, sich ausschließlich mit ihren Sitzpartnern rechts und links zu unterhalten.

Tafeln wirken auf den ersten Blick vielleicht weniger festlich oder erinnern Sie eher an eine Schulung. Doch das muss nicht so sein. Sie können Tafeln ganz nach Ihren Wünschen anordnen und so Ihre Gäste variabel platzieren. Eine klassische U-Form mag Ihnen vielleicht ein wenig statisch vorkommen, aber sie bringt auch Vorteile mit sich, so bleibt beispielsweise immer genug Platz für die Servicekräfte. Bei langen Tafeln oder Blöcken ist das nicht immer einfach umzusetzen. In den Abbildungen 4.1 bis 4.3 sehen Sie einige Möglichkeiten, wie Sie die Tische für etwa 100 Gäste anordnen können (dabei wurde jedoch kein zusätzlicher Raumbedarf beispielsweise für die Musik oder das Buffet bedacht).

Wenn Sie zu Beginn der Feier nicht ausreichend Platz für eine Tanzfläche haben, machen Sie sich keine Sorgen. Nicht alle Ihre Gäste werden bis spät in die Nacht auf Ihrer Hochzeitsfeier bleiben. Erfahrungsgemäß gruppieren und verteilen sich die Gäste nach dem Essen anders, als es in der Sitzordnung einmal vorgesehen war. Es spricht also nichts dagegen, zu späterer Stunde – zum Beispiel zu Beginn des Eröffnungstanzes – ein oder zwei Tische beiseite oder ganz aus dem Raum zu tragen, um Platz für die tanzfreudigen Gäste zu schaffen.

 Meist werden die maximalen Raumkapazitäten auf Informationsbroschüren oder Internetseiten von Locations angegeben. Fragen Sie nach, welche Tischvarianten es gibt, und steigen Sie, wenn Sie bedenklich nahe an die maximalen Grenzen des Raumes stoßen, lieber von runden auf lange Tafeln um. An Tafeln passen immer mehr Gäste als an runde Tische.

Abbildung 4.1: Bei der U-Form sitzen das Brautpaar und acht weitere Gäste vor Kopf, an den langen Seiten finden 20 bis 25 Gäste Platz.

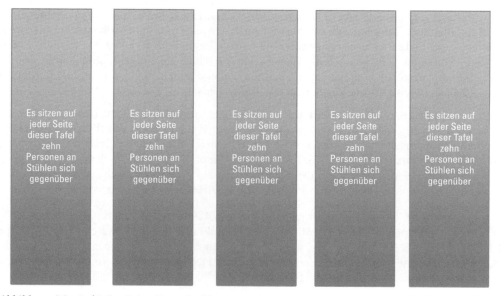

Abbildung 4.2: Auf jeder Seite dieser fünf langen Tafeln sitzen sich jeweils zehn Personen gegenüber.

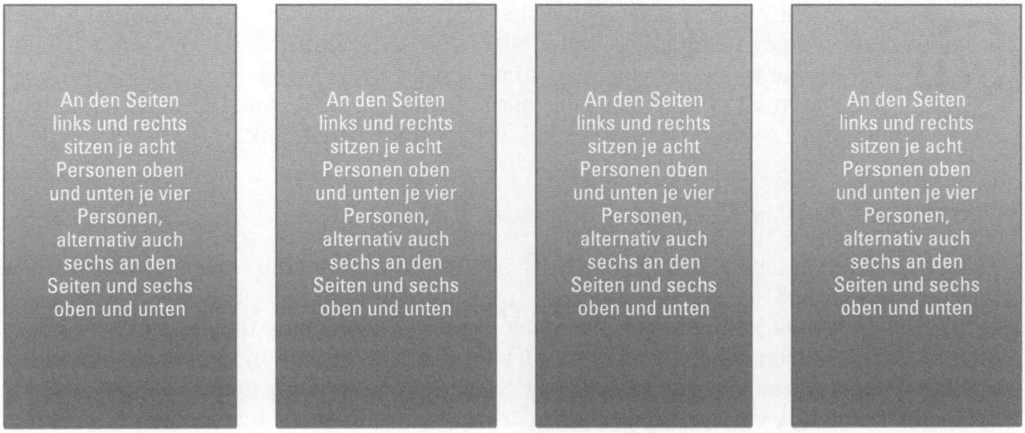

4 ➤ Die Gegebenheiten vor Ort

An den Seiten links und rechts sitzen je acht Personen oben und unten je vier Personen, alternativ auch sechs an den Seiten und sechs oben und unten

An den Seiten links und rechts sitzen je acht Personen oben und unten je vier Personen, alternativ auch sechs an den Seiten und sechs oben und unten

An den Seiten links und rechts sitzen je acht Personen oben und unten je vier Personen, alternativ auch sechs an den Seiten und sechs oben und unten

An den Seiten links und rechts sitzen je acht Personen oben und unten je vier Personen, alternativ auch sechs an den Seiten und sechs oben und unten

Abbildung 4.3: Bei dieser Anordnung in vier Blöcken haben jeweils zwölf Personen am Tisch Platz – entweder je acht an den Seiten und vier oben und unten oder alternativ sechs an den Seiten und oben und unten.

Der Brautpaartisch

Der Brautpaartisch ist der wichtigste Tisch im ganzen Raum. Er kann in Größe, Form und Dekoration von den anderen Tischen abweichen. Auch wenn Sie sonst eckige Tische nehmen, können Sie sich hier frei entfalten. Manches Brautpaar lässt sich sogar ein kleines Podest bauen, damit dem Blick zum Brautpaar und anders herum auf die Gäste nichts im Wege steht.

Sie können eine lange Tafel aufbauen lassen, an der Sie wie im Mittelalter mit den Trauzeugen und der Familie an *einer* der langen Seiten der Tafel sitzen. Auch an den Kopfenden des Tisches sitzt niemand. Diese Sitzordnung sieht sehr herrschaftlich aus und alle haben den gleichen Ausblick auf die Gäste beziehungsweise auf die Mitglieder am Hochzeitstisch, der hier ganz klar im Mittelpunkt steht. Diese lange Tafel wird oft an einem Ende des Raumes aufgestellt, sodass niemand auf den Rücken der Brautleute schauen muss.

Eine U-Form als Brautpaartisch hat den Vorteil, dass Sie neben den Trauzeugen und den Eltern an den Seitenteilen auch noch weitere enge Freunde oder Familienmitglieder unterbringen können. Bei dieser Ordnung können Sie sich auch mit den Familienmitgliedern und Freunden unterhalten, die an den Seiten sitzen und nicht nur mit Ihrem direkten Sitznachbar kommunizieren.

Ein Block, an dem Sie sich mit den anderen Mitgliedern des Brauttisches gegenübersitzen, ist weniger zu empfehlen. Sie müssen sich dann immer entscheiden, wer von ihnen mit dem Rücken zur Gesellschaft sitzt. Außerdem wird der Blick auf Sie als Brautpaar durch Ihre Gegenüber beeinträchtigt. Diese Anordnung ist also zumindest für den Brautpaartisch nicht unbedingt die beste Lösung.

Bei traditionellen Hochzeiten bisher eher unüblich, aber sehr wirkungsvoll, sind aufwendige Dekorationen hinter oder neben dem Brauttisch. Dies können Säulen mit Blumengestecken sein oder auch transportable Wände, die mit Dekorationselementen, Stoff oder Beleuchtungseinheiten bestückt sind. Der Brauttisch steht mit einer solchen Dekoration in jedem Fall im Mittelpunkt.

Platzbedarf an dem Tisch des Brautpaares

Egal ob Sie sich für einen runden oder einen eckigen Brautpaartisch entscheiden, wählen Sie einen größeren Tisch als für Ihre Gäste aus. Eventuell haben Sie auch mehr Personen an Ihrem Tisch unterzubringen, da Ihre Familie durch Scheidung und Wiederverheiratung sehr viele Personen umfasst. Verstehen sich alle Parteien gut untereinander, spricht nichts dagegen, alle an Ihrem Tisch zu platzieren. Auch wenn Sie anstelle nur einer Trauzeugin und eines Trauzeugen mehrere Bridesmaids und Groomsmen haben, erhöht sich die Zahl der an Ihrem Tisch sitzenden Gäste nicht unerheblich (weitere Informationen zu Bridesmaids und Groomsmen finden Sie übrigens in Kapitel 10).

Einen (Brautpaar-)Tisch müssen Sie nicht unbedingt voll besetzen. Sie können den Teil des Brautpaartisches, an dem Ihre Gäste mit dem Rücken zu den anderen Gästen sitzen würden, frei lassen und diesen Bereich für eine aufwendigere Tischdekoration nutzen, beispielsweise mit einem abfallenden Gesteck. Verwenden Sie das Gesteck, das Sie bereits für die Trauung haben anfertigen lassen.

Wofür noch Raum gebraucht wird

Je nachdem, in welchem Umfang Sie Ihre Feier planen, brauchen Sie neben dem Platz für die Gästetische auch Platz für einen Geschenketisch, eine Tanzfläche, eine Bühne für die Musiker oder den DJ, für das Buffet oder auch andere Besonderheiten. Vielleicht wollen Sie auch Beleuchtungselemente integrieren, die aus Gründen des Brand- oder Denkmalschutzes nicht an der Decke oder an den Wänden befestigt werden können und daher auf dem Boden stehen müssen.

Haben Sie schon einmal über ein DVD-Gästebuch oder eine Fotobox nachgedacht? Wenn ja, stellt sich auch hier die Frage, wohin diese Elemente gestellt werden können (Informationen zur Fotobox finden Sie in Kapitel 12). Allerdings sollten Sie den Raum auch nicht überfrachten. Sie und Ihre Gäste sollen sich wohlfühlen und genug Platz haben. Setzen Sie aber auch nicht 50 Gäste in einen Raum, in dem 100 oder mehr Personen Platz finden würden. Eine solche Unterbelegung führt oft dazu, dass die Atmosphäre ungemütlich ist und keine feierliche Stimmung aufkommen will.

Raumbedarf für die Kleinen

Überlegen Sie, ob Sie eine Kinderbetreuung brauchen und wollen und wo diese stattfinden kann. Eine professionelle Kinderbetreuung bietet neben dem Programm tagsüber (eventuell im Außenbereich) auch eine Betreuung am Abend an. Wenn es regnet, muss der Kinderbetreuung von Beginn an ein separater Raum zur Verfügung stehen. Spätestens wenn die Kleinen einer nach dem anderen in den Schlummerschlaf dämmern und Mama und Papa noch das Tanzbein schwingen, sind Sie dankbar für einen separaten Raum, in dem die Kids betreut werden und sich zurückziehen können.

 Für diejenigen, die nun leicht schmunzeln und meinen, ihr Kind würde niemals bei einer fremden Person bleiben: Glauben Sie mir, wenn die andern Kinder mit Glitzersternchen auf der Wange und einem riesigen Strahlen im Gesicht zu ihren Eltern gerannt kommen und noch dazu das tollste aller Bilder zeigen, das sie gerade mit Zauberstiften gemalt haben, dann ist auch Ihr Kind neugierig und geht mit. Genießen Sie den Freiraum!

Für Mütter, die ihre Babys stillen, ist es außerdem wichtig, dass ein Raum zur Verfügung steht, in dem sich Mama und Baby zurückziehen können. Ein gestilltes Kind ist ein glückliches Kind und hat in der Regel auch eine zufriedene Mutter an der Seite. Gibt die Mutter dem Kind die Flasche, muss das Fläschchen erst noch vaporisiert, das heißt sterilisiert, werden. Das geht problemlos in einer Mikrowelle. Auch hier ist es schön, wenn Sie Mutter und Kind eine Rückzugsmöglichkeit anbieten.

Raumbedarf für Animateure und Co.

Haben Sie Künstler engagiert, benötigen Sie auch für diese einen Raum, in den sie sich zurückziehen und essen können. Wenn Sie Dienstleister engagiert haben, die Sie den ganzen Tag begleiten, müssen diese ebenfalls zwischendurch essen und sich gegebenenfalls umziehen. Das können Techniker sein, die länger an der transportablen Anlage für die Band bauen, Fotografen oder Videografen, die direkt am Abend eine Slideshow schneiden, die vorbereitet werden muss, oder ein Betreuer für die Fotobox, der dafür sorgt, dass ein Papierstau umgehend behoben wird. Besprechen Sie im Vorfeld mit jedem Dienstleister, welchen zusätzlichen Raumbedarf Sie zur Verfügung stellen müssen, um den vertraglichen Anforderungen gerecht zu werden.

Die Sitzordnung: Gäste richtig zusammensetzen

Kaum haben Sie die Gästeliste mit viel Mühe erstellt oder massiv gekürzt, sich durch die ersten Planungsschritte gekämpft und die passende Location gefunden, beginnen Sie wahrscheinlich zu überlegen, wen Sie an welchen Tisch zusammensetzen wollen, oder vielmehr: können.

 Beschäftigen Sie sich erst gut vier Wochen vor der Hochzeit mit der Sitzordnung. Bis dahin haben Sie alle Antwortkarten, also Zu- oder Absagen (viele Gäste werden sich auch telefonisch zwecks Zu- oder Absagen bei Ihnen melden), erhalten und liegen noch gut in der Frist für die Abgabe der Daten an die Druckerei, wenn Sie sich einen professionellen Sitzplan drucken lassen wollen.

Leider lässt es sich nicht vermeiden, dass in sprichwörtlich letzter Minute noch Gäste absagen, sei es durch Krankheit oder andere unvorhergesehene Ereignisse. Ist der Plan einmal gedruckt, machen Sie sich hierüber keine großen Gedanken mehr. Teilen Sie die Änderungen der Location mit, sodass Sie zum einen nicht den Menü- oder Buffetpreis für die Nichtanwesenden zahlen müssen und zum anderen die Gedecke auf den Tischen nicht mit eingedeckt werden. Es wird niemandem auffallen, dass sein Tischnachbar, der laut Sitzplan angeschlagen ist, »fehlt«, wohl aber wenn Sie auf dem fertigen Plan versuchen, mit Tipp-Ex die fehlenden Gäste zu streichen.

Streithähne auf Hochzeiten trennen

Leider höre ich immer wieder von Brautpaaren, dass sich Familie oder Freunde zerstritten haben und zwar so, dass sie nicht mehr an einem Tisch oder auch nur in der Nähe voneinander sitzen können. Ich bin immer bemüht, eine für alle erträgliche Lösung zu finden, im besten Fall natürlich eine Versöhnung der Parteien vor der Hochzeit. Leider ist dies in den meisten Fällen nicht mehr möglich. Wenn es nun so ist, dass Sie sich Gedanken darüber machen müssen, ob Ihre geschiedenen Eltern oder zerstrittenen Geschwister mit an Ihrem Brauttisch sitzen können oder wem Sie den Vorzug geben, rate ich Ihnen: Bevor Sie sich wochenlang mit dem Gedanken quälen, wer wohl erboster sein wird, machen Sie es sich selbst recht, und sonst niemandem. Seien wir doch mal ehrlich: Wer es nicht schafft, sich für Sie am schönsten Tag in Ihrem Leben am Riemen zu reißen, der hat es auch nicht verdient, am Tisch der Erlesenen zu sitzen. Ganz einfach.

 Setzen Sie die Streithähne auseinander und keinen davon an Ihren Tisch. So geben Sie niemandem den Vorzug und setzen für beide Seiten ein deutliches Signal. Nehmen Sie nur Menschen zu sich an den Tisch, die es »verdienen«, an Ihrem Hochzeitstag in Ihrer Nähe zu sein – das heißt, mit denen Sie sich wohlfühlen, die das Beste für Sie wollen und sich herzlich und ehrlich für Sie freuen. Alle andern teilen Sie entsprechend auf die Gästetische auf – was nun nicht heißen soll, dass dort nur »abgestrafte« Gäste sitzen.

Der vermeintliche Knigge der Sitzplanerstellung

Wen sollen Sie aber wiederum zusammen an die Tische setzen? Sollten Sie Männer und Frauen voneinander trennen, dürfen Sie Paare trennen oder gar alte und neue Arbeitskollegen mischen? Machen Sie sich den Spaß (mit einem Beruhigungstee in der Hand), ungefähr 15 Minuten bei Google zu recherchieren, welche Möglichkeiten Ihnen das Internet vorschlägt. Machen Sie es jetzt gleich, legen Sie das Buch kurz weg, brühen Sie sich Tee auf und nehmen Sie das Buch dann wieder in die Hand.

Da sind Sie ja wieder – und? Wie viele Varianten und gute Ratschläge haben Sie gefunden? Ich gehe davon aus, dass Sie schlicht unzählige Varianten gefunden haben und dazu noch jede Menge gute und weniger gute Begründungen. Auf der einen Internetseite wird hoch angepriesen, Männer- und Frauengruppen auf Ihrer Hochzeit zu bilden, Paare zu trennen und Familienmitglieder in jedem Fall an einen Tisch zu setzen, auf einer anderen Internetseite hingegen wird diese Art und Weise, Ihre Gäste zu platzieren, wahrscheinlich als der Todesstoß für eine gelungene Feier betrachtet.

4 ➤ Die Gegebenheiten vor Ort

Ich habe schon fast jede erdenkliche Form von Sitzordnung umgesetzt. Und ja, dies ist ein Ratgeber, der Ihnen helfen soll, die richtigen Entscheidungen zu treffen. Nur soll sich dieser Ratgeber ganz klar von denen unterschieden, die Ihnen vorgefertigte »Experten«-Meinungen vorlegen, die Sie dann einfach Ihrer Hochzeitsfeier, Ihren Gästen und im Grunde genommen auch Ihrer Kreativität überstülpen. Vergessen Sie nicht: Ihre Hochzeit ist individuell und einzigartig. So wie Sie und Ihre Gäste. Die eine Sitzordnung mag für diese Gesellschaft genau richtig sein, für eine andere wiederum passt sie gar nicht.

Überlegen Sie gemeinsam mit Ihrem Partner, wer gut an einem Tisch zusammensitzen könnte und welche Gesprächsthemen sich hier vielleicht ergeben könnten. Sie können sich dabei an festen Cliquen oder auch an Gruppen wie Arbeitskollegen oder Familienmitgliedern orientieren. Es spricht jedoch auch nichts dagegen, die Gäste zu »mischen«. Mit anderen Worten, setzen Sie die Hälfte des Tisches der Arbeitskollegen, die vielleicht einen ähnlichen Humor wie Ihre Freunde haben, mit diesen an einen Tisch. Familienmitglieder und Freunde können genauso gut zusammensitzen wie Arbeitskollegen und Nachbarn.

Sie können sich bei Ihren Überlegungen auch diese Fragen stellen: Wer hat Kinder und spricht gerne darüber? Wer liebt vor allem seine Haustiere? Wer teilt Vorlieben oder hat sogar das gleiche Hobby? Versuchen Sie, Extreme zu vermeiden. Setzen Sie nicht unbedingt Gäste an einen gemeinsamen Tisch, bei denen Sie keinerlei ähnliche Interessen oder Berührungspunkte irgendeiner Art entdecken können. Auch hitzige Diskussionen über gegensätzliche politische oder religiöse Anschauungen tragen nicht zum Gelingen Ihrer Feier bei.

 Suchen Sie für potenzielle Streithähne am besten einen Tischnachbarn, der geschickt darin ist, sich nicht provozieren zu lassen oder es versteht, im richtigen Moment des lieben Frieden willens das Thema zu wechseln.

Grundsätzlich verstreuen sich die Gäste nach dem Essen sowieso an andere Tische oder setzen sich zu den Personen, mit denen sie sich gut unterhalten und Spaß haben. Nicht jeder Gast wird bis zum Ende der Feier bleiben, sodass sich auch hier Lücken an den Tischen bilden, die durch andere Gäste gefüllt werden. Wenn möglich, lassen Sie leere Tische beiseiteräumen, so bleibt es noch lange gemütlich und Sie haben nicht das Gefühl, der Saal ist auf einmal ganz leer.

 Es ist übrigens ganz normal, dass sich einige Gäste kurz nach Mitternacht oder manchmal auch eher auf den Heimweg machen. Nehmen Sie das nicht persönlich. Manche haben vielleicht nicht so eine Ausdauer, was das Feiern betrifft, oder haben Haustiere zu versorgen und so weiter. Genießen Sie weiterhin die Party mit den Gästen, die da sind.

Übernachtungsmöglichkeiten vor Ort oder in der Nähe

Sie haben die passende Location gefunden, diese liegt aber »ziemlich weit ab vom Schuss«? Vielleicht haben Sie auch in der Nähe Ihres Wohnortes keine passende Location gefunden oder generell einen Bezug zu einem entfernteren Ort? Wenn Sie sich für eine Location entschieden haben, zu der alle Gäste anreisen müssen, so sollten Sie Ihren Gästen möglichst schon zusammen mit der Einladung eine Auswahl an Übernachtungsmöglichkeiten an die Hand geben. Bieten Sie von »günstig und gut« bis hin zu »Luxus pur« drei bis vier Alternativen an, die sich die Gäste dann selbst aussuchen können. (Weitere Informationen dazu finden Sie Kapitel 15 im Abschnitt »Inhalt und Umfang einer Einladungskarte«.)

Wenn mehrere Gäste zu Ihrer Hochzeit anreisen müssen, sollten Sie *Kontingente* in umliegenden Hotels halten. Überlegen Sie bereits direkt nach der Buchung der Location und einer groben Festlegung der Gästeliste, wie viele Doppelzimmer und wie viele Einzelzimmer Ihre Gäste aller Wahrscheinlichkeit nach in Anspruch nehmen.

 Reservieren Sie Zimmer in verschiedenen Hotels unterschiedlicher Preisklassen und geben Sie diese Hotels in Ihrer Empfehlungsliste an. Ihre Gäste können dann selbst entscheiden, zu welchen Konditionen Sie in den umliegenden Häusern nächtigen wollen.

Lassen Sie sich von den Hotels die Reservierungen beziehungsweise Optionierungen schriftlich bestätigen. Hierzu gehören das An- und Abreisedatum, die Ausstattung und Preise der Zimmer, sonstige Nebenkosten und vor allem die Bestätigung, dass Zimmer, die von den Gästen nicht bis zu einem festgelegten Termin abgerufen wurden, kostenfrei in den Verkauf zurückgenommen werden. So müssen Sie keine Zimmer stornieren oder im schlimmsten Fall bezahlen, wenn keiner Ihrer Gäste dort gebucht hat. Richten Sie zudem einen Shuttleservice ein, der die Gäste von den Hotels zum Ort des Geschehens und wieder zurück bringt. So stellen Sie sicher, dass sich niemand »ab vom Schuss« fühlt und dass Ihre Gäste die Möglichkeit haben, auch mit dem Zug anzureisen, und nicht zwingend auf ein Auto angewiesen sind.

Die Parksituation vor Ort

Bieten Sie einen Shuttleservice an, haben Sie automatisch das Problem mit den Parkplätzen geschickt umgangen. Niemand muss mit hochhackigen Schuhen einen weiten Weg auf Kopfsteinpflaster oder gar Schotter vom Parkplatz bis zur Location zurücklegen. Die Leserinnen dieses Buches wissen, wovon ich spreche.

Bieten Sie keinen Shuttleservice an oder kommen Ihre Gäste nicht von weit her und reisen hauptsächlich mit dem Wagen an, so erkundigen Sie sich am besten vor dem Versenden der Einladung, wo die Gäste parken können. In Großstädten – auch hier finden Sie wundervolle Locations – ist die Parksituation oft, sagen wir, »angespannt«. Ortsunkundige verzweifeln sicherlich schnell, wenn sie am Tag der Hochzeit zum zehnten Mal um den Block fahren, schon zu spät dran sind und immer noch kein freier Parkplatz in Sicht ist. Wichtig für die Gäste ist außerdem zu wissen, wie lange die Parkhäuser geöffnet haben und ob der Wagen auch erst am nächsten Tag wieder abgeholt werden kann. Erleichtern Sie Ihren Gästen die Suche und schonen Sie deren Nerven, indem Sie bereits in der Einladung darauf hinweisen, wenn es nur wenige oder gar keine Parkplätze vor Ort gibt. Geben Sie an, wo in der Nähe geparkt werden kann, oder bitten Sie die Gäste, sich vorher zu informieren. Ihre Gäste werden es Ihnen danken.

4 ► Die Gegebenheiten vor Ort

Rücksicht auf Gäste mit Besonderheiten nehmen

Nicht jeder Gast ist fit wie ein Turnschuh oder kommt mit den Gegebenheiten vor Ort zurecht. Sei es aufgrund einer körperlichen Einschränkung oder Nahrungsmittelunverträglichkeiten – und auch Gäste, die ihre Kinder mitbringen, haben besondere Bedürfnisse. Im Folgenden will ich auf diese Besonderheiten eingehen.

Gehbehinderte Gäste auf der Feier

Sie denken jetzt vielleicht an Gäste, die im Rollstuhl sitzen. Diese Personengruppe gehört zweifelsohne zu denjenigen, auf die Sie besonders Rücksicht nehmen müssen. Doch auch wenn Sie Gäste einladen, die keine Treppen steigen können, so müssen Sie unbedingt im Vorfeld prüfen, ob die Begehung der Location an sich und natürlich auch der Weg zu allen anderen Räumlichkeiten, insbesondere der Toilette, behindertengerecht ist. Nicht nur der Zugang, sondern auch die Toilette selbst muss groß genug sein, dass ein Gast im Rollstuhl ohne Probleme darin zurechtkommt.

Aber auch Ihre Oma Gerda, Tante Hillie oder andere Gäste, die mit Rollator oder Stock laufen, müssen bei der Planung berücksichtigt werden. Es gibt Locations, in denen die Wege von einem Raum in den nächsten für gehbehinderte Gäste zu anstrengend oder – denken Sie an unebenes Kopfsteinpflaster oder Kies – kaum zu bewältigen sind. Alte und unebene Treppen, sehr enge Aufgänge (oft auch ohne Geländer), Toiletten, in denen Sie kaum die Tür hinter sich schließen können, ohne neben das WC treten zu müssen, all dies sind sicherlich gewisse Knackpunkte, wenn Sie ältere Gäste auf Ihrer Gesellschaft haben. Fragen Sie also nach Alternativen, wenn die Wege nicht oder nur schwer für gehbehinderte Gäste zu überbrücken sind. Rampen können unter Umständen kleine Unwegsamkeit ausgleichen oder ein WC um die Ecke, speziell für die Oma, sorgen dafür, dass alle Gäste rundum zufrieden sind.

 Ganz abgesehen davon, dass Sie auf bewegungseingeschränkte Gäste Rücksicht nehmen müssen, bedenken Sie als Braut, dass das WC mit einem ausladenden Kleid sehr schnell eng werden kann. Ohne Hilfe der Trauzeugin oder einer anderen vertrauten Person, die Ihnen das Kleid im wahrsten Sinne des Wortes vom Leib hält, werden Sie kaum auf die Toilette gehen können.

Gäste mit Nahrungsmittelallergien

Nahrungsmittelallergien sind heute weit verbreitet und sicherlich werden ein paar Ihrer Gäste unter Allergien leiden oder aus anderen Gründen manche Lebensmittel nicht essen können. Jede Küche oder jeder Caterer sollte sich darauf einstellen können. Fragen Sie Ihre Gäste bereits in der Einladung, ob sie Rücksicht auf Allergien oder Besonderheiten bei dem Essen nehmen müssen. Vegetarier oder Veganer sollten eine köstliche Alternative anstelle der Fleischbeilage angeboten bekommen. Gäste mit Allergien müssen sicher sein können, dass sich zum Beispiel auch nicht die Spur einer Haselnuss oder Krabbenfleisch mit eingeschlichen hat. Muslimische Gäste essen zum Beispiel kein Fleisch, das mit dem in ihrer Kultur verbotenen beziehungsweise mit unreinen Fleischsorten auf einem Grill gelegen hat. Hier muss ein extra Grill zur Verfügung gestellt oder mit Grillschalen gearbeitet werden.

Nehmen Sie die Wünsche Ihrer Gäste wahr und zeigen Sie bei der Wahl des Essens, dass Sie sich Gedanken gemacht haben. Bei einem gesetzten Menü können Sie von vornherein festlegen, wer welches Essen serviert bekommt. Bei einem Buffet sollten Sie sich die Mühe machen und beschriften (oder vom Caterer beschriften lassen), welche Zutaten in den Gerichten enthalten sind. Nicht immer ist deutlich, welche Lebensmittel verarbeitet wurden, schon gar nicht, wenn es um Soßen geht. Sie vermeiden so, dass aus Unsicherheit ein vielleicht köstliches Gericht liegen gelassen wird. Und auch die »normalen Gäste« freuen sich bestimmt, wenn sie wissen, was sie sich gerade auf den Teller legen.

Gäste mit Babys und Kindern

Gäste, die mit Babys reisen, haben immer gleich einen ganzen Rucksack voll mit Windeln, Spielsachen oder Kindernahrung dabei. Bitten Sie auf der Einladung darum anzugeben, ob die Familie mit oder ohne Kinder kommt und welches Alter die Kinder haben. Nicht immer erinnern Sie sich an die richtigen Altersstufen.

 Babys und Kleinkinder werden übrigens in der Regel in der Location gar nicht abgerechnet, da diese kaum etwas essen. Geben Sie also in jedem Fall bei der finalen Gästezahl an, wie viele Kinder bis sechs Jahren und bis zwölf Jahren an Ihrer Feier teilnehmen. Auch ein Kindermenü ist oft günstiger und wird gerne von den Kleinen angenommen.

Das esse ich nicht!

(Kleine) Kinder wollen nicht unbedingt stillsitzen und das Drei-Gänge-Menü mitessen. Nahrungsaufnahme dient in diesem Alter kaum dem Genuss des auf die Vorlieben der Erwachsenen abgestimmten Gerichts, viel lieber wollen kleinere Kinder schnell etwas essen und dann spielen. Wenn mehrere Kinder auf der Hochzeit sind, dann arrangieren Sie einen Kindertisch und stellen Sie kindgerechtes Essen auf den Tisch, an dem sich die Kinder über den Abend immer mal wieder bedienen können. Auch Gemüse wird oft und gerne von Kindern gegessen, wenn man es nur entsprechend anrichtet.

Die Angebotserstellung

In diesem Kapitel

▶ Die einzelnen Positionen im Angebot einer Location verstehen

▶ Cateringangebote für jeden Geschmack

▶ Kosten für selbst mitgebrachte Speisen und Getränke einkalkulieren

▶ Besonderheiten von Zelthochzeiten

▶ Probeessen arrangieren

Die Angebotserstellung einer Location, eines Caterers oder eines Dienstleisters, der Ihnen zum Beispiel die Hochzeitsfeier in einem Zelt ausrichtet, kann sehr umfangreich ausfallen. Lesen Sie in jedem Fall das Angebot und auch die in der Regel dazugehörigen allgemeinen Geschäftsbedingungen, kurz AGB genannt, genau durch und fragen Sie bei unklaren Formulierungen oder Punkten, die Ihnen aus sonstigen Gründen nicht ganz klar erscheinen, immer nach. Es steht Ihnen zudem frei, Zusatzvereinbarungen mit der Location oder dem Caterer zu treffen. Nicht immer wird sich Ihr Gegenüber auf solche Zusatzvereinbarungen wie eine geringere Raummiete oder einen geringeren Mindestumsatz, auf den ich gleich eingehe, einlassen.

Mündliche Verabredungen sollten Sie immer schriftlich fixieren beziehungsweise E-Mail-Korrespondenzen ausdrucken oder entsprechend ablegen, sodass Sie bei Unstimmigkeiten bei der Abrechnung hierauf verweisen können. Es passiert nicht selten, dass in der recht langen Planungsphase, also der Vorlaufzeit bis zu Ihrem großen Tag, die Ansprechpartner wechseln oder gar ein Jahreswechsel und damit einhergehend neue Preislisten für die Location oder das Catering anstehen. Berufen Sie sich dann immer auf schriftlich fixierte Vereinbarungen, das kann Ihnen im Zweifelsfall mehrere Tausend Euro sparen!

 Positionen, die nicht in dem Vertrag oder sonst schriftlich festgehalten werden beziehungsweise auch nicht in den allgemeinen Geschäftsbedingungen erscheinen, dürfen Ihnen auch nicht in Rechnung gestellt werden. Achten Sie also genau darauf, welche Positionen auf der Abschlussrechnung der Location, des Caterers oder eines sonstigen Dienstleisters aufgeführt werden.

Raummieten und Kosten für Equipment

Nicht jede Location weist eine Raummiete aus, das heißt aber nicht, dass es nicht indirekt doch eine entsprechende Miete gibt, die anderweitig auf die Positionen in Ihrem Angebot umgelegt wurde. Beschäftigen wir uns in diesem Zusammenhang einmal mit dem Thema Mindestumsätze.

Mindestumsätze anstelle von Raummieten

Sie haben vielleicht schon Angebote von Locations oder einem Caterer eingeholt und sind über die Klausel des sogenannten Mindestumsatzes gestoßen. Ob Sie diesen Umsatz eher leicht oder eher unwahrscheinlich erreichen würden, hängt ganz entscheidend davon ab, mit wie viel Personen Sie feiern. Gehen wir von einem Mindestumsatz von 7.500 Euro aus – das hört sich erst einmal nach sehr viel Geld an, feiern Sie allerdings mit 120 Personen, so wären dies umgerechnet 62,50 Euro pro Person, die Sie mit einem Buffet oder Menü und auch Getränken recht schnell erreichen werden. Rechnen Sie jedoch mit nur 60 Gästen, müsste jeder Gast für 125 Euro essen und trinken, damit Sie letzten Endes keinen Differenzbetrag an die Location zahlen müssen, ohne etwas dafür erhalten zu haben. Legen Sie jedoch sehr viel Wert auf ein gehobenes Essen und möchten Cocktails oder Longdrinks servieren lassen, so wäre der Mindestumsatz für Sie wahrscheinlich leicht zu erreichen. Brechen Sie den Mindestumsatz auf Ihre Gästezahl herunter und überlegen Sie dann, ob auch alternative Angebote von Locations, in denen Sie eine Raummiete zahlen müssten, noch zur Debatte stehen.

Ein entscheidender Faktor bei der Wahl der Location und somit auch dem Thema Raummiete ist, ob Sie sich eine freie Trauung vor Ort, wie in Kapitel 9 beschrieben, oder »nur« die Feier wünschen. Sie benötigen bei einer freien Trauung mehr Platz und müssten dann eine höhere Raummiete oder auch eine Miete für den Außenbereich zahlen. Auch in diesem Fall kann anstelle der Miete ein Mindestumsatz – auch für den Außenbereich – verlangt werden, weil vielleicht das Tagesgeschäft für Sie unterbrochen oder an diesem Tag komplett unterbunden wird. Im Gegensatz zu Restaurants verlangen Schlösser und Burgen in der Regel immer eine Raummiete. Die Mieten liegen dabei zwischen wenigen Hundert und mehreren Tausend Euro – nur für die Nutzung der Location, oft aber inklusive Mobiliar.

 Einen Mindestumsatz oder eine Raummiete können Sie in der Regel nur in den seltensten Fällen zu Ihren Gunsten beeinflussen.

Sind Sie an einen Mindestumsatz gebunden, so fragen Sie in jedem Fall nach, welche Positionen ganz genau in dem Mindestumsatz enthalten sind, und rechnen Sie sich dann aus, ob sich die Buchung der Location für Sie lohnt. In dem endgültigen Vertrag sollte dann auch festgehalten sein, über welche Positionen Sie im Einzelnen mit dem Inhaber gesprochen haben, denn auch hier gilt, dass mündliche Erklärungen noch mal revidiert werden können oder unklar ist, was genau besprochen wurde. Unter Umständen fließen auch Positionen wie ein Teil der Dekoration oder Kaffee und Kuchen mit in die Kalkulation ein – so kann sich ein anfangs horrend aussehender Mindestumsatz schnell relativieren und zu Ihren Gunsten ausfallen.

Exklusivbuchung einer Location

Nicht jede Location garantiert Ihnen, dass Sie »the one and only Hochzeitsgesellschaft« an diesem Tag sind, so könnte also noch eine zweite Braut mit ihrer Gesellschaft durch die Gänge schwirren und sie laufen sich womöglich über den Weg. Auch hier gilt: Fragen Sie, wie die Verhältnisse vor Ort sind. Wenn es noch eine andere Hochzeitgesellschaft gibt, wo würde sich diese aufhalten? Besteht die Möglichkeit, dass sie sich »in die Quere kommen« oder sind die Räume so voneinander getrennt, dass dies unmöglich ist. Im Zweifelsfall können Sie die Location vielleicht besser exklusiv mieten. Das kann übrigens auch dann sinnvoll sein, wenn zwar keine andere Hochzeitsgesellschaft, aber beispielsweise Restaurantbesucher oder Kurgäste in unmittelbarer Nähe sein würden.

Wenn Sie exklusiv buchen, heißt das, nur Sie und Ihre Gäste werden an diesem Tag die Örtlichkeiten nutzen dürfen. Kalkulieren Sie hierfür eine höhere Raummiete ein, da Sie nun mehr Räumlichkeiten belegen oder einen entsprechend höheren Mindestumsatz erbringen müssen. Verfahren Sie bei der Kalkulation Ihrer Kosten genauso wie bei den Mindestumsätzen und überlegen Sie dann, ob diese Möglichkeit für Sie infrage kommt. Exklusivbuchungen bieten sich dann an, wenn Sie die Location für mehr als nur einen Zweck, zum Beispiel einer freien Trauung oder einer umfangreichen Kinderbetreuung, buchen wollen.

Vielleicht wollen Sie sich vor Ort frei trauen lassen und brauchen für Ihren Plan B bei Regen genau die Räumlichkeiten, die sonst durch eine andere Gesellschaft belegt sein würden. Bei der Buchung einer zusätzlichen externen Location für die Trauung müssten Sie ebenso Mietkosten tragen. Stellen Sie also immer alle Kosten gegenüber und vergleichen Sie dann, ob Sie einen hohen zusätzlichen Preis zahlen (müssten), wenn Sie exklusiv feiern, oder ob die Mehrkosten es doch wert sind, allein und ungestört zu sein.

Ist ein Hotel oder sind Zimmer an die Location angegliedert, so können Sie Ihre Gäste zudem meist zu einem Sonderpreis unterbringen, wenn Sie alle Zimmer abnehmen. Schön ist es auch, am nächsten Tag gemeinsam zu frühstücken oder zu brunchen und die Hochzeitsfeier Revue passieren zu lassen. Sie können das Beisammensein nochmals genießen und brauchen sich nicht bereits mitten in der Nacht von allen Gästen zu verabschieden.

Wenn Sie die Location exklusiv und, sofern möglich, dann auch noch alle vorhandenen Zimmer buchen, verhandeln Sie mit der Location um andere kostenpflichtige Positionen, die Ihnen günstiger oder kostenlos angeboten werden sollten. Zum Beispiel sollte Ihnen die Hochzeitssuite kostenlos und der Brunch für die Gäste vergünstigt angeboten werden.

Dekorationsartikel vor Ort nutzen

Viele Locations bieten eine Auswahl an Dekorationselementen an, die das Brautpaar wahlweise anmieten kann. Kerzenleuchter, Stuhlhussen, Loungemöbel, Platzteller oder auch große Pflanzen können zu diesen Positionen gehören.

Diese Positionen können auch zu denjenigen gehören, die Sie bei einer exklusiven Buchung der Location oder bei der Belegung aller Zimmer vor Ort zu Ihren Gunsten im Preis nachverhandeln können (sehen Sie sich dazu den vorherigen Abschnitt »Exklusivbuchung einer Location« an)!

Etwas ganz Besonderes: Die Stuhlhussen

Bietet die Location Ihnen keine Stuhlhussen an, so können Sie extern, zum Beispiel über eine Dekorationsfirma oder einen Hochzeitsplaner welche ausleihen. Die Kosten für Stuhlhussen werden von vielen Brautpaaren unterschätzt, da sie ab etwa 3 bis weit über 10 Euro pro Stück liegen können. Bei 100 Gästen und im Mittel 7 Euro pro Husse investieren Sie also 700 Euro für schöne Stühle. Bei der Höhe der Kosten kommt es darauf an, welches Material Sie wählen, wie gängig die Form ist und ob Sie eine Schleife wollen oder nicht. In den Kosten für den Verleih von Stuhlhussen sollte immer die Reinigung enthalten sein. Die Kosten für den Versand müssen Sie in der Regel noch einmal extra bezahlen. Diese belaufen sich, je nach Versandart, auf etwa 10 bis 12 Euro pro 50 Hussen.

Wenn Sie sich auf die Suche nach Stuhlhussen begeben, gilt es, sich gut vorzubereiten. Messen Sie die Stühle aus (siehe Abbildung 5.1) und halten Sie im besten Fall ein Bild bereit, sodass Sie einen Anhaltspunkt bei Ihrer Suche im Internet oder in einem entsprechenden Geschäft haben. Überlegen Sie, ob Sie die Husse mit oder ohne Schleife wünschen und ob Sie eher matten oder glänzenden Stoff bevorzugen.

 Wenn möglich, gehen Sie in einen Laden, der Ihnen eine Probehusse anbieten kann. Nehmen Sie diese mit zu der Location und ziehen Sie sie über den Stuhl. Nur so können Sie ganz sicher sein, dass Sie sich für die richtige Stuhlhusse entschieden haben.

Bedenken Sie bei der Planung auch, wer die Hussen über die Stühle zieht. Wenn Sie die Hussen extern anmieten und liefern lassen, ist es meist so, dass das Personal in der Location niemanden abstellen wird, der Ihnen die Stühle bezieht. Ebenso wie die Kosten für Stuhlhussen wird auch oft der Zeitaufwand unterschätzt, den es bedarf, um alle Stühle mit Hussen zu überziehen.

Gehen wir von einer normalen Stuhlhusse aus, die Sie nur über den Stuhl ziehen und dann eine Schleife darum binden müssen. Wenn Sie dafür eine Minute pro Stuhl benötigen und insgesamt 100 Stühle beziehen müssen, sind Sie über 1,5 Stunden nur mit dem Beziehen von Stühlen beschäftigt. Müssen Sie die Stuhlhussen sogar an jedem Stuhlbein befestigen, kalkulieren Sie besser zwei Minuten pro Stuhl ein, das sind dann knapp 3,5 Stunden. Dies ist zum Beispiel bei Stühlen mit Armlehnen der Fall, hier passen in der Regel nur Stretchhussen, die eben an jedem einzelnen Stuhlbein befestigt werden müssen.

Auch müssen Sie alle Stuhlhussen nach der Feier wieder abziehen – fragen Sie in der Location nach, wann die Stühle wieder gebraucht werden. Mittags vielleicht? Dann fangen Sie am nächsten Tag entsprechend früh an, die Hussen abzuziehen, zusammenzulegen und zu verpacken, damit die Kartons von dem Lieferanten am nächsten Tag abgeholt werden können. Im besten Fall haben Sie jemanden im Familien- oder Freundeskreis oder einen Profi, der Sie von dieser Aufgabe befreit.

5 ➤ **Die Angebotserstellung**

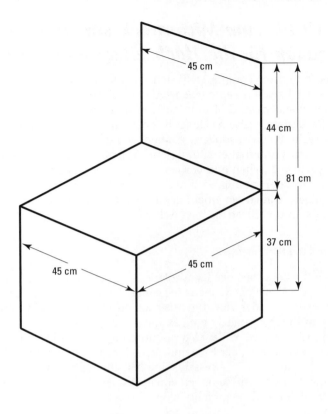

ca.-Maße (+/- 0.5 - 1 cm)

Abbildung 5.1: Maß nehmen für die Auswahl der richtigen Stuhlhusse

Das dicke Ende: Die Endreinigung

In einigen Fällen werden Sie in dem von der Location vorgelegten Vertrag eine recht geringe Pauschale für die Endreinigung finden, die Ihnen das Abräumen von Geschirr und das Aufräumen der Location erspart. Zu unterscheiden ist hier, ob Sie in einer Location feiern, in der der Service im Haus ist, oder ob Sie extern einen Raum gemietet und den Service zum Beispiel über ein Cateringunternehmen gebucht haben. Klären Sie im Vorfeld ab, welche Reinigungsarbeiten Sie als Brautpaar übernehmen müssen und was der Caterer oder eine Reinigungskraft der Location für Sie übernehmen kann.

 Buchen Sie immer die (End-)Reinigung dazu. Meist ist dies eine fixe, also nicht frei wählbare Position, dann ist Ihnen die Entscheidung bereits abgenommen. Ersparen Sie es sich, morgens aus dem Bett zu kriechen und Besen und Lappen schwingen zu müssen. Sie sind schließlich frisch vermählt. Im besten Fall packen Sie die Koffer und fliegen in die Flitterwochen!

Vom Aperitif bis zum Mitternachtsimbiss: Gaumenfreuden für die Hochzeitsgesellschaft

Mieten Sie die Location Ihrer Träume, stellt sich eventuell auch die Frage nach dem richtigen Caterer, sofern in der Location keine eigene Küche beziehungsweise kein eigenes Küchen- und Serviceteam vorhanden ist. Gibt es in der von Ihnen gebuchten Location allerdings ein angeschlossenes Restaurant oder ein eigenes Küchen- und Serviceteam, so müssen Sie keinen externen Caterer recherchieren, sondern können sich direkt mit dem Chefkoch über mögliche Buffets oder Menüs unterhalten. Für welche Variante Sie sich entscheiden, hängt natürlich von Ihren eigenen Wünschen und Vorlieben, aber auch von den Möglichkeiten ab. Ist im Übrigen kein externer Caterer nötig, so sind Sie in der Regel eben auch an die Teams vor Ort gebunden, Sie bringen ja auch bei einem gemütlichen Essen zu zweit in einem Restaurant nicht Ihr eigenes Essen und Ihren eigenen Kellner mit.

Den richtigen Caterer finden

Oft unterstützen Sie Locations bei der Wahl eines passenden Caterers mit Empfehlungslisten aus der Region. Vielleicht kennen Sie aber auch von anderen Anlässen wie Betriebsfeiern, Weihnachtsfeiern oder von Ihnen besuchten Hochzeiten ein Cateringunternehmen, dessen Essen Ihnen besonders gut geschmeckt hat und mit dessen Service Sie auch zufrieden waren. Ein professionelles Cateringunternehmen wird sich durch einen festen Ansprechpartner auszeichnen, der Ihnen mit Vorschlägen zum Essen und zu den Getränken zur Seite steht. Auch ein Probeessen sollte bei einem guten Caterer immer möglich sein. Lassen Sie sich außerdem Fotos von einem angerichteten Buffet zeigen. Kleine Dessertschalen oder auch kreativ angerichtete Speisen bereiten den Gästen bereits beim Ansehen eine Freude!

Menü, Buffet und besondere Varianten

Lassen Sie ein Menü servieren, so bedeutet dies während der Planungszeit etwas mehr organisatorischen Aufwand für Sie, als wenn Sie sich für ein Buffet entscheiden. Entscheiden Sie sich für ein Menü, so berücksichtigen Sie in jedem Fall Besonderheiten wie Allergien, sich vegetarisch ernährende Gäste oder auch Gäste, die keinen Fisch oder besondere Fleischsorten wie Wild essen mögen.

Sie sollten bereits in den Einladungskarten darauf hinweisen, dass Sie ein Menü servieren lassen, und darum bitten, Besonderheiten oder spezielle Essenswünsche mitzuteilen (mehr dazu erfahren Sie in Kapitel 15). Sie können die Gäste auch aus Vorschlägen wählen lassen, die Sie auf der Antwortkarte integrieren. So kreuzen Ihre Gäste an, ob sie zum Beispiel die Vorspeise mit oder ohne Fisch, im Hauptgang erneut Fisch oder Fleisch oder vegetarisch essen wollen, und können sonstige Bemerkungen und Besonderheiten auf der Karte notieren.

Führen Sie eine Tabelle, in der Sie für jeden Gast vermerken, was dieser essen oder eben nicht essen möchte beziehungsweise auch nicht essen darf. Diese Übersicht stellen Sie der Küche rechtzeitig zur Verfügung, sodass der Chefkoch die entsprechenden Mengen an Fisch, Fleisch etc. kalkulieren kann. Haben Sie von allen Gästen eine Rückmeldung erhalten, ob sie kommen oder nicht, können Sie sich Gedanken darüber machen, wen Sie an einen Tisch setzen wollen. Auch hier müssen Sie der Küche eine Übersicht zur Verfügung stellen, auf der zu erkennen ist, wo welcher »Menütyp« sitzt. Ein guter Service wird das Essen zuordnen und dem Gast servieren.

Kombinationen aus Menü und Buffet

Ein Menü kann man auch mit einem Buffet kombinieren. Viele Brautpaare sind sich nicht sicher, ob sie ein im ersten Moment vielleicht etwas »steif« wirkendes Menü, bei dem alle Gäste auf ihren Plätzen sitzen bleiben, für ihre Hochzeit wünschen oder doch lieber das eher lockerere Buffet, bei dem sich die Gesellschaft zu dem Essen hinbewegt. Bei dem Buffet haben die Gäste in jedem Fall eine größere Auswahl und können sich nach Belieben noch einmal einen Nachschlag holen oder auch die Mengen der jeweiligen Speisen variieren.

Bei einer Kombination aus Buffet und Menü können Sie beispielsweise die Vorspeise servieren und das Hauptgericht als Buffet anrichten lassen. Das Dessert wird dann wieder serviert – Nachspeisen lassen sich oft sehr kreativ auf dem Teller anrichten, sodass Sie auch hier dem festlichen Anlass gebührend Ihren Gästen etwas Süßes oder auch Herzhaftes vorsetzen.

Fliegende Häppchen für Auge und Zunge

Neben Kombination aus klassischem Menü und Buffet gibt es noch andere Möglichkeiten, Ihren Gästen etwas Besonderes anzubieten. Das *Flying Buffet* erfreut sich seit einiger Zeit großer Beliebtheit. Bei dieser Buffetform benötigen Sie keinen Buffettisch, sondern sämtliche Speisen, ob warm oder kalt, werden den Gästen direkt vom »fliegenden« Servicepersonal auf kleinen Tellern, Löffeln oder anderem Geschirr portioniert angeboten. Dabei wird oft auf sogenannte »Happy Forks« oder »Happy Spoons« zurückgegriffen. Was um alles in der Welt ist denn das? Nun, die Griffe dieses speziellen Bestecks sind gebogen und die kleinen Häppchen sind bereits direkt darauf angerichtet. Das sieht zum einen sehr schön und appetitlich auf den Tabletts oder Tischen aus und lädt Ihre Gäste zum anderen dazu ein, direkt zuzugreifen.

 Das Flying Buffet eignet sich hervorragend für Empfänge und für Veranstaltungen, bei denen kein oder nur sehr wenig Platz für eine Tafel ist. Zudem ist es eine sehr kommunikative Form des Buffets, da die Gäste nicht gezwungen sind, auf einem Platz zu sitzen, sondern sich frei im Raum beziehungsweise in der Location bewegen können, aber trotzdem eine Kleinigkeit zu essen bekommen.

Auch für eine Hochzeitsfeier kann diese Form des Buffets infrage kommen, wenn Sie eine eher sehr kleine Gesellschaft sind oder auch den ganzen Abend über immer wieder kleine Häppchen servieren lassen. Allerdings findet das Flying Buffet in dieser Form auf Hochzeiten eher selten als vollständiger Ersatz für das Buffet oder das Menü statt!

Live gekocht und heiß gegessen

Haben Sie ausreichend Platz zur Verfügung oder finden sogar Teile der Veranstaltung im Freien statt, ist eine sogenannte *Live Cooking Station* etwas Schönes und auch Besonderes. Hier steht Ihren Gästen eine große Auswahl bester Rohzutaten zur Verfügung, die Sie vorher mit dem Caterer besprochen haben: zum Beispiel Hummerkrabben am Spieß, frische Fischsorten, verschiedene Fleischsorten oder auch eine kleine Auswahl an Wild, die frisch gebraten oder aufgeschnitten werden. Dazu können Ihre Gäste knackig frisches Gemüse wählen und sich an der Salatbar bedienen. Aus dieser Auswahl stellen sich Ihre Gäste somit ihr Lieblingsgericht zusammen – frisch, heiß und nach individuellen Wünschen vor den Augen der Gäste in Sekundenschnelle zubereitet. Einfach köstlich!

Nicht jeder Gast mag Sushi. Überlegen Sie bei der Planung der Speisen, ob Ihre Gesellschaft von einer Sushi-Station angetan wäre. Vielleicht möchten Sie auch eine Kombination aus Sushi und rohem Fisch (zum Beispiel als Sashimi). Lachs lässt sich auch hervorragend auf frischem Salat als Beilage reichen. Besprechen Sie hierzu mit dem Catering oder der Küche, ob dies umsetzbar ist. Ein Eisblock, am besten noch mit entsprechender Beleuchtung unter dem Eisblock in Szene gesetzt, zieht Ihre Gäste magisch an. Der Fisch wird bei dieser Methode fachmännisch für den jeweiligen Gast frisch zugeschnitten. Sie gewährleisten so, dass der Fisch zum einen für das Auge perfekt angerichtet und zum anderen durchgängig gekühlt ist.

Süßes für die Lieben

Mieten Sie eine mobile Crêpes-Station über das Catering oder auch Webseiten wie www.erento.de. Ihre Gäste werden es lieben! Sie können Crêpes natürlich auch schon am Nachmittag zu Ihrem Sektempfang anbieten. Anstelle einer Crêpes-Station bieten sich natürlich auch mobile Wagen für Popcorn oder auch Eiswagen an!

Bei einer Gästezahl ab circa 100 Gästen sollten Sie die Stationen doppelt aufbauen. Sie vermeiden so lange Wartezeiten an den Buffet- und Kochstationen, das gilt auch für die Crêpes- oder Eisstationen. All das, was frisch zubereitet wird, sollte dem Gast zügig serviert werden können.

Empfang der Gäste

Der Empfang Ihrer Gäste kann zweierlei bedeuten. Sie können die Gäste vor oder nach der Trauung empfangen und dementsprechend bereits vor oder nach der Trauung mit Getränken oder Häppchen verköstigen. In der Regel sammeln sich die Gäste vor der Trauung an der entsprechenden Location, bis es Zeit ist, sich zu setzen, und die Braut einzieht. Getränke oder Häppchen werden zu diesem Zeitpunkt dann noch nicht ausgegeben. Wenn Sie sich jedoch frei trauen lassen und in der gleichen Location verbleiben, um dort später die Feier mit allen Gästen zu genießen, und es zudem besonders warm ist, bietet es sich an, schon *vor* der Trauung Getränke in kleinen Flaschen in schönen Coolern mit Eis bereitzustellen.

Solche Cooler erfordern im Übrigen nur sehr wenig Servicepersonal in den Locations. Eis muss in der Regel nur einmal getauscht und Kronkorken sowie leere Flaschen können kurz vor der Trauung schnell weggeräumt werden, gegebenenfalls werden die Getränke noch einmal aufgefüllt.

Sekt, Saft oder Kaffeespezialitäten werden *nach* der Trauung, also bei der Gratulation gereicht. Hier ist grundsätzlich zu unterscheiden, ob Sie den Empfang dort halten wollen, wo Sie sich gerade das Ja-Wort gegeben haben, oder ob Sie sich in Ihr Brautauto setzen und der Empfang in der Feierlocation stattfindet. Dies ist zum Beispiel die Regel nach einer kirchlichen Trauung. Normalerweise fahren Sie nach einer kirchlichen Heirat – und bei gutem Wetter nach einer kurzen Gratulation sowie dem Gruppenfoto vor der Kirche – direkt zu dem Ort der Feierlichkeit und veranstalten dort den offiziellen Empfang.

 Vor dem Standesamt oder der Kirche sind vor allem logistische Herausforderungen zu meistern, die nicht anfallen, wenn Sie den Empfang am Ort der Feierlocation durchführen. Sprechen Sie hier mit Ihrem Caterer, welche Kosten auf Sie zukommen, wenn Sie den Empfang entsprechend auslagern. In kleinem Umfang können auch Freunde oder die Familie den Empfang sehr gut für Sie ausrichten.

Entscheiden Sie zudem, ob neben den Häppchen nachmittags auch Kuchen gereicht werden soll. Häppchen sollten Sie in jedem Fall bei dem Sektempfang anbieten. Wie viele pro Person hängt davon ab, wann Sie das Abendessen beginnen lassen wollen – und ob Sie neben den Häppchen vielleicht sogar schon die Hochzeitstorte anschneiden und servieren wollen. In der Regel reichen drei bis fünf Häppchen pro Gast vollkommen aus.

Für hungrige Nachtschwärmer: Der Mitternachtsimbiss

Sie und Ihre Gäste haben den Abend genossen, Reden gehalten und auch das Tanzbein geschwungen. Auch wenn Sie nach dem Hauptgang und erst recht nach dem leckeren Dessert das Gefühl haben, die nächsten drei Wochen nichts mehr essen zu können, so werden Sie am späten Abend doch einen erneuten, leichten Appetit verspüren.

Ein Mitternachtssnack ist hier die richtige Lösung. Wenn Sie abends weggehen, das ein oder andere alkoholische Getränk getrunken haben und dann nach Hause kommen, was machen Sie dann? Ich für meinen Teil esse gerne noch eine Kleinigkeit – auf keinen Fall etwas Süßes, ich brauche dann eher etwas Deftiges. Was essen Sie zu dieser Uhrzeit am liebsten? Currywurst mit Pommes, ein Stück Wurst aus dem Kühlschrank oder einen Döner auf dem Weg zum Taxi? Nein, keine Sorge, Sie sollen auf Ihrer Hochzeit keinen Dönerwagen aufstellen, aber: Currywurst mit Pommes ist nicht so ganz abwegig. Wie wäre es mit einem Currywurst-Brunnen, an dem die Gäste ihre Wurststückchen in Curryketchup eintunken können?

Von Pauschalen, Kork- und Gabelgeldern – die Cateringkosten

Sie werden beim Einholen von Angeboten neben verschiedenen Vorschlägen, was Sie Ihren Gästen servieren können, immer wieder mit Begrifflichkeiten konfrontiert werden, mit denen Sie erst einmal wenig anfangen können. Im Folgenden werde ich einige Begriffe erläutern, sodass Sie in der Lage sind nachzufragen, was diese Positionen enthalten und ob diese Kostenpositionen überhaupt in Ihrer Traumlocation anfallen.

Getränkepauschalen – nicht immer von Vorteil

In vielen Angeboten oder ersten Gesprächen mit den zuständigen Bankettleitern oder Inhabern von Locations wird man Ihnen sogenannte Getränkepauschalen anbieten. Ich werde immer wieder gefragt, ob dies eher von Vor- oder Nachteil sei. Pauschal lässt sich das aber nicht beantworten. Stellen Sie sich zuerst die Frage, welcher Typ Sie sind. Möchten Sie die Kostenkontrolle in den Vordergrund stellen oder können Sie mit ein bisschen Ungewissheit leben, welchen Anteil die Getränke in Ihrem Budget ausmachen werden?

Ich habe schon Brautpaare begleitet, die keine ruhige Minute auf ihrer Hochzeit gehabt hätten, wenn sie im Vorfeld keine Getränkepauschale vereinbart hätten. Bei jedem Kaffee oder jeder neu geöffneten Weinflasche hätte das Brautpaar überschlagen, wie hoch sich die Kosten der Getränke wohl mittlerweile belaufen. In diesem Fall sollten Sie sich mit dem Verantwortlichen vor Ort zusammensetzen und besprechen, welche Getränkepauschale für Sie sinnvoll ist.

Sie können davon ausgehen, dass in einer Getränkepauschale zwei oder drei verschiedene Weine und ebenso viele Biersorten, Softdrinks und Wasser, in manchen Fällen auch normaler Kaffee, enthalten ist. Schnäpse, Cocktails oder Longdrinks werden grundsätzlich nicht innerhalb einer solchen Pauschale abgedeckt, ebenso wenig wie Kaffeespezialitäten wie Cappuccino, Espresso oder dergleichen. Zudem gilt die Getränkepauschale oft nur für einen begrenzten Zeitraum von einigen Stunden und muss für alle Gäste gezahlt werden, die Sie für die Feierlichkeit angemeldet haben.

Besprechen Sie sich zuerst mit Ihrem Partner, was besser zu Ihrer Hochzeitsgesellschaft passt. Erinnern Sie sich an Familienfeiern und Feiern im Freundeskreis: Haben die meisten Gäste ein Glas Wein zum Essen getrunken und sind sonst bei Softdrinks geblieben? Dann rechnet sich eine Pauschale eher nicht. Bedenken Sie, dass Sie für jeden Gast die Pauschale zahlen, also auch für die, die wirklich nur einen Wein und dann noch zwei Gläser Wasser trinken, für Gäste, die noch am Abend wieder nach Hause fahren, und für Schwangere.

Fragen Sie nach, wann die Pauschale beginnt und endet. Beginnt sie schon mit dem Sektempfang und endet nach Mitternacht, rechnet es sich eher, als wenn Sie eine Kopfpauschale zahlen, die ohne den Empfang kalkuliert ist und nach drei Stunden wieder endet. Denn nachdem die Pauschale abgelaufen ist, zahlen Sie regulär nach Verbrauch.

Legen Sie vor allem fest, welche Getränke Sie Ihren Gästen anbieten wollen, und berücksichtigen Sie dabei, wann Ihr Tag beginnt. Eine Pauschale mag sich eher rechnen, wenn Sie bereits früh am Tag heiraten. Läuft die Pauschale über acht oder zehn Stunden und sind der Empfang oder sogar die Kaffeespezialitäten am Nachmittag inkludiert, dann haben Sie einen guten Überblick, welche Kosten hier pro Person für Ihr Budget anfallen und müssen nicht unbedingt damit rechnen, letzten Endes weit über diesem Budget zu landen, auch wenn ab einer bestimmten Uhrzeit nach Verbrauch abgerechnet wird.

Wollen Sie alkoholische Getränke wie Schnäpse, Longdrinks oder Cocktails anbieten, so können Sie diese limitieren oder mit der Location den Preis hierfür verhandeln. Bieten Sie den Gästen zum Beispiel an, einen Aperitif und einen Digestif vor beziehungsweise nach dem

5 ➤ Die Angebotserstellung

Essen zu bestellen. Die Servicekräfte können Ihre Gäste auf die Getränkekarten hinweisen, wenn nach anderen als den von Ihnen ausgewählten Getränken gefragt wird. Den Gästen steht es somit frei, auf Selbstzahlerbasis andere als die angebotenen Getränke zu bestellen. Auch das lässt sich im Voraus mit der Location absprechen.

Um zum Beispiel bei Cocktails die Kosten nicht ins Uferlose laufen zu lassen, können Sie eine »Happy Hour« einführen oder bieten Cocktails eine oder zwei Stunden lang während des Empfangs an. Legen Sie verschiedene Cocktails fest, bieten Sie auch alkoholfreie an und schließen Sie die »Bar« nach der festgelegten Zeit wieder. Auch diese Info können Sie geschickt auf einem Ablaufplan für die Gäste verpacken oder es bei Ihrer Willkommensrede formulieren.

Für mitgebrachte Getränke: Das Korkgeld

Fast jede Location wird Ihnen anbieten, zur Probe zu essen und dabei auch die Weine und den Sekt zu probieren. Manches Mal kann oder will das Brautpaar sich jedoch für keine Sorte, die die Location anbietet, entscheiden. Weine oder Spirituosen können in der Regel jedoch nicht einfach mitgebracht werden, es fällt dann ein sogenanntes *Korkgeld* an. Da Locations oft in nicht unerheblichem Maße mit den Getränken ihren Umsatz erzielen, ist es nicht ungewöhnlich, dass Sie für jede mitgebrachte Flasche einen bestimmten Betrag an die Location zahlen müssen. Rechnen Sie in diesem Fall durch, ob es sich dann noch lohnt, die Flaschen mitzubringen, und wägen Sie ab, ob es den logistischen Aufwand (Getränke einkaufen, transportieren und leere Flaschen wieder abholen) wirklich wert ist.

Hochprozentiges darf meist nicht mitgebracht werden, sondern muss über die Location bezogen werden. Je nach Location kann es Ihnen aber auch ganz ohne Aufpreis gestattet sein, Schnäpse zu besorgen und auf Ihrer Hochzeit anzubieten. Ist dies möglich, sollten Sie Gebrauch davon machen; so lässt sich der ein oder andere Euro sparen.

Das Gabelgeld für mitgebrachte Speisen

Das sogenannte *Gabelgeld* kann anfallen, wenn Sie Speisen, wie zum Beispiel die Hochzeitstorte, liefern lassen oder mitbringen. Bei 100 Gästen und 2 Euro Gabelgeld sind Sie also schnell bei 200 Euro Extrakosten, für die Sie im Grunde genommen wenig oder keine Gegenleistung erhalten. Manche Locations verlangen für das Servieren der Torte einen kleinen Obolus, da sie dafür das Geschirr bereitstellen und spülen. Fragen Sie also, ob und in welcher Höhe in diesem Fall Kosten anfallen.

Sie werden eventuell von der Location aufgefordert, Ihre Hochzeitstorte aus der eigenen Patisserie zu beziehen. Das ist sicherlich die einfachste Lösung, wenn Sie nicht unbedingt Ihre Torte von einer anderen Konditorei bestellen wollen, die Ihnen wärmstens empfohlen wurde, deren Sorten Ihnen besonders gut schmecken oder die einfach das schönste Design anbietet. Im besten Fall können Sie sich die Hochzeitstorte aber ohne extra anfallende Kosten liefern lassen – Gabelgeld ist eher die Seltenheit.

Mitgebrachte Speisen der Tradition halber

In manchen Kulturen ist es Sitte, dass ein Teil der Gäste traditionelle Speisen, Kuchen oder Nachspeisen selbst herstellt und zur Feier mitbringt. Deutschland hat jedoch sehr strenge Gesetze, was das Zubereiten und Servieren von Speisen in der Gastronomie angeht. Wenn Ihnen ein Gastwirt das Mitbringen selbst gemachter Speisen nicht erlaubt, muss daher nicht immer der »Unwille« des Gastwirts der Grund dafür sein, sondern einfach das Risiko, nicht nachvollziehen zu können, unter welchen Bedingungen die Speisen hergestellt wurden. Gastwirte sind dann unter Umständen in der Haftung, wenn es gesundheitliche Probleme bei den Gästen gibt, die durch selbst mitgebrachte Speisen verursacht werden.

Denken Sie hier nur an allergische Reaktionen oder auch Salmonellen bei nicht fachgerecht zubereiteten Leckereien. Seien Sie also nachsichtig, wenn die Verantwortlichen vor Ort Ihnen die Erlaubnis, Speisen selbst herzustellen und mitzubringen, nicht erteilen.

Ist es Ihnen jedoch erlaubt, Speisen mitzubringen, legen Sie fest, wer welche Speisen herstellt und mitbringt. So können selbst gemachte Muffins zum Empfang eine Alternative zu dem Angebot vor Ort sein. Ähnlich verhält es sich mit dem Dessertbuffet. Wenn möglich, lassen Sie die Nachspeisen von Ihren Freunden und Verwandten zubereiten.

Kostenfaktor Personal

Wie Getränkepauschalen enden, so kann auch der Service des Personals »enden«. Wenn Sie sich nun im Brautkleid und Anzug Getränke servieren sehen, kann ich Sie beruhigen, so weit wird es nicht kommen. Personalkosten sind in fast keinem Angebot mehr separat ausgewiesen. Sie werden in einigen Fällen noch lesen, dass in dem vorgelegten Angebot die Personalkosten mit eingerechnet sind. Damit ist also der Service am Gast, das Ausschenken der Getränke, das Servieren des Essens und so weiter abgegolten. Im besten Falle also, bis Sie und Ihre letzten Gäste die Location in der Nacht oder am frühen Morgen verlassen. Andererseits können die Personalkosten auch so kalkuliert sein, dass sie beispielsweise bis 1 Uhr abgedeckt sind und Sie danach pro Stunde eine Pauschale zahlen oder pro Kellner abgerechnet wird. In der Regel zahlen Sie nicht pro anwesende Arbeitskraft, sondern eine Stundenpauschale.

Sie haben sicherlich ein besseres Gefühl, wenn Sie im Voraus schon einmal von diesen Abrechnungsmöglichkeiten gehört haben und auch den Service entsprechend mit einkalkulieren können. So sehen Sie sich nicht mit vielen einzelnen Positionen auf der Endabrechnung konfrontiert, von denen Sie vorher noch nicht einmal wussten.

Kosten der Logistik

Kosten der Logistik fallen in der Regel bei einer reinen Hochzeitsfeier nicht an. Feiern Sie jedoch in einer Location, in der die Tische und die Bestuhlung erst von einem Caterer gebracht werden müssen, so zahlen Sie dementsprechend den Transport- und Personalaufwand, mit anderen Worten die Logistikkosten. Auch wenn Sie eine freie Trauung aufbauen lassen, ist der Aufwand für das Personal entsprechend zu bezahlen. Stühle müssen bereitgestellt, ein Altar mit einer Tischdecke platziert, eventuell noch einmal Stuhlhussen übergezogen werden. Sie wollen außerdem noch einen weißen oder roten Teppich? Auch dieser muss ausgerollt und befestigt werden. Nicht zu vergessen, dass schließlich alles auch wieder weggeräumt werden muss. (Weitere Informationen zu den logistischen Herausforderungen bei einer freien Trauung finden Sie in Kapitel 9.) Wer schon einmal eine freie Trauung oder dergleichen auf- und auch wieder abgebaut hat, weiß, wie viel Arbeit dahintersteckt, und kann nachvollziehen, dass hierfür Kosten anfallen. Logistikkosten fallen vor allem auch bei Zelthochzeiten an, die aufgrund der Besonderheiten im nächsten Abschnitt dieses Kapitels separat behandelt werden.

Mal etwas anderes: Zelthochzeiten

Sie haben sich für die Hochzeit, Trauung oder für den Empfang für ein Zelt entschieden? Zelte sind eine elegante Möglichkeit, sich vor Regen, aber auch vor Sonne zu schützen. Es gibt mehrere Arten von Zelten, die sich in Form, Ausstattung und natürlich auch bei den Kosten unterscheiden.

Für welche Art von Zelt Sie sich entscheiden, hängt von der Größe Ihrer Gesellschaft ab, davon, wie viel Platz Sie vor Ort haben, und natürlich auch von Ihrem Budget. Nicht jedes Zelt ist gleich schnell oder einfach auf- und auch wieder abgebaut. Überlegen Sie zudem, ob zum Beispiel »nur« die freie Trauung mit anschließendem Empfang unter dem Zelt stattfinden soll oder ob Sie die gesamte Hochzeitsfeier mit Verköstigung und Tanz dort abhalten wollen. Recherchieren Sie im Internet anhand der Bildersuche, welche Zeltart Ihnen grundsätzlich gefallen könnte. Es gibt neben dem Pagodenzelt (siehe Abbildung 5.2) zum Beispiel noch das Kuppelzelt, das Sternenzelt und das klassische Partyzelt.

Erste Überlegungen zur Zelthochzeit und Ausstattung von Zelten

Feiern Sie in einer Location, in der das meiste Equipment vorhanden ist, so müssen Sie sich nicht die Mühe machen, ein langes Angebot gegenzulesen, was noch für Ihre Hochzeitsfeier geliefert werden muss. Je weniger Dienstleister an den Vorbereitungen auf Ihre Hochzeit beteiligt sind, desto weniger müssen Sie koordinieren. Wenn Sie also Ihre Hochzeit in einem Zelt feiern wollen und hierzu dann das gesamte Equipment gebracht werden muss, so empfiehlt es sich, erfahrene Dienstleister zu buchen, die schon mehrere Hochzeiten dieser Art ausgerichtet haben und von der Lieferung der Grundausstattung bis hin zur Dekoration alle Aufgaben übernehmen können. Bedenken Sie, dass Sie am Tag der Hochzeit spontan nicht noch Tische, Stühle oder sonstiges Equipment, das Sie vergessen haben einzuplanen, nachbestellen können, da diese nicht vor Ort, sondern in einem Lager aufbewahrt werden. In der Regel ist es kein Problem, solches Equipment innerhalb einer Location zu besorgen und kurz vor oder auch noch während der Feier zur Verfügung zu stellen. Bei einer Zelthochzeit sind die logistischen Planungen jedoch wenige Tage vor der Hochzeit abgeschlossen.

Für eine Zelthochzeit sollten Sie zudem immer einen Ansprechpartner auf beiden Seiten benennen. Das heißt, Sie kümmern sich entweder selbst um alle Absprachen und sind Ansprechpartner bei Rückfragen oder Sie beauftragen hierzu einen Hochzeitsplaner, der bereits Erfahrungen in Sachen Zelthochzeiten sammeln konnte. Freunde, Verwandte und Bekannte bieten sich in diesem Fall nicht unbedingt an, da mehr logistische und planerische Aspekte zu beachten sind als bei einer Hochzeit, die in einer »normalen« Location stattfinden soll.

Abbildung 5.2: Pagodenzelt – sieht toll aus und lädt zum Feiern ein

Im Folgenden gebe ich Ihnen eine Übersicht, welches Equipment Sie bei einer Zelthochzeit brauchen und worauf Sie beim Zeltaufbau achten müssen:

✔ Zuerst müssen Sie sich für eine *Zeltvariante* entscheiden, abhängig vom Platzbedarf. Vereinbaren Sie einen Termin mit Ihrem Caterer oder direkt mit dem Zeltbauer, der sich die Gegebenheiten vor Ort ansieht. Es geht bei diesem Termin vorrangig darum, abzuschätzen, ob der Boden zu uneben ist, um ein Zelt entsprechend aufzustellen, und ob es dem Zeltbauer möglich ist, die Unebenheiten auszugleichen, ohne die Stabilität des Zeltes zu gefährden.

5 ➤ Die Angebotserstellung

✔ Planen Sie eine Feier in Ihrem Garten, so muss ausgemessen werden, wie viel *Platz* Sie zur Verfügung haben. Dabei muss nicht nur der Platzbedarf für das eigentliche Partyzelt, sondern auch für die Grill- und Servicezelte berücksichtigt werden: Das Essen muss vorbereitet werden, darüber hinaus benötigen Sie Platz, um angerichtete Speisen zwischenzulagern. Gläser sollten auch vor Ort gespült und sonstiges schmutziges Geschirr gesammelt werden können. Getränke im Ausschank müssen vorbereitet und das Buffet aufgestellt werden.

✔ Beachten Sie zudem, dass das Zelt geliefert und aufgebaut werden muss. Das heißt, die *Zulieferwege* müssen so groß sein, dass Zeltteile, die einen Durchmesser von zwei oder drei Metern haben, durch eine Garage oder ein Gartentor passen.

✔ Zudem brauchen Sie nicht nur links und rechts neben dem Zelt genug Platz, sondern auch *Platz nach oben*. Vielleicht haben Sie tief hängende Äste in Ihrem Garten oder gar Trauerweiden, die auf das Zeltdach drücken oder den Streben im Weg sind. Diese müssten Sie dann entsprechend stutzen.

Wollen Sie sich in dem gleichen Zelt frei trauen lassen, in dem Sie anschließend auch die Feier steigen lassen, so erfordert dies einen größeren logistischen Aufwand, als wenn Sie ein Zelt nur für die Feier aufbauen lassen. Unterschätzen Sie das Wort »nur« in diesem Zusammenhang nicht. Glauben Sie mir, Sie werden jeden Muskel spüren, Ihre Füße und Ihr Rücken werden es Ihnen nachts danken, wenn Sie sich schließlich in die Waagerechte legen. Die Logistik ist wirklich atemberaubend für eine einzige Hochzeitsgesellschaft.

✔ Sie müssen sich zudem entscheiden, ob Sie in Ihrem Zelt *Teppichfliesen* auslegen lassen oder den reinen Zeltboden bevorzugen. Letzterer sieht in der Regel nicht ganz so schön aus und gefährdet vor allem die Damen mit schicken, aber nicht immer praktischen Schuhen mit Pfennigabsätzen. Die Elemente, die zusammengesetzt den gesamten Boden des Zeltes ausmachen, haben immer noch kleine Spalten, die sich leider nicht ganz schließen lassen. Bodenfliesen sind sicherlich noch einmal ein Kostenfaktor, den Sie sich in dem Angebot extra ausweisen lassen sollten, machen optisch aber etwas her und Sie können damit farbige Akzente setzen.

Auch wenn es sich im ersten Moment sehr mutig anhört, denken Sie doch einmal über farbige Teppichfliesen nach. Die typischen Fliesenfarben finden Sie eher in grau, creme oder schwarz. Wagen Sie etwas, lassen Sie lila oder blaue Teppichfliesen verlegen. Lassen Sie sich Bilder von vergangenen Hochzeiten zeigen, bei denen eine eher ungewöhnliche Farbe als Bodenfliese gewählt wurde, und entscheiden Sie dann. Sie finden vielleicht die Bezeichnung Teppichfliese verwirrend und fragen sich, warum ich nicht einfach »Teppich« schreibe? Ein normaler Teppich wirft eventuell Falten. Servicekräfte und auch Gäste sind sicher nicht erfreut, wenn sich überall Stolperfallen bilden. Teppichfliesen sind in der Regel einen Quadratmeter groß und werden nebeneinander verlegt, sodass sich keine Falten bilden. Vielleicht kennen Sie solche Fliesen auch von Messen oder anderen Ausstellungen. Sie sind sehr stabil, rutschfest und lassen sich wiederverwenden. Zudem können Sie Teppichfliesen oft leihen und müssen sie nicht zum vollen Preis kaufen.

✔ Besprechen Sie, welche *Anordnung der Tische* im Zelt möglich ist. Ein guter Caterer oder Zeltbauer hat Programme, mit denen er Ihnen aufzeigt, wie Sie die Tische im Raum stellen können. Lassen Sie sich eine Skizze anfertigen, die möglichst maßstabsgetreu ist. So können Sie abschätzen, ob das Zelt für Ihre Gesellschaft passend ist oder ob Sie vielleicht von ursprünglich runden Tischen auf Tafeln ausweichen wollen.

Denken Sie neben den Gästetischen auch daran, einen oder mehrere Tische für den DJ oder für die Livemusik einzuplanen. Wollen Sie die Geschenke auf einem separaten Tisch anrichten oder direkt in Ihr Haus bringen lassen? Wie sieht es mit einer (Cocktail-)Bar in Ihrem Zelt aus? Ihr Caterer kann auch diesen Platzbedarf skizzenhaft in Ihrem Zelt einplanen.

Der Teufel steckt oft im Detail

Bei einer Zelthochzeit gilt es gerade beim Catering, viele Kleinigkeiten bei der Ausstattung zu beachten. Ihr Caterer sollte in seinem Angebot detailliert ausweisen, welche Utensilien Sie zusätzlich für Ihre Hochzeitsfeier benötigen. Achten Sie auf folgende Dinge:

✔ Unerlässlich sind Buffettische, Arbeitstische für den Service, Kühlschränke, neben den normalen Gasgrills zusätzliche Grills für zum Beispiel vegetarische Speisen oder muslimisch zubereitete Speisen.

✔ Neben den normalen Speisetellern können sich auch Grillteller oder tiefe Teller auf der Liste wiederfinden. Bieten Sie eine Suppe an, so müssen auch entsprechend Suppenteller oder -tassen aufgeführt werden. Auch Kuchenteller sollten nicht fehlen, Ihre Hochzeitstorte soll ja nach dem Anschneiden auf einem entsprechenden Teller serviert werden können.

Sicherlich können Sie auch absprechen, ob ein Snack am Nachmittag oder gar um Mitternacht in anderen Gefäßen serviert werden kann. So können bestimmte Suppen auch kalt genossen werden. Wie wäre es zum Beispiel mit Suppen in kleinen Flaschen mit Strohhalmen serviert. Der Mitternachtssnack kann anstelle auf Tellern auch in sauberen Metalldosen oder auf Keramikschalen gereicht werden. Zu Currywurst und Pommes passen diese Alternativen allemal!

✔ Gabeln in verschiedenen Größen für Salate, das Menü oder Buffet, den Kuchen oder andere Zwischengänge ebenso wie Löffel zur Suppe, zum Dessert oder auch Messer zu Fisch oder Steak dürfen bei der Auflistung nicht fehlen.

✔ Neben Gläsern, die die Getränkereihen von Sekt, Weinen, Bieren, Softdrinks und – wenn ausgewählt – bestimmten Longdrinks, Aperitifs und Digestifs abdecken, dürfen natürlich auch Kleinmaterialien wie Bierkränze, Serviertabletts, Sektkühler, Flaschenöffner sowie Korkenzieher nicht fehlen.

✔ Um Ihre Gäste mit frisch gezapftem Bier zu erfreuen, benötigen Sie natürlich auch eine Bierzapfanlage samt Bierzapfbesteck.

✔ Thermoboxen mit Eis zum Kühlen von Getränken und zum Servieren von mit Eis zubereiteten Longdrinks gehören ebenso zum sogenannten Kleinmaterial.

5 ➤ Die Angebotserstellung

- ✔ Vielleicht wollen Sie Ihren Gästen neben dem normalen Kaffee auch Kaffeespezialitäten anbieten. Dafür können Sie professionelle Kaffeemaschinen leihen, die diese Kaffeesorten geschmackvoll zubereiten. Je nach Gästeanzahl leihen Sie nicht nur eine, sondern gleich zwei Maschinen aus, so bekommt jeder Gast ein Heißgetränk zügig serviert. Entsprechend müssen Sie Kaffeegedecke, also Tassen, Unterteller und Löffel, Zucker und Milchportionen mit in das Angebot aufnehmen lassen.

- ✔ Zum Anschneiden der Torte verleihe ich oft ein extra schönes Anschneideset für die Hochzeitstorte. Dies gebührt zum einen dem festlichen Anlass, die Hochzeitstorte und nicht irgendeine Torte anzuschneiden, und sieht zum anderen auf den Fotos schöner aus, als wenn ein einfaches Besteck benutzt wird. Haben Sie nicht die Möglichkeit, sich ein Anschneidebesteck im Hochzeitsdesign auszuleihen, überlegen Sie sich, ob Sie ein entsprechendes Set kaufen wollen. Unter Umständen verleiht auch der Caterer ein solches Anschneidebesteck.

- ✔ Für den Außenbereich sollten Stehtische (gegebenenfalls mit Hussen) nicht fehlen. Denken Sie hierbei auch an Aschenbecher, die auf den Tischen oder nur im Außenbereich auf den Stehtischen stehen.

- ✔ Für eine entsprechende Ausleuchtung im Zelt und am Grill können Strahler eingesetzt werden, mit denen Sie auch farbige Akzente setzen können, um im Zelt für ein entsprechendes Flair zu sorgen.

Hygienische Aspekte

Überall dort, wo Speisen und Getränke zubereitet werden, müssen hygienische Standards erfüllt werden. Neben dem Raumbedarf zum Vor- und teilweise Zubereiten von Speisen muss somit auch Platz zum Spülen und insbesondere zum Zwischenlagern von Speisen bei entsprechend heißer oder kalter Temperatur sein (lesen Sie dazu auch den Abschnitt »Erste Überlegungen zur Zelthochzeit und Ausstattung von Zelten« weiter vorn in diesem Kapitel). Geschirr, insbesondere Gläser, muss ordentlich gespült werden können. Teller und Gedecke können in der Regel schmutzig wieder eingeräumt und später dann in einer Großküche gespült werden. Auf vielen Hochzeiten ist zu beobachten, dass Gäste Gläser einfach stehen lassen, obwohl sie noch nicht ganz ausgetrunken sind, um sich dann ein neues Glas zu holen. Dies erhöht den Bedarf an sauberen Gläsern nicht unerheblich.

Unterschätzen Sie zudem nicht die Menge an Abfall. Der Müll muss in jedem Fall außerhalb des Sichtfeldes der Gäste gelagert werden. Lagern Sie die vollen Müllsäcke so, dass sie schnell in den Lkw oder Sprinter des Caterers gebracht werden können. Speisereste sollten nur dann im Hausmüll entsorgt werden, wenn dieser zeitnah abgeholt wird. Die große Menge an Essensresten bei eventuell hohen Temperaturen könnte sonst ein erhebliches Geruchsproblem bei dem Gastgeber hervorrufen.

Je nach Anzahl der Gäste stellt sich auch die Frage, ob die Gäste Ihre Haustoilette benutzen dürfen oder ob Sie einen entsprechenden Toilettenwagen mieten wollen. Toilettenwagen gibt es in verschiedenen Größen und Ausstattungen. Nehmen Sie Rücksicht auf gehbehinderte Gäste, die einen klassischen Wagen mit Treppenzugang schwer oder gar nicht erreichen können. Sie können für diese Gäste auch die Haustoilette zur Verfügung stellen. In beiden Fällen ist zudem zu überlegen, ob Sie eine Toilettenkraft anstellen, die in regelmäßigen Abständen nach dem Rechten sieht. Gehen wir von einer Gästezahl von rund 100 Gästen aus, sollten Sie für ausreichend Toilettenpapier und Papierhandtücher sorgen. Normale Handtücher sollten Sie nur dann aufhängen, wenn Sie auch diese stündlich wechseln. Niemand möchte sich an einem Handtuch die Hände abtrocknen, an dem sich bereits 50 andere Gäste die Hände abgewischt haben.

Ein heißes Thema: Wasser und Strom

Bei einer Zelthochzeit sind fließendes Wasser und Strom nicht einfach schon vorhanden. Neben der Planung für den Raumbedarf müssen Sie unbedingt prüfen, ob Anschlüsse und Kapazitäten für Wasser und Strom zur Verfügung stehen. Dies benötigen Sie nicht nur für die Küche, sondern auch für den Toilettenwagen, für den wiederum ein Abflusskanal vorhanden sein muss – oder Sie buchen gleich einen Wagen mit Tank.

Das Thema Strom ist auch deshalb noch einmal hervorzuheben, da je nachdem, was Sie anschließen wollen, mehrere Leitungen nötig sind, um keine Überlastung zu riskieren. Lassen Sie zum Beispiel eine Liveband spielen, können Sie unter Umständen auf dieser Leitung nicht noch weitere Stromquellen anschließen. Eine Haus- und Gartenbegehung ist in jedem Fall nötig, um zu protokollieren, wo welche Anschlüsse liegen und wie lang die Kabel für die Verlängerung sein müssen. Bei einer Verlängerung muss wiederum sichergestellt werden, dass keine Stolperfallen entstehen und auch bei Regen die Sicherheit gewährleistet ist. Stehen nicht genügend Anschlüsse zur Verfügung, fragen Sie Ihren Caterer nach alternativen Lösungen. Beispielsweise können Transformatoren zur Stromerzeugung bereitgestellt werden. Allerdings ist hier zu beachten, wo Sie diese platzieren und wie viel Lärm hierdurch produziert wird.

Bedenken Sie auch, dass das Wetter eventuell nicht mitspielt. Auch im Hochsommer kann es empfindlich kalt sein. Heizpilze und Ölheizungen können für eine gemütliche und warme Atmosphäre im Zelt sorgen. Sparen Sie hier nicht am falschen Ende, denn frierende Gäste sind keine gut gelaunten Gäste. Aber auch für die Heizungen gilt es den Strombedarf zu prüfen. Bei Öl und Gas brauchen Sie sich hierüber keine Sorgen zu machen, jedoch sollten Sie für die Heizungen einen entsprechenden Platzbedarf einplanen.

Hoffentlich lecker: Das Probeessen

Doch ganz egal, in welchem Rahmen Ihre Feier stattfindet, für Ihre Hochzeit soll es natürlich ein ganz besonderes Essen geben – etwas, das dem feierlichen Anlass gebührt und jedem Gast und natürlich auch Ihnen schmeckt. Achten Sie dabei auf saisonale Speisen, die entsprechend frisch zubereitet werden können. Ein Probeessen soll Ihnen einen ersten Eindruck von der Küche beziehungsweise den Fertigkeiten des Chefkochs verschaffen. Sie probieren bei einem Probeessen eine vorher mit dem Catering abgesprochene Speisenabfolge, die Sie sich unter Umständen auf Ihrer Hochzeit vorstellen können. Können genau diese Speisen nicht extra für das Probeessen zubereitet werden, so erhalten Sie dennoch einen Eindruck von der Qualität der Küche und können davon ausgehen, dass auch andere Speisen hochwertig und lecker zubereitet werden.

5 ▶ Die Angebotserstellung

 Ist Ihnen das Essen generell zu würzig, zu salzig oder etwas zu sehr durchgekocht? Dann können Sie dem Koch Ihre Änderungswünsche mitteilen, zum Beispiel, dass Sie das Gemüse eher knackiger mögen oder Sie sich etwas weniger Gewürze wünschen. Der Chefkoch wird sich entsprechend Notizen machen und Ihre Wünsche gerne berücksichtigen.

Varianten beim Probeessen

Sie sollten sich generell zu einem Probeessen anmelden. Der Chefkoch hat so die Möglichkeit, sich auf das Essen vorzubereiten und Ihnen beratend zur Seite zu stehen. Sie erhalten bei diesem Termin Vorschläge für alternative Speisen und eigene Kreationen der Küche. Zudem können Sie bereits Weine und Sektsorten probieren. Im Folgenden stelle ich Ihnen Varianten, also verschiedene Möglichkeiten vor, das Probeessen zu gestalten.

✔ **Probeessen mit Anmeldung:** Bei einem angemeldeten Probeessen lassen Sie sich im Vorfeld die Menü- oder Buffetkarten der Saison mitgeben und wählen dann entsprechend Speisen aus, die Sie probieren wollen. Haben Sie bitte Verständnis, wenn ein Spanferkel nicht extra nur für Sie zubereitet werden kann.

 Möchten Sie dennoch Speisen probieren, die nur für eine größere Anzahl an Personen zubereitet werden, so fragen Sie nach Terminen, an denen diese Speisen als Besonderheit des Tages gereicht werden. Melden Sie sich dann an diesem Tag für das Probeessen an und kombinieren Sie Essen à la carte mit Ihrem individuellen Probeessen, wenn dies organisatorisch auch für die Küche machbar ist.

✔ **Probeessen mit mehreren Personen:** Vielleicht haben Sie den Wunsch, alle Speisen, die Sie sich auf Ihrer Hochzeit vorstellen können, zu probieren. Das ist in der Regel aufgrund der Mengen fast unmöglich. Gehen Sie in diesem Fall am besten zu viert oder gar zu sechst zu Ihrem Probeessen. Nehmen Sie Ihre Eltern, Freunde oder Trauzeugen mit und bestellen Sie jeder ein anderes Gericht. Fragen Sie im Vorfeld, was für das Probeessen pro Person berechnet wird, und besprechen Sie sich untereinander, ob Ihre Gäste zahlen oder ob Sie dies übernehmen wollen.

Ein Probeessen kann manchmal auch kostenlos für das Brautpaar sein. Weitere Gäste werden in der Regel normal abgerechnet, ebenso wie die bestellten Getränke. Die Verkostung von Weinen und Sektsorten hingegen sollte kostenfrei sein.

 Eine kleine Speisekarte muss nicht unbedingt heißen, dass die Küche nur begrenzt in der Lage ist, Ihren Wünschen zu entsprechen. Gefällt Ihnen die Location so weit gut und sind Sie mit dem Service zufrieden, haben aber noch konkrete Fragen, dann vereinbaren Sie einen festen Termin, bei dem Sie alle Unklarheiten beseitigen können.

✔ **Unangemeldetes Probeessen:** Natürlich können Sie auch unangemeldet zu einem sogenannten Probeessen erscheinen, vielleicht sogar dann, wenn Sie sich noch nicht endgültig für eine Location entschieden haben und die Qualität der Küche und des Service einen entsprechend hohen Anteil an Ihrer Entscheidung hat. Gehen Sie dann als »normales

Paar« essen, ohne anzumerken, dass Sie unter Umständen dort Ihre Hochzeitsfeier ausrichten wollen. Achten Sie auf Freundlichkeit, Sauberkeit, Professionalität des Service und natürlich auf die Qualität des Essens und der dazu empfohlenen Weine.

Ein unangemeldetes Probeessen ist nur an den Orten möglich, bei denen Tagesgeschäft, also Restaurantbetrieb täglich oder an bestimmten Tagen in der Woche angeboten wird. Bei Caterern, die kein Tagesgeschäft haben, müssen Sie sich immer anmelden. In der Regel freuen sich Küchen auf Herausforderungen wie ein Fünf-Gänge-Menü, das ein Thema wie »All Around the World« aufgreift. Lassen Sie sich von den Chefköchen inspirieren und probieren Sie vor allem viel. Verpassen Sie nicht die Gelegenheit, etwas Köstliches zu entdecken.

Wein- und Sektverkostung

Weine und Sektsorten sollten zu den gereichten Speisen passen. Insbesondere die Weine korrespondieren mit den entsprechenden Fleisch- oder Fischsorten, die Sie den Gästen anbieten werden. Zu unterscheiden sind Hausmarken und Marken, die das Haus von externen Anbietern führt. Auch hier gilt: Lassen Sie sich inspirieren, vielleicht reichen Sie einen Wein der Region, den es nur dort gibt, oder verlassen sich auf eine besonders gute Empfehlung des Chefkochs. Letzten Endes ist natürlich auch der Preis ausschlaggebend. Gut ist in jedem Fall eine Mischung aus trockenen, halbtrockenen und süßen Weinen. Nicht jeder Gast kann sich für Weine begeistern, die zum Essen zwar perfekt passen, aber so trocken sind, dass man das Gefühl hat, die Wangen ziehen sich bei jedem Schluck zusammen. Auch bei Sekt gibt es verschiedene Sorten, die Sie Ihren Gästen zum Empfang oder auch noch während der Feier anbieten können. Sekt lässt sich optisch besonders schön aufwerten, indem Sie ihn mit verschiedenen Säften mischen, die eine tolle Farbe und einen fruchtigen Geschmack bewirken.

Besonders beliebt sind essbare Hibiskusblüten, die im Glas nicht nur toll aussehen, sondern den Gästen nach anfänglicher Skepsis auch schmecken. Aperol Spritz (Prosecco mit Aperol) und »Hugo« (eine Mischung aus Prosecco, Limettenscheiben, frischer Minze, Holunderblütensirup und Eiswürfeln nach Belieben) gehören ebenso zu den Getränken, die Sie bedenkenlos Ihren Gästen zum Empfang und auch während der Feier anbieten können. Überraschen Sie Ihre Gäste mit Kleinigkeiten wie diesen.

Locations im Ausland

In diesem Kapitel

▶ Wichtige Unterlagen für eine Hochzeit im Ausland
▶ Zeitliche Planung und zusätzliche Kosten
▶ Wahl des perfekten Ortes für Ihre Hochzeit
▶ Anreise und Unterbringung Ihrer Gäste im Ausland organisieren
▶ Professionelle Dienstleister vor Ort finden

*W*elches Brautpaar träumt nicht davon, bei strahlendem Sonnenschein zu heiraten, ausgiebig zu feiern und den Tag unter freiem Himmel mit einem Getränk in der Hand und einer leichten Brise im Haar ausklingen zu lassen. In unseren Breitengraden ist das leider so nicht immer möglich. Unsere Sommer sind recht unbeständig und es gibt keinen Monat mit einer Garantie für gutes Wetter. Einen Plan B für die Regenvariante sollten Sie in Deutschland immer parat haben – alternativ können Sie sich aber auch nach einer Hochzeitslocation im Ausland umschauen, bei der Sie zumindest zu 90 Prozent von schönem Wetter ausgehen können.

In diesem Kapitel erfahren Sie, wie Sie an die Planung einer Hochzeit im Ausland am besten herangehen und welche Formalitäten es dabei zu beachten gilt. Die Wahl des perfekten Ortes ist nicht immer ganz einfach, wenn Sie sich für ein ausländisches Ziel entscheiden – es sei denn, Sie oder Ihre Familie besitzen zufällig ein Ferienhaus im sonnigen Ausland und kennen die Gegend schon sehr gut. In diesem Kapitel stelle ich Ihnen daher auch einige Auswahlkriterien für mögliche Ziele im Ausland vor. Zudem erfahren Sie, wie Sie die Anreise und Unterbringung Ihrer Gäste organisieren und worauf Sie bei der Auswahl von Dienstleistern vor Ort achten sollten. So gelingt Ihr schönster Tag in jedem Fall!

Im Ausland heiraten

Warum Sie sich für eine Hochzeit im Ausland entscheiden, kann vielerlei Gründe haben. Vielleicht liegen Ihre oder die Wurzeln Ihres Partners im Ausland, vielleicht haben Sie sich während eines Auslandsaufenthalts kennengelernt oder haben aus anderen Gründen eine ganz besondere Beziehung zu einem bestimmten Fleckchen Erde. Es kann Sie natürlich auch einfach die abenteuerliche Romantik reizen, das exotisch Andere oder der simple Wunsch, woanders als in Deutschland zu heiraten.

So romantisch und abenteuerlich sich die Idee, im Ausland zu heiraten, im ersten Moment anhört, so schnell vergeht vielen Brautpaaren diese Idee jedoch wieder, sobald sie sich mit den ersten organisatorischen Hürden befassen. Seien Sie sich von Beginn an im Klaren darüber, dass eine Hochzeit im Ausland eine Menge Organisationstalent und -aufwand erfordert. Fragen Sie sich, ob Sie die Geduld und auch die Zeit haben, sich allein beziehungsweise mit Ihrem Partner um die gesamte Organisation zu kümmern. Und vor allem: Können Sie gut gemeinsam an einer Sache arbeiten und Lösungen finden? Ich sage Ihnen, ich liebe meinen Mann, aber gemeinsam eine solche Sache in Angriff zu nehmen, wäre doch ein Wagnis, da schaffen wir uns mehr Probleme, als wir lösen. Wenn Sie ähnlich denken, rate ich Ihnen, sich entweder bei einem professionellen und erfahrenen Hochzeitsplaner Hilfe zu suchen oder sich an ein darauf spezialisiertes Reisebüro zu wenden.

Schauen Sie sich die von Ihnen im Internet recherchierten Seiten der Reisebüros genau an. Gibt es Hinweise darauf, dass sich das Reisebüro auf Hochzeitsreisen spezialisiert hat? Vielleicht gibt es sogar Erfahrungsberichte von Brautpaaren, die ein bestimmtes Ziel bereits bereist haben oder gar Fotos von durchgeführten Hochzeiten. Eine Beratung im Falle einer Hochzeitsreise fällt in vielen Fällen umfangreicher aus als für eine Pauschalreise. Vergleichen Sie nicht mehr als zwei, maximal drei Anbieter miteinander und lassen Sie sich persönlich beraten. Zu viel des Guten verwirrt nur, sodass Sie hinterher nicht mehr wissen, was oder wohin Sie überhaupt verreisen wollten.

Besprechen Sie mit dem Reisebüro, in welchem finanziellen Rahmen Sie sich bewegen wollen, ob es eher ein Fernziel oder Nahziel sein soll. Zudem stellt sich die Frage, wie lange Sie insgesamt flittern und ob Sie in Ihren Flitterwochen auch Aktivitäten wie Tauchen, Städtetouren und dergleichen nachgehen wollen. Auf dieser Grundlage erstellt Ihnen das Reisebüro dann ein umfangreiches Angebot, auf dessen Grundlage Sie wiederum die Entscheidung fällen, bei welchem Anbieter Sie buchen wollen. Fragen Sie sich auch, ob Ihnen wichtig ist, dass Sie einen festen Ansprechpartner vor Ort haben, an den Sie sich bei Fragen oder gar Problemen während des Aufenthalts wenden können.

Auch auf Hochzeitsmessen finden Sie oft Anbieter, die sich in diesem Bereich spezialisiert haben und spezielle Messerabatte anbieten. Vereinbaren Sie hier neben einem ersten Gespräch auf der Messe immer noch einen Termin in dem Reisebüro. In der Regel gelten Messerabatte auch noch wenige Wochen nach dem eigentlichen Messetermin, wenn Sie sich auf der Messe bereits um einen Beratungstermin bemüht haben.

Die Rechtslage bedenken – benötigte Unterlagen

Auch wenn es mancherorts grundsätzlich wesentlich unbürokratischer zugeht als in Deutschland, benötigen Sie immer eine Vielzahl von Dokumenten, Papieren und Urkunden, um den eher unromantischen Akt der Bürokratie hinter sich zu bringen. Bereits vor Ihrer Hochzeit im Ausland müssen Sie diverse Dokumente erst einmal anfordern und in fast allen Fällen auch übersetzen lassen. Das kostet Sie unter Umständen viel Zeit, Schriftverkehr, das ein oder andere Telefonat und vor allem Nerven – bevor Sie dann letzten Endes in das Land Ihrer Träume abreisen.

6 ➤ Locations im Ausland

Bestimmungen für die Beibringung von Unterlagen bleiben nicht immer gleich und können sich von Jahr zu Jahr ändern. Verlassen Sie sich nicht auf alte Informationsblätter, die Sie vielleicht von einem Bekannten bekommen, sondern informieren Sie sich immer aktuell bei den zuständigen Stellen (mehr dazu erfahren Sie im Kasten »Auskünfte über aktuelle Bestimmungen erhalten«)!

Auskünfte über aktuelle Bestimmungen erhalten

Die deutschen Auslandsvertretungen berichten regelmäßig über die jeweils geltenden Eheschließungsbestimmungen der einzelnen Länder. Die Informationen werden durch das Bundesverwaltungsamt in Köln zu ausgewählten Zielländern in Form von Merkblättern zusammengefasst. Jedes dieser Merkblätter kann auf der Homepage des Bundesverwaltungsamtes kostenfrei unter www.bundesverwaltungsamt.de und www.auswandern.bund.de heruntergeladen werden. Allerdings können rechtsverbindliche Auskünfte über die im Ausland geltenden Regelungen zu einer Eheschließung immer nur von der entsprechenden Amtsperson beziehungsweise der zuständigen Behörde im Ausland erteilt werden, die die Eheschließung vor Ort vornehmen soll. Es empfiehlt sich somit die direkte Kontaktaufnahme mit dieser Stelle, um Auskünfte über die vorzulegenden Dokumente, notwendige Übersetzungen und Echtheitsbestätigungen einzuholen. Lassen Sie sich die erhaltenen Informationen am besten auch schriftlich geben. Per Fax oder auch per E-Mail sind Informationen handfester, als wenn Sie sich Notizen am Telefon gemacht haben und unter Umständen etwas nicht richtig verstanden oder gar vergessen haben aufzuschreiben. Ein fehlendes Dokument im Ausland nachträglich aus Deutschland zu besorgen, ist sehr schwierig, wenn nicht gar unmöglich, da Ihnen nur ein begrenzter Zeitraum zur Verfügung steht, Sie sich an Termine halten und bestimmte Dokumente zudem unter Umständen persönlich in Deutschland abholen müssen.

Für die Wahl Ihres Reiseziels ist sicherlich entscheidend, ob Sie auch vor dem Gesetz in Deutschland rechtsgültig verheiratet sein wollen. Grundsätzlich werden Ehen, die im Ausland geschlossen wurden, auch in der Bundesrepublik Deutschland rechtsgültig anerkannt. Eine Voraussetzung dafür ist, dass die Ehe im Ausland in der entsprechenden »Ortsform« geschlossen wurde, mit anderen Worten in der im jeweiligen Land üblichen Form.

Allein eine landestypische Zeremonie reicht allerdings nicht dafür aus, dass die Eheschließung anerkannt wird. Das gehört zu den Dingen, die Sie vorher unbedingt abklären sollten, wenn Sie auch in Deutschland nach der Heirat im Ausland rechtskräftig verheiratet sein wollen.

Zudem benötigen Sie als Nachweis der im Ausland geschlossenen Ehe eine ausländische Heiratsurkunde. Ausländische Heiratsurkunden werden von den inländischen Behörden oder Gerichten oftmals allerdings nur dann anerkannt, wenn ihre Echtheit (oder ihr Beweiswert) in einem besonderen Verfahren festgestellt worden ist. Die Echtheit einer ausländischen Heiratsurkunde wird durch die sogenannte *Apostille* oder *Legalisation* bekundet (siehe dazu den Kasten »Beglaubigung durch die Apostille oder Legalisation«).

Beglaubigung durch die Apostille oder Legalisation

Die Apostille ist die Beglaubigungs- oder Legalisationsform, die zwischen den entsprechenden Vertrags- oder Mitgliedstaaten des multilateralen Übereinkommens Nummer 12 der Haager Konferenz für Internationales Privatrecht im Jahre 1961 eingeführt wurde. Die Anzahl der Mitgliedsstaaten ändert sich laufend, derzeit sind es rund 100 Mitgliedsstaaten. Die Apostille wird dabei auf öffentliche Urkunden gesetzt, wobei Artikel 1 des Übereinkommens regelt, welche Urkunden als öffentliche Urkunden anzusehen sind. Die Apostille ist mittels eines Stempels in der Form eines Quadrats mit einer Seitenlänge von mindestens neun Zentimetern darzustellen und kann in der Amtssprache der ausstellenden Behörde ausgefüllt sein. Die Überschrift »Apostille (Convention de La Haye du 5 octobre 1961)« ist aber zwingend in französischer Sprache vorgesehen.

Ob Sie eine Legalisation oder eine Apostille für eine ausländische Urkunde brauchen, hängt vom Herkunftsland der Urkunde ab, also davon, in welchem Land Sie sich das Ja-Wort gegeben haben. Für Legalisationen ausländischer Urkunden sind die deutschen Auslandsvertretungen in dem jeweiligen Land zuständig, die Apostille hingegen erteilen die Behörden des Landes, aus dem die Urkunde stammt. Wenn Sie zu diesem Thema weiterführende Informationen, insbesondere auch zu bestimmten Ländern nachlesen wollen, besuchen Sie die Website www.konsularinfo.diplo.de und wählen dort im Bereich »Urkunden und Beglaubigungen« den Eintrag »Internationaler Urkundenverkehr«.

In manchen Staaten wie den USA oder Kanada wird Ihnen nach der Trauung lediglich eine Bescheinigung, auch *verkürzte Heiratsurkunde* genannt, ausgehändigt. Die Eheschließung muss anschließend noch bei der zuständigen Behörde des jeweiligen Landes registriert werden, damit Ihre Heiratsurkunde in Form eines vollständigen Registerauszugs vor Ort ausgestellt werden kann. Auch hier kann Ihnen das Bundesverwaltungsamt beziehungsweise das Auswärtige Amt weiterhelfen. Klicken Sie auf der Webseite des Auswärtigen Amtes (www.auswaertiges-amt.de) im Bereich »Infoservice« auf den Eintrag »Häufige Fragen« und wählen Sie dann rechts unten unter »Konsularischer Service« und dann »Ehe, Familie und Kinder« aus. Dort finden Sie immer aktuelle Informationen zu diesem Thema.

Zeitlicher Vorlauf und Kosten für die Bürokratie

Da sich die rechtlichen Bestimmungen ausländischer Ziele und Länder alle voneinander unterscheiden, kann ich Ihnen hier keine allgemeingültige Faustformel für feste Vorlaufzeiten und Kosten für den bürokratischen Akt nennen, sondern nur den guten Tipp geben, mehrere Monate vor der Abreise mit den Vorbereitungen zu beginnen.

Anhand von zwei Beispielen will ich jedoch kurz auf die Gebühren für das Eintragen der im Ausland geschlossenen Ehe eingehen. Ähnlich wie auch die Gebühren für eine standesamtliche Heirat in Deutschland von Amt zu Amt unterschiedlich sein können, verhält es sich auch mit den Kosten für das Eintragen der im Ausland geschlossenen Ehe bei einem deutschen Standesamt.

6 ➤ Locations im Ausland

✔ **Beispiel Bayern:** Wenn Sie Ihre im Ausland geschlossene Ehe in Bayern in das deutsche Register eintragen lassen, so beträgt die Gebühr für die Überprüfung der Ehefähigkeit 50 Euro. Ist ausländisches Recht zu beachten, so erhöht sich die Gebühr um 20 Euro pro Person, daneben werden gegebenenfalls anfallende Auslagen für die Beschaffung von Unterlagen oder zu führende Telefonate erhoben. Für eine Eheurkunde wird eine Gebühr von 10 Euro erhoben. Diese Informationen können Sie im Internet unter dem Behördenwegweiser Bayern nachlesen.

✔ **Beispiel Köln:** In Köln sind die Gebühren etwas günstiger, so zahlen Sie für das Eintragen der Ehe in das Eheregister 40 Euro und für die Ausstellung einer Eheurkunde gleichfalls 10 Euro. Jede weitere Urkunde wird mit 5 Euro berechnet. Diese Information finden Sie zum Beispiel auf den offiziellen Seiten der Stadt Köln im Bereich des Bürgerservice für Eintragungen im Ausland geschlossener Ehen.

Erkundigen Sie sich also direkt bei dem Standesamt Ihres derzeitigen Wohnortes nach den anfallenden Gebühren.

Das Land der (standesamtlichen) Träume – Mauritius

Professionelle Reisebüros bieten unter anderem Zeremonien auf Mauritius an. 30 Tage vor Anreise müssen Sie in diesem Fall folgende Unterlagen per E-Mail oder Fax, übersetzt ins Französische oder Englische und durch einen Notar beglaubigt, einreichen:

✔ die ersten zwei Seiten der Reisepässe (diese müssen bei Ausreise noch mindestens sechs Monate gültig sein)

✔ das vom Reisebüro zur Verfügung gestellte, ausgefüllte Hochzeitsformular

✔ Geburtsurkunden von Braut und Bräutigam

✔ gegebenenfalls Sterbeurkunde eines vorherigen Partners

✔ gegebenenfalls Scheidungsurteil

✔ gegebenenfalls Urkunde bei Namensänderung

✔ gegebenenfalls schriftliche Einverständniserklärung der Eltern bei Minderjährigen (unter 18 Jahren)

Auf Mauritius dürfen Sie, wenn Sie verwitwet oder geschieden sind, überdies nicht vor Ablauf von 300 Tagen nach dem Tod Ihres Ehepartners beziehungsweise nachdem Ihre Scheidung rechtsgültig geworden ist wieder heiraten – außer Sie unterziehen sich auf Mauritius einer Untersuchung, die Ihnen als zukünftige Ehefrau attestiert, dass Sie nicht schwanger sind. Sollte der Test positiv ausfallen, wird es Ihnen unmöglich, sich das Ja-Wort auf Mauritius zu geben. Solche Informationen können sich jederzeit ändern, sodass Sie immer aktuell in einem spezialisierten Reisebüro oder auf dem entsprechenden Amt nach den Vorgaben fragen sollten. Im besten Fall lassen Sie sich alles schriftlich bestätigen.

Haben Sie die genannten Unterlagen spätestens 30 Tage vor Anreise bei den auf Mauritius für Sie zuständigen Ansprechpartnern eingereicht, müssen Sie in der Regel drei Tage vor Ihrer Hochzeitszeremonie anreisen, um mit dem Ansprechpartner vor Ort die persönlichen Behördengänge erledigen zu können. Sie können über ein Reisebüro Pakete in den verschiedenen Hotels vor Ort buchen, um Ihre Zeremonie durchzuführen. Reisen Sie allein, kann Ihnen vor Ort der notwendige Trauzeuge gestellt werden. Reisen Sie mit Ihrer Familie oder sogar ein paar Freunden, so bestellen Sie einen Freund oder ein Familienmitglied als Trauzeugen, natürlich können Sie sich auch für zwei Trauzeugen entscheiden.

Viele Reiseveranstalter bieten in Kooperation mit den Hotels vor Ort an, dass Ihre Gäste einen nur geringen Aufpreis für das Hochzeitsmenü zahlen, wenn sich diese sowieso in dem Hotel mit Halb- oder gar Vollpension eingebucht haben. Als Brautpaar zahlen Sie für die Hochzeitsfeier vergleichsweise weniger als in Deutschland und können mit dem übrigen Budget, sofern Sie dies möchten, einen Teil der Flug- oder Hotelkosten der Gäste übernehmen.

Heiraten in Las Vegas

In Las Vegas zum Beispiel lassen sich jedes Jahr rund 100.000 Menschen trauen, darunter etwa 2000 Deutsche. Das mag nicht nur daran liegen, dass diese Stadt wirklich großartig ist, sondern auch sehr unkompliziert in Sachen Heirat. Angekommen in Vegas, holen Sie sich am besten direkt eine *Marriage License,* also Ihre Heiratserlaubnis. Dafür müssen Sie im Marriage Bureau persönlich vorsprechen und die Erteilung der Lizenz beantragen. Diese wird zur eigentlichen Heirat benötigt und ist dort, wo Sie sich das Ja-Wort geben, vorzulegen. Die Lizenz bekommen Sie – im Normalfall – direkt ausgehändigt, sie kostet derzeit 60 Dollar und ist ein Jahr gültig. Ein Aufgebot müssen Sie nicht bestellen, Sie bringen lediglich Ihre Reisepässe mit. Aktuelle Informationen können Sie zum Beispiel auf www.vegas-online.de/heiraten.htm nachlesen. Das war's? Sonst nichts? Keine Geburtsurkunden und keine anderen Dokumente oder Übersetzungen? Nein, tatsächlich nicht, so einfach ist Vegas! Sogar Scheidungsurteile müssen nicht vorgelegt werden, Sie müssen nur das Datum und den Ort angeben, an dem die vorhergehende Ehe aufgelöst wurde. Verwitwete müssen das Sterbedatum und den Ort angeben.

Sie haben nun also Ihre Lizenz zum Heiraten in Las Vegas in der Tasche, hört sich gut an, oder? Die eigentliche Eheschließung können Sie nun entweder von einem Standesbeamten, dem sogenannten Commissioner of Civil Marriages, oder von einer staatlich befugten Person in einer Hochzeitskapelle oder an einem anderen Ort vollziehen lassen. Vorgeschrieben ist in jedem Fall die Anwesenheit von einem Trauzeugen, einem sogenannten *Witness*. Diese(r) muss mindestens 18 Jahre alt sein. Reisen Sie nur zu zweit, wird Ihnen von der Kapelle ein Trauzeuge zur Verfügung gestellt. Zivile und religiöse Trauungen haben in Las Vegas übrigens die gleiche Rechtskraft.

Nach Ihrer Trauung wird Ihnen das *Marriage Certificate*, die Heiratsurkunde, überreicht. Da es sich nur um eine sogenannte verkürzte Heiratsurkunde handelt, wird diese jedoch nicht von den deutschen Behörden anerkannt. Sie benötigen daher unbedingt noch eine beglaubigte Kopie des registrierten Trauscheins und eine Apostille, die die Echtheit der Heiratsurkunde bestätigt. Manche Standesämter in Deutschland verlangen zusätzlich eine deutsche Übersetzung der Urkunden.

6 ➤ Locations im Ausland

Die beglaubigte Kopie des registrierten Trauscheins, das sogenannte *Certified Copy of Marriage Certificate* können Sie, nachdem Ihre Eheschließung innerhalb von zehn Tagen registriert wurde, beantragen. Wenn Sie nicht so lange in Las Vegas sind, können Sie dies auch später von zu Hause aus tun:

- ✔ Die Registrierung sowie die beglaubigte Kopie beantragen Sie beim *Recorder's Office* (Clark County Government Center), 500 S. Grand Central Parkway, 2nd Floor, Las Vegas, Nevada 89106.

- ✔ Die Apostille bestätigt die Echtheit der Heiratsurkunde und wird nur vom Staatssekretär in Carson City ausgestellt. Hierzu müssen Sie die beglaubigte Kopie des registrierten Trauscheins, die Sie ja vom Recorder's Office in Las Vegas bekommen haben, beim *Nevada Secretary of State*, 101 North Carson St., Suite 3, Carson City, NV. 89701, USA vorlegen.

Wenn Sie keine Urlaubszeit mit der Beantragung von Papieren verschwenden wollen, recherchieren Sie nach entsprechenden Onlineservices im Internet.

Mit den entsprechenden Unterlagen haben Sie dann die Möglichkeiten, bei Ihrem Heimatstandesamt einen Antrag auf Nachbeurkundung Ihrer Ehe zu beantragen. Dies ist dann wichtig, wenn Sie auch in Deutschland vor dem Gesetz rechtskräftig verheiratet sein wollen.

Kirchliche Trauung im Ausland am Beispiel Mallorca

Nicht nur standesamtliche Hochzeiten, wie an den Beispielen Mauritius und Las Vegas gezeigt, sind im Ausland möglich, Sie können sich in vielen Ländern auch kirchlich trauen lassen.

Bedenken Sie bei dieser Entscheidung aber auch, dass insbesondere die kirchliche Heirat oft von der Teilnahme der Familie und der engsten Freunde abhängt. Sie geben sich vor Gott das Ja-Wort. Diesen besonderen Moment möchten Ihre Familienmitglieder und auch Ihre Freunde sicherlich mit Ihnen teilen – und anders herum Sie vielleicht auch mit Ihren Angehörigen. Nicht jeder Gast kann oder will jedoch zu einem ausländischen Ziel reisen.

Im Folgenden will ich mich beispielhaft mit einem der Lieblingsreiseziele der Deutschen beschäftigen: Mallorca. Schlagen Sie nun bitte nicht die Hände über dem Kopf zusammen und klappen das Buch erbost zu! Haben Sie schon einmal Urlaub fernab von den Touristenhochburgen auf Mallorca gemacht? Wenn nicht, dann rate ich Ihnen: Besuchen Sie die Insel ein weiteres Mal und erkunden Sie die Natur, buchen Sie kein Hotelzimmer, sondern eine Finca oder ein Zimmer in einem Finca-Hotel. Mieten Sie einen Wagen, fahren Sie die Insel ab und schauen Sie sich bei dieser Gelegenheit potenzielle Kirchen und in der Nähe gelegene Locations an, die für Ihre Hochzeit infrage kommen würden.

Eine standesamtliche Heirat auf Mallorca ist für Deutsche, die keinen Wohnsitz auf Mallorca haben, übrigens so gut wie unmöglich. Es mag immer Mittel und Wege geben, sich auch hier standesamtlich trauen zu lassen, mein Rat ist jedoch, sich in Deutschland standesamtlich das Ja-Wort zu geben und Ihre Hochzeit dann in einer traumhaften Kirche auf Mallorca mit anschließender Feier in einer ebenso traumhaften und einzigartigen Location in der Nähe mit anschließenden Tagen der Erholung zu zelebrieren.

Auf Mallorca können Sie sich sowohl katholisch als auch evangelisch trauen lassen. Es empfiehlt sich, wenn Sie sich vor der Hochzeit noch ein oder mehrere Male auf Mallorca aufhalten, den Kontakt zu dem Pfarramt auf Mallorca persönlich zu suchen und im besten Fall bereits einen Termin mit dem Pfarrer zu vereinbaren, der Sie an Ihrem Wunschtermin trauen kann. Haben Sie sich schon Kirchen angesehen und Ihre Traumkirche gefunden, so sprechen Sie dies auf dem Pfarramt an und erkundigen Sie sich, ob ein Pfarrer für diese Kirche grundsätzlich oder nur noch an bestimmten Terminen zur Verfügung steht.

Unterlagen für die kirchliche Trauung

Wie auch bei der Anmeldung zur Hochzeit in Deutschland benötigen Sie bei einer katholischen Trauung Ihren Taufschein, mit dem Sie Ihre Zugehörigkeit zur katholischen Kirche nachweisen. Außerdem benötigen Sie ein Ehevorbereitungsprotokoll, das Ihnen der Pfarrer Ihrer Heimatgemeinde in Deutschland (entscheidend ist Ihr Wohnsitz) ausstellt. Hierfür absolvieren Sie in Gesprächen ein sogenanntes *Eheseminar*, in dem Sie zeigen sollen, dass Sie bereit sind, die Ehe im katholischen Sinne zu führen und gemeinsame Kinder im katholischen Glauben zu erziehen. Außerdem enthält das Dokument Angaben zu Ihren Personenstandsdaten, also darüber, ob Sie nach dem Recht der katholischen Kirche die Ehe auch wirksam eingehen können.

Ihr Gemeindepfarrer stellt Ihnen dann sozusagen eine »Auslandsüberweisung« aus und legt den gesamten Vorgang beim Ordinariat dem zuständigen Bischof zur Genehmigung vor. Diese benötigen Sie immer dann, wenn bei dem Eheschluss vom »Normalfall« abgewichen werden soll. Da Sie im Ausland heiraten wollen, ist ein solcher Fall gegeben.

 Unter den »normalen« Bedingungen versteht die katholische Kirche zudem die Trauung zweier Partner katholischen oder katholisch/evangelischen Glaubens, die in ihrer Heimatgemeinde und zum ersten Mal die Ehe eingehen wollen.

Sind Sie evangelischen Glaubens, so haben Sie es etwas einfacher. Als Protestant brauchen Sie eine sogenannte *Dimissoriale*, mit andern Worten ein Einverständnisschreiben des zuständigen Gemeindepfarrers. Er ermächtigt damit den Geistlichen im Ausland, die Trauung vorzunehmen. Einzige Voraussetzung für die Ausstellung der Dimissoriale ist, dass zumindest bei einem der Ehepartner eine evangelische Kirchenzugehörigkeit vorliegt. Weitergehender Genehmigungen der Amtskirche bedarf es nicht.

6 ➤ Locations im Ausland

Wollen Sie sich kirchlich auf Mallorca trauen lassen, sollten Sie sich in jedem Fall an die Ansprechpartner vor Ort wenden:

✔ Katholische Gemeinde: Parroquia alemana en la Iglesia de Santa Cruz, calle Forn de L'Olivera 5, 07012 Palma de Mallorca, Tel. 0034-971-264551, mail@kath-gemeinde-mallorca.de

✔ Evangelische Gemeinde: Apartado de Correos 15, 07600 Palma de Mallorca (S'Arenal), Tel. 0034-971-743267, Fax 0034-971743897, kirche-mallorca@wanadoo.es

Hier erhalten Sie aktuelle Informationen, welche Unterlagen Sie vorlegen, in welcher Sprache diese sein müssen und welche Kosten auf Sie zukommen. Neben den Kosten für die Anmeldung fällt auch eine Kirchenspende an, die in der Regel zwar als freiwillig deklariert wird, ohne die Sie jedoch keine Kapelle nutzen können. Diese Spenden belaufen sich in der Regel auf 400 bis 500 Euro, also ein nicht ganz unerheblicher Kostenanteil in Ihrem Budgetplan.

Wahl des perfekten Ortes für Ihre Hochzeit

Sie haben sich also entschlossen, ein ausländisches Ziel zu suchen, sind sich aber unschlüssig, welches Land beziehungsweise welche Stadt Sie für Ihren schönsten Tag auswählen sollen. Prinzipiell sollten Sie sich überlegen, ob Sie einen bestimmten Bezug zu einem Land oder einer Stadt haben.

✔ Sprechen Sie eine Fremdsprache besonders gut, sodass Sie auch Ihre Flitterwochen in dem gleichen Land verbringen und sich ohne fremde Hilfe mit den Landsleuten verständigen könnten?

✔ Haben Sie Freunde, Familie oder sonstige Kontakte ins Ausland?

✔ Vielleicht haben Sie ein Auslandssemester während des Studiums eingelegt, über Ihre privaten Reisen Kontakte geknüpft?

✔ Denken Sie generell darüber nach, in späteren Jahren Ihren Lebensabend in einem anderen Land als Deutschland zu verbringen?

Beziehen Sie alle diese Kriterien in Ihre Überlegungen mit ein. Vergessen Sie zudem nicht darüber nachzudenken, ob Sie Ihre Gäste oder zumindest einen Teil Ihrer Gäste und vor allem die Familie mitnehmen wollen. Wie alt sind Ihre ältesten Familienmitglieder und wären diese in der Lage, eine lange Reise wie zum Beispiel nach Mauritius auf sich zu nehmen? Nach Mallorca können Sie auch über ein verlängertes Wochenende fliegen, ohne Ihren Jahresurlaub in Anspruch nehmen zu müssen. Ein Fernziel, wie es eben auch Mauritius ist, fliegen Sie nicht nur für wenige Tage an. Dies ist für die meisten Gäste zu kostspielig und auch einfach zu stressig.

 Melden Sie Ihren Hochzeitswunsch beziehungsweise den Wunsch, im Ausland zu heiraten und Ihre Freunde und Familie mitzunehmen, rechtzeitig an. So haben Ihre Gäste ein Jahr oder noch weiter im Voraus die Möglichkeit, ihren Urlaub entsprechend einzuteilen und auch den einen oder anderen Euro zurückzulegen.

Hochzeitsplanung für Dummies

Haben Sie noch Spielraum in Ihrem Budgetplan oder planen Sie von Beginn an, einen Teil der Flug- und Übernachtungskosten zu übernehmen, so sprechen Sie auch hierüber offen mit der Familie und den Freunden. Nicht jeder Gast wird die finanziellen Mittel haben, an einer Hochzeit im Ausland teilzunehmen. Darüber müssen Sie sich bei jedem Ziel außerhalb Deutschlands im Klaren sein.

Möglichkeiten der Unterbringung

Die Entscheidung ist gefallen, Sie nehmen Freunde und Familie mit und feiern Ihre Hochzeit gemeinsam im Ausland. Es stellt sich dann die Frage, ob Sie an dem gleichen Ort, an dem die Feier stattfindet, auch übernachten wollen und wenn ja, ob Sie dies für die Gesamtdauer Ihres Aufenthalts möchten. Auch hierbei sind planerisch einige Aspekte zu beachten.

Sie können an einem Ort feiern und sich dann mit den Gästen in der gleichen Location zur Nachtruhe zurückziehen, um am nächsten Morgen beim gemeinsamen Brunch das gestrige Erlebnis noch einmal Revue passieren zu lassen. Hierbei ist zu unterscheiden, ob Sie die Location exklusiv buchen können, mit anderen Worten, ob nur Sie und Ihre Gäste anwesend oder ob noch andere Gäste mit im Haus sind. Dies könnte zum Beispiel in einem Hotel der Fall sein.

Lassen Sie sich hingegen frei auf einer Terrasse eines kleinen Finca-Hotels trauen, können Sie aufgrund der oft geringen Zimmeranzahl davon ausgehen, dass Sie und Ihre Gäste die gesamten Zimmer belegen können. Fragen Sie bei der Buchung nach, ob es einen Mindestaufenthalt gibt. In der Hochsaison können Sie in der Regel davon ausgehen, dass Sie eine Finca für mindestens fünf oder sieben Nächte buchen müssen.

Entscheiden Sie sich auch bewusst dafür oder dagegen, die gesamte Zeit – also eine oder mehrere Wochen – gemeinsam mit den Gästen zu verbringen. Vergessen Sie nicht, es handelt sich immer noch um Ihre Flitterwochen. Diese sollten Sie grundsätzlich als Brautpaar allein genießen – die ersten Tage und Wochen als Mann und Frau auskosten, sich über Ihre Zukunft unterhalten und einfach mal die Seele nach den ganzen Vorbereitungen baumeln lassen.

Eine gute Alternative ist sicherlich, wenn Sie sich entscheiden, einige wenige Tage gemeinsam mit Freunden und der Familie zu verbringen. Feiern Sie in einem Hotel, so ist es umso einfacher, den Gästen freizustellen, länger als die eigentliche Feier vor Ort zu bleiben. Kommunizieren Sie von Beginn an, dass Sie kein Animationsprogramm für mehrere Tage oder gar Wochen anbieten, sondern mit Ihren Gäste bis zu einem bestimmten Datum gemeinsam die Tage verbringen wollen, um sich dann allein auf die Reise zu begeben.

Kosten für Flug und Übernachtung der Gäste

Ihre Eltern, Großeltern oder auch engsten Freunde haben das Geld vielleicht nicht ganz so »locker« sitzen und sind überdies unter Umständen gerade in einer schwierigen finanziellen Situation wegen Arbeitslosigkeit, einer großen Reparatur am Haus oder am Auto. Gerne spricht niemand über finanzielle Probleme, das ist verständlich. Als Brautpaar müssen Sie sensibel mit diesem Thema umgehen und sich überlegen, welches Budget Ihnen für die Bezahlung von Flug und Übernachtung Ihrer Gäste zur Verfügung steht.

104

6 ► Locations im Ausland

Sie müssen nicht den gesamten Urlaub Ihrer Gäste finanzieren, sofern Sie dies nicht möchten. Wenn Sie es sich finanziell leisten können, bieten Sie an, den Gästen oder zumindest einem Teil der Gäste den Flug und eine bestimmte Anzahl von Übernachtungen zu zahlen. Wer darüber hinaus Urlaub machen möchte, kann dies dann auf Selbstzahlerbasis machen. Wenden Sie sich an Reisebüros und bitten Sie darum, Angebote für gebündelte Flüge zu erstellen. Oder recherchieren Sie im Internet nach günstigen Flügen und lassen Sie Ihre Gäste, sofern dies möglich ist, von einem ausgewählten Flughafen zur gleichen Zeit abfliegen.

 Gerade kleine Flughäfen wie Frankfurt-Hahn werden von Fluggesellschaften angeflogen, die europaweit einfach unschlagbar günstig ausgewählte Reiseziele anfliegen. Für das so eingesparte Geld können Sie wiederum einen Shuttleservice am ausländischen Reiseziel anbieten.

Zahlen Sie auch die Übernachtung oder einen Teil der Übernachtungen der Gäste, sollten Sie das gegenüber den Gästen auch deutlich kommunizieren. Je nachdem, in welcher Location Sie feiern, können Sie Preise hierzu aushandeln, von denen die Gäste dann bei weiteren Übernachtungen profitieren. Entscheidet sich ein Großteil der Gäste, ein paar Tage länger vor Ort zu verbringen, so fragen Sie nach Rabatten, wenn Sie als Gastgeber diese Buchungen bündeln, Ihre Gäste beim Check-out dann aber zum Beispiel die nach der Hochzeitsnacht anfallenden Nächte selbst zahlen lassen. In der Regel erhalten Sie günstigere Preise, je weiter im Voraus das Ganze geplant ist. Schließlich müssen Sie neben dem eigentlichen Aufenthalt auch die Flüge buchen und koordinieren.

 Erfahrungsgemäß werden Shuttle oder gebündelte Flüge in oder von Deutschland aus von den Hochzeitsgästen nicht so gut angenommen wie der Service, im Ausland von A nach B gebracht zu werden. Bieten Sie Ihren Gästen an, sie vom ausländischen Flughafen abzuholen und zu der Unterkunft bringen zu lassen, so reisen alle entspannt an und finden sich, sofern geplant, zu einem sogenannten Come-together bereits am Vorabend mit allen oder ausgewählten Gästen und dem Brautpaar zusammen.

Tipps für die Auswahl Ihrer Dienstleister vor Ort

Sie werden sich in Deutschland schon manches Mal schwertun, die richtigen Dienstleister aus dem Dschungel von Möglichkeiten im Internet zu filtern. Auch im Ausland ist es nicht einfach, die richtigen Partner für die Hochzeit zu finden. Bedenken Sie jedoch immer, dass in einem anderen Land die Mentalität und Arbeitsweise anders sein kann, als Sie es gewohnt sind. Die Detailverliebtheit mag nicht immer die gleiche sein und auch die Ausbildung, die viele Dienstleister in Deutschland in dem jeweiligen Bereich vorweisen können, ist in anderen Ländern entweder gar nicht vorhanden oder eben nicht mit denen von Ihnen gewohnten Standards zu vergleichen.

Bei all den romantischen Vorstellungen, die Sie haben, wenn Sie an eine Heirat im Ausland denken, vergessen Sie nicht, dass Sie Gast in diesem Land sind. Sie sollten sich immer den Gepflogenheiten des Landes anpassen, den Traditionen und Sitten gegenüber offen sein und sich auch damit anfreunden, dass vielleicht nicht immer alles so reibungslos und pünktlich wie in Deutschland über die Bühne geht.

Folgende Hinweise können Ihnen bei Auswahl eines Dienstleisters vor Ort helfen:

✔ Ziehen Sie in Deutschland professionelle Hilfe über ein Reisebüro oder einen Hochzeitsplaner heran.

✔ Bereisen Sie das Land Ihrer Hochzeitsträume, sofern es geht, ein oder auch mehrmals im Voraus und treffen Sie sich mit potenziellen Dienstleistern.

✔ Lassen Sie sich Referenzen geben von Brautpaaren, die schon gute Erfahrungen mit diesen Dienstleistern gemacht haben.

✔ Schauen Sie sich Internetauftritte an und machen Sie vor Ort Termine mit Floristen, Fotografen oder auch mit dem Anbieter für Ihre Hochzeitstorte.

✔ Überlegen Sie sich, welche Bereiche für Sie besonders wichtig sind und welche Leistungen eine eher geringere Priorität haben.

Halten Sie sich an diese Kriterien, dann haben Sie nach bestem Wissen und Gewissen gehandelt und sind so gut es geht vorbereitet. Sie heiraten Ihren Traumpartner, den Menschen mit dem Sie den Rest Ihres Lebens verbringen wollen. Lassen Sie sich die Laune nicht durch vielleicht Kleinigkeiten verderben, die nicht ganz so umgesetzt wurden, wie Sie es sich vorgestellt haben. Bei einer entsprechend guten Vorbereitung und einer entspannten Atmosphäre gelingt Ihnen das Fest vor Ort in jedem Fall!

Teil III

Die Trauzeremonie

In diesem Teil ...

Vielleicht haben Sie zu diesem Zeitpunkt schon die ersten planerischen Schritte in Angriff genommen, wissen aber noch nicht ganz genau, für welche Form der Trauung Sie sich entscheiden sollen, und vor allem, was es bei einer standesamtlichen, kirchlichen oder auch freien Trauzeremonie zu bedenken gilt. In diesem Teil des Buches erfahren Sie alles über die verschiedenen Möglichkeiten, sich das Ja-Wort zu geben, und auch, an welche organisatorischen Dinge Sie denken sollten. Insbesondere die sogenannte freie Trauung erfreut sich in Deutschland zunehmender Beliebtheit. Viele Brautpaare in spe haben bereits von dieser Möglichkeit gehört, wissen aber wenig über die organisatorischen und inhaltlichen Abläufe. Auf den folgenden Seiten finden Sie vielfältige Anregungen, die Ihnen helfen, sich für die für Sie richtige Art der Trauung zu entscheiden.

Die standesamtliche Trauung

In diesem Kapitel

▶ Organisatorisches rund um die standesamtliche Trauung

▶ Sich für einen (neuen) Namen entscheiden

▶ Einen Ehevertrag schließen

▶ Außentrauorte als Alternative zur normalen Amtsstube nutzen

---

Sie haben den ersten Schritt in Richtung Eheleben getan, Sie haben den Heiratsantrag mit »Ja« beantwortet und beschäftigen sich nun mit den Vorbereitungen für die standesamtliche Heirat.

In diesem Kapitel erfahren Sie, welchen zeitlichen Vorlauf Sie einplanen sollten, welche Kosten auf Sie zukommen und welche Unterlagen Sie für die Anmeldung und für die Heirat benötigen. Sie erhalten überdies Informationen zur Namenswahl, zum Thema Ehevertrag und wie eine standesamtliche Heirat überhaupt vonstattengeht. Zu guter Letzt beschäftigen wir uns mit den traditionellen Amtsstuben, aber auch mit den sogenannten Außentrauorten des jeweiligen Standesamts, die Ihnen ein besonderes Ambiente für Ihre Trauung bieten.

Wenig romantisch, aber nötig: Wichtige Dokumente und Rechtliches

Sie wollen sich sicherlich so schnell es geht auf dem Standesamt anmelden, um sicherzugehen, dass Ihr Wunschtermin noch frei ist. In der Regel ist es so, dass Sie nicht zu jeder Zeit auf das Amt stiefeln können und mit einem zuckersüßen, frisch verliebten Lächeln den Termin reservieren können, den Sie für sich als perfekt erachten. Leider nicht.

Zeitlicher Vorlauf und Kosten

Sie können grundsätzlich ab sechs Monate vor Ihrem Wunschtermin einen Termin auf dem Standesamt durch eine Anmeldung zur Ehe verbindlich reservieren. Wollen Sie die Trauung auf einem sogenannten Außentrauort, das heißt an einem von dem Standesamt offiziell anerkannten Ort außerhalb des Trauzimmers auf dem Standesamt, vollziehen, so können Sie in einigen Fällen auch vor dieser Frist eine Reservierung zumindest der Ortes beziehungsweise des Raumes, in dem Sie sich das Ja-Wort geben wollen, vornehmen. Dies ist jedoch nicht mit der offiziellen Anmeldung zur Ehe zu verwechseln.

Hochzeitsplanung für Dummies

Der frühe Vogel fängt den Wurm – Außentrauorte reservieren

Sie reservieren vor der eben angesprochenen Frist von sechs Monaten vor Ihrem Heirats-termin lediglich den Außentrauort, an dem Sie sich (statt im Amtszimmers des Rathau-ses) das Ja-Wort geben wollen. Dies kann zum Beispiel ein Museum, ein Schloss, eine alte Burg oder auch ein ausgefallenes Restaurant, genauso wie ein Zoo oder eine Seilbahn sein. Der Ort muss in jedem Fall von dem Standesamt als sogenannter Außentrauort an-erkannt sein, nur dann können Sie vor Ort von einem Standesbeamten rechtskräftig ver-heiratet werden. Haben Sie also den Ort bereits vor der Frist von sechs Monaten vor Ihrem Wunschtermin reserviert, so dürfen Sie es nicht vergessen, sich zu einem späteren Termin, der dann innerhalb der Frist von frühestens sechs Monaten vor Ihrem Wunsch-termin liegt, auch noch bei Ihrem Standesamt anzumelden.

Sofern Sie sich zum frühestmöglichen Termin anmelden, steht Ihrer Wunschuhrzeit meist nichts im Weg. Versäumen Sie nicht, sich Alternativen zu überlegen, wenn es tatsächlich so sein sollte, dass Ihr Wunschtermin schon von einem anderen Brautpaar belegt sein sollte.

Öffnungszeiten, Trauzeiten und auch Gebühren, die das jeweilige Standesamt für die Schlie-ßung der Ehe verlangt, können ganz unterschiedlich sein. Informieren Sie sich auf der Web-seite des Standesamts oder auch telefonisch während der Sprechzeiten, welche Kosten auf Sie zukommen und welche Trauzeiten generell angeboten werden. In der Regel müssen Sie für die Anmeldung der Ehe mit Kosten zwischen 40 und 60 Euro rechnen. Zudem müssen Sie ein Familienstammbuch erwerben und für das Ausstellen einer oder auf Wunsch mehrerer Hei-ratsurkunden Gebühren in Höhe von insgesamt 40 bis 80 Euro bezahlen. Zu guter Letzt kön-nen noch Kosten für die Raumnutzung bei einer Trauung in Außentrauorten anfallen. Die Spanne ist hier besonders groß, sie beläuft sich auf 35 bis 350 Euro. Für Trauungen im Rat-haus zahlen Sie in der Regel für die Benutzung der Räume keine Gebühr.

Benötigte Unterlagen zur Anmeldung und Eheschließung

Bevor Sie frohen Mutes auf das Standsamt laufen, um sich anzumelden, sollten Sie sich vor-her telefonisch anmelden und sich vergewissern, dass Öffnungszeiten und Ansprechpartner noch dieselben sind, die auf der Webseite des Standesamts angegeben sind. Fragen Sie auch unbedingt nach den benötigten Unterlagen, die Sie zur Anmeldung vorlegen müssen. So er-sparen Sie sich vielleicht einen Weg oder gar einen unnötig genommenen Urlaubstag, nur weil Sie nicht die richtigen oder vollständigen Dokumente für die Anmeldung zur Ehe mit auf das Amt gebracht haben.

Gehen wir vom »Normalfall« aus. Wenn Sie Ihren Hauptwohnsitz in der Stadt haben, in der Sie auch heiraten wollen, volljährig sind, die deutsche Staatsbürgerschaft haben und noch nicht verheiratet waren, müssen Sie zur Anmeldung diese Unterlagen mitbringen:

✔ **Ihren Personalausweis oder Reisepass:** Sie müssen bei der Anmeldung wie auch später bei der Eheschließung eines dieser **gültigen** Ausweisdokumente vorlegen.

110

7 ➤ Die standesamtliche Trauung

✔ **Eine beglaubigte Kopie Ihrer Geburtsurkunde:** Diese erhalten Sie aus dem Geburtenregister, das bei dem Standesamt verwahrt wird, bei dem Ihre Eltern geheiratet haben beziehungsweise bei dem Ihre Eltern Sie nach der Geburt haben eintragen lassen.

✔ **Die Geburtsurkunden Ihrer Kinder:** Die Urkunden erhalten Sie bei dem Standesamt, bei dem Sie Ihr Kind nach der Geburt haben eintragen lassen. Unter Umständen haben Sie sich bei der Anmeldung der Kinder bereits zusätzliche Geburtsurkunden ausstellen lassen, dann müssen Sie natürlich nicht noch einmal weitere Urkunden vom Standesamt einholen.

✔ **Ein biometrisches Passfoto:** Das benötigen Sie, sofern Sie einen neuen Namen nach der Heirat annehmen, um Reisepass und Personalausweis bereits bei der Anmeldung beantragen zu können. In der Regel übergibt Ihnen der Standesbeamte diese Dokumente direkt nach Abschluss der standesamtlichen Heirat auf dem Amt. Sie ersparen sich dadurch einen weiteren Termin, um Ihre neuen Ausweise abzuholen. In manchen Fällen müssen Sie diese allerdings doch gesondert nach der Trauung auf dem Amt abholen.

Wenn Sie sich zur Ehe anmelden und einer der oben als »Normalfall« genannten Punkte nicht auf Sie zutrifft, müssen Sie weitere Dinge beachten:

✔ **Unterschiedlicher Wohn- und Trauort:** Wenn einer von Ihnen nicht an dem Ort gemeldet ist, an dem Sie sich trauen lassen wollen, benötigen Sie eine neue Aufenthaltsbescheinigung Ihres Hauptwohnsitzes. Diese Bescheinigung stellt die Meldebehörde, also das Einwohnermeldeamt Ihres Hauptwohnsitzes, aus. Ein solcher Fall liegt beispielsweise dann vor, wenn Sie zwar ein Paar sind, aber (noch) an getrennten Orten wohnen.

✔ **Vorherige Ehen:** Es ist nicht unüblich, dass zumindest einer, wenn nicht sogar beide Ehepartner, schon einmal verheiratet oder verpartnert, also gleichgeschlechtlich in einer Ehe verbunden, waren. Wenn das der Fall ist, benötigen Sie neben den »normalen« mitzubringenden Unterlagen zusätzlich noch eine beglaubigte Kopie aus dem Eheregister, aus der ersichtlich ist, dass Ihre letzte Ehe geschieden ist. Hier ist dann ein sogenannter *Auflösungsvermerk* eingetragen. Bei einer Partnerschaftsurkunde gilt das Gleiche. Die Kopie aus dem Eheregister erhalten Sie beim Standesamt, bei dem Sie damals geheiratet haben beziehungsweise Ihre Partnerschaft haben eintragen lassen.

In manchen Fällen trifft Amors Pfeil so schnell, dass die Auflösung der vorherigen Ehe noch nicht in das Eheregister eingetragen wurde, Sie sich aber bereits mit Ihrem neuen Partner in den Bund der Ehe begeben wollen. Auch in diesem Fall gibt es eine recht einfache und unbürokratische Lösung. Sie bringen dann zur Anmeldung der Eheschließung neben der beglaubigten Kopie aus dem Eheregister – in der Ihre bereits geschiedene Ehe noch eingetragen ist – das Scheidungsurteil mit Rechtskraftvermerk mit.

✔ **Ausländische Staatsbürgerschaft:** In diesem Fall empfiehlt es sich aufgrund der sehr unterschiedlichen Möglichkeiten, die ausländische Staatsbürgerschaften oder andere Umstände mit sich bringen können, das Standesamt vor einem persönlichen Termin telefonisch zu kontaktieren und Ihre Situation zu schildern. Sie erhalten dann ausführliche Informationen, welche Unterlagen Sie für die Anmeldung zur Ehe mitbringen müssen.

Eine große Entscheidung: Die Namenswahl

Wie wollen Sie nach der Hochzeit heißen? Diese Frage wird Ihnen spätestens auf dem Standesamt bei der Anmeldung das erste Mal gestellt. Sie haben mehrere Möglichkeiten, wie Sie sich nach dem Ja-Wort nennen können und dürfen. Die Pflicht, einen gemeinsamen Ehenamen zu führen, besteht in Deutschland nicht mehr. Das heißt, Sie können auch nach der standesamtlichen Heirat beide Ihren Nachnamen behalten. Wenn Sie sich jetzt fragen, warum Sie den Namen Ihres Partners nicht annehmen sollten, rate ich Ihnen zuerst das ganze Kapitel zu lesen, denn es gibt noch mehr Möglichkeiten als diese vermeintliche »Ganz oder gar nicht«-Lösung.

Meine Name bleibt mein Name

Seinen Namen nach der Ehe zu behalten, kann verschiedene Gründe haben. So hat Ihr Familienname vielleicht im Geschäftsleben einen guten Ruf und Ihre langjährigen Geschäftspartner verbinden mit Ihrem Namen Eigenschaften wie gute geschäftliche Beziehungen, Zuverlässigkeit und Vertrauenswürdigkeit. Ein Namenswechsel könnte Verwirrung stiften, sodass es sich anbietet, seine Geschäftspartner langsam auf den neuen Namen vorzubereiten. Auch wenn Sie unter Ihrem »alten« Namen vielleicht eine Diplomarbeit, Bücher, wissenschaftliche Artikel oder dergleichen veröffentlicht haben, bietet es sich an, Ihren Namen zu behalten beziehungsweise mit Ihrem Partner zu besprechen, eben diesen Namen als gemeinsamen Familiennamen zu führen.

Ein Mann und sein Name

Oft werden Männer etwas belächelt, die den Namen ihrer Frau annehmen. Auch wenn wir heute eine sehr moderne Gesellschaft sind, so gelten Männer doch oft als »weich«, wenn sie nicht ihren Nachnamen als Familiennamen durchsetzen. Besprechen Sie gemeinsam, welche Vorteile oder auch Nachteile durch eine Namensänderung in Ihren beiden Fällen auftreten könnten. Auch sollten die Vornamen zu dem gewählten Nachnamen passen. Heißen Sie zufällig Claire mit Vornamen und sollen dann Grube mit Nachnamen heißen, mag das für die Zukunft vielleicht nicht ganz so günstig sein.

Natürlich sollten Sie sich fragen, ob Sie einen Familiennamen mit langer Tradition oder gar geschichtlichem Hintergrund wirklich »aufgeben« wollen. Recherchieren Sie Ihre familiären Wurzeln und stellen Sie einen Familienbaum auf, vielleicht fällen Sie dann doch eine andere Entscheidung.

 Geben Sie dem Standesbeamten vor oder während der Trauung keine entsprechende Willenserklärung über einen gemeinsam geführten Familiennamen ab, so behält jeder von Ihnen den zum Zeitpunkt der Eheschließung geführten Namen. Anhand Ihrer Namen kann somit ein Außenstehender nicht erkennen, dass Sie verheiratet sind.

7 ➤ Die standesamtliche Trauung

Wir sind eins – auch beim Namen

Wollen Sie in jedem Fall einen gemeinsamen Familiennamen führen, so geben Sie das bei der Anmeldung zur Eheschließung kund. Während der Trauung werden Sie dann in der Regel noch einmal gefragt, ob Sie noch immer den gemeinsamen Namen tragen wollen. (Sie sollten das aber nicht als Chance ergreifen, sich doch noch schnell ohne Wissen Ihres Partners umzuentscheiden.) Kleiner Tipp: Üben Sie zu Hause Ihre neue Unterschrift!

Nach der Heirat können Sie die Erklärung, einen gemeinsamen Namen führen zu wollen, nur noch in öffentlich beglaubigter Form abgeben. Bei der Wahl des Familiennamens können Sie entweder den Nachnamen Ihres Ehemanns oder den Nachnamen Ihrer Ehefrau als Ehenamen bestimmen. Heiratet beispielsweise Herr Pitt Frau Jolie, so müssen die beiden sich vor der Eheschließung entscheiden, ob sie nach der Ehe beide ihre eigenen Nachnamen weiterführen wollen, also weiterhin Herr Pitt und Frau Jolie heißen, oder ob Herr Pitt seinen Nachnamen aufgibt und auch Jolie mit Nachnamen heißen will – oder umgekehrt.

Sonderfall Doppelname

Die Wahl eines Doppelnamens, den Sie *beide* als Familiennamen führen, ist ausgeschlossen, das heißt, dass Sie nicht beide Pitt-Jolie oder Jolie-Pitt heißen dürfen. Es bildet sich ein kleines Fragezeichen über Ihrem Kopf? Warum darf ich denn nicht gemeinsam mit meiner Frau oder meinem Mann einen Doppelnamen als Familiennamen bestimmen? Nun, der Gesetzgeber hat erkannt, dass bei der Möglichkeit von Doppelnamen in nur wenigen Generationen nicht mehr handhabbare »Bandwurmnamen« entstehen können.

Stellen Sie sich folgendes Szenario vor: Sie entscheiden sich für einen gemeinsamen Doppelnamen, den dann auch Ihre Kinder führen werden. Nehmen wir einmal an, Sie heißen »Schmidt-Meyer«. Ihr Kind wächst gesund und munter heran und verliebt sich in einen »Schaub-Prunzel«. Die beiden beschließen zu heiraten und wählen wieder einen Doppelnamen als Familiennamen. Dann hießen die frisch vermählten Eheleute »Schmidt-Meyer-Schaub-Prunzel«, oder auch »Schaub-Prunzel-Schmidt-Meyer«. Entsprechend dem Familiennamen hießen dann auch die Kinder so. Diese Kette ließe sich endlos weiterführen und so hat der Gesetzgeber diesen Bandwurmnamen sinnvollerweise einen Riegel vorgeschoben. Die einzige Ausnahme, einen Doppelnamen als Familiennamen eintragen zu lassen, ist, dass in Ihrer Geburtsurkunde bereits ein Doppelname eingetragen ist.

Der Exname

Bis vor einigen Jahren konnten Sie zudem nur Ihren oder den Geburtsnamen Ihres Ehepartners zum Familiennamen wählen. Die Weitergabe eines durch eine frühere Ehe erworbenen Namens in die neue Ehe war gesetzlich nicht möglich. Dies ist heute anders. Zum Unmut vieler geschiedener Ehegatten darf tatsächlich auch nach einer Scheidung der angeheiratete Name als Familienname in einer neuen Ehe bestimmt werden. Wenn Sie sich also von Ihrem Mann »von Hohengräfen« scheiden lassen, aber weiterhin diesen Nachnamen führen wollen, darf Ihr neuer Mann oder Ihre neue Frau ebenso mit Nachnamen »von Hohengräfen« heißen. Dagegen kann sich Ihr Expartner gesetzlich nicht wehren.

Derjenige, dessen Name nicht Familienname wird, kann seinen Geburts- oder den zum Zeitpunkt der Eheschließung geführten Namen dem Familiennamen voranstellen oder anfügen, beide Varianten sind erlaubt. In diesem Fall trägt einer der Partner also einen Doppelnamen, der jedoch eben nicht der Familienname sein darf. Die Kinder, die aus dieser Ehe hervorgehen, dürfen dann nicht den Doppelnamen führen, sondern tragen automatisch den »einfachen« Nachnamen, eben den Familienamen. Auch dies ist dem Standesbeamten gegenüber zu erklären oder später durch öffentlich beglaubigte Erklärung nachzuholen. Sie können diese Erklärung widerrufen, dann aber keine erneute Erklärung abgeben. Schauen Sie sich hierzu folgendes Beispiel an:

✔ Wenn Maria Hasenfuß, geborene Biber, nach der Scheidung von Herrn Hasenfuß nunmehr Herrn Schumacher heiraten will, so haben die beiden folgende Möglichkeiten: Sie behalten beide ihre Namen und führen keinen gemeinsamen Familiennamen. Maria heißt also weiterhin Hasenfuß, da sie den Nachnamen ihres Exmanns behalten will, oder aber Biber, wenn sie nach der Scheidung wieder ihren Geburtsnamen angenommen hat. Ihr Ehepartner heißt weiterhin Schumacher.

✔ Wenn sie einen gemeinsamen Familiennamen führen wollen, so kann dies Hasenfuß, Biber oder auch Schumacher sein. Der geschiedene Herr Hasenfuß kann sich nicht dagegen wehren, dass der neue Partner seinen Nachnamen als Familiennamen annimmt. Biber können beide mit Nachnamen heißen, wenn Maria nach der Scheidung ihren Geburtsnamen wieder angenommen hat.

Und die Kinder ...?

Wenn Sie verheiratet sind und einen gemeinsamen Familiennamen führen, so erhält das Kind diesen Namen als Geburtsnamen. Führen Sie keinen gemeinsamen Familiennamen, so können Sie gegenüber dem Standesbeamten erklären, welchen Nachnamen das Kind tragen soll. Nehmen wir an, Sie als Mutter heißen mit Nachnamen Hasenfuß, Ihr Mann weiterhin Schumacher – Sie können sich nun entscheiden, ob das Kind mit Nachnamen Hasenfuß oder Schumacher heißen soll.

 Die Bildung eines Doppelnamens ist auch in diesem Fall nicht erlaubt. Diese Erklärung gilt für alle weiteren Kinder aus der Ehe, sodass alle Geschwister einen einheitlichen Geburtsnamen erhalten. Dies ist gesetzlich so vorgeschrieben, alle Kinder aus dieser Ehe tragen somit den gleichen Nachnamen.

Einer der Ehepartner kann sich also für einen Doppelnamen entscheiden, zum Beispiel um den bis zur Ehe geführten Namen dem Familiennamen voranzustellen oder ihn anzuhängen. Allerdings erhalten alle Kinder, die aus der Ehe entstehen, den Familiennamen – der eben kein Doppelname sein darf.

Sollten Sie zufällig den gleichen Nachnamen auch schon vor der Ehe getragen haben, dürfen Sie daraus keinen Doppelnamen machen: »Hasenfuß-Hasenfuß« oder »Schumacher-Schumacher« geht nicht. Einen Begleitnamen, also den Namen, den Sie zu dem Familiennamen führen wollen, können Sie nachträglich einmalig über das Standesamt noch anfügen oder auch wieder entfernen lassen. Sonstige Korrekturen am Namen sind regulär nicht möglich.

7 ➤ Die standesamtliche Trauung

Ein Familienname für die Kinder

Auch wenn Sie Ihre eigenen Namen nach der Eheschließung weiterführen, so müssen Sie sich spätestens bei der Planung Ihres Nachwuchses Gedanken darüber machen, welchen Namen Sie als Familiennamen bestimmen wollen. Sie können den Familiennamen innerhalb der ersten fünf Ehejahre festlegen, dann aber nicht mehr rückgängig machen. Allerdings müssen Sie binnen eines Monats nach der Geburt Ihres Kindes gemeinsam eine Entscheidung treffen, welchen Nachnamen Ihr Kind tragen soll. Machen Sie das nicht, so überträgt das Familiengericht einem von Ihnen das Bestimmungsrecht. Übt der so Berechtigte sein Recht zur Namensbestimmung trotzdem nicht innerhalb einer vom Gericht bestimmten Frist aus, so erhält das Kind als Geburtsnamen automatisch den Namen des Bestimmungsberechtigten. Heiraten Sie erneut, dürfen Sie den Familiennamen Ihres Kindes oder Ihrer Kinder neu festlegen. Voraussetzung für eine Änderung ist immer die Zustimmung der leiblichen Mutter beziehungsweise des leiblichen Vaters.

Jetzt wird's ernst: Der Ehevertrag

An rechtliche Konsequenzen einer Eheschließung denken die meisten zukünftigen Ehepartner in der ersten Zeit nicht. Sie tragen die bekannte rosarote Brille und können sich ein Leben ohne ihren Geliebten oder ihre Geliebte gar nicht mehr vorstellen. Ich will Ihnen die rosarote Brille nicht von den Augen reißen, möchte Sie aber auch auf die negativen Konsequenzen hinweisen, wenn es dazu kommen sollte, dass Sie die Ehe nicht mehr miteinander führen wollen und sich in letzter Instanz scheiden lassen.

Hören Sie sich einmal im Freundes- und Bekanntenkreis um. Erstaunt es Sie nicht auch, dass zwei Menschen, die sich einmal heiß und innig geliebt haben und sich offiziell zu ihrer Liebe bekannt haben, einen solch bitteren Rosenkrieg ohne Rücksicht auf Verluste – und leider auch oft ohne Rücksicht auf die Kinder – führen? Ich kann dies nur bejahen. Erstaunlicherweise legen Expartner eine extreme Ausdauer an den Tag, wenn es darum geht, nach dem Scheitern einer Ehe dem anderen Partner einen möglichst großen und vor allem andauernden (finanziellen) Schaden zuzufügen. Das muss so nicht sein.

Eine Trennung ist nie leicht und oft stehen viele Emotionen einem vernünftigen und sachlichen Gespräch im Weg. Nicht selten verhalten sich Familie und Freunde von beiden eher wenig neutral und unterstützen Sticheleien und Auseinandersetzungen, die den Umgang erschweren und es schwieriger machen, Gespräche zu führen, die dringend nötig wären. Oft ist es durch einen Ehevertrag erst möglich, sich außergerichtlich schnell und unkompliziert zu einigen, anstatt in einer gerichtlichen Verhandlung viele Nerven und auch Geld zu lassen. Auch wenn Sie sicher sind, alles zu tun, damit diese Situation niemals eintritt, trauen Sie sich an das Thema Ehevertrag.

Die Überlegung, einen Ehevertrag aufzusetzen, mag für Sie und auch Ihr Umfeld anfangs befremdlich und unromantisch wirken. Sie werden vielleicht von Familien und Freunden gefragt werden, ob Sie sich denn gegenseitig nicht ausreichend vertrauen oder lieben und des-

115

Hochzeitsplanung für Dummies

halb einen Vertrag benötigen. Doch in diesem Fall geht das wirklich niemanden etwas an, lassen Sie sich nicht verunsichern. Sprechen Sie offen mit Ihrem Partner – und nur miteinander – über dieses Thema. Es ist Ihre Ehe, unter Umständen Ihr Vermögen und auch sonst sind es ganz allein Ihre Entscheidungen, welche Positionen und Vereinbarungen Sie im Rahmen eines Ehevertrags aufsetzen wollen. Sie beide sollen sich mit den getroffenen Punkten wohlfühlen. Im besten Fall müssen Sie den Ehevertrag niemals aus dem Aktenschrank hervorholen.

Das Leben und somit auch geschlossene Ehen sind vielseitig, daher kann es Eheverträge nicht »von der Stange« geben beziehungsweise Formulare, die Sie sich zum Beispiel aus dem Internet herunterladen und nur noch ausfüllen müssen. Für jeden Ehevertrag sollten immer die beiderseitigen finanziellen Gegebenheiten und auch Erwartungen, die sich aus der Ehe ergeben, abgeklärt und umgesetzt werden. Beide Ehepartner werden im Rahmen eines Beratungsgesprächs bei einem Familienanwalt eben auch über die rechtlichen Konsequenzen des Schließens einer Ehe aufgeklärt.

Einen Ehevertrag können Sie übrigens auch noch nach einer Trennung abschließen, um sich somit verbindlich und außergerichtlich zu einigen. Einen solchen Ehevertrag nennt man dann *Scheidungsfolgenvereinbarung*.

Auch wenn Sie nicht auf einen Mustervertrag zurückgreifen können, so gibt Ihnen die folgende Übersicht einige Anhaltspunkte, welche Bereiche in einem Ehevertrag abgedeckt werden können.

- ✔ **Nachehelicher Unterhalt:** Sie können in Ihrem Ehevertrag Regelungen treffen, die den finanziellen Unterhalt für den Expartner betreffen. Natürlich können in einem Ehevertrag Unterhaltsansprüche nicht nur eingeschränkt, sondern auch ausgeweitet werden. Diese Regelungen bieten sich vor allem dann an, wenn die Ehepartner sich einig sind, dass die Kinder bis zu einem bestimmten Alter vollständig von einem Elternteil betreut werden und dieser dann von seinem ehemaligen Partner finanziell unterstützt werden soll. Auf der anderen Seite kann natürlich auch, wenn einer der Ehepartner ein sehr hohes Einkommen erzielt, eine Höchstgrenze für den Ehegattenunterhalt vereinbart werden.

- ✔ **Der Güterstand:** Wenn Sie sich vor dem Standesbeamten das Ja-Wort geben und nichts anderes schriftlich vereinbart haben, leben Sie im Zuge der geschlossenen Ehe im sogenannten *Güterstand der Zugewinngemeinschaft*. Das bedeutet, dass das Vermögen – sei es Bargeld, Wertgegenstände, Immobilien und so weiter – auch während der Ehe getrennt bleibt. Nur bei Auflösung der Ehe durch Scheidung oder Tod erfolgt ein Ausgleich des während der Ehe erwirtschafteten Vermögens. So könnten Sie durch einen Ehevertrag zum Beispiel vereinbaren, dass ein Zugewinnausgleich nur dann stattfinden soll, wenn die Ehe durch Tod aufgelöst wird, bei einer Scheidung hingegen kein Zugewinnausgleich erfolgt. Es können auch konkret einzelne Positionen aus dem Zugewinnausgleich herausgenommen werden, um zum Beispiel Anteile an einem Unternehmen, die während der Ehe an Wert gewinnen, im Falle einer Trennung zu schützen.

- ✔ **Der Versorgungsausgleich:** Der Versorgungsausgleich regelt den Ausgleich der in der Ehezeit erworbenen sogenannten Rentenanwartschaften. Auch hier können Regelungen in einem Ehevertrag sinnvoll sein, wenn zum Beispiel ein Ehegatte keine Anwartschaften erwirbt, weil er selbstständig ist. Im Falle einer Scheidung wäre dann der andere Ehegatte ausgleichspflichtig, auch wenn der selbstständige Ehegatte mit Lebensversicherungen oder Fondssparplänen für sein Alter vorgesorgt hat! Im Rentenalter kann dies zu hohen Abzügen in der Rente führen, somit also ein Punkt, über den Sie sich bei einem Familienanwalt beraten lassen sollten.

Sofern Sie sich für einen Ehevertrag entscheiden, sollten Sie immer den Rat eines Rechtsanwalts für Familienrecht in Anspruch nehmen. Dieser wird Sie umfassend über die möglichen Inhalte und auch Konsequenzen eines solchen Vertrags beraten, diesen aufsetzen, beurkunden und auf Wunsch verwahren. Eheverträge müssen beurkundet werden, es besteht sonst die Gefahr, dass der Ehevertrag nicht wirksam ist!

Ablauf der standesamtlichen Trauung

Kommen wir lieber wieder ins Hier und Jetzt zurück und sprechen nicht weiter über Trennungen. Wenn Sie die ersten organisatorischen Hürden genommen haben, interessiert es Sie bestimmt, wie eine standesamtliche Trauung abläuft und wie viel Gestaltungsraum Sie haben. Die standesamtliche Trauung hat grundsätzlich immer den gleichen Ablauf, von dem Sie in Absprache mit Ihrem Standesbeamten oder Ihrer Standesbeamtin sicherlich ein wenig abweichen können.

Bei der Anmeldung zur Ehe lernen Sie eventuell bereits den Standesbeamten kennen, der Sie auch am Tag der Hochzeit trauen wird. Das ist nicht immer so, denn manchmal sind mehrere Standesbeamte vor Ort im Einsatz, sodass Ihnen vielleicht zu diesem Zeitpunkt noch nicht verbindlich mitgeteilt werden kann, wer Sie trauen wird.

In der Regel vereinbaren Sie vor der Heirat noch einen kurzen Termin mit dem Beamten, damit er sich einen persönlichen Eindruck von Ihnen verschaffen kann oder auch erfährt, wie Sie sich kennengelernt haben. Das ist jedoch nicht immer so. Es kann auch sein, dass der Standesbeamte während der Trauung eine kurze Rede über die Ehe im Allgemeinen oder eine Anekdote aus seiner Zeit als Standesbeamter erzählt. Hierauf haben Sie grundsätzlich keinen Einfluss.

Scheuen Sie sich nicht, bei der zuständigen Person nach dem Ablauf der Trauung zu fragen, und erkundigen Sie sich, inwieweit Sie die Trauung oder die Einlagen währenddessen bestimmen können. Manche Brautpaare wünschen sich eine musikalische Begleitung, nicht nur für den Einzug in das Amtszimmer, sondern auch während der Trauung oder für den Auszug. Klären Sie, was möglich ist, und sorgen Sie dafür, dass die Gegebenheiten wie zum Beispiel eine Musikanlage oder ein Stromanschluss für das Mikrofon der Sängerin vorhanden sind und genutzt werden können.

Eine standesamtliche Trauung, die nicht auf einem Außentrauort des Standesamts stattfindet, dauert meist 20 Minuten. Wie bereits schon zur Anmeldung der Eheschließung müssen Sie auch zur eigentlichen Trauung einen gültigen Ausweis wie den Personalausweis oder Ihren Reisepass mitbringen, denn bevor es mit der Trauzeremonie losgehen kann, überprüft der Standesbeamte Ihre Personalien. Wenn Sie Trauzeugen bestimmt haben, dann auch deren Personalien. Dies geschieht oft in einem Nebenzimmer, Ihre Gäste bekommen hiervon gar nichts mit.

Nachdem Sie und Ihre Gäste sich auf den Plätzen eingefunden haben, hält der Standesbeamte eine kleine Ansprache beziehungsweise spricht einige einleitende Worte zur anstehenden Trauung. Wie lang diese Einleitung ist, hängt stark von dem jeweiligen Standesbeamten ab. Die Begrüßung beziehungsweise Ansprache kann den weiteren formalen Vorgang der Trauung eher auflockern oder aber auch sehr sachlich formuliert werden. Ich habe schon begeisterte Brautpaare erlebt, die die Reden des Beamten erheiternd und sehr persönlich fanden, andere Brautpaare hingegen wunderten sich nach der Trauung eher, wie schnell und emotionslos alles vorüberging.

Haben Sie bereits im Vorfeld das Gefühl, Sie können sich so gar nicht mit Ihrem Gegenüber anfreunden, so scheuen Sie sich nicht, nach einem anderen Beamten zu fragen. Sie sind an niemanden gebunden. Vielleicht kann Ihnen einer Ihrer verheirateten Freunde einen Standesbeamten empfehlen, dann fragen Sie gleich am Anfang nach dieser Person.

Sie können auch in einer anderen Gemeinde heiraten, nur anmelden müssen Sie sich bei Ihrer Heimatgemeinde. Können Sie sich überhaupt nicht mit den Standesbeamten vor Ort anfreunden, so steht es Ihnen frei, sich unter Umständen in einer anderen Gemeinde das Ja-Wort zu geben. Sie werden dann von Ihrem Heimatstandesamt an die andere Gemeinde überwiesen.

Nach der Ansprache durch den Standesbeamten werden Sie im Verlauf der Trauung als Braut und Bräutigam nacheinander vom Standesbeamten gefragt, ob Sie die Ehe miteinander eingehen wollen. Wenn Sie beide dieses nacheinander bejaht haben, unterschreiben Sie das Protokoll der Eheschließung mit dem von Ihnen ausgewählten Familiennamen.

Sie sind allerdings schon nach dem ausgesprochenen Wort »Ja« verheiratet! Es reicht, wenn der anwesende Standesbeamte hört, wie Sie deutlich bejahen, den Bund der Ehe eingehen zu wollen. Eine Unterschrift ist für die Rechtskraft grundsätzlich also gar nicht nötig.

Es fühlt sich unglaublich gut an, mit dem unter Umständen »neuen« Namen offiziell das erste Mal zu unterschreiben! Da Sie in Deutschland auf dem Standesamt keine Trauzeugen mehr brauchen, wird es heutzutage unterschiedlich von den Standesbeamten gehandhabt, ob die Trauzeugen, wenn ernannt, das Eheprotokoll ebenso mit unterschreiben.

Es ist so weit: Sie verlassen das Amt als Mann und Frau! Oft gibt es nach der Trauung einen kleinen Sektempfang und weitere Freunde, Verwandte und Bekannte warten auf das frisch vermählte Paar, um herzlich zu gratulieren.

Auch wenn Dinge wie Reiswerfen vermeintlich zu den alten Traditionen gehören: Fast überall in Deutschland ist es mittlerweile verboten, Reis zu werfen. Die Gründe sind vielfältig, oft ist der Hauptgrund aber, dass die Gesellschaften zwar gerne Reis oder andere Dinge wie Konfetti werfen, sich nur leider keiner zuständig fühlt, zu kehren und somit den Platz vor dem Standesamt wieder sauberzumachen. Vögel fressen den Reis und Konfetti bei mehreren Hochzeiten am Tag auf einem Standesamt kann schnell zu einer unschönen Verunreinigung des Vorplatzes führen. Um diesen Problematiken aus dem Weg zu gehen, wird oft ein ge-

7 ➤ Die standesamtliche Trauung

nerelles Verbot ausgesprochen, Reis, Konfetti oder Ähnliches vor dem Amt zu werfen. Zuwiderhandlungen werden mit Geldstrafen belegt oder haben andere Konsequenzen.

Das Familienbuch und Familienstammbuch

Die Eheschließung wird im Familienbuch des Standesamts eingetragen, das im Amt verbleibt. Der Standesbeamte unterschreibt Ihre Heiratsurkunde, die in dem von Ihnen vorher ausgewählten und den amtlichen Richtlinien entsprechenden Familienstammbuch abgeheftet ist. Das ist für viele Brautpaare oft verwirrend, da die Namen beider Bücher sehr ähnlich sind.

Sie nehmen nur das Stammbuch der Familie, das Familienstammbuch, mit nach Hause, das Familienbuch an sich verbleibt bei dem Standesamt, auf dem Sie die Ehe geschlossen haben. Dort werden zum Beispiel auch Ihre Kinder eingetragen. Aus diesem Buch erhalten Sie übrigens auch die jeweils beglaubigten Kopien, die Sie für die Anmeldung zur Ehe benötigen. Dies hat den Zweck, dass es immer mindestens ein Buch gibt, in diesem Fall das Familienbuch, aus dem bei Bedarf beglaubigte Kopien erstellt werden können.

Es gibt allerdings auch wunderschöne Alternativen zu Reis, Konfettikanonen oder Blütenblättern, die dem Brautpaar einen gelungenen Auszug aus dem Amt bescheren. Wie wäre es zum Beispiel, wenn alle Gäste aus kleinen Tuben Seifenblasen pusten. Es gibt spezielle Seifenblasen, die noch nicht einmal Flecken auf der Kleidung hinterlassen. Auch wenn Ihre Gäste Spalier – mit zum Beispiel langstieligen Rosen – stehen, macht das viel her. Oder aber es wird eine schöne Ballonaktion vor dem Standesamt veranstaltet.

Im Anschluss an die standesamtliche Trauung geht das Brautpaar meist mit den engsten und hierzu geladenen Gästen zu einem gemeinsamen Essen oder zum Kaffeetrinken in ein dafür gebuchtes Restaurant. Natürlich können Sie den Tag auch ganz entspannt zu zweit und bei sich zu Hause ausklingen lassen.

Wo standesamtliche Hochzeiten stattfinden können

Als Hochzeitsplanerin werde ich oft gefragt, ob man sich als Brautpaar nicht einfach einen Standesbeamten an den Ort seiner Wahl »bestellen« kann. Viele Brautpaare träumen von einer romantischen Trauung am Strand, im heimischen Garten oder an einem ganz anderen, besonderen Ort, wo sie sich zum Beispiel zum ersten Mal gesehen oder geküsst haben. In Deutschland gibt es mittlerweile viele romantische und auch ausgefallene Möglichkeiten, sich das Ja-Wort zu geben. Sie sind dabei aber immer an einen offiziell vom Standesamt anerkannten Trauort gebunden. Das heißt, entweder Sie heiraten an einem anerkannten sogenannten Außen- oder Ambientetrauort, oder Sie geben sich das Ja-Wort direkt auf dem Standesamt. (In dem Abschnitt »Wie es Ihnen gefällt: Außen- und Ambientetrauorte« weiter hinten in diesem Kapitel erfahren Sie mehr über diese besonderen Möglichkeiten.)

119

Der »Normalfall«: Das Standesamt oder die Amtsstube

Das Wort »Stube« oder »Amtsstube« hört sich in Ihren Ohren vielleicht altmodisch an. Auch »Trauzimmer« erinnert eher an früher und entspricht nicht modernen Wünschen, wie und wo Sie sich trauen lassen können und wollen.

Fakt ist, dass Sie auf jedem Standesamt getraut werden können. Das heißt, Sie erscheinen auf dem Amt Ihrer Wahl und werden dort durch den Standesbeamten verheiratet. Bedenken Sie jedoch, dass Ihnen auch andere Brautpaare nicht nur vor der Trauung und auf dem Flur, sondern auch nach der Trauung im Außen- oder Innenbereich bei der Gratulation über den Weg laufen können. Überlegen Sie sich also, in welchem Umfang Sie die standesamtliche Trauung vollziehen wollen.

Stellt die Eheschließung auf dem Standesamt für Sie hingegen nur den wohl oder übel notwendigen offiziellen und rechtlichen »Akt« dar, gehen Sie sogar nur zu zweit auf das Standesamt und feiern dann im großen Kreise mit Ihren Angehörigen bei einer freien oder kirchlichen Zeremonie, dann müssen Sie sich keine Gedanken über die Alternative zur Trauung auf dem Standesamt machen. Wenn Sie sich allerdings eine besondere Atmosphäre für die standesamtliche Trauung wünschen, ist die Eheschließung auf einem anerkannten Außenstandort des Standesamts, einem *Ambientetrauort*, vielleicht das Richtige für Sie.

Wie es Ihnen gefällt: Außen- und Ambientetrauorte

Deutschlands Standesämter erfüllen mittlerweile fast jeden Wunsch. Auch hier gilt: Informieren Sie sich auf den Internetseiten der Standesämter oder direkt bei Ihrem Standesamt, welche Möglichkeiten es in Ihrer Heimatgemeinde gibt, sich jenseits der »Amtsstube« trauen zu lassen.

Außentrauorte können auch in terminlicher Hinsicht Besonderheiten anbieten, wie die frühe Reservierung Ihres Wunschtermins oder auch besondere Uhrzeiten wie »24 Stunden am Tag, sieben Tage die Woche« oder »Moonlight Weddings«, also eine Eheschließung bei Mondschein. Halten Sie also neben den Absprachen mit dem Standesamt auch Rücksprache mit dem Außentrauort, was möglich ist und welche Termine und Uhrzeiten überhaupt (noch) zur Verfügung stehen.

Die Trauung an Außentrauorten ist jedoch immer mit höheren Kosten als bei einer Trauung auf dem Standesamt verbunden. Die Nutzung des Raumes auf dem Standesamt ist in der Regel kostenlos, die Nutzung eines Außentrauortes kann hingegen schnell auch einige Hundert Euro kosten. Fragen Sie nach, welche Extrakosten hier auf Sie zukommen würden.

Vergessen Sie überdies nicht, dass Sie sich zwar in Ihrer Heimatgemeinde immer zur standesamtlichen Heirat anmelden müssen, sich aber grundsätzlich in jeder anderen Gemeinde und somit auch an jedem anderen Ambientetrauort in Deutschland das Ja-Wort geben können! Geben Sie bei der Anmeldung in Ihrer Heimatgemeinde an, in welcher Gemeinde Sie sich trauen lassen wollen. Die Unterlagen für die Anmeldung zur Ehe werden in der Regel von Ihrem Amt überstellt. Sie können die Unterlagen sonst auch zu Ihrem Wunschamt mitnehmen.

Mit Gottes Segen – die kirchliche Trauung

8

In diesem Kapitel

▶ Evangelische Hochzeiten und ihre Besonderheiten

▶ Katholische Hochzeiten und Unterschiede zu evangelischen Trauungen

▶ Ökumenische Trauungen und wann diese angebracht sind

▶ Mit der Traufe zwei Feste in einem feiern

Zu einer kirchlichen Trauung können ganz verschiedene Überlegungen führen. Vielleicht möchten Sie die Trauung besonders feierlich erleben oder Sie orientieren sich an der Tradition Ihrer Familie, weil »es einfach dazugehört«. Vielleicht spielen Ihre Religion und Ihr Glaube eine wichtige Rolle in Ihrem Leben und Sie möchten auch den Segen Gottes für Ihre Eheschließung und seine Begleitung in Ihrem weiteren Leben erhalten.

In diesem Kapitel erfahren Sie, welchen zeitlichen Vorlauf und welche Kosten Sie bei einer kirchlichen Hochzeit einplanen sollten. Ebenso zeige ich Ihnen auf, welche Unterlagen Sie für die Anmeldung beibringen müssen und wie ein möglicher Ablauf einer kirchlichen Trauung aussehen kann. Dabei gehe ich auch auf die Unterschiede in Ablauf und Bedeutung von evangelischen, katholischen und ökumenischen Trauungen sowie auf die sogenannte Traufe ein.

Die evangelische Trauung

Bei vielen Brautpaaren steht zuerst die Frage im Raum, nach welcher Konfession Sie sich trauen lassen können und wollen. Wenn Sie sich für die evangelische Trauung entscheiden, sind Sie zuerst einmal an weitaus weniger strenge Regeln gebunden, als das bei einer katholischen Trauung der Fall ist. Mit der evangelischen Trauung wird in einer kirchlichen Feier die vorher geschlossene standesamtliche Eheschließung zelebriert. Sie erhalten so durch die kirchliche Trauzeremonie den Segen Gottes auf die bereits vor dem Gesetz geschlossene Ehe – auch wenn Ihr Partner oder Ihre Partnerin eine andere Konfession hat oder zuvor schon einmal kirchlich verheiratet war.

Jenseits des »Normalfalls«?

Wer evangelisch getauft und nicht aus der Kirche ausgetreten ist, kann sich kirchlich trauen lassen. Das gilt auch, wenn nur die Frau oder der Mann evangelisch ist. Auch wenn einer der beiden Eheleute nicht zu einer evangelischen Landeskirche, sondern zu einer anderen evangelischen Kirche, zum Beispiel einer Freikirche, gehört, kann die kirchliche Trauung ohne weitere Bedingungen vollzogen werden. Ist einer von Ihnen katholisch, sollten Sie, wie es in der katholischen Kirche vorgeschrieben ist, von dem zuständigen Pastor eine *Dispens*, eine schriftliche Genehmigung, für die Trauung in der evangelischen Kirche einholen.

Gehört einer der Partner keiner christlichen Konfession an, weil er oder sie aus der Kirche ausgetreten oder zum Beispiel Atheist, Muslim, Jude oder Hindu ist, kann trotzdem eine kirchliche Feier unter bestimmten Bedingungen, die in der Regel von dem jeweiligen Pfarrer festgelegt werden, stattfinden.

Der Pfarrer kann zum Beispiel in einem persönlichen Gespräch mit Ihnen erfragen, warum Sie sich, auch wenn Sie nicht den christlichen Glauben verfolgen oder gar aus der Kirche ausgetreten sind, kirchlich trauen lassen wollen. Vielleicht überzeugen Sie Ihren Pfarrer mit Ihren Argumenten, warum Sie sich trotzdem eine Heirat in der Kirche wünschen. Es kann natürlich auch sein, dass der Pfarrer Sie nur trauen möchte, wenn Sie sich vor der Trauung noch taufen lassen, Sie (wieder) in die Kirche eintreten, sich in der christlichen Gemeinde aktiv im Chor oder an anderen Aktivitäten beteiligen.

Ein weiterer Ausnahmefall könnte sein, dass einer von Ihnen schon einmal kirchlich geheiratet hat. Im Gegensatz zur katholischen Kirche können in der evangelischen Kirche jedoch auch geschiedene Ehegatten nochmals heiraten, da die Trauung hier nicht als Sakrament angesehen wird, sondern als Segnung der Ehe durch Gott. Sprechen Sie im Vorfeld mit Ihrem zuständigen Pastor, insbesondere wegen des offensichtlich gebrochenen vorhergehenden Eheversprechens. Er wird Sie sicherlich fragen, warum die erste Ehe nicht von Dauer war.

Eine bestimmte Kirche auswählen

In der Regel findet die kirchliche Trauung in der Kirche Ihrer Wohnortgemeinde statt. Wohnen Sie in verschiedenen Städten, so kann die Trauung in der Wohnortgemeinde entweder des Ehemanns oder der Ehefrau stattfinden. Es ist also nicht anders als bei der Anmeldung für die standesamtliche Trauung. Außerdem haben Sie auch hier die Möglichkeit, sich in eine andere Gemeinde »überweisen« zu lassen, um in einer anderen Kirche zu heiraten. Gründe, nicht in der eigenen Gemeinde zu heiraten, gibt es viele. Vielleicht haben Sie aus Kindertagen einen intensiven Bezug zu einer Kirche oder einem Pfarrer in einer anderen Stadt oder es zieht Sie aus anderen, persönlichen Gründen zu einer Kirche außerhalb Ihrer Gemeinde hin. Soll Ihre Trauung also an einem anderen Ort vollzogen werden als an dem, in dem zumindest einer von Ihnen wohnt, so müssen Sie sich dafür die Erlaubnis Ihres Heimatpfarramtes einholen. Diese Erlaubnis nennt man auch *Dimissoriale* oder *Entlassungsschreiben*.

Neue Gesetze, alte Gepflogenheiten

Was heute kaum jemand weiß ist, dass sich vor dem Jahr 2009 Pfarrer die standesamtliche Urkunde zeigen lassen mussten, um dann die auf dem Standesamt bereits geschlossene Ehe auch in der Kirche schließen zu dürfen. Taten die Pfarrer dies nicht, so begannen sie eine Ordnungswidrigkeit. Die bürgerliche Eheschließung war unter Auflage eines Bußgeldes rechtliche Voraussetzung dafür, dass Sie sich kirchlich trauen lassen durften. Seit dem 1. Januar 2009 ist das Personenstandsgesetz geändert und so dürfen Sie sich, auch ohne dass Sie bereits vor dem Gesetz verheiratet sind, vor Gott das Ja-Wort geben. In vielen Kirchen wird jedoch noch an den alten Gesetzen und Vorschriften festgehalten und so obliegt es auch hier wieder Ihnen selbst, sich zu erkundigen, ob eine kirchliche Heirat auch dann möglich gemacht werden kann, wenn Sie beschließen, das Standesamt erst Tage oder Wochen später aufzusuchen.

8 ➤ Mit Gottes Segen – die kirchliche Trauung

Zeitlicher Vorlauf, Kosten und benötigte Unterlagen

Es gibt keine offizielle Frist, wie weit im Voraus Sie sich bei dem Pfarramt für eine Trauung in Ihrer Wunschkirche anmelden können. Oft verbinden Brautpaare die kirchliche mit der standesamtlichen Trauung an einem Wochenende oder sogar an einem Tag. Deswegen warten viele Brautpaare zuerst, ob sie den Wunschtermin auf dem Standesamt zugesagt bekommen, um dann mit den weiteren Terminen, wie der kirchlichen Trauzeit, weitermachen zu können.

Wenden Sie sich zuerst telefonisch an das zuständige Pfarramt, um zu erfragen, welche Termine noch zur freien Verfügung stehen. Natürlich spielt auch hier eine Rolle, ob die Location, in der Sie feiern wollen, ebenso noch verfügbar ist. Der Planungsspaß kann beginnen!

Vielleicht haben Sie die Location schon weit im Voraus gebucht, sodass Sie diesen Termin als Fixpunkt in Ihrer Planung ansehen können. Davon ausgehend müssen Sie dann das Datum der kirchlichen Hochzeit festlegen, damit Sie im Anschluss ausgelassen in der Location feiern können. Haben Sie die Location noch nicht festgelegt, so ist es ratsam, auch diesen Punkt mit in die Planung der Tages- und Uhrzeit Ihrer kirchlichen Trauung einzubeziehen.

Wenn Sie an einem Tag sowohl standesamtlich als auch kirchlich heiraten wollen, sollten Sie sich ausreichend Zeit zwischen den Terminen lassen, um sich in Ruhe frisch machen zu können oder in Ihr (zweites) Kleid zu schlüpfen. Überlegen Sie, welche Dinge Sie zwischen der standesamtlichen und der kirchlichen Trauung noch erledigen wollen oder müssen. Vielleicht wollen Sie sich die Haare noch einmal anders frisieren lassen oder das Make-up verändern. Haben Sie kleine Kinder, die ihren Mittagsschlaf einhalten müssen, bitten Sie am besten Familienmitglieder, Ihnen die Kleinen für diesen Tag abzunehmen.

Ebenso sollten Sie klären, ab wann Sie in Ihrer Location eintreffen können. Vielleicht können Sie den Saal oder den Außenbereich erst ab einer bestimmten Uhrzeit nutzen. Um nicht mit all Ihren Gästen vor verschlossenen Türen zu stehen, müssen Sie das alles im zeitlichen Ablauf Ihres Hochzeitstags berücksichtigen.

Durch kluge Planung Leerlauf vermeiden

Wenn Sie an Ihrem Hochzeitstag »nur« kirchlich heiraten, bedenken Sie, dass je eher Sie die Zeremonie ansetzen, desto länger müssen Sie Ihre Gäste auch bespaßen und verköstigen. Heiraten Sie zum Beispiel gegen elf Uhr morgens, so sollten Sie Ihren Gästen ein Mittagessen, Kaffee und Kuchen und abends natürlich ein Dinner oder ein Buffet anbieten. Der Tag wird für Sie und Ihre Gäste recht lang. Damit die Stimmung nicht über den Tag absinkt, könnten Sie ein Animationsprogramm auf die Beine stellen. Sorgen Sie zum Beispiel für Livemusik am Nachmittag, eine künstlerische Einlage eines Zauberers oder Karikaturisten. Sind Kinder auf Ihrer Hochzeit anwesend, so überlegen Sie sich auch für die Kleinen ein entsprechendes kindgerechtes Unterhaltungsprogramm wie zum Beispiel Bewegungsspiele oder auch Bastel- und Malangebote. (Weitere Anregungen dazu finden Sie in Kapitel 12.)

Kirchenspende und Kollekte

Kosten für eine kirchliche Heirat können unterschiedlich hoch ausfallen. Für das Besorgen der offiziellen Unterlagen, wie der Taufbescheinigung, müssen Sie zwischen 10 und 30 Euro aufbringen. Für die Trauung fällt in der Regel nur eine *Kirchenspende* an, die Sie vor oder nach der Trauung an die Kirche tätigen; sie kann beliebig hoch sein. Machen Sie sich Gedanken darüber, wie viel und zu welchem Zweck Sie spenden wollen. In meiner Zeit als Hochzeitsplanerin habe ich Spenden in einer Höhe von 100 bis 500 Euro an die Kirche miterlebt. Klären Sie mit dem Pfarrer ab, ob Sie das Geld auf ein Konto überweisen können oder die Spende in Form von Bargeld übergeben sollen. Außerdem gibt es noch die allgemeine *Kollekte*, die während Ihres Traugottesdienstes von den Gästen über den Klingelbeutel eingesammelt wird. Sie können festlegen, wofür gesammelt werden soll, in der Regel bekommen Sie aber Vorschläge von der Kirche, wofür in der Gemeinde das Geld verwendet werden könnte.

Auch die Pfarrhelfer, Küster und Organisten tragen mit ihrer Arbeit dazu bei, dass Ihre Trauung zu etwas ganz Besonderem wird. Eine kleine Aufmerksamkeit verpackt in einem hübschen Umschlag bereitet jedem dieser Menschen mit Sicherheit eine große Freude.

Unterlagen für die Anmeldung zur Trauung

Für die Anmeldung zur evangelischen Trauung müssen Sie ein gültiges Personaldokument vorweisen (Personalausweis oder Reisepass). Zudem brauchen Sie eine Taufbescheinigung, die Sie bei dem Pfarramt erhalten, bei dem Sie als getauft eingetragen wurden (die Gebühr hierfür beträgt zwischen 10 und 30 Euro), und Ihre Konfirmationsurkunde. Bringen Sie auch ihr Stammbuch mit, denn dort wird die kirchliche Heirat genauso wie die standesamtliche Heirat offiziell eingetragen. Unterlagen, die Sie zum Beispiel bei dem Traugespräch mitbringen können, die aber nicht für das Offizielle notwendig sind, können ausgewählte Trausprüche, Auszüge aus der Bibel oder auch Texte sein, die von Freunden oder Verwandten während der Trauung gelesen werden sollen.

Der Ablauf einer evangelischen Trauung

Vielleicht denken Sie, dass der Ablauf einer Trauung, eben weil sie kirchlich ist, immer gleich ist. Doch die Kirche und ihre Angehörigen sind meist offen für Anregungen, um eine Trauung persönlich zu gestalten und die Wünsche des Brautpaares umzusetzen. Natürlich gibt es auch hier Ausnahmen, also besonders ausgefallene Wünsche, die nicht von der Kirche umgesetzt werden, wie zum Beispiel das Abspielen von Heavy-Metal-Musik oder der Einsatz von Tieren, wenn es darum geht, die Ringe zum Altar zu bringen. Nehmen Sie bei der Äußerung von besonderen Wünschen also immer Rücksicht auf das Haus Gottes und zollen Sie den entsprechenden Respekt.

8 ➤ Mit Gottes Segen – die kirchliche Trauung

Das Traugespräch

Haben Sie Ihren Wunschtermin mit dem Pfarramt abgeklärt, wird der Pfarrer vor der Trauung einen Termin mit Ihnen vereinbaren um ein sogenanntes Traugespräch zu führen. Bereiten Sie sich so gut es geht auf das Gespräch vor. Zeigen Sie, dass Sie sich Gedanken zum Ablauf der Trauung gemacht haben, und stellen Sie Fragen zu inhaltlichen und rituellen Abläufen, die Ihnen bei Ihrer eigenen Vorbereitung und im Gespräch unklar erscheinen. Nur so können Sie Einfluss auf den Ablauf nehmen.

In diesem Gespräch können auch Fragen nach den Gründen einer kirchlichen Heirat aufkommen oder was Sie aneinander schätzen, lieben und miteinander gelernt und erlieden haben. Diese Informationen lassen Pfarrer oft in die Traurede mit einfließen. Kirchliche Trauungen müssen also nicht immer nach Schema F ablaufen. Inwieweit Ihre persönliche Geschichte tatsächlich mit in die Traurede einfließt, liegt letzten Endes bei jedem einzelnen Pfarrer, der seine Rede nach den im Traugespräch gesammelten Informationen aufbaut.

Je nachdem, welche Wünsche gegenüber dem Pfarrer im Traugespräch geäußert werden, könnte der Ablauf einer evangelischen Trauung so aussehen:

✔ Einzug in die Kirche

- **Braut und Bräutigam ziehen gemeinsam in die Kirche ein.** Dabei wartet der Bräutigam vor der Kirche auf seine Braut und nimmt diese in Empfang. Kurz vor Beginn der Trauung holt der Pfarrer das Brautpaar vor der Kirche ab, um gemeinsam mit ihnen in die Kirche einzuziehen, dabei laufen beide hinter dem Pfarrer.

- Sie können auch bei dem Glockengeläut erst Ihre **Trauzeugen** vorweg einlaufen und sich ihren Platz suchen lassen. Meist finden Brautleute es schön, wenn die Trauzeugen in der Nähe sitzen oder stehen, also auf einem Stuhl links und rechts neben ihnen am Altar. Oder sie setzen sich auf dafür vorgesehene Bänke in der ersten Reihe. Wenn Sie diese Form des Einzugs wählen, folgen Sie nach dem Einzug der Trauzeugen als Brautpaar in die Kirche. Sie könnten sich dann zum Beispiel auch dafür entscheiden, ein anderes Lied zum Einzug zu wählen als das Glockengeläut, bei dem Ihre Trauzeugen eingezogen sind.

Sie dürfen so viele Trauzeugen und Trauzeuginnen – oder auch, wenn Sie sich an amerikanischen Bräuchen orientieren, *Bridesmaids* und *Groomsmen* (Brautjungfern und Bräutigamführer; mehr dazu finden Sie in Kapitel 10) –, wie Sie möchten, zu Ihrer Trauung mitbringen. Andererseits sind Sie bei der evangelischen Trauung (im Gegensatz zur katholischen Trauung) jedoch nicht verpflichtet, überhaupt Trauzeugen zu benennen.

- Alternativ können auch die **Blumenkinder, Kerzenträger oder Ringträger** vor Ihnen in die Kirche einlaufen. Die Blumenkinder in der Regel ganz vorn, dann diejenigen, die die Ringe und/oder die Traukerze tragen, dann Ihre Trauzeugen und dann Sie mit dem Pfarrer.

Der Ablauf des Einzugs kann auch anders sein. Nämlich dann, wenn Sie sich zum Beispiel schon immer gewünscht haben, dass Ihr Vater oder ein anderer Vertrauter Sie zum Altar führt, um Sie dort Ihrem Ehemann zu übergeben. Dann wartet der Bräutigam bereits am Altar gemeinsam mit seinem Trauzeugen und dem Pfarrer auf Sie. Sie ziehen gemeinsam mit Ihrem Vater oder Vertrauten in die Kirche ein. Die Blumenkinder und andere Kinder würden also auch hier wieder vor Ihnen einlaufen. Ebenso geht Ihre Trauzeugin schon vor Ihnen auf ihren Platz in die Kirche.

- Wenn Sie **Brautjungfern** haben, laufen auch diese vor Ihnen in die Kirche ein, setzen sich auf die Bänke in der ersten Reihe, wo auch in der Regel die engsten Familienangehörigen sitzen oder stehen, vorn neben Ihnen am Altar. Lassen Sie Ihre Brautjungfern lieber auf den Bänken sitzen, als sie die gesamte Zeremonie durch, so wie Sie es vielleicht aus amerikanischen Filmen kennen, neben dem Altar stehen zu lassen. Auch die Brautjungfern sind aufgeregt und haben unter Umständen mit dem Kreislauf zu tun. Eine Dreiviertelstunde oder gar länger stehen zu müssen, kann dann sehr belastend sein.

✔ Begrüßung und Einstimmung auf die Zeremonie

- Nachdem das **Orgelspiel** zu Ende ist, begrüßt der Pfarrer Sie und Ihre Gäste. Meist gibt es noch einen kleinen Hinweis zum Fotografieren oder Filmen, sofern Sie kein Kirchenheft haben, in dem Sie diese Information schon angegeben haben. Ebenso wird bekannt gegeben, wofür die Kollekte bestimmt ist, also die Spende, die Ihre Gäste in den Klingelbeutel werfen. Es wird durch den Pfarrer aus der Bibel gelesen und auf die Trauzeremonie mit einer kurzen Rede eingestimmt.

- Ein Lied folgt, das von der Orgel begleitet wird und das die Gemeinde mitsingt. Hierzu liegen neben den Bibeln auch Liederbücher auf den Kirchenbänken aus. Von Ihnen ausgesuchte Lieder können Sie natürlich auch – sofern vorhanden – in Ihr Kirchenheft mit Text und Noten abdrucken lassen. (Mehr Informationen zur Gestaltung eines Kirchenheftes finden Sie in Kapitel 14.)

- Der Pfarrer spricht ein **Gebet**. An dieser Stelle können bereits die **Fürbitten** der Freunde und Familien oder auch Textpassagen aus der Bibel gelesen werden. Fürbitten sind in diesem Fall gute Wünsche, die an das Brautpaar gerichtet werden. Sie können aus der Bibel stammen oder auch ganz persönliche Worte, die von der Familie, den Freunden oder den Trauzeugen in der Kirche vorgelesen oder frei vorgetragen werden.

✔ Trauung und Predigt

- Es findet die Überleitung zu Ihrem **Trauspruch** statt, gefolgt von Musik und Gesang. Ein Trauspruch ist sozusagen der Leitspruch Ihrer Vermählung. Ein Lebensmotto, eine Lebenseinstellung oder ein Satz, der Ihre Werte und Normen, die Sie als Paar gemeinsam vertreten, widerspiegelt.

- Der Pfarrer trägt eine **Lesung** vor und es wird ein Gebet zur Trauung gesprochen. Die **Predigt**, die der Pfarrer an dieser Stelle der Zeremonie hält, richtet sich direkt an das Brautpaar. Es geht um Sinn und Bedeutung von Liebe und Ehe, über die beiden Per-

8 ➤ Mit Gottes Segen – die kirchliche Trauung

sönlichkeiten und um den zukünftigen gemeinsamen Lebensweg, den Sie beide beschreiten werden.

- Die Predigt ist zugleich die Überleitung zu den **Traufragen**. Die klassischen Traufragen sind: »Willst du diese/n deine/n Ehefrau/Ehemann, die/der dir von Gott anvertraut ist, lieben und ehren, in Freud und Leid nicht verlassen, in guten wie in schlechten Zeiten, und den Bund der Ehe mit ihm/ihr heilig und unverbrüchlich halten, solange ihr beide lebt, bis dass der Tod euch scheidet? So antworte mit: Ja, ich will!«

Sie können sich auch selbst Treueversprechen und Traufragen ausdenken und niederschreiben.

Wahrscheinlich können Sie ihn auswendig, aber in der Aufregung ist es gut, einen kleinen Zettel dabeizuhaben, auf dem Ihr Trauspruch noch einmal deutlich lesbar steht.

Entweder Sie sprechen sich die Zeilen gegenseitig zu, oder Sie übergeben sie Ihrem Pfarrer im Vorbereitungsgespräch oder kurz vor der Trauung, sodass er sie vorlesen kann und Sie sie nachsprechen. Dies können Sie individuell mit Ihrem Pfarrer im Vorfeld abklären.

- Der **Ringwechsel** folgt, nachdem Sie beiden mit »Ja, ich will« oder »Ja, ich will, mit Gottes Hilfe« geantwortet haben. Sie stecken sich gegenseitig die Ringe an Ihre Ringfinger (in der Regel steckt zuerst der Bräutigam seiner Braut den Ring an den Finger und dann umgekehrt). Sie erhalten nach dem Ringwechsel den **Segen der Ringe/der Ehe**. Hierzu legt der Pfarrer seine Hand über die Ringe/Ihre Hände und spricht den Segen über die frisch Vermählten aus. Er endet in der Regel mit den Worten: »Was Gott verbunden hat, das soll der Mensch nicht trennen.«

- Nachdem ein weiteres Lied gesungen wurde, können Trauzeugen, Freunde und andere Gäste an dieser Stelle noch einmal **Fürbitten** für den zukünftigen Weg der Ehe vortragen oder auch etwas aus der Bibel vortragen.

✔ Abschlussgebet, Überreichen des Traugeschenks und Auszug aus der Kirche

- Das **Vaterunser** wird gebetet.
- Das Brautpaar erhält eine Bibel als **Traugeschenk** von dem Pfarrer; diese wird auch *Segenbibel* genannt. Der Pfarrer kann aber auch ein anderes kleines Geschenk überreichen. Ich habe auch schon Bücher wie »Der kleine Prinz« als Geschenk an das Brautpaar überreicht gesehen. Was Ihnen der Pfarrer als Geschenk übergeben möchte, liegt ganz in seinem Ermessen, lassen Sie sich überraschen.
- **Sie ziehen als Mann und Frau und begleitet durch das Orgelspiel aus**, der Pfarrer begleitet Sie eventuell noch bis zur Kirchentür, gratuliert noch einmal und verabschiedet sich.

Abbildung 8.1: Ein rauschender Empfang für das frischgebackene Brautpaar nach der Trauung

Musikalische Begleitung: Eine Sängerin oder ein ganzer Chor nur für Sie

Natürlich können Sie auch eine Sängerin oder einen Sänger, einen Chor oder eine Liveband in Absprache mit dem Pfarrer organisieren, selbst Instrumente wie Harfe, Trompete oder Saxofon sind heute weder bei einer evangelischen noch bei einer katholischen oder ökumenischen Trauung etwas Ungewöhnliches während der Trauung. Wählen Sie für den Einzug, den Auszug und für die Zeremonie selbst Lieder aus, mit denen Sie gute und romantische Erinnerungen verknüpfen. Schön ist es auch, Gesang und Orgelspiel in der Trauzeremonie zu kombinieren. Dafür sollten Sängerin und Organist vor der Trauung proben oder sich per Telefon oder E-Mail absprechen. Welche Songs Sie bei einer Trauung spielen lassen, ist (fast) ganz allein Ihre Entscheidung. Nehmen Sie bei sehr ausgefallenen Wünschen, wie vielleicht dem Lied *Highway to Hell*, aber Rücksicht auf das Haus Gottes.

8 ➤ *Mit Gottes Segen – die kirchliche Trauung*

Hier ein paar Vorschläge:

✔ *A Moment like this* von Kelly Clarkson

✔ *You light up my life* von LeAnn Rimes

✔ *Unchained Melody* von den Righteous Brothers

✔ *Das Beste* von Silbermond

✔ *One Moment in time* von Whitney Houston

✔ *When you say nothing at all* von Ronan Keating

✔ *The Rose* von LeAnn Rimes

✔ *Everything I do* von Brian Adams

✔ *Always* von Bon Jovi

✔ *One* von U2

✔ *Just the way you are* von Bruno Mars

✔ *Right here waiting for you* von Richard Marx

Sie sehen also, dass Ihnen die evangelische Kirche recht große Freiheiten lässt, wenn es darum geht, die Inhalte und Abläufe der Trauzeremonie zu beeinflussen. Auch die katholische Kirche lässt Ihnen einigen Spielraum bei der Gestaltung und Umsetzung Ihrer persönlichen Anliegen für Ihre Trauzeremonie, allerdings in der Regel mit nicht ganz so viel Freiraum.

Die katholische Trauung

Ein bisschen Theorie vorweg: Nach der römisch-katholischen Lehre gibt es zwei Formen der Ehe, die sakramentale und die natürliche. Eine natürliche Ehe ist zum Beispiel die, die vor dem Standesamt geschlossen wurde. Ein *Sakrament* bedeutet »ein religiöses Geheimnis, eine Weihe, eine Verpflichtung«. Es bezeichnet in der christlichen Theologie einen Ritus, der als sichtbares Zeichen beziehungsweise als sichtbare Handlung eine unsichtbare Wirklichkeit Gottes vergegenwärtigt und uns an ihr teilhaben lässt. Während die evangelische Kirche nur die Taufe und das Abendmahl als Sakrament anerkennt, gibt es in der katholischen Lehre hingegen sieben solcher Sakramente: die Taufe, die Firmung, die Eucharistie, die Beichte, die Krankensalbung, die Priesterweihe und – die Ehe. Daher kann eine katholische Ehe vor Gott auch nicht wieder geschieden werden kann.

Die Bedeutung der Trauung in der katholischen Kirche

Bei der katholischen Trauung geht es darum, die Ehe, also eines der sieben Sakramente, öffentlich vor dem Geistlichen, dem Priester und den Trauzeugen bekannt zu machen. Das Ehesakrament wird dabei aber nicht etwa von dem anwesenden Priester gespendet, sondern die Brautleute selbst spenden sich das Sakrament gegenseitig während der Trauung, innerhalb der sogenannten *Brautmesse*. Das bei der Trauung gestiftete sakramentale Eheband ist nach katholischem Glauben zu Lebzeiten unauflöslich. Eine Scheidung ist (im Gegensatz zur evangelischen Kirche) nach katholischem Verständnis somit unmöglich. Die Ehe kann nur durch den Tod eines oder beider Ehepartner gelöst werden.

Von Priestern, Pfarrern und Pastoren

Für viele Brautpaare sind die Begriffe Pfarrer, Pastor und Priester oft verwirrend und werden teilweise synonym verwendet. Jedoch gibt es zum einen regional und zum anderen auch konfessionelle Unterschiede. So sagt man in Norddeutschland und in der katholischen Kirche eben eher »Herr Pastor«, während es im Süden und in der evangelischen Kirche eher »Herr Pfarrer« heißt. Aber der Reihe nach.

Ein Pfarrer ist eine Person, die in christlichen Kirchen, aber auch in nicht christlichen, wie zum Beispiel freireligiösen Gemeinden, mit der Leitung von Gottesdiensten, der seelsorgerischen Betreuung und in der Regel auch mit der Leitung einer Kirchengemeinde betraut ist. Ein Pfarrer darf predigen, taufen und das Abendmahl austeilen. In dem Wort Pfarrer steckt zudem das Wort *Pfarrherr*, was darauf verweist, dass ein Pfarrer eine Gemeinde leitet.

Das Wort Pastor hingegen stammt aus dem Lateinischen und bedeutet *Hirte*. In der katholischen Kirche kann allerdings nur ein Priester Pastor einer Gemeinde sein. Priester gibt es in allen Religionen. Sie sind im Gegensatz zu den eben angesprochenen Hirten, also Pastoren, keine Leiter einer Gemeinde, sondern dienen als Mittler zwischen Himmel und Erde. Sie segnen, wenden Unheil ab und feiern Riten. In der katholischen Kirche sind Geistliche Priester, in der evangelischen aber nicht. Warum, fragen Sie sich jetzt? In der katholischen Kirche werden die Geistlichen zu Priestern geweiht, dies ist also wieder eines der sieben bereits angesprochenen Sakramente. So sind Priester etwas Besonderes, sie sind Mittler zwischen der Gemeinde und Gott und nicht nur Leiter einer Gemeinde, wie es Pfarrer sind.

Ehevorbereitung und Voraussetzungen für die katholische Trauung

Für die katholische Trauung müssen Sie einen sogenannten *Ehevorbereitungskurs* (auch *Eheseminar*) besuchen, dessen Inhalte dann in einem *Ehevorbereitungsprotokoll* von Ihrem Priester festgehalten werden. Dieser Kurs kann in Umfang und Länge unterschiedlich ausfallen. So kann es sein, dass Sie an einem Wochenendseminar teilnehmen müssen, das ein bisschen an einen Workshop erinnert.

In dem Ehevorbereitungskurs, in dem Sie über den Sinn einer christlichen Ehe miteinander ins Gespräch kommen, können folgende Fragen diskutiert werden:

✔ Welche Erwartungen haben Sie an die Ehe?

✔ Worin unterscheidet sich eine christliche Ehe in Ihrem Verständnis von einer nicht christlichen Ehe?

8 ➤ Mit Gottes Segen – die kirchliche Trauung

✔ Was bedeutet das »Sakrament« der Ehe?

✔ Welche Lieder, Texte, Lesungen und so weiter wollen Sie in Ihre Trauung einbringen?

✔ Worauf, auf welchen Werten und Normen gründet Ihre Ehe?

Auch wenn Sie anfangs vielleicht skeptisch sind, lassen Sie sich auf diese neue Erfahrung ein und seien Sie offen. Sie lernen dabei sicherlich viel über sich, Ihren Partner und Ihre Beziehung. Neben dem Eheseminar müssen Sie noch die folgenden Voraussetzungen für eine katholische Heirat erfüllen:

✔ Mindestens einer von Ihnen muss die katholische Konfession besitzen. Der andere, sofern nicht auch katholisch, muss dem christlichen Glauben angehören.

✔ Eine Ehezustimmung und der Kinderwunsch von beiden sollten vorhanden sein. Dies hört sich im Moment vielleicht befremdlich an, wenn Sie sich grundsätzlich gar keine Kinder wünschen. Die katholische Kirche geht jedoch grundsätzlich davon aus, dass aus einer Ehe Kinder hervorgehen. Sie sollten offen mit Ihrem Priester darüber sprechen, warum Sie unter Umständen keine Kinder haben möchten.

✔ Keiner von Ihnen darf bisher eine katholische Trauung vollzogen haben. Es sei denn, diese wurde für ungültig erklärt. Dafür bedarf es eines *Ehenichtigkeitsverfahrens*, das durch die katholische Kirche erfolgt. Dabei kann Ihnen Ihr zuständiger Pastor behilflich sein, denn es ist ein recht aufwendiges Verfahren, das in die Wege geleitet wird. Die Gründe für eine Nichtigkeitserklärung einer Ehe können ganz unterschiedlich sein. Warum Sie also Ihre Ehe für ungültig und somit nichtig erklären lassen wollen oder auch können, sollten Sie immer persönlich mit Ihrem Priester besprechen. Oft handelt es sich um sehr individuelle und persönliche Umstände, auf die hier nicht näher eingegangen werden soll.

✔ Im Gegensatz zur standesamtlichen und zur evangelischen Trauung sind bei der katholischen Trauung immer zwei Trauzeugen notwendig. Diese müssen Sie namentlich benennen.

 Wie auch in der evangelischen Kirche müssen Sie heute nicht mehr vor dem Gesetz, also standesamtlich verheiratet sein, sondern können sich auch vor der standesamtlichen Heirat kirchlich trauen lassen. (Mehr Informationen dazu finden Sie im Kasten »Neue Gesetze, alte Gepflogenheiten« weiter vorn in diesem Kapitel.)

Eine ausnahmsweise rein kirchliche Heirat, ohne jegliche standesamtliche Heirat, müssen Sie in der Regel beim Bischöflichen Ordinariat beantragen, hierbei hilft Ihnen sicherlich Ihr zuständiger Priester.

Zeitlicher Vorlauf, Kosten und benötigte Unterlagen

Grundsätzlich gibt es auch bei katholischen Hochzeiten keine offizielle Frist, wie weit im Voraus Sie sich bei dem Pfarramt für eine Trauung in Ihrer Wunschkirche anmelden können. Da viele Brautpaare die kirchliche mit der standesamtlichen Trauung an einem Wochenende oder sogar an einem Tag verbinden, warten sie meist zuerst ab, ob sie den Wunschtermin mit der Wunschuhrzeit auf dem Standesamt zugesagt bekommen, um dann mit weiteren Planungen wie der Uhrzeit der kirchlichen Heirat fortfahren zu können.

Sowohl bei der Terminfindung für die kirchliche Trauung als auch bei der Planung des zeitlichen Ablaufs sowie den Kosten können Sie sich an den Hinweisen für die evangelische Trauung orientieren. Sie müssen hier keine Unterschiede berücksichtigen. Blättern Sie einfach zum Abschnitt »Zeitlicher Vorlauf, Kosten und benötigte Unterlagen« für die evangelische Trauung weiter vorn in diesem Kapitel.

Auch für die katholische Trauung gilt es, einige Unterlagen im Vorfeld zu besorgen. Im Folgenden sehen Sie eine Übersicht, welche Unterlagen Sie für die Anmeldung zur katholischen Trauung mitbringen sollten:

✔ Die Taufbescheinigung mit Ledigkeitsnachweis (diese Unterlagen dürfen nicht älter als sechs Monate sein) und Ihre Firmungsurkunde, falls diese nicht auf der Taufbescheinigung eingetragen ist. Diese Unterlagen erhalten Sie im Pfarrbüro Ihrer Kirchengemeinde.

✔ Einen gültigen Personalausweis oder Reisepass.

✔ Wenn Sie in einer Kirche einer anderen Gemeinde heiraten wollen, jedoch der Pastor aus Ihrer Kirchengemeinde die Trauung vornehmen soll, benötigen Sie eine sogenannte *Delegation* des Pastors der Gemeinde/Kirche in der Sie heiraten möchten. Mit anderen Worten also die schriftliche Erlaubnis, dass Sie Ihren »eigenen« Pastor in Ihre Wunschkirche mitbringen dürfen.

✔ Wenn Sie in einer Kirche einer anderen Gemeinde heiraten und von dem dortigen Pastor getraut werden wollen, benötigen Sie wiederum die Erlaubnis Ihres eigenen Pastors der für Sie zuständigen Kirchengemeinde, den sogenannten *Entlassschein*.

 Warum Sie nicht an Ihrem Wohnsitz heiraten wollen, kann ganz unterschiedliche Gründe haben. Vielleicht haben Sie einen besonderen Bezug zu einem bestimmten Pastor, noch aus der Kindheit, und möchten nur von diesem getraut werden, oder an eine bestimmte Kirche, in der sich Ihre Eltern schon das Ja-Wort gaben oder Ihre Kinder getauft wurden.

✔ Bringen Sie auch Ihr Stammbuch mit, denn dort wird die kirchliche Heirat genauso wie die standesamtliche Heirat offiziell eingetragen.

✔ Auch die Namen Ihrer Trauzeugen sollten Sie bereits angeben können, denn bei einer katholischen Heirat sind in Deutschland immer noch zwei Trauzeugen Pflicht.

Unterlagen, die Sie sonst noch mitbringen können, zum Beispiel bei dem Traugespräch, die aber nicht für das »Offizielle« notwendig sind, können ausgewählte Trausprüche, ausgewählte Auszüge aus der Bibel oder auch Texte sein, die Freunde oder Verwandte während der Trauung lesen. Sofern Sie Ihre Taufkerze noch haben, bringen Sie auch diese mit, Sie können sie während der katholischen Zeremonie als Hochzeitskerze benutzen.

Der Ablauf einer katholischen Trauung

Der Ablauf einer Trauung muss auch im katholischen Glauben nicht immer gleich sein. Die Kirche und ihre Angehörigen sind heute in vielen Fällen offen gegenüber Anregungen, eine

8 ➤ Mit Gottes Segen – die kirchliche Trauung

Trauung noch persönlicher zu gestalten und die Wünsche des Brautpaares noch besser umzusetzen. Informieren Sie sich beziehungsweise bereiten Sie sich auf das Gespräch vor, das Sie mit dem Pfarrer zum Ablauf der Trauung führen wollen. Zeigen Sie, dass Sie sich Gedanken gemacht haben, und stellen Sie Fragen zu inhaltlichen und rituellen Abläufen, die Ihnen unklar erscheinen.

Die Abläufe, die ich Ihnen im Folgenden vorstelle, sind Vorschläge, die Sie mit Ihrem Pastor diskutieren können. Auch Ihr zuständiger Pastor hat sicherlich Ideen und Anregungen, wie der Ablauf Ihrer Trauzeremonie gestaltet werden kann. Äußern Sie Ihre Wünsche in einem gemeinsamen Gespräch und was Ihnen in der Zeremonie besonders wichtig ist. Für manche Brautpaare ist der Gesang mit den Gästen besonders wichtig, andere legen viel Wert auf die Fürbitten oder auch auf die gelesenen Texte aus der Bibel. In vielen Fällen wird der Pastor den Ablauf gerne so gestalten, wie Sie es sich wünschen.

 Nehmen Sie bei besonders ausgefallenen Wünschen wie Heavy-Metal-Songs oder auch Texte, die vielleicht in der Kirche nicht ganz angemessen sind, Rücksicht auf das Haus Gottes.

Ein Ablauf könnte also wie folgt aussehen:

✔ Einzug in die Kirche

- **Braut und Bräutigam ziehen gemeinsam in die Kirche ein.** Dabei wartet der Bräutigam vor der Kirche auf seine Braut und nimmt sie im Empfang. Kurz vor Beginn des Gottesdienstes, also der Trauung, holt der Pastor das Brautpaar vor der Kirche ab. In der Regel gehen die Messdiener bei einer katholischen Trauung zuerst in die Kirche, gefolgt von dem Pfarrer und dann Ihnen, begleitet durch das Orgelspiel.

- Lassen Sie bei dem Glockengeläut, wenn Sie möchten, auch schon die **Trauzeugen** vor Ihnen einlaufen und sich entsprechend aufstellen oder hinsetzen. Entweder auf den dafür vorgesehenen Plätzen auf den Bänken in der ersten Reihe oder rechts und links von Ihnen vor dem Traualtar.

    Haben Sie **Blumenkinder, einen Kerzenträger oder auch einen Ringträger**? Dann wäre der Einzug wie folgt möglich: Zuerst laufen die Messdiener ein, dann der Pfarrer, dann die Kinder, die die Kerze und die Ringe tragen, dann die Trauzeugen. Alle Parteien nehmen ihre dafür vorgesehenen Plätze ein. Es ist dann schön, wenn ein anderes Lied zum Einzug des Brautpaares gespielt wird als bei den anderen einziehenden Beteiligten. Schön ist auch, wenn alle Gäste sitzen, alle einziehenden Beteiligten ihren Platz eingenommen haben und Sie dann als Brautpaar oder als Braut mit Begleitung Ihren großen Auftritt haben.

- Haben Sie **Brautjungfern**? Dann laufen auch diese vor Ihnen, zum Beispiel vor den Blumenkindern, in die Kirche ein, setzen sich dann auf die Plätze auf den Bänken in der ersten Reihe oder stehen vorn neben Ihnen am Altar. Brautjungfern haben übrigens zur Aufgabe, die bösen Geister von der Braut abzulenken und die Braut und Ehe dadurch zu schützen.

Abbildung 8.2: So könnte Ihr Einzug in die Kirche aussehen

 Der Ablauf des Einzugs kann aber in Absprache mit dem Pfarrer auch anders sein. Besprechen Sie sich in Ruhe, wer alles mit Ihnen beziehungsweise vor Ihnen in die Kirche einziehen soll, welche Lieder dazu von dem Organisten gespielt werden sollen oder auch welche Musiker Sie dafür engagieren wollen und wie Sie sich den Ablauf des Einzugs wünschen. Blättern Sie noch einmal zum Ablauf der evangelischen Trauung und lesen Sie nach, auf welcher Seite Sie als Braut in die Kirche einziehen, dann vor dem Altar sitzen und später wieder ausziehen.

8 ➤ Mit Gottes Segen – die kirchliche Trauung

✔ Begrüßung und Einstimmung auf die Zeremonie

- Nach dem Einzug in die Kirche begrüßt der Pfarrer die Brautleute und Gäste.

- Anschließend kann ein Lied durch die Traugemeinde gesungen und das *Schuldbekenntnis* verlesen werden.

    Wenn Sie das Schuldbekenntnis verlesen haben, folgt in der Regel der Kyrieruf, der Sie von der Schuld freisprechen soll. Sie bitten um Gottes Erbarmen, Sie von Ihrer Schuld freizusprechen. Wenn Sie das Schuldbekenntnis als stimmungsdrückend empfinden, kann es auch weggelassen werden und nur der Kyrieruf an dieser Stelle folgen.

- Der Pfarrer spricht ein **Tagesgebet**.

- An dieser Stelle kann bereits ein Lied aus dem kirchlichen Gesangsbuch gesungen werden. Es folgt eine **Lesung** aus der Bibel. Die Gemeinde singt ein weiteres Lied aus dem Gesangsbuch, worauf eine weitere Lesung aus der Bibel erfolgen kann.

✔ Trauung und Predigt

Die folgenden Schritte sind im Ablauf der evangelischen Trauung erläutert, blättern Sie zu den entsprechenden Abschnitten zu Beginn dieses Kapitels zurück. Dort wird auch zum Beispiel die Segnung der Ringe kurz erklärt. Das Brautpaar wird befragt, ob es die Ehe miteinander eingehen will. Die Ringe werden gesegnet, das Brautpaar wird vermählt. Es folgt ein Lied oder ein Musikstück. Der Priester spricht den feierlichen Trauungssegen. Die Trauzeugen geben an dieser Stelle ihre Unterschrift als Zeugen der Trauung ab. Fürbitten werden gelesen – durch die Familie, Freunde oder Trauzeugen.

✔ Eucharistiefeier

- Es folgt dann Gesang zur Bereitung der Gaben.

- Das Gabengebet (Präfation), das Vorgebet zum Abendmahl, wird verlesen.

- Das Heilig-Lied wird gesungen (»Heilig lasst uns singen«).

- Das »Vaterunser« wird gebetet.

- Das Brot wird gebrochen – Kommunionspendung (Brot und Wein wird an die Traugemeinde durch den Pfarrer ausgegeben).

✔ Abschlussgebet und Auszug aus der Kirche

- Das Schlussgebet und der Segen durch den Pfarrer folgen.

- Nach dem Schlusslied ziehen die Brautleute aus der Kirche aus.

Auch für die katholische Trauung gilt natürlich, dass Sie anstelle des Orgelspiels auch Livemusik mit Gesang oder instrumental während der Zeremonie einbringen können. Besprechen Sie Ihre Ideen und Wünsche mit Ihrem Pfarrer.

Die ökumenische Trauung

Sie beide haben nicht dieselbe Konfession und können sich nicht auf eine rein katholische oder evangelische Trauung einigen? Kein Problem. Erkundigen Sie sich bei Ihrem Pfarrer, ob Sie sich ökumenisch trauen lassen können. Wenn Sie sich kirchlich das Ja-Wort geben wollen, ist das eine gute Alternative.

Kirchlich gesehen existiert der Begriff der ökumenischen Trauung allerdings nicht, da Sie sich grundsätzlich für eine katholische Trauzeremonie mit evangelischer Beteiligung oder andersherum entscheiden müssen.

An Ihrem Hochzeitstag sind bei einer ökumenischen Trauung ein Pfarrer und ein Priester von beiden Konfessionen vertreten, doch nur der Pfarrer oder Priester der Kirche, in der die Trauung stattfindet, leitet die Trauung. Es ist natürlich möglich und oft auch gewünscht, dass sich der »Gastpfarrer oder -priester« sich und seine Inhalte mit in die Zeremonie einbringt. Die Ausgestaltung und der Ablauf Ihrer Trauzeremonie hängen dann von der von Ihnen gewählten Kirche, evangelisch oder katholisch, ab.

Steht Ihr Wunschtermin für die Hochzeit fest, müssen Sie sich bei beiden Heimatpfarrämtern anmelden. In diesem Fall müssen Sie die Termine und Bestimmungen sowohl der katholischen als auch der evangelischen Kirche berücksichtigen und einhalten. (Mehr Informationen dazu finden Sie in dem jeweiligen Abschnitt »Zeitlicher Vorlauf, Kosten und benötigte Unterlagen« zur evangelischen und auch zur katholischen Trauung weiter vorn in diesem Kapitel.)

Der Ablauf einer ökumenischen Trauung

Die Gestaltung und der Ablauf einer ökumenischen Trauung richten sich nach der Konfession, die als federführend gewählt wird. Beide Pfarrer beziehungsweise Priester sind anwesend, einer der beiden (der der maßgeblichen Konfession) leitet die Trauung. Der andere Pfarrer kann sich (je nach Absprache zwischen den beiden Geistlichen) in den Ablauf der Trauung einbringen.

Sobald Sie auf einen Wunschtermin geeinigt haben, sollten Sie im Pfarramt in der von Ihnen ausgewählten Gemeinde vorsprechen. Vor dem eigentlichen Hochzeitstermin wird Ihr Pfarrer oder Priester ein oder mehrere Traugespräche mit Ihnen führen. Dabei geht es neben dem allgemeinen Ablauf auch um Ihre Beweggründe für die Hochzeit, also Fragen zur Ehe und zu Gott und warum Sie sich eine ökumenische Heirat wünschen. Wenn Sie möchten, können Sie Ihre eigenen Gebete und Texte oder ganz persönliche Worte an Ihren Partner während der Trauung einbringen. Oder vielleicht möchten Sie, dass jemand aus Ihrer Familie einen Teil der Texte übernimmt, Fürbitten liest oder sich musikalisch einbringt. Auch die Auswahl der Lieder und die gesamte musikalische Gestaltung können Sie mitplanen.

Lesen Sie sich am besten den Abschnitt zum möglichen Ablauf einer evangelischen oder katholischen Trauung weiter vorn in diesem Kapitel durch. Dort finden Sie Anregungen, wenn es darum geht, die Reihenfolge des Einzugs festzulegen, Familienmitglieder oder Freunde und Trauzeugen in die Zeremonie einzubinden oder Musikstücke für Ihre Hochzeitszeremonie auszuwählen.

8 ➤ Mit Gottes Segen – die kirchliche Trauung

Evangelische Trauung mit katholischer Beteiligung

Klären Sie zunächst immer mit dem Pfarrer beziehungsweise Priester ab, inwieweit sich der Gastpfarrer oder -priester in die Trauzeremonie einbringen soll und kann. Gehen Sie dabei folgenden Ablauf durch:

✔ Der Pfarrer beziehungsweise Priester holt das Brautpaar vor der Kirche ab und zieht gemeinsam mit den Brautleuten ein. Die Orgel spielt ein Lied, meist den Hochzeitsmarsch.

✔ Die Traugemeinde wird durch den Pfarrer beziehungsweise Priester begrüßt, dabei gibt er allgemeine Hinweise zum Fotografieren und Filmen an die Traugemeinde. Es wird mitgeteilt, für welchen Zweck die Kollekte bestimmt ist.

✔ Anschließend folgt der Eingangspsalm, ein Lied wird gesungen und der Pfarrer spricht das Eingangsgebet.

✔ Daraufhin erfolgt die Ansprache zum Trauspruch des Brautpaares, weitere Lieder, Musik- oder Orgelstücke werden gesungen beziehungsweise gespielt und eine Lesung aus der Bibel sowie ein Gebet zur Trauung gehalten.

✔ Die Brautleute werden getraut: Traufrage – Ringwechsel – Segen.

✔ Danach wird wieder ein Lied gesungen und dann das Fürbittengebet gelesen.

✔ Das Vaterunser wird gebetet und die Traubibel (oder ein anderes Geschenk) wird dem Brautpaar überreicht.

✔ Der Pfarrer erteilt dem Brautpaar den Segen.

✔ Das Brautpaar zieht aus der Kirche aus.

Katholische Trauung mit evangelischer Beteiligung

Im Folgenden nun eine kurze Übersicht zur anderen Variante, einer katholischen Trauung mit evangelischer Beteiligung:

✔ Empfang des Brautpaares am Kircheneingang und Einzug in die Kirche (mit Musik)

✔ Eröffnungsgebet

✔ Begrüßung der Gemeinde durch den Pfarrer

✔ Einführung in die Zeremonie mit Überleitung zum Gottesdienst

✔ Kyrieruf

✔ Tagesgebet

✔ Wortgottesdienst: Lesungen und Gesänge zu den Lesungen

✔ Befragung nach der Bereitschaft zur christlichen Ehe

✔ Segnung der Ringe

✔ Vermählung (Abnahme des Trauversprechens)

- ✔ Bestätigung der Vermählung
- ✔ Feierlicher Trauungssegen
- ✔ Fürbitten
- ✔ Vaterunser
- ✔ Schlussgebet und Danklied
- ✔ Überreichung der Trauungsdokumente (durch Trauzeugen und Pfarrer)
- ✔ Auszug aus der Kirche (mit Musik)

Neben der evangelischen, katholischen oder auch ökumenischen Trauung gibt es auch die Möglichkeit, eigene Kinder mit in die Trauzeremonie zu integrieren. Eine schöne Möglichkeit, zwei besondere Anlässe wie Trauung und Taufe zu verbinden, ist die sogenannte Traufe.

Zwei Ereignisse in einem: Die Traufe

Das Wort Traufe ist vielleicht schon einmal bei einem Paar in Ihrem Freundeskreis gefallen, wenn es bereits Kinder hat. Die *Traufe* ist eine Verschmelzung der Wörter Taufe und Trauung, was bedeutet, dass die beiden Feierlichkeiten in einer Zeremonie vereint werden. Bei einer Traufe wird Ihr Kind gesegnet und feierlich in die Gemeinde aufgenommen, während Sie, die Eltern, bei der Trauung um Gottes Segen für eine erfüllte Ehe bitten. Eine Traufe ist nichts Ungewöhnliches mehr, da sich nicht alle Paare heute noch an die traditionelle Reihenfolge »verliebt, verlobt, verheiratet« halten und erst dann ein Baby erwarten. Die Geburt des Kindes und den Beginn des Ehelebens lassen sich so in einem großen Fest feiern.

Der Vorteil einer Traufe ist, dass so zwei wichtige Anlässe mit nur einem großen Fest gewürdigt werden. Das spart nicht nur Zeit, Organisationsaufwand und Kosten, sondern dieses Fest ist etwas ganz Besonderes, indem die Liebe zweier Menschen zueinander quasi doppelt zelebriert wird. Auf der anderen Seite ist es schwierig, beiden Anlässen gleich viel Aufmerksamkeit zuteil werden zu lassen. Denn die Gefahr, dass zumindest die Taufe zu kurz kommt, bereitet vielen Brautpaaren Sorgen. In den Vorgesprächen mit dem Pfarrer sollten Sie deshalb den Fokus auf eine ausgeglichene Aufteilung von Trauung und Taufe legen.

Achten Sie darauf, dass nicht nur bei der kirchlichen Zeremonie, sondern auch bei der anschließenden Trauffeier beide Ereignisse angemessen gefeiert werden. Der kleine Täufling steht im Leben der Eltern sicherlich immer im Mittelpunkt, er sollte deshalb nicht nur während des Gottesdienstes, sondern auch bei der anschließenden »Trauffeier« gebührend gefeiert werden. Zwei Geschenktische sowie eine Tauftorte sind stilvolle Möglichkeiten, die bestimmt gut ankommen.

Auch für eine Traufe müssen Sie sich rechtzeitig um formelle Dinge kümmern. Widmen wir uns im Folgenden deshalb den Dingen, die Sie im Vorlauf für die Traufe einplanen und organisieren sollten.

8 ➤ Mit Gottes Segen – die kirchliche Trauung

Die Paten für Ihr Kind auswählen

Einen oder mehrere Paten für Ihr Kind auszuwählen, ist oft nicht ganz einfach, denn dieses Amt ist nicht nur mit Ehre behaftet, sondern bringt auch eine Menge Verantwortung mit sich. Die Frage »Würdest du Pate von unserem Kind werden?« wird viele Menschen froh und stolz machen. Denn diese Frage gestellt zu bekommen, ist ein großer Vertrauensbeweis. Sie als Eltern trauen es den zukünftigen Paten zu, für Ihr Kind da zu sein, Sie wollen, dass der Pate oder die Patin – meist ein Familienmitglied oder ein guter Freund – im Leben Ihres Kindes eine wichtige Rolle spielt. Trotzdem haben viele Menschen auch Respekt vor diesem Amt. Und das nicht unbegründet. Wer eine Patenschaft übernimmt, der übernimmt auch Verantwortung für einen heranwachsenden Menschen: für sein Wohlergehen, für seine religiöse Erziehung, für seinen privaten und beruflichen Weg. In der Taufe wird der Grundstein gelegt für eine Beziehung zwischen Kind und Pate, die bestenfalls ein Leben lang hält.

In der evangelischen Kirche wird bei der Taufe mindestens ein Pate erwartet, denn Paten sind Zeugen der Zusage, die Gott durch die Taufe jeden Menschen macht: »Du bist mein lieber Sohn, du bist meine geliebte Tochter«. Davon kann der Pate dann seinem Patenkind später erzählen. Darum ist es für die Patenschaft auch notwendig, dass der Pate bei der Taufe anwesend ist.

Paten und ihre Kirchenzugehörigkeit

Es ist wünschenswert, aber nicht notwendig, dass der Pate der Kirche angehört. Im evangelischen Sinne genügt hingegen auch, wenn die Paten Mitglieder einer Kirche des Arbeitskreises christlicher Kirchen sind, hierunter fallen zum Beispiel die katholische Kirche oder Freikirchen wie die der Baptisten, Methodisten und Ähnliche. Heute ist es auch nicht ungewöhnlich, dass ein evangelisches Kind katholische Paten hat. Mehr als zwei Paten sind in der katholischen Kirche allerdings nicht erlaubt. Auch in begrifflicher Hinsicht ist die katholische Kirche hier wieder strenger als die evangelische: Ist der Pate bei der katholischen Taufe evangelisch, so ist er nicht Pate, sondern *Taufzeuge*.

Sind die Eltern des evangelisch zu taufenden Kindes aus der Kirche ausgetreten, muss der Pate zumindest evangelisch sein, damit der Kontakt zur evangelischen Kirche nicht vollständig abreißt. Das heißt, Sie können Ihr Kind taufen lassen, auch wenn Sie beide keiner Kirche angehören.

Allerdings müssen Sie sich bei einer Traufe an die Vorschriften für eine evangelische oder katholische Trauung halten. (Schauen Sie sich dazu noch einmal die Abschnitte zur evangelischen oder katholischen Trauung weiter vorn in diesem Kapitel an.)

Voraussetzungen für das Patenamt

In der evangelischen Kirche darf man nach der Konfirmation und Vollendung des 16. Lebensjahrs das Patenamt übernehmen. Die evangelische Kirche geht nach der Konfirmation davon aus, dass der Pate auch weiterhin im christlichen Glauben lebt.

Die Voraussetzung für das Patenamt in der katholischen Kirche ist vor allem, dass die Paten geeignet und bereit sein müssen, diesen wichtigen Dienst zu leisten. In der Regel müssen

139

Paten auch in der katholischen Kirche mindestens 16 Jahre alt sein, ein glaubensgemäßes Leben führen und fähig sein, ihre Aufgaben als Paten wahrzunehmen. Der Taufpate muss zur Übernahme des Patenamtes selbst gefirmtes Kirchenmitglied der katholischen Kirche sein. Evangelische oder andere Christen, auch Nichtchristen werden von der katholischen Kirche nicht als Paten akzeptiert. Tritt übrigens ein Pate oder eine Patin, während er oder sie das Patenamt innehat, aus der Kirche aus, ruht das Patenamt.

Das Patenamt endet im engen Sinne automatisch mit der Konfirmation des Patenkinds, oft besteht aber zwischen Patenkind und Pate das ganze Leben lang ein besonderes Vertrauensverhältnis. Eine vorzeitige Beendigung des Patenamtes ist dann möglich, wenn der Pate aus eigenem Wunsch um die Entbindung von dem Amt bittet. Hat Ihr Kind nur diesen einen Paten gehabt, so kann eine neuer Pate nachbenannt und ins Kirchenbuch eintragen werden. Dagegen ist es unmöglich, einen Paten gegen seinen Willen aus dem Kirchenbuch zu streichen. Nehmen Sie sich also gemeinsam Zeit, um sich Gedanken darüber zu machen, wer Pate Ihres Kindes sein soll.

 In den Abschnitten für die evangelische und die katholische Trauung weiter vorn in diesem Kapitel erfahren Sie, welchen zeitlichen Vorlauf Sie bei der Anmeldung zur Traufe beachten sollten und welche Kosten entstehen können.

Benötigte Unterlagen zur Anmeldung zur Traufe

Wie die Bezeichnung Traufe nahelegt, müssen Sie bei Ihrer Anmeldung zum einen die Vorschriften für die kirchliche Trauung und zum anderen die für die Taufe beachten. Für die Anmeldung benötigen Sie daher die gleichen Unterlagen wie für eine kirchliche Trauung. (Informationen hierzu finden Sie in den jeweiligen Abschnitten zur evangelischen oder katholischen Trauung weiter vorn in diesem Kapitel.)

Für die Taufe ist zudem eine Geburtsurkunde erforderlich. Die Paten müssen vor der Taufe ihre Kirchenmitgliedschaft mit einer *Patenbescheinigung* nachweisen, aber nur dann, wenn sie nicht sowieso Mitglieder der örtlichen Gemeinde sind. Diese Bescheinigung wird im Pfarramt der eigenen Kirchengemeinde ausgestellt.

Die Traufe vorbereiten

Auch bei einer Traufe gilt, dass Sie als Eltern und Brautpaar klare Vorstellungen haben sollten, wie Sie sich den Ablauf dieser kombinierten Feierlichkeiten wünschen. Suchen Sie dann das Gespräch mit dem Pfarrer und sprechen Sie über Ihre Wünsche und eventuell auch Sorgen, dass die Tauffeier zu kurz kommen könnte. Bei vielen Elementen können Sie die Feier aktiv mitgestalten, viele Pfarrer schätzen es sogar, wenn offenkundig ist, dass Sie sich Gedanken um Ablauf und Inhalt gemacht haben. So können Sie sich zum Beispiel schon vorher überlegen, wer aus Ihrer Verwandtschaft eine Lesung oder Fürbitte übernehmen könnte und welche Lieder Sie gerne singen oder spielen lassen möchten, zum einen zu Ihrer Trauung, aber auch zu der Taufe. Je intensiver sich die Hochzeits- und Taufgesellschaft einbringt, desto persönlicher und schöner wird der Gottesdienst in Ihrer Erinnerung bleiben.

8 ➤ Mit Gottes Segen – die kirchliche Trauung

Die Auswahl des Taufspruchs

Ein wichtiger Teil des Vorgesprächs ist sicherlich die Auswahl des *Taufspruchs*. Die Auswahl des Taufspruchs, des biblischen Verses also, bietet Ihnen die Gelegenheit zu formulieren, was Sie Ihrem Kind mit auf den Lebensweg geben wollen. Taufsprüche können Sie sich von Ihrem Pfarrer vorschlagen lassen oder selbst (zum Beispiel in der Bibel oder im Internet) recherchieren. Hier eine kleine Auswahl möglicher Taufsprüche:

✔ Fürchte dich nicht, denn ich bin mit dir und will dich segnen. (1 Mose 26, 24b)

✔ Der Herr segne dich und behüte dich; der Herr lasse sein Angesicht leuchten über dir und sei dir gnädig; der Herr hebe sein Angesicht über dich und gebe dir Frieden. (4 Mose 6, 24–26)

✔ Denn der Herr, dein Gott, ist ein barmherziger Gott; er wird dich nicht verlassen. (5 Mose 4, 31)

✔ Siehe, ich habe dir geboten, dass du getrost und unverzagt seist. Lass dir nicht grauen und entsetze dich nicht; denn der Herr, dein Gott, ist mit dir in allem, was du tun wirst. (Jos 1, 9)

✔ Ein Mensch sieht, was vor Augen ist; der Herr aber sieht das Herz an. (1 Sam 16, 7)

✔ Wer erkennte nicht an dem allen, dass des Herrn Hand das gemacht hat, dass in seiner Hand ist die Seele von allem, was lebt, und der Lebensodem aller Menschen? (Hiob 12, 9 f.)

✔ Behüte mich wie einen Augapfel im Auge, beschirme mich unter dem Schatten deiner Flügel. (PS 17, 8)

Der Ablauf einer Traufe kann wie auch die kirchliche Trauung nach Ihren Wünschen, in Absprache mit dem Pfarrer oder Priester, gestaltet werden.

Der Ablauf der Traufe

Für den möglichen Ablauf einer kirchlichen Trauung finden Sie in den entsprechenden Abschnitten zur katholischen und evangelischen Trauung weiter vorn in diesem Kapitel verschiedene Anregungen. An welcher Stelle der Trauung Sie die Taufe einbinden wollen, ist grundsätzlich Ihnen in Absprache mit dem Pfarrer überlassen. Sie sollten sich zumindest das Ja-Wort gegeben haben und auch die Ringe getauscht haben, bevor es zur Taufe übergeht. Im Anschluss daran feiern Sie die Aufnahme Ihres Kindes in die christliche Gemeinschaft im Rahmen der Taufe.

Im ersten Teil der Taufe steht der biblische Taufspruch im Mittelpunkt der Zeremonie. Inhaltlich wird dieser in den Reden des Pfarrers oder Priesters noch einmal aufgegriffen und mit weiteren Zitaten oder Anmerkungen des Pfarrers oder Priesters untermalt. Musikalisch begleitet wird dieser Teil der Trauffeier gerne auch durch die Traufgemeinde oder durch die Einlage einer Sängerin oder eines Chores.

Im zweiten Teil der Trauffeier wird die eigentliche Taufe vollzogen. Sie beginnt mit den Fragen an die Eltern und Paten des Kindes.

141

Der genaue Wortlaut muss natürlich nicht immer gleich sein. So könnte er lauten:

Liebe Eltern von (Name des Kindes), wir alle führen unser Leben von Gott. So sollt ihr euer Kind als Gabe des Schöpfers, unserem Gott, annehmen. Durch eure Liebe soll es das erste Zutrauen zur Güte Gottes gewinnen. Größer als unsere Liebe ist die Liebe Jesu Christi und darum sollt ihr euer Kind zum Glauben an Jesus Christus hinführen, zum Beten anleiten und ihm helfen, ein lebendiges Mitglied der Kirche Christi zu werden. Seid ihr dazu bereit, so antwortet: Ja, mit Gottes Hilfe!

Dann werden die Paten gefragt:

Liebe Paten, ihr vertretet bei diesem Kind die christliche Gemeinde. Deshalb frage ich euch: Seid ihr bereit, die Patenschaft an diesem Kind zu übernehmen, für dieses Kind zu beten, ihm in Notlagen beizustehen und ihm zu helfen, ein lebendiges Mitglied der Kirche zu werden, so antwortet: Ja, mit Gottes Hilfe.

Dem Täufling wird nun das geweihte Wasser über den Kopf geträufelt. So wird er mit Jesus Christus verbunden und in die Gemeinschaft der Kirche aufgenommen. Im katholischen Sinne ist dies auch das äußere Zeichen für das Sakrament der Taufe, zusammen mit der einhergehenden Ölung und den dabei gesprochenen Worten durch den Priester: »Ich taufe dich im Namen des Vaters und des Sohnes und des Heiligen Geistes.« Diese Worte (Mt 28,19) werden auch in der evangelischen Kirche gesprochen.

Während der Taufe kann der Taufpate ein Geschenk an sein Patenkind überreichen. In manchen Familien schenkt der Pate die erste Kinderbibel oder ein anderes christliches Symbol wie eine kleine Kette mit einem Kreuz daran. Oder die Paten greifen alte Bräuche auf und schenken zum Beispiel das erste Sparbuch. Auch Taufkettchen mit Name und Taufdatum sind beliebt. Ein individuelles Geschenk ist die persönlich gestaltete Taufkerze. Auf der Kerze kann zum Beispiel der Taufspruch, das Datum der Taufe oder der Name des Kindes stehen.

Falls es eine Taufkerze gibt, wird diese entzündet und ein gemeinsames Lied gesungen oder gespielt. Die Taufkerze kann übrigens später zu der Hochzeit des Kindes wieder als Hochzeitskerze benutzt werden. Zum Abschluss der Traufe sprechen Familienmitglieder oder enge Freunde noch einmal Fürbitten und gute Wünsche für den Täufling und dessen Familie aus. Der Pfarrer spricht den Segen für alle und entlässt die Traufgemeinde aus der Kirche.

Sie können sich bei dem Auszug aus der Kirche wieder an dem Ablauf einer evangelischen oder katholischen Trauung orientieren. (Schauen Sie dazu in den entsprechenden Abschnitten weiter vorn in diesem Kapitel nach.)

Eine ökumenische Taufe ist nicht möglich, denn das Kind wird ja in die Gemeinschaft einer Kirche aufgenommen. Ob Sie Ihr Kind katholisch oder evangelisch taufen lassen, hängt oft auch mit der Entscheidung zusammen, in welcher Konfession Sie sich das Ja-Wort geben wollen. Sie sollten zudem überlegen, wie tief Sie beide in der jeweiligen Konfession verwurzelt sind. Wenn Sie unsicher sind, sollten Sie ein Gespräch mit einem katholischen und/oder einem evangelischen Pfarrer suchen.

Die freie Trauzeremonie

In diesem Kapitel

▶ Wie sich eine freie Trauung rechtlich auswirkt

▶ Die Wahl des richtigen freien Redners beziehungsweise freien Theologen

▶ Abläufe und Inhalte der freien Trauzeremonie

▶ Was sonst noch rund um die freie Trauung wichtig ist

Die Entscheidung, sich frei trauen zu lassen, kann ganz unterschiedliche Beweggründe haben. Vielleicht stehen Sie auch noch am Anfang Ihrer Recherchen, haben zwar schon einmal etwas über das Thema *freie Trauung* gehört, aber bisher noch wenig Vorstellungen zu einem möglichen Ablauf, den organisatorischen Fragen oder auch was für einen freien Redner oder doch lieber für einen freien Theologen spricht.

In diesem Kapitel erhalten Sie umfangreiche Informationen rund um die freie Trauzeremonie. Dabei gehe ich besonders auf Themenbereiche wie mögliche Inhalte der Zeremonie und organisatorische Fragen ein. Ob Sie sich letzten Endes für einen freien Redner oder einen freien Theologen entscheiden, hängt zum einen davon ab, welche Inhalte, Abläufe und symbolischen Handlungen Sie sich wünschen, und zum anderen, ob Sie den Menschen, den Sie als Redner oder Theologen bei einem ersten Gespräch kennenlernen, mögen und bei ihm direkt das Gefühl haben, dass die Chemie zwischen Ihnen stimmt.

Rechtskraft des Ja-Wortes in einer freien Trauzeremonie

Eine standesamtliche Heirat scheint Ihnen wenig romantisch oder Sie haben das Gefühl, nicht ausreichend Einfluss auf den Ablauf nehmen zu können? Ebenso »stört« Sie ein wenig, dass Sie keinen oder nur wenig Einfluss darauf nehmen können, wer Sie traut? All das steht Ihnen in einer freien Trauzeremonie völlig offen. Auch die kirchliche Heirat mag in ihren Abläufen und symbolischen Handlungen sicherlich umfangreicher ausgestaltet sein als eine standesamtliche Heirat, unter Umständen können oder wollen Sie sich aber nicht kirchlich trauen lassen.

 Vielleicht waren Sie schon einmal nach katholischem Recht kirchlich verheiratet, dann ist es erst einmal nicht möglich, sich in einer katholischen Kirche erneut das Ja-Wort zu geben. In wenigen Fällen mag Ihnen auch der evangelische Pfarrer nicht den Segen Gottes für Ihre Ehe erteilen – aufgrund von vorangegangenen Ehen oder auch sonstigen Kriterien, die für das kirchliche Verständnis gegen eine erneute kirchliche Ehe sprechen.

Viele Brautpaare wünschen sich heute eine Trauung nach amerikanischem Vorbild: draußen im Grünen, auf der bunten Blumenwiese oder unter einer wunderschönen Trauerweide, in der Ihre Hochzeitsgemeinde Zeuge ist, wie Sie beide sich bei einer leichten Brise im Haar das Ja-Wort geben. Der Ablauf, die Musikstücke und auch die symbolische Handlung, die Sie festlegen können, wenn es zum Beispiel um den Ringtausch geht, sind alle frei wählbar. Der freie Redner oder freie Theologe wird Ihnen in Vorgesprächen sicherlich gerne Anregungen zum Inhalt und auch zum Ablauf der Trauung geben.

Auch wenn ich Ihnen die rosarote Brille nicht von den Augen nehmen will, so sollten wir doch zur eigentlichen Frage dieses Abschnitts zurückkommen: die Frage nach der Rechtskraft einer freien Trauung. Leider verhält es sich so, dass in diesem Land kein Standesbeamter zu einem von Ihnen bestimmten Ort kommt, um mit Ihnen den Ablauf der Trauung zu besprechen und Sie dann rechtskräftig zu verheiraten.

Eine standesamtliche Heirat muss immer auf einem Standesamt oder auf einem dafür offiziell vom Standesamt anerkannten Außentrauort stattfinden. Eine kirchliche Trauung hingegen immer in einem Haus Gottes. (Mehr Informationen dazu finden Sie in den Kapiteln 7 und 8.)

Selbst wenn Sie sich von einem freien Theologen trauen lassen, hat die freie Trauzeremonie, in der Sie sich das Ja-Wort geben, keinerlei Rechtsgültigkeit für Sie. Sie sind weder vor dem Gesetz noch vor Gott verheiratet. Um zum Beispiel die Steuerklassen ändern zu können oder andere Vorteile einer gesetzlich anerkannten Ehe zu genießen, müssen Sie immer standesamtlich heiraten. Um den Segen Gottes zu erhalten, immer kirchlich.

Freie Redner und freie Theologen

Will sich ein Brautpaar frei verheiraten, so entscheidet es sich grundsätzlich entweder für einen freien Redner oder einen freien Theologen. In Vorgesprächen hält dieser beispielsweise fest, wie sich das Brautpaar kennengelernt hat, welche Gemeinsamkeiten und Gegensätze es gibt und was beide gemeinsam durch ihr Leben trägt. Ebenso werden ein möglicher Ablauf der Zeremonie, symbolische Handlungen und auch musikalische Einlagen wie zum Einzug der Braut, zum Ringwechsel und zum Auszug der Brautleute besprochen.

Letzten Endes besteht auch die Möglichkeit, dass Sie ein guter Freund oder ein Bekannter der Familie traut. Dem steht nichts im Wege. Wichtig ist, dass Sie deutlich zum Ausdruck bringen, welch wichtige Aufgabe übernommen werden soll, und sich der Redner in seiner Haut wohlfühlen muss. Ist es jemand, der noch keine Erfahrung auf diesem Gebiet hat, muss das nicht gleich heißen, dass die Rede weniger schön wird. Besprechen Sie gemeinsam, welche Möglichkeiten und Ideen Sie haben und welche Sie gerne umsetzen wollen. Im Vordergrund steht immer, dass sich alle Parteien, also Sie und auch der Redner oder Theologe, wohlfühlen.

Wer eignet sich als freier Redner oder Theologe?

Ein freier Redner kann jedermann sein, der sich wohlfühlt, vor Publikum eine Rede zu halten. Nicht irgendeine Rede, dieser Mensch lernt Sie als Brautpaar sehr persönlich kennen und schreibt lange an einer individuellen Rede für Sie. Eine Ausbildung zu einem freien Redner gibt es in Deutschland nicht. Diese Person kann männlich oder weiblich sein und sollte neben einer kompetenten und sympathischen Ausstrahlung auch wortgewandt sein. Beruflich kann diese Person im Alltag einer ganz anderen Beschäftigung nachgehen und nur nebenberuflich dieser besonders schönen Aufgabe frönen. Manche Redner sprechen nur auf Hochzeiten, andere schreiben auch Reden für Firmenveranstaltungen oder gar Beerdigungen. Fragen Sie nach der Erfahrung und wenn Sie sich unsicher sind, auch nach ein oder zwei Referenzen von Brautpaaren, die diesen Redner bereits live auf der eigenen Hochzeit erleben durften.

Ein freier Theologe darf sich nur dann so nennen, wenn er oder sie ein Studium der Theologie absolviert und bestanden hat. Eine Ausbildung in diesem Sinne gibt es also schon, jedoch kann nicht jeder studierte Theologe auch gleich gut Reden halten. Neben dem weltlichen oder religiösen Hintergrund des Redners oder Theologen ist für Sie also vor allem wichtig, wie er sich ausdrückt und ob Sie das Gefühl haben, verstanden zu werden.

Die Wahl des richtigen Redners beziehungsweise Theologen

Vielleicht raufen Sie sich jetzt schon die Haare und glauben, die ersten grauen Strähnen zu entdecken, da Sie besorgt sind, nicht den richtigen Redner oder Theologen auszuwählen und Ihre Trauzeremonie dann eine einzige Katastrophe wird. Machen Sie sich darüber nicht allzu viel Sorgen, denn genau deshalb lesen Sie ja dieses Buch! Leider erlebe ich es als Hochzeitsplanerin immer wieder, dass sich Brautpaare an mich wenden, weil sie kurz vor der Hochzeit einsehen, nicht den richtigen Redner oder Theologen gewählt zu haben. In fast allen Fällen ist es auf Nachfrage aber auch so, dass von Beginn an ein »ungutes« Gefühl vorherrschte, dass die Brautpaare aber bis zum Schluss hofften, es wende sich noch alles zum Guten.

 Warten Sie nicht bis wenige Wochen oder Tage vor der Hochzeit, um sich einzugestehen, dass Sie sich mit dem Menschen, der Sie trauen soll, nicht wohlfühlen. Zum einen ist es dann so gut wie unmöglich, noch adäquaten Ersatz zu finden, zum anderen ist die Zeit dann so knapp bemessen, dass sich auch der neue Redner oder Theologe in sehr kurzer Zeit in Ihre persönliche Geschichte einfinden muss. Bei einem ersten Kennenlerngespräch zeigt sich schnell, ob die Chemie zwischen Ihnen und dem Redner oder Theologen stimmt und Sie sich mit Ihrer Entscheidung, die Trauung mit diesem Menschen zu vollziehen, wohlfühlen. Legen Sie keine falsche Rücksichtnahme an den Tag, sondern sagen Sie offen, dass Sie sich eine Trauung mit ihm oder ihr nicht vorstellen können, sich für die bisherige Zeit bedanken und sich anderweitig noch umsehen möchten.

In der Regel bietet Ihnen jeder Redner und jeder Theologen ein erstes, kostenloses Gespräch an, in dem Sie schon etwas über sich und Ihre persönliche Geschichte als Paar erzählen. Sie lernen dabei den Redner kennen und gewinnen einen ersten Eindruck, wer da vor Ihnen sitzt und Sie unter Umständen verheiraten wird. Auch können in diesem ersten Gespräch Anekdoten vergangener Hochzeiten erzählt werden und Sie können erste Ideen zu Ihrer Trauung ansprechen. Schreiben Sie sich Fragen auf, die Sie dem Redner oder Theologen in diesem Gespräch stellen wollen. So sind Sie für das Gespräch mit dem Redner oder Theologen optimal vorbereitet.

Wählen Sie den Redner oder Theologen nicht nur mit Blick auf das Honorar aus. Ein guter Redner oder Theologe weiß, wie viel Arbeit in der Vorbereitung einer Hochzeitsrede steckt und wird eine Vergütung zwischen 580 und 1.000 Euro verlangen. In diesen Kosten sollten alle Termine mit Ihnen und auch die Trauung inbegriffen sein. Hinzu können unter Umständen noch Fahrt- und Übernachtungskosten kommen, je nachdem, wie weit die Anreise des Redners oder Theologen am Tag der Hochzeit ist.

In der Regel werden neben dem Kennenlerngespräch noch ein oder zwei persönliche Termine vor der Hochzeit sowie Telefontermine mit Ihnen und unter Umständen auch mit den Trauzeugen oder engen Freunden vereinbart. Lassen Sie sich in diesem Fall von Ihrem Gefühl leiten, denn die Rede stellt eines der wichtigsten Elemente an diesem Tag dar und wird Ihnen noch lange in Erinnerung bleiben. Sie werden es sicher nicht bereuen, eine Entscheidung getroffen zu haben, die unterm Strich gesehen vielleicht ein paar Euro mehr gekostet hat, die Rede dafür aber um ein Vielfaches persönlicher geworden ist. Um einen Eindruck von einem Redner zu erhalten, schauen Sie sich zum Beispiel auf `www.unser-freier-redner.de` um.

Inhalte der Zeremonie

Oft mangelt es Brautpaaren an Ideen, was sie sich auf der eigenen Hochzeit wünschen würden. Auf den folgenden Seiten möchte ich Ihnen daher verschiedene Anregungen geben, an denen Sie sich orientieren können. Scheuen Sie sich nicht, auch ganz neue Ideen auszuprobieren oder Ideen, die Sie hier finden, miteinander zu kombinieren. Vielleicht verfolgen Sie beide ein Hobby wie Reiten oder Motorradfahren. Unter Umständen wollen Sie dann auf dem Pferd zum Altar reiten oder nicht auf Stühlen, sondern auf Motorrädern sitzen und sich das Ja-Wort geben. Eine ganz persönliche Geschichte kann nacherzählt werden, von dem Redner, Freunden oder der Familie, in der Sie sich im Verlauf das Ja-Wort geben. Sprechen Sie mit dem Redner oder Theologen über Ihre Ideen und prüfen Sie, inwieweit alles umsetzbar ist.

Vergessen Sie bei allen kreativen Einfällen nicht, dass unter Umständen auch Genehmigungen eingeholt werden müssen. So können Sie nicht mit dem Motorrad auf eine Wiese fahren, die sonst penibel gepflegt wird. Ebenso brauchen Sie unter Umständen eine Genehmigung, wenn Sie während oder nach der Trauung eine Traube Ballons steigen lassen wollen und so weiter. Fast nichts ist unmöglich, in Deutschland sollten Sie sich allerdings immer doppelt absichern.

9 ▶ Die freie Trauzeremonie

Der Ablauf – Ihre ganz persönliche Geschichte

Im Ablauf der Trauzeremonie stellt die Rede eines der zentralen Elemente dar. Sie wird zum einen auf der Grundlage Ihrer persönlichen Geschichte, zum anderen aus Elementen, die der Redner oder Theologe selbst einbringt, zusammengesetzt. Die vollständige Rede wird Ihnen sicherlich nicht ausgehändigt werden, auch wenn es den ein oder anderen »Kontrollfreak« gibt, der sich dies wünschen würde. Lassen Sie dem Redner hier Spielraum, die für Sie maßgeschneiderte Rede zu schreiben. Der Aufbau einer Rede kann individuell gestaltet und auf den gewünschten Ablauf der Trauung abgestimmt werden. Im Folgenden gebe ich Ihnen ein Beispiel, wie der Ablauf einer freien Trauzeremonie mit einer sogenannten symbolischen Handlung aussehen könnte:

✔ Einzug der Braut mit Musik

  Legen Sie fest, wer alles mit der Braut einzieht (zum Beispiel Ringkind, Kerzenkind, Trauzeugen oder auch Blumenkinder), orientieren Sie sich hierzu auch an den Ideen beim Einzug in die Kirche in Kapitel 8.

✔ Begrüßung der Gäste und Einführung durch den Redner oder Theologen

✔ Textlesung durch den Redner oder Theologen, die zur Trauansprache führt

  Hier wird in der Regel etwas zu Ihrer Kennenlerngeschichte und über Ihre Persönlichkeiten gesagt.

✔ Musikeinlage

✔ Trauansprache und Ringwechsel

✔ Musikeinlage

✔ Symbolische Handlung (mehr dazu im Abschnitt »Symbolische Handlungen und Rituale zur Trauzeremonie« weiter hinten in diesem Kapitel)

✔ Wünsche und/oder Einlagen von den Trauzeugen (mehr dazu im folgenden Abschnitt »Ihre Gäste in die Zeremonie einbeziehen«)

✔ Verabschiedung durch den Redner beziehungsweise Theologen

✔ Auszug mit Musik

An welchen Stellen der Trauzeremonie Sie musikalische Einlagen einfließen lassen oder symbolische Handlungen einbauen, ist ganz Ihnen überlassen. In den folgenden Abschnitten erhalten Sie jedoch Anregungen, welche Musikstücke gespielt werden können, wie Sie die Musik an sich in Szene setzen, welche symbolischen Handlungen es gibt und wie Sie Ihre Gäste stärker in die Zeremonie einbeziehen können.

Ihre Gäste in die Zeremonie einbeziehen

Gerade bei einer freien Trauzeremonie haben Sie die Möglichkeit, Teile Ihrer Hochzeitsgesellschaft oder auch die gesamte Hochzeitsgesellschaft in den Ablauf der Trauzeremonie einzubinden. Auch hier sind Ihren Wünschen und Vorstellungen erst einmal keine Grenzen gesetzt. Auf den folgenden Seiten finden Sie einige Anregungen, in welche Richtung es grundsätzlich gehen kann. Machen Sie sich auch Gedanken darüber, wie groß Ihre Gesellschaft ist und wie lange dementsprechend das Einbeziehen aller Gäste dauern würde.

 Wählen Sie die Beteiligung der Gäste so, dass das Ritual nicht allzu lange dauert. Es kommt sonst schnell Unruhe unter den Beteiligten auf, was sich negativ auf die romantische Stimmung auswirken kann.

✔ **Wunschlicht:** Dieser Brauch eignet sich gut für Hochzeiten mit eher wenigen Gästen. Ein Gast in der letzten Sitzreihe erhält als Erster von allen Gästen eine Kerze, zündet diese an und gibt dem Brautpaar mit Weitergabe der Kerze an den nächsten Gast gute Wünsche auf den (Ehe-)Weg. Das geht dann so lange weiter, bis die Kerze vorn beim Brautpaar angekommen ist.

Für diesen Brauch kann sowohl die Hochzeitskerze, aber auch jede andere beliebige Kerze verwendet werden, da sie nur zum symbolischen Akt für gute Wünsche genutzt wird.

✔ **Ringe am Faden:** Ähnlich wie bei dem Ritual des Wunschlichts wird hier von Gast zu Gast ein Faden gesponnen, auf dem die Ringe des Brautpaares geschoben werden. Die Ringe werden dann von jedem Gast entlang des Fadens nach vorn geschoben. So kann jeder Gast die Ringe einmal berühren und dem Brautpaar beziehungsweise den Ringen, die für die unendliche Liebe des Brautpaares stehen, etwas wünschen. Dabei spiegelt der Faden den Lebensweg des Brautpaares mit allem, was das Leben mit sich bringen wird, wider.

✔ **Wunschsteine:** Ein sehr schönes Ritual, das auf verschiedene Weisen ausgeführt werden kann, sind sogenannte Wunschsteine. Hierbei kann auch eine große Anzahl von Gästen mit in die Zeremonie eingebunden werden.

Zum einen können die Steine im Vorfeld an die Gäste, die die Steine mit individuellen Wünschen beschriften, verteilt werden und auf dem Weg zum Altar links und rechts neben den Bänken auf dem Boden platziert werden. Die guten Wünsche begleiten das Paar dann bereits auf dem Weg zum Altar.

Oder Sie verwenden die Wunschsteine als eine Art Gästebuch, sodass die Gäste zum Beispiel während des Sektempfangs ihre Glückwünsche und Wünsche auf den Steinen hinterlassen können. Die Steine legen Sie dann später wahlweise im Garten, im Haus oder in einem schönen Sammelgefäß, zum Beispiel aus Glas, aus. Sehr schön sehen die Steine auch in einem Wohnzimmertisch mit Einsatz aus, auf den dann eine Glasplatte gelegt wird. So haben Sie jeden Abend, wenn Sie gemütlich zu zweit auf der Couch sitzen, die guten Wünsche Ihrer Gäste vor Augen.

✔ **Der Thorshammer:** Neben Kerzen, Fäden und Steinen übernimmt ein weiterer Kultgegenstand die Funktion eines Schutz- und Weihesymbols für Ehe und Familie, der sogenannte Thorshammer. Was um Himmels willen ist denn das, fragen Sie sich jetzt. Eine kleine Reise in die Geschichte verrät Ihnen, um was es hier genau geht.

Thor, der nordische Donnergott, trug als Waffe einen Hammer namens Mjölnir. Die Form des Hammers hatte sich aus der älteren, im gesamten indogermanischen Raum verbreite-

9 ▶ Die freie Trauzeremonie

ten Form der Doppelaxt entwickelt. Ein Thorshammer ist durch die Form der doppelten Axt nicht nur eine der mythischen Waffen jener Zeit, sondern soll auch der Weihe des Brautpaares dienen. Neben dem Symbol der Kraft der Waffe wird der Thorshammer der Braut auch als Symbol der Zeugungs- und Geschlechtskraft während der Zeremonie in den Schoß gelegt. Es soll auf baldigen, ehelichen Nachwuchs hoffen lassen.

Eheliche Weihesymbole wie der Thorshammer sollen die gesamte Zeremonie aktiv begleiten und so sinnbildlich mit den guten Wünschen für das junge Paar aufgeladen werden, um dann zu jedem späteren Zeitpunkt als Erinnerung, Fixpunkt, Stütze sowie Kultgegenstand für weitere Feste dienen zu können.

Eine schöne Idee ist es, Gruppen zu bilden, wie »Familie«, »Freundesgruppen« und so weiter, die sich bereits vor der Zeremonie gemeinsam einen guten Wunsch beziehungsweise einen Segensspruch überlegen und diesen dann laut während der Trauung durch einen Gruppensprecher vortragen lassen. Alternativ verkündet die Gruppe, während ein Mitglied der Gruppe den Thorshammer in der Hand hält, im Chor den guten Wunsch beziehungsweise den Segen. Anschließend wird der Thorshammer an die nächste Gruppe weitergegeben.

Der Hammer kann nach den ganz persönlichen Wünschen gestaltet werden, zum Beispiel kann der Familienname eingraviert werden, das Hochzeitsdatum, ein ganz persönlicher Spruch und so weiter. Ein Schmied oder spezieller Handwerker kann dies übernehmen.

Die musikalische Begleitung zur Zeremonie

Musikalische Untermalungen geben jeder Hochzeit noch einmal eine ganz persönliche Note, denn oft wählen Brautpaare ein Lied beziehungsweise mehrere Lieder aus, mit denen sie besonders schöne und romantische Erinnerungen verknüpfen. Musik verbindet Menschen, Musik steht für Emotionen und besondere Augenblicke. Bei der Wahl der Lieder sind Sie grundsätzlich völlig frei. Überlegen Sie gemeinsam, an welche Lieder Sie gute Erinnerungen knüpfen und welche Momente Sie sich an Ihrem Hochzeitstag noch einmal ganz besonders durch eine musikalische Einlage in Erinnerung rufen wollen.

Neben dem oder den Songs, die Sie zur Trauung singen oder spielen lassen wollen, stellt sich natürlich auch die Frage, ob Sie sich rein instrumentale Einlagen wie zum Beispiel eine Saxofon-Piano-Kombination oder auch Streichinstrumente, Musik vom Band oder eine Mischung aus mehreren Komponenten wünschen.

 Von Künstlern, die live singen oder Instrumente spielen, sollten Sie sich immer Hörproben schicken lassen. Das sollte in der Regel kein Problem sein – wenn doch, dann suchen Sie sich vielleicht lieber einen anderen Künstler oder fragen nach, ob die Möglichkeit besteht, vor der eigenen Hochzeit einmal live bei einem Auftritt mit dabei zu sein.

Besprechen Sie mit den Musikern auch, welche Musikrichtung gesungen und gespielt werden kann. Nicht alle Sänger oder Sängerinnen können jede Stilrichtung gleich gut singen beziehungsweise sind in dieser Richtung ausgebildet. Lassen Sie sich von dem Künstler beraten, welche Lieder von ihm oder ihr gut gesungen und gespielt werden können. Wählen Sie unter anderem ein Lied zum Einzug und zum Auszug aus (also dann, wenn Sie nach der Trauung durch die Gemeinde hindurch als Brautpaar gemeinsam ausziehen). Lieder können auch zum Ringwechsel, einer symbolischen Handlung, zum Ja-Wort oder an anderen Stellen, die Sie während der Trauung besonders hervorheben wollen, gespielt werden.

 Musikalische Einlagen bleiben Ihnen und Ihren Gästen mit am längsten in guter Erinnerung. Nehmen Sie sich für die gemeinsame Auswahl der Musikstücke, die Sie sich während Ihrer Trauung wünschen würden, also besonders viel Zeit.

Hier einige Vorschläge für Lieder, die auch rein instrumental eine besondere und feierliche Atmosphäre schaffen:

✔ *Ballade pour Adeline* von Richard Clayderman

✔ *Canon in D* von Johann Pachelbel

✔ *Hochzeitsmarsch* von Felix Mendelssohn-Bartholdy

✔ *Nobody knows you* von Eric Clapton

✔ *Tears in Heaven* von Eric Clapton

✔ *Nothing Else Matters* von Metallica

✔ *Unchained Melody* von Richard Clayderman

✔ *Hallelujah* von Kurt Nilson

Symbolische Handlungen und Rituale zur Trauzeremonie

Symbolische Handlungen, die den Tausch der Ringe oder das Ja-Wort noch einmal unterstreichen, sind bei den meisten Brautleuten sehr beliebt. Nur wenige Brautleute verzichten auf diesen Akt, aber auch das bleibt Ihnen, wie bei so vielen Dingen in der freien Trauzeremonie, vollständig überlassen. Überlegen Sie sich bei der Wahl der symbolischen Handlung, wofür diese stehen soll und welche Handlung für Sie am besten passt. Im Folgenden eine kleine Auswahl möglicher Handlungen und Rituale, die erweitert, verkürzt oder miteinander kombiniert werden können:

✔ **Die Brautbecher-Legende:** Ein einflussreicher Edelmann hatte einst eine wunderschöne Tochter. Kunigunde, so hieß das schöne Kind, liebte einen jungen Goldschmied ohne Wissen ihres Vaters. Unter all den zahlreichen, standesgemäßen Freiern gab es keinen, der sie die Liebe zu dem jungen Goldschmied vergessen ließ. Schließlich offenbarte sie sich ihrem mächtigen Vater, der vor Zorn bebte und den jungen Mann sofort einkerkern ließ. Kunigunde wurde alsdann vor Liebeskummer krank und es schien, als würde das Herz ihres Vaters von Tag zu Tag härter.

Doch eines Tages schlug er vor: »Wenn dein Goldschmied einen Becher schmieden kann, aus dem zwei zur gleichen Zeit trinken können ohne einen Tropfen zu verschütten, sollst du ihn zum Manne haben.« Insgeheim war er davon überzeugt, dass der junge Mann die-

9 ➤ Die freie Trauzeremonie

ser Aufgabe nicht gewachsen war und Kunigunde sodann von ihm ablassen würde. Doch er rechnete nicht mit dem Ehrgeiz und Einfallsreichtum eines Mannes, der durch die Liebe beflügelt, in nur wenigen Tagen ein wunderbares Gefäß formte, das aus zwei Bechern bestand.

Der untere Becher stand quasi auf dem Kopf und hatte die Form seiner schönen Geliebten, ihr langer, weiter Rock bildete die eigentliche Becherform, ihr schlanker Oberkörper den Stiel des Bechers. Zwischen ihren nach oben gestreckten Händen hielt sie einen weiteren, kleineren Becher. Dieser Becher hatte die Form einer Schale und konnte zwischen den Händen der Figur geschwenkt werden. So war es ein Leichtes für zwei Menschen, gleichzeitig aus diesem Gefäß zu trinken, ohne auch nur einen Tropfen zu vergießen. Der Edelmann musste so sein Wort einlösen und seinen Segen zur Hochzeit von Kunigunde und dem jungen Goldschmied geben. Und sie lebten glücklich bis zum Ende ihrer Tage.

Diese Legende wird oft von Brautpaaren gewählt, die am Anfang ihrer Liebe einige Hindernisse oder gar Hürden zu nehmen hatten. Nach dem Vorlesen dieser Legende durch den Redner oder auch zum Beispiel eines Trauzeugen oder eines Familienangehörigen trinken die Brautleute dann gemeinsam Wein oder ein anderes Getränk ihrer Wahl aus dem Brautbecher.

✔ **Elemente der Erde:** Dieses Ritual ähnelt dem Ritual des Thorshammer, auch hier empfiehlt es sich – besonders bei einer größeren Gästezahl –, Gruppen zu bilden. Nicht der Thorshammer spielt hier die Hauptrolle, sondern die Elemente unserer Erde. Dieses Ritual stammt aus der Historie, dass die Ehe von Mann und Frau ein Mosaikstein in der lange Kette unserer Ahnen ist. Kinder sind die Bindeglieder zwischen uralter Vergangenheit und fernster Zukunft. Aus diesen Wurzeln schöpfen die Liebenden den Sinn ihres Lebens und die Kraft, eine neue Familie und Nachkommenschaft entstehen zu lassen.

Eine solche Hochzeitszeremonie ist erdverbunden und traditionsreich, es werden ritualisierte Symbole verwendet, auf die weiter hinten in diesem Kapitel näher eingegangen wird. Im Zuge Ihrer Hochzeit wird mit diesen Symbolen ein Schutzbund errichtet. Die Zeremonie gibt Ihnen und Ihrer Verbindung eine ganz besondere Lebenskraft, sodass Sie alle Höhen und Tiefen im Leben gemeinsam meistern. Sie sind bei diesem Ritual voller Vertrauen auf die positiven Kräfte und Möglichkeiten der Natur. In Ihrem Eheversprechen wird darum gebeten, dass diese Kräfte an Ihrem Hochzeitstag ganz besonders präsent sind und den Ort des Versprechens segnen, stärken und schützen.

Ein Teil der Zeremonie wird sein, dass eine von Ihnen auserwählte Person (dies kann wieder jemand sein, der stellvertretend für eine Gruppe, zum Beispiel die der Familie steht) einen Kreis aus Blumen rund um den Altar streut – als optisches Symbol für den Schutzbund. Erst dann tritt die Braut an den Altar heran. Der Bräutigam wird sodann vom Redner gefragt, ob er bereit ist, die Braut in seine Obhut zu nehmen. Dabei kann sie allein an den Altar treten oder von jemandem geführt werden.

Die Elemente, die in den Schutzkreis aufgenommen werden, können ein Gefäß mit Räucherwerk für die Luft, eine brennende Fackel für das Feuer, ein Krug mit Wasser und eine Schale mit Erde und einem kleinen Bäumchen (zum Beispiel aus der Heimat des Brautvaters) sowie auch Symbole für Männlichkeit und Weiblichkeit sein.

✔ **Das Sandgießen:** Das Sandgießen oder die Sandzeremonie, ein Hochzeitsbrauch aus den USA, gewinnt in Europa immer mehr an Beliebtheit und bietet eine tolle Alternative zur traditionellen Hochzeitskerze. Vor allem für Paare, die sich für eine freie Trauung entscheiden oder von einer Hochzeit am Strand träumen, bietet sich dieses Ritual an. Außerdem bietet dieser Brauch die Möglichkeit, weitere Familienmitglieder wie die Kinder, Eltern oder Trauzeugen einzubinden. Wie die Hochzeitskerze symbolisiert auch der Sand die Zusammengehörigkeit des Brautpaares.

Die Braut und der Bräutigam erhalten jeweils ein Gefäß gefüllt mit Sand, wobei der Sand in den beiden Gefäßen je eine andere Farbe hat. Werden weitere Familienmitglieder integriert, so erhalten diese ebenso eine Vase mit einer wiederum anderen Farbe.

Nach dem Ringtausch wird die Bedeutung dieser Sandzeremonie erklärt, anschließend werden die Vasen übergeben und das Sandgießen kann beginnen. Durch das gemeinsame Gießen entsteht durch die unterschiedlichen Farben ein verschlungenes Muster, das die neu geformte Einheit der frischgebackenen Eheleute darstellt.

✔ **Die Hochzeitskerze:** Die Hochzeitskerze – oder auch Traukerze genannt – ist das Symbol für die Liebe. Sie soll die Gebete für das Brautpaar in den Himmel tragen und hat eine religiöse Bedeutung. Der Brauch wurde schon im Mittelalter verwendet und die Hochzeitskerze wird von der Braut, den Brautleuten als Paar oder dem Kerzenkind (wahlweise auch dem Blumenmädchen) in die Kirche beziehungsweise in diesem Fall zum Altar gebracht. Zweck ist, böse Geister zu vertreiben. Die Kerze soll Ihre Liebe widerspiegeln und die Herzen der Mitmenschen erwärmen.

Nach der Hochzeit stellen Sie die Hochzeitskerze in Ihre Wohnung und zünden sie immer dann an, wenn es mal in der Beziehung kriselt oder Redebedarf besteht. Die Kerze ist also auch eine Art Friedenskerze für Ihre Beziehung zueinander.

Traditionell wird eine Hochzeitskerze mit christlichen Symbolen wie dem Kreuz geschmückt. Auch weiße Tauben oder Goldringe werden oft verwendet. Zusätzlich kann auf Ihrer Traukerze auch ein Hochzeitsgedicht oder ein Spruch stehen, der die Kerze vollendet.

Bevorzugen Sie eher eine moderne Variante einer Hochzeitskerze, so ist das gar kein Problem. Die Kerzen können selbstverständlich nach Belieben individuell gestaltet werden. So spiegelt sich auch Ihr individueller Stil Ihrer Hochzeit wider.

Sie können auch von einem Familienmitglied den Text zur Hochzeitskerze lesen lassen. Dieser kann wie folgt lauten:

Liebe ...., lieber ....,

Ich bin eure Hochzeitskerze.

Mein Licht soll dabei sein bei eurer Ehe.

Mehr als ein Geschenk bin ich, ein stiller Zeuge im Hause eurer Liebe.

Wenn die Sonne scheint, brauche ich nicht zu brennen.

Aber wenn es dunkel wird, wenn Sturm aufkommt,

dann zünde mich an.

9 ▶ Die freie Trauzeremonie

Wenn der erste Streit ausbricht,

wenn dich insgeheim Kummer quält,

dann zünde mich an.

Wenn der erste Schritt zu tun ist, und du weißt nicht wie,

wenn du eine Aussprache suchst, aber keine Worte findest,

wenn du umarmen möchtest und deine Arme sind wie gelähmt,

dann zünde mich an.

Mein Licht ist ein Zeichen, hell und klar.

Es spricht eine leichte Sprache,

die der andere gleich versteht.

Ich bin eure Hochzeitskerze,

ich habe euch beide gern.

Lasst mich brennen, wann und wie lange es sein muss,

bis ihr beide gemeinsam, Wange an Wange

mein Licht ausblasen könnt.

Organisation im Freien

Nicht nur bei der Vorbereitung auf die freie Trauung sind organisatorische Aspekte zu beachten. Grundsätzlich ist, egal wie Sie sich das Ja-Wort geben, mit einer Hochzeit immer ein organisatorischer Aufwand verbunden. Allerdings ist er bei einer freien Trauung in der Regel sehr viel höher anzusetzen, als das bei einer standesamtlichen oder kirchlichen Trauung der Fall ist. Grundsätzlich sind zwei Alternativen zu unterscheiden.

Die erste Alternative ist, dass Sie eine Location beziehungsweise einen Caterer oder ein Eventunternehmen gebucht haben, die regelmäßig freie Trauungen an dem von Ihnen ausgesuchten Ort durchführen. In diesem Fall erhalten Sie in der Regel durch die Verantwortlichen vor Ort eine Menge nützlicher Tipps und Hinweise, wie der Aufbau und der mögliche Ablauf einer freien Trauung aussehen können. Ebenso wird man Ihnen mehr oder weniger automatisch das notwendige Equipment für die freie Trauung und die logistischen Elemente, wie das Verlegen von Strom für die Musiker und so weiter, bei einem ausführlichen Planungsgespräch erläutern.

In der Regel ist eben dann auch das benötigte Equipment vorhanden, das heißt, es sind ausreichend Stühle mit weißen Hussen und wahlweise Schleifen, alternativ auch Bänke oder weiße Holzstühle, ein Tisch als Altar und die Brautstühle vorhanden. Entweder stellt die Location diese Dinge oder der Caterer beziehungsweise das Eventunternehmen hat feste Bezugsquellen und Lieferbedingungen, sodass Sie sich als Brautpaar nicht mehr darum kümmern beziehungsweise nicht mehr recherchieren müssen. Unter Umständen kann auch ein roter oder weißer Teppich vor Ort ausgeliehen und fachmännisch verlegt werden.

153

Vielleicht wollen Sie sich an einem Ort oder in einer Location das Ja-Wort geben wollen, in der dies noch nie oder zumindest sehr selten durchgeführt wurde und die Verantwortlichen vor Ort sich ebenso wenig mit den Inhalten und dem Ablauf einer solchen Zeremonie auskennen wie Sie. Dann sollten Sie überlegen, ob Sie unter Umständen auf die Hilfe eines professionellen Hochzeitsplaners zurückgreifen oder sich an jemanden wenden, zu dem Sie Vertrauen haben und bei dem Sie sich sicher sind, dass er der organisatorischen Aufgabe auch gewachsen ist.

An wen Sie sich auch immer wenden, lassen Sie sich bestätigen, dass bereits mehrere freie Trauungen geplant wurden, fragen Sie nach Referenzen von Brautpaaren, die Sie kontaktieren können, oder nach Fotos, auf denen Sie sich zumindest einen optisches Eindruck von der Organisation vor Ort machen können. Bedenken Sie aber, dass Fotos Ihnen zwar eine tolle Dekoration und ein lächelndes Brautpaar zeigen, jedoch nicht dafür einstehen können, dass Abläufe reibungslos vonstattengingen und die Einlagen sowie die Rede, die Sie sich wünschen, auch auf Sie zugeschnitten wurde. Eine oder zwei Referenzen von echten Brautpaaren sind also, wenn Sie sich noch unsicher sind, ob Sie den richtigen Dienstleister buchen, sehr sinnvoll.

Fester Boden unter den Füßen

Widmen wir uns nun einigen praktischen Fragen rund um eine freie Trauung und nehmen an, dass die Trauzeremonie im Garten eines von Ihnen ausgesuchten kleinen Schlosses oder einer alten Burg stattfinden soll, bei der Sie nur die Räumlichkeiten anmieten können und den Rest, wie das Equipment für die Trauung und die Feier sowie das Catering, selbst organisieren müssen. Gehen wir der Einfachheit halber von 100 Hochzeitsgästen aus, einer Sängerin, die Halbplayback singt, und einer Schlecht-Wetter-Alternative, mit anderen Worten, es gibt auch einen Raum im Schloss, in den Sie bei schlechtem Wetter ausweichen können, um dann dort die Trauung vollziehen zu können.

Zunächst sollten Sie im Außenbereich prüfen, wie die Bodenverhältnisse sind. Möchten Sie Stühle oder Bänke aufbauen und der Boden ist sehr uneben, kann es unter Umständen schwierig sein, Bänke dort so hinzustellen, dass sie nicht rückwärts umkippen, wenn Ihre Gäste Platz nehmen wollen. Bedenken Sie auch, dass die meisten Damen mit dünnen Absätzen daherkommen und unter Umständen im Morast versinken, wenn Sie vorher nicht einen kleinen Hinweis hierzu in die Einladung aufgenommen haben. Ebenso sollten Sie die älteren Gäste berücksichtigen, die nicht mehr gut zu Fuß sind; wählen Sie ausreichend Platz zwischen den Reihen, sodass jeder Gast bequem an den anderen vorbeikommt, falls er während der Trauung einmal aufstehen oder bei der Platzsuche an den anderen Gästen vorbeimuss.

Versammeln sich die Gäste bereits vor der Trauung an den Sitzplätzen und bieten Sie zu diesem Zeitpunkt noch keinen Getränkeservice im Außenbereich an, so stellen Sie bei heißem Wetter kleine Wasser- und Saftflaschen in schönen silbernen Coolern auf einem Tisch mit einem kleinen Hinweisschild bereit, sich gerne bedienen zu dürfen. Unter Umständen ist der Weg von der Trauung bis zum Schloss und zurück für einige Gäste schwer zu Fuß zurückzulegen, sodass Sie hier einen guten und auch günstigen Mittelweg gefunden haben, die Gäste auch vor der Trauung bereits mit Getränken zu versorgen.

9 ▸ Die freie Trauzeremonie

Bei »bestem« Wetter

Haben Sie die Frage nach den Bodenverhältnissen geklärt, so überlegen Sie auch, wie die Schatten- und Lichtverhältnisse sind und in welche Richtung Sie die freie Trauung deshalb am besten aufbauen. In der Regel wählen Sie einen Standort für den Altar aus und platzieren dann links und rechts davon Sitzreihen in gleicher Zahl. Wenn Sie einen Fotografen engagiert haben, können Sie ihn um Rat fragen, in welcher Richtung das Licht für das Fotografieren unter Umständen am besten ist.

Gehen wir dann einmal von gutem Wetter aus, oder auch von sehr gutem – um nicht zu sagen, von sehr heißem – Wetter. Weder Sie noch Ihre Gäste wollen bei gefühlten 40 Grad im Schatten und stechendem Sonnenschein gute 45 Minuten, so lange dauert in der Regel eine freie Trauung, dahinbrüten und sich nur noch wünschen, es möge vorbei sein.

Sollte es vor Ort keine Schatten spendenden Bäume geben, stellen Sie sicher, dass Sie Sonnenschirme auf dem Untergrund platzieren können und über dem Altar vielleicht ein kleines, nach allen Seiten hin offenes, weißes Zelt aufgebaut werden kann. Sonnenschirme und Zelt müssen fest verankert werden können – es muss ja nicht zwingend windstill, sondern kann auch bei heißen Temperaturen sehr böig sein. Ein durch die Gegend fliegender Sonnenschirm ist nicht besonders hilfreich, um die Stimmung vor Ort zu heben. Auch die Musiker müssen im Schatten sitzen können. Abgesehen davon, dass auch Künstler schwitzen und ungern in der Sonne braten, sind es oft auch die Instrumente, die unter Wettereinflüssen leiden können. Bedenken Sie auch, dass Sie Strom zu den Musikern legen und die Kabel und Verbindungen vor Nässe schützen müssen.

Fliegende Teppiche

Ein roter oder weißer Teppich macht viel her und verleiht dem ganzen Aufbau der freien Trauung eine sehr festliche und romantische Atmosphäre. Schließen Sie für einen Moment die Augen und sehen Sie sich in Gedanken den Mittelgang zwischen Ihren Gästen – begleitet von Ihrem Vater oder einem anderen Vertrauten – bei einem passenden Musikstück Richtung Altar schreiten!

Ein Teppich kann grundsätzlich jede Breite und Länge haben, die Sie sich wünschen. Sie können Teppiche jeder Farbe im Baumarkt kaufen und auch zuschneiden lassen. Bevor Sie jedoch am falschen Ende sparen, überlegen Sie sich gut, wer den Teppich, der nicht selten 2 Meter breit und bis zu 20 Meter lang sein kann, transportiert, ausrollt und befestigt. Warum denn befestigen, fragen Sie sich jetzt vielleicht. Nun, wir müssen in Deutschland immer davon ausgehen, dass das Wetter in letzter Minute doch noch umschlägt und auch hier tragen Böen, die den Teppich anheben, nicht unbedingt zum Gelingen der freien Trauzeremonie bei.

Viele Brautpaare wählen zum Beispiel auch floralen Schmuck, der in weißen Eimern an fest einzementierten Stangen befestigt ist. Die kleinen Blumen darin säumen den Weg zum Altar, was wirklich sehr edel und romantisch aussieht – nur leider nicht, wenn der Teppich von einer Windböe immer wieder erfasst und seitlich angehoben wird. Dann kippen selbst zementierte Eimer um und liegen der Braut auf ihrem Weg zum Altar vor den Füßen herum.

Besprechen Sie mit der Location oder auch dem Caterer beziehungsweise Eventunternehmen, ob Sie über diesen den Teppich beziehen und auch verlegen lassen können. Auf einer Wiese werden dann in der Regel an den Enden und an den Seiten durch den Teppich Eisenstäbe in den Boden geschlagen. So kann in gar keinem Fall etwas passieren. Auch müssten Sie den Teppich bei eigener Anlieferung wieder mitnehmen und entsorgen. Letzten Endes sehr viel Aufwand für wenig gespartes Geld.

Schließlich machen auch das Beschaffen weiterer Dekoelemente wie Lichterketten, Rosenbögen am Altar, Blumen an den Stühlen und insbesondere der Bezug, also das Ausleihen, von Stühlen, Tischen und Stuhlhussen eine freie Trauung zu einer echten Herausforderung hinsichtlich der Organisation und Koordination aller Beteiligten. Bereiten Sie sich anhand von Checklisten, wie Sie sie zum Beispiel im Anhang dieses Buches finden, zum einen selbst gut vor und holen Sie sich dann kompetente Partner, die Ihnen viele der anstehenden Aufgaben vor dem Tag und insbesondere am Tag der Hochzeit abnehmen können.

Teil IV

Das schöne Drumherum

In diesem Teil ...

In diesem Teil des Buches stelle ich Ihnen eine ganze Reihe schöner Hochzeitstraditionen vor, aus denen Sie für sich die schönsten auswählen können. Außerdem erfahren Sie, welche Personen an Ihrem großen Tag besondere Aufgaben übernehmen und was Sie bei der Auswahl dieser Personen beachten sollten. Und es geht endlich auch um die Wahl des Brautkleides und des Anzugs für den Bräutigam. Sie erhalten einen Überblick über die zahlreichen verschiedenen Schnitte und Stile und auch viele Tipps für passende Accessoires. Schließlich gehören zum schönen Drumherum auch die richtigen Dienstleister. Auch hierzu finden Sie viele Anregungen und Hinweise, sodass bei Ihrer Hochzeit auf jeden Fall für gute Stimmung gesorgt ist.

Hochzeitstraditionen und wichtige Statisten

In diesem Kapitel

▶ Den Polterabend organisieren

▶ Traditionen und ihre Bedeutung kennenlernen

▶ Besondere Aufgaben des Bräutigams

▶ Alles über Trauzeugen, Blumenkinder, Bridesmaids und Groomsmen

▶ Den Geschenketisch perfekt organisieren und Dienstleister finden

Zu einer Hochzeit gehören nicht nur jede Menge Vorbereitungszeit und Planungsaufwand, sondern auch viele besondere und landestypische Traditionen. Einige Traditionen sind bereits in Vergessenheit geraten oder werden von den Brautleuten erst gar nicht recherchiert. Schade, wie ich finde, denn genau das macht Ihre Hochzeit zu etwas ganz Besonderem. Lassen Sie sich also von den Anregungen in diesem Kapitel inspirieren! Seien Sie außerdem gespannt, welche Aufgaben Sie als Bräutigam gegenüber Ihrer Braut haben. Doch auch Ihre Trauzeugen, Bridesmaids und Groomsmen sollten sich der großen Verantwortung ihrer Aufgaben bewusst sein. Trauzeuge sein heißt nämlich nicht nur, am Tag der Hochzeit Zeuge der Trauung zu sein. Doch zunächst dreht sich nun erst einmal alles um die Feier vor der Feier.

Der Polterabend

»Wen sollen wir bloß alles zu unserer Hochzeit einladen?« Sicherlich kennen Sie das Problem, dass Sie spätestens dann, wenn Sie die Namen Ihrer Gäste zu Papier bringen, plötzlich vor einer viel größeren Anzahl von Gästen stehen, als Sie eigentlich einladen wollen oder auch können. Sie diskutieren unter Umständen bereits jetzt miteinander, dass die Nachbarn des guten Anstands halber eingeladen werden müssen und Sie einige Ihrer Kollegen nicht wirklich auf Ihrer Hochzeit das Tanzbein schwingen sehen wollen. Auch Onkel Gerd, zu dem Sie schon seit Jahren keinen Kontakt haben, an dem aber Ihre liebe Oma sehr hängt, steht erst einmal auf Ihrer Gästeliste. Ein Polterabend kann Ihnen helfen, aus dieser Problematik wieder herauszukommen – und sorgt obendrein noch dafür, böse Geister zu vertreiben!

Traditionen des Polterabends

Gepoltert wird mit ausrangiertem Porzellan, Blumentöpfen und Keramik wie beispielsweise Fliesen, ausgedienten Waschbecken oder auch Toilettenschüsseln. Das lautstarke Getöse soll die bösen Geister in die Flucht schlagen, die Ihrem glücklichen Start in die Ehe ein Bein stellen wollen. Durch das Werfen von metallenen Gegenständen wie Blechdosen oder Kronkorken kann der Polterlärm noch weiter verstärkt werden. Sie als Brautpaar haben nun eine erste harte Probe zu bestehen, indem Sie gemeinsam die Scherben kehren müssen. Damit stellen Sie jedoch unter Beweis, dass Sie künftige Probleme und Schwierigkeiten gemeinsam bewältigen können.

 Glas oder Spiegel sind beim Polterabend tabu, denn Glas steht für das Glück, das nicht zerstört, sondern erfahren werden soll. Ein zerbrochener Spiegel steht für sieben Jahre Pech – nicht gerade das, was sich Brautpaare wünschen!

Die Braut übernimmt auf dem Polterabend oft das Zusammenfegen der Scherben, wobei der Bräutigam die zusammengekehrten Scherben in die Mülltonne oder einen Container wirft. Schaufel und ein guter Besen sollten also am Polterabend bereitstehen.

 Achten Sie darauf, dass sich einige Poltergäste keinen Spaß daraus machen, den Besenstil durchzusägen oder die Mülltonne mit den entsorgten Scherben immer wieder auszuleeren. Haben Sie also ein wachsames Auge auf Mülltonne und Besenstil (oder besorgen Sie zumindest ein Vorhängeschloss für die Mülltonne).

Ist das Auffegen einmal erledigt, beginnt die Feier – Sie müssen also nicht den ganzen Abend lang Scherben kehren!

Wer zu einem Polterabend eingeladen wird

Im Gegensatz zu Ihrer Hochzeit, zu der ausschließlich geladene Gäste kommen, bedarf es bei einem Polterabend keiner (offiziellen) Einladung. Oft kommen weitaus mehr Gäste zu einem Polterabend als geplant, denn wer das Brautpaar kennt, ist traditionell grundsätzlich berechtigt, an diesem Abend zu erscheinen.

Keine Panik, das hört sich im ersten Moment chaotischer an, als es tatsächlich ist. Werfen Sie einen Blick auf Ihre Gästeliste für die Hochzeit (ich gehe einmal davon aus, dass Sie eben nicht alle dort notierten Personen einladen wollen beziehungsweise können), dann haben Sie schon einmal einen Anhaltspunkt, wer alles zu Ihrem Polterabend erscheinen könnte. Überlegen Sie dann, wer vielleicht zu diesem Zeitpunkt wegen Urlaub, Ferienzeit oder anderen Verpflichtungen gar nicht zu Ihrer Hochzeit kommen kann. Wer hat kleine Kinder und würde tatsächlich nur kurz, wenn überhaupt, vorbeisehen? Wenn Sie sich darüber Gedanken gemacht haben, wird sich die anfangs sehr ungewisse Gästezahl in eine »Von ... bis«-Gästezahl verwandeln.

Zu einem Polterabend können Sie auf unterschiedlichen Wegen einladen. Wenn Sie auf einer Veranstaltung viele Freunde und Bekannte treffen, können Sie diese Gelegenheit nutzen, um einen Großteil der Gäste gleichzeitig anzusprechen. Sie können auch eine E-Mail oder eine Nachricht an Ihren Freundes- und Bekanntenkreis mit dem Datum und der Uhrzeit des Events verschicken. Einladungen, die nicht gedruckt werden, sparen Kosten ein und schonen Ihr Budget. Laden Sie aber nicht allzu anonym ein. Facebook zum Beispiel ist ein extrem beliebtes Medium, um zu Veranstaltungen aller Art einzuladen, allerdings leidet bei einer solchen Sammeleinladung der direkte Kontakt und auch die Kommunikation untereinander – gerade bei einem solch wichtigen, persönlichen und oft auch familiären Ereignis.

10 ➤ Hochzeitstraditionen und wichtige Statisten

Unabhängig davon, auf welchem Wege Sie Ihre Freunde einladen, haben Sie jedoch immer die Möglichkeit, via sozialem Netzwerk wie Facebook oder einer eigens dafür eingerichteten E-Mail-Adresse darum zu bitten, für den Polterabend zu- oder abzusagen.

Hören Sie sich bei fehlenden Rückmeldungen in Ihrem Umkreis um und fragen Sie im Freundeskreis nach, wer alles an dem besagten Abend kommen wird. Manche Freunde können Ihnen pauschal für eine ganze Gruppe von Gästen zu- oder absagen.

Den Polterabend planen

Einen Polterabend können und müssen Sie nicht bis in das kleinste Detail planen. Es ist eher eine lockere Runde mit Freunden und Bekannten, ungezwungen und ohne »Etikette«. Kaufen Sie die Getränke am besten *auf Kommission*, sodass Sie nicht verbrauchte Getränke gegen Gutschrift wieder zurückbringen können und zugleich für eine größere Gästezahl gewappnet sind. Sofern Sie warmes Essen anbieten, bestellen Sie große Gulaschkanonen oder Chili con Carne mit Brot. Dies können Sie zu einem geringen Preis auch für eine große Gästezahl vorrätig halten. Ist das warme Essen verbraucht, so bieten sich Snacks und Cracker an, die Sie auf den Tischen verteilen können. Niemand erwartet, an diesem Abend bedient zu werden.

Poltern Sie mindestens eine Woche vor der Hochzeit, so ersparen Sie sich müde Augen am Tag der Hochzeit und Stress, die Berge von Scherben noch zwischen den letzten Vorbereitungen auf Ihren großen Tag entsorgen zu müssen! Wenn Sie sich Sorgen machen, dass sich Gäste von Ihrem Polterabend »ausgeladen« fühlen, da sie eine weite Anreise haben und nicht schon eine Woche vor der Hochzeit anreisen wollen, so überlegen Sie, um wie viele Gäste es sich in diesem Fall überhaupt handelt und ob Sie für diese dann eine besondere Lösung finden.

Handelt es sich dabei um viele enge Familienmitglieder und auch gute Freunde, so veranstalten Sie einen sogenannten Get-together-Abend. Das kann ein leckeres Essen beim Italiener sein oder auch eine gemütliche Runde im eigenen Garten oder in einer urigen Kneipe.

Wie auch immer Sie sich entscheiden: Sie sollten mit der Entscheidung, wann und wie Sie das Organisatorische rund um den Polterabend umsetzen, zufrieden sein. Suchen Sie mit den Gästen und mit Ihrem Partner das Gespräch, um herauszufinden, welche Alternative am besten zu Ihnen beiden und Ihren Gästen passt.

Viele der Gratulanten nehmen den Polterabend als Anlass, Ihnen Geschenke zu übergeben. Stellen Sie also einen Geschenketisch auf und bitten Sie jemanden aus dem Familien- oder Freundeskreis, im Laufe der Feier die Geschenke regelmäßig in Ihr Haus, Ihre Wohnung oder in Ihr Auto zu räumen. Es kann auch sein, dass Ihnen Gäste, die auch zur Hochzeit eingeladen sind, bereits am Polterabend ihre Geschenke übergeben wollen. In der Regel ist es aber so, dass diese Gäste das Geschenk auch erst am Hochzeitstag überreichen. Nicht selten schenken Ihnen einige Gäste etwas gemeinsam oder haben eine kleine Rede zu einem Geschenk vorbereitet, die aber erst an Ihrem großen Tag gehalten werden soll.

Markieren Sie unauffällig, von wem welche Geschenke sind und welche Umschläge dazu gehören. Kleine Zettel oder ein einfacher Edding sind gute Begleiter und helfen Ihnen, sich später bei den Gästen für das Geschenk zu bedanken. (Im Nachhinein ist es oft sehr schwierig, Umschläge, Blumen, Ballons oder anderen Beigaben zu Geldgeschenken richtig zuzuordnen.) Diese Aufgabe kann jemand aus der Familie oder – sofern engagiert – Ihr Hochzeitsplaner übernehmen.

Außer Haus oder zu Hause poltern

Wenn Sie nicht die räumlichen Möglichkeiten haben, zu Hause zu poltern, suchen Sie sich eine Location, in der das Poltern auch wirklich erlaubt ist. Sprechen Sie mit dem Wirt und fragen Sie, ob es aus Lärmschutzgründen eine zeitliche Begrenzung für das Poltern gibt. Können Sie die Scherben vor Ort entsorgen und können Sie in einem Raum weiterfeiern, wenn es regnet? In Deutschland können Sie nie ganz sicher sein, dass das Wetter mitspielt. Ohne einen Raum, in dem Sie auch bei Regen weiterfeiern können, sollten Sie Absprachen treffen, ob Sie kurzfristig noch ein Partyzelt vor Ort aufbauen können. Dabei gilt es, nicht nur Absprachen mit dem Wirt vor Ort zu halten, sondern auch mit einem Zeltverleiher zu sprechen. Im besten Fall kann Ihnen der Wirt eine alternative Überdachung für den Außenbereich anbieten. Sprechen Sie mögliche Alternativen und die damit verbundenen Kosten an.

Fragen Sie ebenso nach, ob Kosten für die Entsorgung des Polterguts anfallen und wie es sich mit selbst mitgebrachten Getränken und Speisen verhält. Hier verlangt der Wirt unter Umständen ein kleines *Abstandsgeld*, wenn Sie eigene Verpflegung anstelle seiner Speisen anbieten wollen. Sie können auch nach einem Raum ohne Bewirtung suchen, sollten dann aber immer noch die Punkte Lärmschutzverordnung, Kosten der Reinigung und Entsorgung klären. Getränke und Speisen bringen dann Sie selbst, Ihre Familie und Ihre Freunde mit. Wenn es das Budget erlaubt, beauftragen Sie einen Partyservice, der Ihnen diese Dinge abnimmt und auch das Leergut und das schmutzige Geschirr am Folgetag wieder abholt!

Ein Polterabend im eigenen Garten bietet neben der Kostenersparnis, eine Location anzumieten und dort unter Umständen auch Getränke und Essen abnehmen zu müssen, den Vorteil, sich zwischen dem Fegen auch einmal umziehen zu können. Nach kiloweise gefegtem Porzellan, Kronkorken und Keramik wahrscheinlich keine schlechte Idee. Pavillons, Zelte, Bierbänke und einige Stehtische verwandeln Ihre Blumenwiese in einen Garten der Glück bringenden Scherben! Scheuen Sie sich nicht, Würstchen, Brötchen und deftige Salate anzubieten, die einfach zuzubereiten sind. Helfende Hände aus dem Familien- und Freundeskreis sollten Sie nicht nur schütteln, sondern auch dankend annehmen!

 Erstellen Sie eine Liste mit Getränken und Speisen und verteilen Sie sie an die Helfer. So sind Sie auf der sicheren Seite, eine bunte Vielfalt an Getränken und Speisen anbieten zu können und nicht nur eine Biersorte und Nudelsalat in zehn verschiedenen Kreationen auf den Tisch stellen zu müssen.

Musik für die gute Stimmung

Ganz wichtig für jede gute Party ist die Musik. Überlegen Sie einmal, auf welchen Partys beziehungsweise Veranstaltungen Sie bereits das Tanzbein geschwungen haben oder eher jede Minute heimlich auf die Uhr gesehen haben, um sich dann höflich, aber doch erleichtert von den Gastgebern verabschieden zu können. Sie erinnern sich wahrscheinlich weniger daran, was es zu essen gab oder ob die Raumdekoration grün oder doch lila gehalten war. Woran Sie sich jedoch erinnern, ist, ob Sie Spaß und gute Laune hatten.

Musik verbindet Menschen, egal ob sie einander kennen oder sich nur schon einmal flüchtig irgendwo in Ihrem Freundeskreis gesehen haben. Erlaubt es Ihr Budget, sorgen Sie am besten für Livemusik. Seien Sie mutig, engagieren Sie einen DJ, der eine Percussion-Einlage bringt, beauftragen Sie jemanden, der auf der Gitarre rockt und dabei singt.

Mixen Sie Musikrichtungen, nehmen Sie Rücksicht auf die unterschiedlichen Vorlieben Ihrer Gäste. Nur weil Sie Heavy Metal am liebsten schon direkt nach dem Aufstehen hören, mag das nicht unbedingt förderlich für die Stimmung auf Ihrem Polterabend sein.

Wenn Sie einen DJ engagieren, so wird Ihnen ein professioneller DJ oder eine DJ Agentur vor der Veranstaltung einen sogenannten *Musikfragebogen* zur Verfügung stellen. Dort werden gezielt Musikrichtungen abgefragt, die Sie in jedem oder in gar keinem Fall hören wollen. Auch wird gefragt, ob Sie sich bestimmte Lieblingslieder wünschen und ob Sie eine Moderation beziehungsweise Animation durch den DJ wünschen. So ist gewährleistet, dass musikalisch gesehen keine bösen Überraschungen an diesem Abend auf Sie und Ihre Gäste zukommen.

Sie wollen sich die Kosten für Livemusik oder einen DJ lieber sparen? Dann erstellen Sie selbst eine Playlist. Fragen Sie bei Feiern außer Haus nach, ob in der von Ihnen gemieteten Location eine Anlage vorhanden ist, auf der Sie CDs abspielen oder auch Ihre Smartphones oder iPods anschließen können. Fragen Sie nach den Anschlüssen und auch, ob eine Lichtanlage an die Anlage gekoppelt ist. Musik verbunden mit einer Lichtanlage verleiht der Tanzfläche und dem Raum, in dem Sie feiern, gleich ein ganz anderes Flair.

Unsere digitale Welt lässt Ihnen fast unbegrenzten Freiraum, welche Songs Sie in welcher Reihenfolge spielen wollen. Allerdings sind Anlagen nicht immer für eine hohe Personenzahl ausgelegt. Bedenken Sie, dass sich Ihre Gäste unterhalten und somit ein gewisser Geräuschpegel herrscht. Zudem wird Porzellan zerbrochen, das Sie wiederum zusammenfegen und wegräumen müssen, und auch sonst herrschen Umgebungsgeräusche. Ist die Anlage nicht für eine entsprechend hohe Personenzahl ausgelegt, so wird schnell das Gefühl aufkommen, die Musik sei zu leise, obwohl der Regler schon bis an den Anschlag aufgedreht ist. Sie kennen bestimmt den Sound einer überlasteten Anlage, bei der sich der Bass und die Höhen nicht mehr wirklich gut anhören. Vermeiden Sie das, indem Sie die Anlage für Ihre Feier entsprechend aussuchen beziehungsweise bei einem DJ bestellen.

Erinnerungen richtig festhalten

Viele Gäste, die Sie auf Ihrem Polterabend begrüßen, sind am Hochzeitstag nicht mit dabei. Erinnerungen an diesen Abend sollten Sie also in jedem Fall festhalten! Verteilen Sie Einwegkameras, auf denen kleine Aufträge gedruckt sind. So wissen die Gäste, was sie mit den Kameras einfangen sollen. Legen Sie ein Gästebuch aus, in dem sich die Gäste mit guten Wünschen und kleinen Sprüchen verewigen können.

Sie möchten mal »etwas anderes« machen und dabei nicht allzu viel Geld ausgeben? Dann kommt ein DVD-Gästebuch für Sie infrage. Diese Alternative bietet den Gästen die Möglichkeit, sich ganz ungezwungen auf DVD aufzeichnen zu lassen. Gute Wünsche, lustige Verkleidungen und einmalige Aufnahmen bringen Sie auch nach dem Abend noch lange und immer wieder herzlich zum Lachen.

Stöbern Sie auch in den Kapiteln 5 und 12. Denn natürlich können Sie auch die dort im Zuge der Hochzeitsplanung genannten Ideen für den Polterabend nutzen. Eine Popcornmaschine, ein Eiswagen oder ein Cocktailmixer sind nur einige Beispiele, wie Ihr Polterabend zu etwas ganz Besonderem werden kann.

Bekanntere Traditionen und ihre Bedeutung

Nicht jede Tradition ist überall gleichermaßen bekannt. Einige Sitten und Bräuche sind stark an regionale Gepflogenheiten gebunden, in Norddeutschland finden Sie beispielsweise ganz andere Traditionen als in Süddeutschland. Aber immer der Reihe nach. Schauen wir uns zuerst die Traditionen an, die in vielen Regionen bekannt sein dürften.

Das Hochzeitsgefährt

Eine der beliebtesten und verbreitetsten Traditionen ist die Fahrt mit dem Brautauto beziehungsweise der Autokorso, mit dem das Brautpaar nach der Hochzeit hupend durch die Straßen begleitet wird. In manchen Fällen werden auch noch Blechdosen an das Hochzeitsgefährt gebunden, sodass diese ordentlich Krach machen und die Aufmerksamkeit auf das Brautfahrzeug lenken. Viele Brautpaare gönnen sich als Hochzeitsauto heutzutage etwas ganz Besonderes. Das kann für die einen ein Oldtimer (siehe Farbteil) oder ein Mini sein, für die anderen eine Stretchlimousine. Oder aber Sie gönnen sich eine weiße Kutsche mit stattlichen Pferden davor! Blumenschmuck gehört in fast allen Fällen zu dem angemieteten Wagen oder zur Kutsche dazu, ebenso wie der Fahrer.

Sie können auch Ihren eigenen Wagen auf Vordermann bringen und als Hochzeitsgefährt nutzen. Ein paar Schleifen an den Griffen und ein mit einem Saugnapf befestigter Blumenschmuck, auch Magnete mit Ihren Namen und Ihrem Hochzeitsdatum machen Ihren Wagen zu einem ganz besonderen Gefährt.

10 ➤ Hochzeitstraditionen und wichtige Statisten

Echte Blumen sind immer ein besonderer Hingucker am Brautfahrzeug, egal ob es sich dabei um ein Auto oder um eine Kutsche handelt. Denken Sie jedoch daran, die Blumen abzunehmen, sobald Sie schneller als 60 Kilometer in der Stunde fahren. Wenn Sie die Blumen mithilfe eines Saugnapfs befestigen, beschädigen Sie weder den Lack noch ist es besonders umständlich, den Schmuck ab- und wieder anzubringen.

Aktionen vor dem Standesamt

Natürlich können Sie auch direkt nach der Vermählung auf dem Standesamt oder in der Kirche eine kleine Einlage einplanen, bevor es dann mit dem Brautauto weiter zur Feierlocation geht. Allerdings sollten Sie von der Tradition, Reis oder frische Blumen vor dem Standesamt oder der Kirche zu werfen, Abstand nehmen. In den meisten Fällen ist dies verboten und wird mit einem Ordnungsgeld bestraft. Auch Konfetti ist nicht gerne gesehen. Doch es gibt Alternativen: Nehmen Sie zum Beispiel anstelle von Reis oder Blumen Seifenblasen, die eigens für Hochzeiten entwickelt wurden. Diese kleinen Tuben haben hübsche Formen und machen keine Flecken auf den Kleidern der Brautleute oder der Gäste. Tausende von schimmernden Seifenblasen sehen auf Fotos auch einfach toll aus!

Im weitesten Sinne gehören auch das Spalierstehen vor der Kirche oder dem Standesamt, das Steigenlassen von Ballons, das Fliegenlassen weißer Tauben oder gar von Schmetterlingen sowie das Ausschneiden einer Herzform aus einem Bettlaken zu den gerne gesehenen und immer wieder umgesetzten Traditionen in Deutschland. Durch das Durchschreiten eines Spaliers wird dem Brautpaar eine besondere Ehre gewährt; Ballons in die Lüfte steigen zu lassen, soll dem Paar Glück bringen. Weiße Tauben können zu zweit oder im Schwarm losgelassen werden, dabei steht die weiße Taube seit eh und je für den Frieden, den Sie auch in der Ehe finden sollen.

Auch das Ausschneiden einer Herzform aus einem Bettlaken soll den Brautleuten einen glücklichen Start in die Ehe ermöglichen. Das Herz muss dabei übrigens gemeinsam mit zwei Nagelscheren aus dem Laken ausgeschnitten werden. Der Bräutigam trägt seine Braut dann durch das Herz in das gemeinsame Eheleben hinein.

 Das Fliegenlassen von Schmetterlingen ist übrigens von vielen (Umwelt-)Faktoren abhängig. Die Tiere sind sehr empfindlich und fliegen nur zu bestimmten Jahreszeiten und bei bestimmten Temperaturen.

Achtung Falle! – »Scherze« in Ihrer Wohnung

Auch »Scherze« von der Familie, Verwandten und Bekannten kann man im weiteren Sinne zu den Traditionen einer Hochzeit zählen. Auch wenn Sie als Brautpaar nicht aktiv an der Umsetzung dieser – nicht selten auch etwas lästigen – Traditionen beteiligt sind, so sollen diese hier doch zumindest erwähnt werden. Unter diese Kategorie fallen zum Beispiel:

✔ Gegenstände in Ihrer gemeinsamen Wohnung werden versteckt oder umgeräumt, zum Beispiel Küchenartikel ins Badezimmer, Bücher aus dem Wohnzimmer in den Kleiderschrank, Nachttischlampen werden ausgetauscht und so weiter.

- ✔ Der Schlafzimmerschlüssel wird eingefroren, dabei wird der »Weg« von der verschlossenen Schlafzimmertür bis hin zur Gefriertruhe mit Aufgaben versehen, die zuerst zu lösen sind, bevor der Schüssel erobert werden kann.
- ✔ Wecker werden in der Wohnung versteckt und auf verschiedene nächtliche Uhrzeiten eingestellt.
- ✔ Die im Kühlschrank befindlichen Eier werden hartgekocht, Salz und Zucker werden vertauscht.
- ✔ Mit Wasser gefüllte Pappbecher versperren den Zugang zur Wohnung oder zu einzelnen Zimmern.
- ✔ Aus allen Lampen werden die Birnen herausgedreht oder die Sicherungen gezogen.
- ✔ Das Schlafzimmer wird mit Ballons gefüllt oder das Bett mit Kronkorken übersät.
- ✔ Eine Klarsichtfolie wird über die Toilette gespannt.

Sie sehen, der Fantasie sind keine Grenzen gesetzt, und Sie kennen Ihre Freunde ja am besten. Aber sagen Sie nicht, ich hätte Sie nicht gewarnt!

Die Hochzeitstorte

Wenden wir uns nun den geschmackvollen Traditionen zu, der Hochzeitstorte! Wie und wann Sie Ihre Hochzeitstorte in Szene setzen, ist ganz Ihnen überlassen. Klammern Sie sich nicht an die vermeintliche Tradition, die Torte um Punkt Mitternacht zu servieren. Oft sind die Gäste und Sie dann schon in Feierlaune und das Servieren von Kuchen unterbricht ganz einfach die gute Stimmung. Zudem haben viele Gäste zu diesem Zeitpunkt eher Hunger auf etwas Herzhaftes wie eine Käseplatte oder eine deftige Suppe. Servieren Sie die Torte doch als Teil des Desserts mit einem sogenannten Kaltfeuerwerk, so setzen Sie die Torte nicht nur schön in Szene, es essen auch alle Gäste ein Stückchen davon. Beim gemeinsamen Anschneiden der Torte gilt übrigens, dass derjenige das Sagen in der Ehe hat, der seine Hand beziehungsweise den Daumen über der beziehungsweise dem des anderen am Messer hält. Achten Sie also darauf, wer von Ihnen den Daumen oben hat.

Die Hochzeitstorte gab es auch schon im alten Rom. Zum Anlass des freudigen Ereignisses wurde dem Brautpaar ein Mandelkuchen gebacken, den man über dem Kopf der Braut zerbrach. Die Gäste sammelten im Anschluss die Krümel und Kuchenstücke vom Boden auf und aßen sie. Diese Tradition versprach allen Anwesenden Glück und Gesundheit.

Brautsträuße, Strumpfbänder und die berühmt-berüchtigte Türschwelle

Wie auch das Anschneiden der Torte darf die folgende Tradition auf keiner Hochzeit fehlen: das Werfen des Brautstraußes. Dabei wirft die Braut ihren Brautstrauß rücklings über die Schulter in die Menge weiblicher, nicht verheirateter Gäste. Die Tradition besagt, dass diejenige, die den Brautstrauß fängt, als Nächste heiraten wird. Der Zeitpunkt des Brautstraußwerfens ist sehr unterschiedlich. Manche Paare werfen den Strauß bereits nach der Kirche am

10 ➤ Hochzeitstraditionen und wichtige Statisten

Kirchenplatz oder nach der standesamtlichen Trauung. Die häufigste Variante ist jene direkt auf der Hochzeitsfeier, da der Strauß oftmals noch für die Zweisamkeitsfotos mit dem Fotografen benötigt wird.

Varianten des Brautstraußwerfens

Grundsätzlich gibt zwei Varianten für das Werfen des Brautstraußes: Die Braut stellt sich mit dem Rücken zu den unverheirateten weiblichen Hochzeitsgästen und wirft den Brautstrauß rücklings in die Menge. Fängt keine der Damen den Strauß, so wird dieser noch mal geworfen. Alternativ stellen sich die unverheirateten, weiblichen Gäste im Kreis rund um die Braut auf. Der Braut werden die Augen verbunden. Sie wird von ihrem Bräutigam so lange gedreht, bis sie die Orientierung verliert. Die Musik beginnt zu spielen und die Frauen rund um die Braut beginnen sich im Kreis um die Braut herum zu bewegen. Wird die Musik gestoppt, geht die Braut geradeaus und übergibt den Brautstrauß der Frau, die ihr gegenübersteht. Der Brautstrauß wird im Gegensatz zum Werfen bei dieser Alternative nicht beschädigt.

In Anlehnung an das Brautstraußwerfen kann der Bräutigam anstelle der Blumen das Strumpfband seiner Frau in die Menge der Junggesellen werfen. Das Besondere dabei ist sicherlich nicht der Wurf, sondern das Abnehmen des Bandes. Vor den Augen der versammelten Hochzeitgesellschaft schiebt der Bräutigam das Kleid seiner Braut ganz langsam nach oben, bevor er das Strumpfband abnimmt und es in die Menge wirft. Dem Fänger des Strumpfbandes wird, ebenso wie der Fängerin des Brautstraußes, eine baldige Hochzeit vorhergesagt.

In Frankreich wie auch in Teilen Deutschlands wird das Strumpfband der Braut versteigert. Nach jedem Gebot schiebt der Bräutigam den Saum des Brautkleides ein Stückchen höher. Nicht nur ein Augenschmaus für die Hochzeitsgäste, sondern auch zusätzliches Geld für die Haushaltskasse des Brautpaares.

Something old, something new, something borrowed, something blue and a lucky six-pence in your shoe

An diesen aus England stammenden Brauch können sich viele Brautpaare erinnern: »etwas Altes, etwas Neues, etwas Geliehenes, etwas Blaues und einen Glückspfennig im Schuh«. Die Braut sollte also etwas von diesen Dingen bei sich beziehungsweise an ihrer Kleidung tragen. Etwas Altes steht dabei für das bisherige Leben der Braut vor der Ehe, das Neue symbolisiert das beginnende Eheleben. Bei dem Geliehenen sollte sich die Braut etwas von einer glücklich verheirateten Freundin oder Familienangehörigen borgen, es steht für Freundschaft und für Glück in der Ehe. Etwas Blaues ist ein Zeichen für die Treue, der Glückspfennig im Schuh steht für Wohlstand. In vielen Fällen fällt allerdings der Teil des Pfennings im Schuh weg, da dieser Brauch nicht mehr in jedem Land zur Überlieferung herangezogen wurde.

Schließlich sei noch auf eine bekannte Tradition direkt nach der Hochzeitsfeier verwiesen: das Tragen der Braut über die Schwelle. Zum einen zeigt der Bräutigam so, dass er seine

Braut auf Händen trägt, zum anderen glaubte man früher, dass böse Geister auf der Türschwelle saßen, die der Braut ihr Glück missgönnten. Mit dem Tragen der Braut über die Schwelle schützte der Bräutigam seine Braut vor Unglück und Missgunst.

Aufgaben des Bräutigams

Ganz traditionell hat auch der Bräutigam bestimmte Aufgaben zu erfüllen. Die folgenden Absätze sind also ganz besonders für die Bräutigame in spe interessant!

Blumen für die Braut

Zuallererst ist es die Aufgabe des Bräutigams, den Brautstrauß zu besorgen. Es geht nicht nur um das Besorgen, also den reinen Kauf der Blumen, sondern auch darum, dass der Bräutigam die Blumen und die Form des Brautstraußes wählt. Dabei sollten Sie darauf achten, dass Farben und Stil zum Brautkleid passen. Die Wahl der Blumen ist jedoch auch von der Jahreszeit abhängig. Ist die Braut noch Jungfrau, kann der Strauß aus Myrte bestehen; ist es bereits die zweite Hochzeit, werden traditionell Orangenblüten verwendet. Weitere Informationen zur Bedeutung bestimmter Blumen finden Sie in Kapitel 16.

Der Brautstrauß ist nicht nur schmückendes Beiwerk zu dem wundervollen Kleid, das die Braut am Tag der Hochzeit trägt, sondern er kommt auch noch einmal beim Brautstraußwerfen zum Einsatz. Blättern Sie zurück zum Abschnitt »Brautsträuße, Strumpfbänder und die berühmt-berüchtigte Türschwelle« weiter vorn in diesem Kapitel, dort finden Sie mehr Informationen zu diesem Brauch.

Ist der Strauß gewählt, so holt der Bräutigam diesen am Tag der Hochzeit von der Floristin ab und überreicht ihn seiner Braut kurz vor der Trauung. Wollen Sie sich hingegen erst zum Einzug in Kirche oder Standesamt sehen oder gar erst dann, wenn die Braut am Altar steht, so empfängt die Trauzeugin den Brautstrauß und übergibt ihn der Braut.

Der Brautstrauß tauchte übrigens das erste Mal in der Renaissance auf und diente zur damaligen Zeit einem sehr praktischen Zweck. Durch die damals übliche vernachlässigte Körperhygiene und den oftmals exzessiven Einsatz von Weihrauch herrschte in den Kirchen oft sehr schlechte und verbrauchte Luft. Der Brautstrauß war damals ein reiner Duftstrauß, der durch seinen intensiven Geruch die Braut vor der Ohnmacht während der Trauung bewahren sollte.

Die Morgengabe

Die Morgengabe ist ein Geschenk des Bräutigams an seine frischgebackene Ehefrau. Wie der Name schon sagt wird die Gabe am Morgen nach der Hochzeit überreicht, doch ist der Zeitpunkt nicht verbindlich. Der Bräutigam kann seine Braut auch während der Trauung mit der Gabe überraschen. Wann der richtige Zeitpunkt ist, entscheidet der Bräutigam. Die Gabe am Morgen ist nicht mit der traditionellen Mitgift zu verwechseln, denn diese wurde von beiden Partnern in die Ehe eingebracht, während die Gabe am Morgen allein der Frau gewidmet ist.

10 ➤ Hochzeitstraditionen und wichtige Statisten

 Früher galt die Morgengabe als finanzielle Absicherung der Braut. Somit handelte es sich in der Regel um ein Geldgeschenk, dessen Höhe vom Bräutigam entschieden wurde. Heute allerdings geht es bei der Morgengabe eher um die Bewahrung der Tradition, so kann der frischgebackene Ehemann seine Ehefrau einfach mit einer kleinen Aufmerksamkeit seiner Wahl überraschen.

Gastgeber sein

Welches Mädchen beziehungsweise welche Frau hat nicht schon seit Kindheitstagen träumerisch vor Augen, wie sie am Tag der Hochzeit im Mittelpunkt steht und sich um nichts kümmern muss. Am Hochzeitstag sollte das Brautpaar allerdings nicht nur füreinander, sondern auch für seine Gäste da sein. Schließlich haben Sie zu Ihrem großen Fest geladen, dabei sind gute Gastgeberqualitäten gefragt, doch sollte dies eher Aufgabe des Bräutigams sein.

Nach dem Sektempfang bittet der Bräutigam die Gäste in den Saal und hält zu Beginn der Feierlichkeiten eine kurze Rede. Bei dieser Gelegenheit sind auch ein paar persönliche Worte zu den von den Gästen mitgebrachten Geschenken angemessen.

 Achten Sie darauf, dass die Rede nicht zu lang wird. Lange Reden ermüden die Gäste oft, es entsteht Unruhe, da die meisten Gäste bereits hungrig sind. Die Redewendung »Weniger ist oft mehr« zählt hier. Bereiten Sie sich zu Hause auf die Rede vor und halten Sie, wenn Sie kein guter Redner sind, auch kleine Karteikarten oder Zettel bereit, auf denen in Stichpunkten steht, wem Sie beispielsweise besonders danken wollen und was Sie sonst noch erwähnen wollen.

Um persönlicher auf Ihre Gäste eingehen zu können, können Sie während des Essens auch die Sitzplätze wechseln, indem Sie sich beispielsweise nach jedem Gang Ihres Hochzeitsmenüs an einen anderen Tisch setzen. Diese Art der Kommunikation während des Essens ist in Deutschland zwar nicht besonders gängig, aber ich habe sie schon das ein oder andere Mal beobachten können, insbesondere dann, wenn viele Gäste von weither anreisen und sich das Brautpaar mit Bedacht Zeit für seine Gäste nehmen wollte.

Übrigens müssen sich die männlichen Gäste bei der Hochzeit stets am Bräutigam orientieren, so zum Beispiel auch, wann das Jackett ausgezogen werden darf. Nur wenn der Bräutigam sein Jackett auszieht, dürfen auch die anderen Gäste ihm folgen, alles andere spricht von schlechten Manieren. Warten Sie als Bräutigam also insbesondere bei heißem Wetter nicht zu lange damit, das Jackett beiseitezulegen und Ihren Gästen somit etwas Luft zu verschaffen.

 Auch wenn Männer im Allgemeinen etwas kräftiger feiern und etwas tiefer ins Glas schauen als Frauen, so sollten Sie sich am Tag Ihrer Hochzeit dezent zurückhalten. Natürlich sollen Sie mit Ihren Gästen anstoßen, Ihre Braut will Sie aber sicherlich nicht auf dem Weg zur Hochzeitssuite stützen, geschweige denn, Sie beim morgendlichen Brunch entschuldigen müssen. Nehmen Sie also Rücksicht und trinken Sie an diesem Abend in Maßen.

Grundsätzlich gilt, dass der Bräutigam an diesem Abend einen guten Gastgeber abgeben soll. Seien Sie als Mann für Ihre Frau da, umsorgen Sie sie und stehen Sie bei Fragen des Service oder auch für Ihre Gäste kompetent zur Seite. So gelingt Ihr Abend in jedem Fall.

Ihre Trauzeugen

Trauzeuge zu sein ist eine bedeutende Aufgabe und sollte mit Verantwortung getragen werden. Leider setzen sich heute nur noch wenige Menschen konkret damit auseinander, was es bedeutet, Trauzeuge zu sein und welche Aufgaben traditionell zu erfüllen sind. Dieser Abschnitt soll daher nicht nur Trauzeugen in spe dabei helfen, sich zu orientieren, sondern auch Brautleuten einen Anhaltspunkt geben, worauf sie bei der Wahl der Trauzeugen achten sollten.

Notwendigkeit von Trauzeugen

Ganz nüchtern ausgedrückt ist ein Trauzeuge eine von Ihnen benannte Person, die bei Ihrer Eheschließung oder bei der Formalisierung einer Lebenspartnerschaft anwesend ist und den Rechtsakt der Eheschließung bezeugen kann. In der Regel wird ein Trauzeuge von der Braut und ein weiterer vom Bräutigam bestimmt.

Seit dem 1. Juli 1998 sind in Deutschland zur standesamtlichen Trauung keine Trauzeugen mehr vorgeschrieben, bis zu zwei dürfen Sie jedoch benennen. Gleiches gilt für eine Eheschließung in der evangelischen Kirche sowie für die Begründung einer gleichgeschlechtlichen Lebenspartnerschaft in bestimmten Bundesländern; Sie erhalten bei der Anmeldung auf dem Standesamt hierzu Auskunft. Wenn Sie sich hingegen katholisch trauen lassen wollen, sind zwei Trauzeugen Pflicht. (Weitere Informationen dazu finden Sie in Kapitel 8.)

Aufgabe der Trauzeugen

Sollten Sie sich für die Benennung von Trauzeugen entscheiden, besteht die einzige offizielle Pflicht der Trauzeugen darin, eine Unterschrift auf der vom Standesamt ausgestellten Heiratsurkunde zu leisten. Dazu müssen sich die Zeugen mit einem gültigen Personalausweis oder Reisepass vor der Trauung ausweisen. Die Platzierung der Trauzeugen ist nicht vorgeschrieben, das heißt, sie können bei der Trauung neben Ihnen sitzen oder auch in der ersten Reihe bei der Familie.

Oft kommen Trauzeugen auch beim Ringwechsel zum Einsatz, denn üblicherweise hält der Trauzeuge, sofern Sie kein Ringkind hierfür benannt haben, die Ringe bereit und reicht Ihnen diese im richtigen Moment an. Normalerweise fordert der Standesbeamte oder der Pfarrer den Trauzeugen auf, die Ringe nun nach vorn zum Brautpaar zu bringen, so verpasst niemand seinen Einsatz während der Zeremonie. Auch halten viele Trauzeugen – besonders bei einer kirchlichen oder freien Trauung, bei der man keine Trauzeugen bräuchte – eine besonders schöne Rede, indem sie etwas Persönliches über die Braut, den Bräutigam oder auch ihre gemeinsame Geschichte vortragen.

Schirmherren der Ehe

Nicht nur während der Vorbereitungszeit auf die Hochzeit und am Hochzeitstag übernehmen die Trauzeugen eine wichtige Rolle, indem sie den Brautleuten und insbesondere der Braut helfend zur Seite stehen. Auch nach dem Hochzeitstag sollten die Trauzeugen eine wichtige Rolle im Leben der Brautleute spielen. Sie sollen als Schirmherren über die Ehe wachen, in regelmäßigen Abständen den Zustand der Ehe begutachten und in Krisenzeiten helfend zur Seite stehen, indem sie an die schönen und emotionsreichen Tage der Ehezeit erinnern.

Zudem ist es Brauch, dass die Trauzeugen sich federführend um die Planung und Umsetzung der Junggesellenabschiede kümmern und auch Ansprechpartner für geplante Einlagen und Spiele durch andere Gäste am Hochzeitstag sind.

Bekleidung der Trauzeugen

Grundsätzlich können sich Ihre Trauzeugen so kleiden, wie sie möchten. Oft freuen sich Trauzeugen aber auch darüber, den besonderen Status des Trauzeugen und der Trauzeugin noch einmal öffentlich auf der Hochzeit kundzutun, indem Kleidung oder auch Accessoires auf die besondere Verbindung zu Ihnen verweisen. Im Folgenden hierzu ein paar Beispiele:

Wie wäre es mit einem farblichen Accessoire, wie es sich auch sonst auf Ihrer Hochzeit durchzieht. Vielleicht haben Sie sich für eine besonders auffällige Farbe wie Türkis, Fuchsia oder auch Orange entschieden. Besprechen Sie mit Ihren Trauzeugen, ob sie sich vorstellen können, eine Krawatte, Fliege oder ein Hemd in dieser Farbe zu tragen beziehungsweise ein entsprechend farbiges Kleid. Auch Accessoires wie eine Halskette oder der Haarschmuck der Trauzeugin können diese Farbe aufgreifen. Eine farbig passende Blume im Haar der Trauzeugin sieht zudem ganz besonders schön aus.

Machen Sie Ihren Trauzeugen mit kleinen Aufmerksamkeiten eine Freude und stellen Sie die Wichtigkeit dieser beiden Personen in den Vordergrund. Es gibt heute wunderschöne Armbänder und andere Schmuckstücke, in die das Wort Trauzeuge eingraviert ist. Auch Blumenschmuck oder ein besonderer Anstecker für das Revers des Trauzeugen und eine Miniaturausführung des Brautstraußes runden die Kleidung der Trauzeugen perfekt ab und können zudem Ihr Hochzeitsmotto widerspiegeln (mehr Informationen dazu finden Sie in Kapitel 13).

Bridesmaids und Groomsmen

Bridesmaid ist der amerikanische Begriff für die deutsche Bezeichnung Brautjungfer. Ihre Aufgaben sind weniger von einem formellen Charakter geprägt, sondern eine der vielen wundervollen Traditionen, die Braut sowohl in der Zeit der Hochzeitsvorbereitungen als auch am Hochzeitstag zu unterstützen. Wie auch die Trauzeugen sind Bridesmaids in Deutschland keine Pflicht.

Hochzeitsplanung für Dummies

In Amerika sind Bridesmaids und ihr männliches Pendant, die Groomsmen, nichts Außergewöhnliches. Oft ist die Hauptbezugsperson unter den Bridesmaids die eigentliche Trauzeugin, die _Maid of Honor_. Bei den Männern verhält es sich ähnlich, auch hier kann aber nur ein einziger Groomsmen die Aufgaben des Trauzeugen übernehmen; dieser wird dann der _Best Man_ genannt.

Aufgaben von Bridesmaids und Groomsmen

Im Gegensatz zu den Trauzeugen, die neben dem unterstützenden Charakter die Hochzeit auch offiziell bezeugen, sind Bridesmaids und Groomsmen für den reibungslosen Ablauf einer Hochzeit zuständig und stehen dem Brautpaar bereits während der Planung zur Seite. Sie sollen es seelisch sowie organisatorisch unterstützen und sich um seine individuellen Wünsche kümmern. Es besteht oft ein sehr inniges Vertrauensverhältnis zwischen den Brautleuten und ihren Helfern. Daher übernehmen diesen Part zumeist zwei bis fünf gute Freunde der Braut und des Bräutigams oder auch die Geschwister des Brautpaares. Traditionell sollen die Bridesmaids ledig sein, heute sieht man aber auch gerne über diese »Anforderung« hinweg.

Zu den typischen Aufgaben von Brautjungfern in der Vorbereitungszeit auf die Hochzeit gehört zum Beispiel das Basteln von Karten, das Aussuchen oder Selbstgestalten von Gastgeschenken oder auch beim Aussuchen des Menüs und natürlich der Wahl der Dekoration unterstützend und helfend zur Seite zu stehen. Am Hochzeitstag helfen die Brautjungfern der Braut bei den Vorbereitungen auf den großen Moment. Das heißt, sie prüfen frühzeitig, ob die Dekoration und der Aufbau in der Location nach den Wünschen der Braut umgesetzt wurde, nehmen unter Umständen den Brautstrauß entgegen und helfen der Braut dabei, in ihr Kleid zu schlüpfen, die Schuhe anzuziehen sowie Schmuck und Schleier anzulegen.

Auf dem Weg zum Altar tragen die Bridesmaids die Schleppe des Kleides. Bei der Hochzeitszeremonie stehen sie der glücklichen Braut ebenfalls zur Seite und nehmen ihr beispielweise den Brautstrauß oder die Handtasche ab. Auch das Reichen von Taschentüchern und später die Hilfe bei der Korrektur von eventuell verlaufenem Make-up sind Aufgaben der Bridesmaids. Ferner sind die Bridesmaids oftmals nicht ganz unbeteiligt, wenn es um die Ausrichtung des Junggesellenabschieds der Braut geht. Auch bei der Organisation des Polterabends sind sie in die Planung involviert.

Die Aufgaben der Groomsmen sind denen der Bridesmaids sehr ähnlich. Auch die Männer der Tat unterstützen den Bräutigam bereits während der Vorbereitungen auf den großen Tag. So können sie ihm helfen, das richtige Brautfahrzeug auszusuchen, für die richtige Partymusik zu sorgen, Spiele zu koordinieren, und sie organisieren natürlich auch den Junggesellenabschied. Am Tag der Hochzeit stehen auch sie dem Bräutigam stets zur Seite, beginnend beim Anziehen des Anzugs, dem Anstecken der Blumen am Revers und vielleicht dem Reichen einer Zigarre zu späterer Stunde.

Eine besondere Aufgabe kommt dem Brautführer zu. In Anlehnung an die alte Tradition (siehe den Kasten »Brautjungfern und Brautführer im Mittelalter«) hält er auch heute noch lästige Personen fern und sorgt dafür, dass die Braut pünktlich von ihrem zukünftigen Ehemann am Altar in Empfang genommen werden kann. Brautführer übernehmen zudem organisatorische Aufgaben wie das Zusammenstellen des Hochzeitskorsos, Koordination der Fahr-

10 ➤ Hochzeitstraditionen und wichtige Statisten

zeuge, Einweisen in die Sitzordnung und Anleitung des Service vor Ort. Ein Brautführer kann also einer der Groomsmen des Bräutigams sein oder eine andere Person, der die Brautleute ganz besonders vertrauen.

Auch wenn die traditionelle Aufgabe des Brautführers darin bestand, die Braut bis zum Altar in die Arme des Bräutigam zu bringen, so ist es heute oft so, dass er die Braut lediglich zum Vater oder zu einem anderen Vertrauten geleitet, der die Braut dann mit musikalischer Begleitung über den Teppich bis zum Altar führt.

Bekleidung von Bridesmaids und Groomsmen

Wie auch bei der Bekleidung der Trauzeugen sollte in erste Linie im Vordergrund stehen, dass sich alle Parteien auf Ihrer Hochzeit wohlfühlen. Versetzen Sie sich in die Lage Ihrer Bridesmaids und Groomsmen, wenn Sie bei einem so wichtigen Fest etwas anziehen müssten, was Ihnen weder farblich noch im Schnitt gefällt. Ein unbequemes oder gar schlecht sitzendes Kleid oder ein Anzug, der Ihnen weder in Farbe noch Schnitt steht, trägt sicherlich nicht zu einer guten Stimmung bei. Traditionell ähneln die Kleider der Brautjungfern dem Kleid der

> ### Brautjungfern und Brautführer im Mittelalter
>
> Nach alter Tradition haben Brautjungfern noch eine besonders wichtige Aufgabe. Da sie vor der Braut durch die Hochzeitsgemeinde in die Kirche einziehen und sich am Altar aufstellen, sollen sie durch die hübschen Kleider und Blumensträuße die bösen Geister auf sich ziehen und so den heiligen Bund der Ehe schützen.
>
> Der Einsatz eines Brautführers hingegen galt ganz konkreten, handfesten Gefahren. Er schützte die Braut vor Aufdringlichen, Grabschern, Räubern und Brautentführern. Bis ins späte Mittelalter hinein gibt es Berichte über den sogenannten Brautraub, bei dem die Braut nicht einfach nur entführt wurde, sondern gegen ihren Willen und natürlich auch gegen den Willen des eigentlichen Ehemanns mit dem Räuber verheiratet wurde. Diese sogenannte *Raubehe* soll bei Raubrittern nicht selten gewesen sein – und nicht nur bei ihnen, sondern auch in der feinen Gesellschaft. In gefährlichen Gegenden waren daher mehrere Brautführer nötig, um die Braut zu schützen. Da diese Aufgabe ein hohes Maß an Vertrauen der Brautleute brauchte, waren Brautführer oft beste Freunde des Bräutigams und der Vater der Braut. Der oder die Brautführer begleiteten die Braut von dem Ort, an dem sie abgeholt wurde, bis zum Altar, wo der Bräutigam sie in Empfang nahm.

Braut, allerdings sind dabei die Farben Creme und Weiß ausgenommen, denn schließlich soll die Braut ja von allen Frauen an diesem Abend am schönsten aussehen.

 Um nicht nur Sie als Braut glücklich zu machen, sondern auch dafür zu sorgen, dass sich Ihre Bridesmaids und Groomsmen rundum wohlfühlen, sprechen Sie am besten offen über Ihre Kleiderwünsche – und respektieren Sie auch, wenn jemand Bedenken oder gar Kritik an Ihren Wünschen übt.

Es müssen sicherlich auch nicht alle Personen exakt die gleichen Kleider anziehen oder gar den gleichen Schnitt wählen. Alternativen hierzu, wie zum Beispiel ein gemeinsames, auffälliges Accessoire (ein Armband, Haarschmuck oder eine Handtasche) sind ebenso geeignet, eine Zugehörigkeit zu Braut und Bräutigam zu signalisieren. Auch die Vorgabe, alle Kleider beispielsweise in einem Pastellton oder in verschiedenen Farbabstufungen einer bestimmten Farbe wie Fuchsia, Blau oder Grün zu wählen, sind Alternativen, mit denen sich Ihre Bridesmaids und Groomsmen sicherlich schnell anfreunden können.

Insbesondere die Wahl von Farbkombinationen aus einem bestimmten Spektrum gibt dem Fotografen auf Ihrer Hochzeit tolle Möglichkeiten, mit den Farben und Kombinationen der Kleider und Accessoires wie auch den Blumensträußen der Bridesmaids auf den Bildern zu spielen. Sie werden sehen, es muss nicht immer einheitlich, sondern kann auch gerne einmal farbenfroh und bunt gemischt sein.

Und wer bezahlt all die schönen Kleider?

Bei der Diskussion rund um die Kleiderordnung stellt sich nicht selten die Frage, ob Sie als Brautleute die Kosten für die Kleidung der Bridesmaids, Groomsmen oder auch der Trauzeugen übernehmen (sollten).

Wenn Sie eine Kleiderordnung vorschreiben und Ihren nahen Angehörigen keine Wahl lassen, ist zumindest eine Kostenbeteiligung angemessen. Unter Umständen können Sie auch Kleider zu günstigen Preisen anfertigen lassen und sich dann an den anfallenden Kosten beteiligen. So erhält jede Ihnen nahestehende Person ein auf den Leib geschneidertes Kleid beziehungsweise einen Anzug, das beziehungsweise der trotzdem in einem für sie oder ihn bezahlbaren Rahmen liegt.

Wenn Sie nur eine Farbrichtung oder einen Wunsch äußern, welches Accessoires zu den Kleidern oder Anzügen getragen werden soll, müssen Sie sich nicht zwingend an den Kosten beteiligen. In der Regel werden zu einer Hochzeit von der überwiegenden Zahl der Bridesmaids und Groomsmen wie auch den übrigen Gästen sowieso neue Kleider angeschafft. Um Ihren Bridesmaids und Groomsmen zu zeigen, wie wichtig sie für Sie sind, erscheint mir folgende Lösung als guter Kompromiss: Besorgen Sie die Accessoires wie Handtaschen, Haarschmuck, Manschettenknöpfe oder einen gravierten Flachmann auf Ihre Kosten und übergeben Sie diese Dinge als Geschenk. Damit erleichtern Sie nicht nur die meist nicht ganz kostengünstige Anschaffung der Kleider Ihrer Bridesmaids und Groomsmen, sondern verschenken auch eine bleibende Erinnerung an Ihre engsten Vertrauten.

Blumenkinder

Ich werde als Hochzeitsplanerin oft gefragt, ob ich sehr außergewöhnliche Hochzeiten plane oder mich an etwas besonders Ausgefallenes erinnere. In den meisten Fällen handelt es sich um ganz normale Brautpaare, keine Stars und Sternchen, die mit extravaganten Wünschen die Planung extrem schwierig machen. An eine Frage werde ich mich jedoch mein Leben lang erinnern, da ich im ersten Moment nicht wusste, ob ich schmunzeln oder einfach nur ungläu-

10 ➤ Hochzeitstraditionen und wichtige Statisten

big staunen sollte. Die Frage war, ob ich auch Blumenkinder »verleihen« würde. Für was hätten Sie sich entschieden? Schmunzeln oder Staunen? – Ich musste meinen damaligen Kunden jedenfalls enttäuschen, indem ich seine Anfrage mit einem klaren »Nein« beantwortete. Kinder »verleiht« man nicht, egal zu welchem Anlass. Wer jedoch bereits eigene Kinder oder Kinder im Bekanntenkreis hat, hat sicherlich schon einmal darüber nachgedacht, sie auch als Blumenkinder auf der eigenen Hochzeit einzusetzen. Eine Altersbeschränkung gibt es grundsätzlich nicht, die Kinder sollten nur alt genug sein, um allein laufen zu können und dabei einen Korb mit Blütenblättern zu halten.

Das Streuen von Blumen und Blütenblättern ist ein alter, heidnischer Brauch: Durch den Duft der frischen Blumen sollen Fruchtbarkeitsgöttinnen angelockt werden, die dem Brautpaar angeblich zahlreichen Nachwuchs bescheren.

Ob die Blumen auf dem Weg zum Altar oder erst im Hinausgehen gestreut werden, kann meines Erachtens von den Brautleuten entschieden werden. Traditionell ziehen die Blumenkinder mit ihren gefüllten Blumenkörbchen vor dem Brautpaar ein, ohne die Blumen zu streuen. Wenn das frisch vermählte Brautpaar nach der Trauung durch die Traugemeinde wieder auszieht, gehen die Blumenkinder erneut voran und streuen erst dann Blumen und Blütenblätter aus ihren Körbchen.

In Kapitel 8 finden Sie ausführliche Informationen zu den möglichen Alternativen der Reihenfolge zum Einzug in die Kirche und auch zum Auszug aus der Kirche. Denken Sie dabei also auch an die von Ihnen gewählten Blumenkinder. Besprechen Sie eventuell auch mit Ihrem Pfarrer, Redner oder freien Theologen, ob der Fotograf bereits beim Einzug der Blumenkinder Bilder schießen kann.

Ich finde es jedoch sehr schön, wenn die Kinder bereits beim Einzug Blumen streuen. Oft gibt es neben den Blumenkindern auch Kinder, die die Ringe oder auch die Hochzeitskerze beim Einzug tragen. Lassen Sie sie dann alle gemeinsam einziehen. Sie nehmen den Kindern so ein bisschen die Nervosität, durch eine große Menge von Menschen laufen zu müssen und dabei auch noch von allen angesehen zu werden. Am besten ist, Sie üben das Blumenstreuen mit den Blumenkindern in einer Art Generalprobe und binden alle Personen ein, die bei dem Einzug mit dabei sind. Also nicht nur die Blumenkinder, sondern auch Ringkinder, Kerzenträger, Trauzeugen und so weiter. So kann an Ihrem großen Tag nichts mehr schiefgehen.

Besprechen Sie in jedem Fall vor dem Streuen der Blumen mit dem Pfarrer, dem Küster oder sonst einer verantwortlichen Person vor Ort, ob Sie überhaupt echte Blumen und Blütenblätter streuen lassen dürfen. Nicht selten ist dies insbesondere in Kirchen mit echtem Steinfußboden oder auch bei einer freien Trauung auf dem Kiesbett gar nicht erlaubt. Echte Blumen färben extrem ab und sind zudem sehr rutschig, wenn auf sie getreten wird. Ich habe schon gebrochene Fußgelenke gesehen! Klären Sie diese Frage also in jedem Fall ab und streuen Sie sonst lieber unechte Blütenblätter, diese ähneln heute den echten so sehr, dass ein Unterschied kaum noch auszumachen ist.

Accessoires für Blumenkinder

Natürlich ist der erste Hingucker bei jedem Blumenkind das Kleid beziehungsweise der Anzug, den es am Tag der Hochzeit trägt. Aber nicht nur »das Offensichtliche« macht das Schöne und Besondere aus, es sind oft auch die kleinen, aber liebevollen Details, die sich an Ihren Kindern oder den Kindern der Bekannten wunderschön platzieren lassen.

Für die Blumenmädchen bieten sich passend zum Kleid besondere Accessoires für die Haare an. Entweder Sie lassen von Ihrer Floristin echte Blumen auf Spangen aufbringen und klemmen diese dann in das Haar der Kinder oder Sie greifen zum Beispiel auf Spangen, die mit unechten Blüten verziert sind, oder Haarkränze zurück. Besonders schön sind Haaraccessoires, die mit kleinen Perlen oder Satinbändern versehen sind. Farblich können Sie sich an Ihrem Kleid oder am Kleid der Blumenmädchen orientieren.

Natürlich können Sie auch die Streukörbchen entsprechend verzieren. Kaufen oder leihen Sie sich Körbchen, die eher schlicht sind, so haben Sie die Freiheit, sie zum Beispiel noch mit Satin- oder Organzabändern zu verzieren. Auch hier orientieren Sie sich an den von Ihnen ausgewählten Farben. Das Streumaterial in den Körbchen sollte sich an den Blumen in Ihrem Brautstrauß orientieren. Sicherlich sollten Sie auch berücksichtigen, welche Farbe der gegebenenfalls von Ihnen ausgelegte Teppich hat. Ein besonders auffälliges Accessoire ist ein Sonnenschirm, der aus Stoff und mit Spitze gestickt ist. Auch kleine Handtaschen, die die Kinder um den Arm tragen, sind beliebt. Besonders etwas ältere Mädchen finden es schick, sich mit einer Handtasche, wie die der eigenen Mutter, zu schmücken.

 Bedenken Sie bei allen Accessoires immer, ob Sie diese noch mit anderen kombinieren wollen beziehungsweise können. Ein Schirm und ein Streukörbchen sind für die meisten Kinder kaum zu tragen, denn die eine Hand hält den Schirm und die andere den Korb. Zum Streuen ist dann keine Hand mehr frei.

Neben diesen Accessoires gibt es auch Buttons, auf denen das Wort »Blumenkind« steht. Diese Buttons stecken Sie den Kindern an die Kleidung; oft platzen die Kleinen fast vor stolz, wenn sie den Button den ganzen Abend über an ihrer Kleidung tragen dürfen. Ein Button ist außerdem sowohl für Mädchen als auch für Jungen geeignet, denn Armbänder und auch Haarschmuck eignen sich eher nur für Blumenmädchen, der Button aber oder auch eine besondere Krawatte, die an der Krawatte des Bräutigams angelehnt ist, sehen umwerfend an den Kleinen aus! Wenn Sie sich unsicher sind, ob Ihr Sohn sich als Blumenkind wohlfühlt, sprechen Sie auch andere Alternativen durch. Sie können ihn auch als Ringkissenträger oder Kerzenträger einsetzen. Meist übernehmen Jungen diese Aufgaben lieber, als Blumen zu streuen.

Bekleidung von Blumenkindern

Kleider für Blumenkinder gibt es in Hülle und Fülle. Grundsätzlich sollen sich die Kleider der Blumenkinder an dem Brautkleid und dem Anzug des Bräutigams orientieren. Handelt es sich nicht um Ihre eigenen Kinder, so können Sie den Eltern anbieten, die Kleider zu bezahlen und dann auch auszusuchen.

Das Brautpaar vor dem Altar bei einer freien Trauung im festlich geschmückten Außenbereich

Auszug eines glücklichen Ehepaars nach einer Trauzeremonie im Freien

Romantisch dekorierte Traustühle in den Farben der Hochzeit: lila und weiß

Der Bräutigam begrüßt die Hochzeitsgäste zu der freien Trauung. Das Motto lautete »Weltenbummler – All around the world«. Dazu passt die Farbe Türkis, die an die Weiten des Ozeans, aber auch an die hellen und fröhlichen Farben ferner Länder erinnert.

Schmackhafte »Weltenbummler« – eine passend zum Motto der Hochzeit gestaltete Hochzeitstorte im Koffer-Look mit Marzipan-Tortenfiguren, die dem Brautpaar nicht unähnlich sehen.

Ein edles Hochzeitsgefährt bringt die Braut zur Trauung.
Ganz klassisch wählten Braut und Bräutigam bei dieser Hochzeit ein London-Taxi.

Das frisch vermählte Paar auf dem Weg zur Hochzeitslocation. Die freie Trauung fand im Grünen statt, die Gäste und das Brautpaar fuhren nach der Trauzeremonie in einer Kolonne in ein Restaurant über den Dächern von Köln, um dort ausgelassen zu feiern.

Das Brautpaar nach der Trauung mit ihrem ganz persönlichen »Taxi«

Die Braut auf dem Weg zur Trauung. Die Trauzeugin hatte das Auto zudem von innen mit einem »Just Married«-Schild verziert.

Ein Brautstrauß in den Farben der Hochzeit, verziert mit Perlen und Gräsern. Diese Hochzeit fand im Garten des Brautpaars statt und stand unter dem Motto »Natürlich soll es sein«.

Die Trauringe auf einer Muschel als Ringkissen, ganz im Stil des maritimen Hochzeitsmottos. Auch bei der Tisch- und Traudekoration fanden sich überall die Farben als auch der Sand wieder.

Rosen in zartem Rosa, eine stilvolle Blumendekoration auf einer mehrstöckigen Hochzeitstorte.
Echte Blumen sind einfach ein toller Hingucker – nicht nur als Tischdekoration!

Türkisfarbene Tischdekoration, passend zum Stil der Hochzeit.
Die Muschelelemente brachte die Braut mit und verteilte sie auf den Tischen.

Eine Ballonaktion nach der Trauung: Rund 40 Gäste ließen gemeinsam mit dem Brautpaar nach der Trauung rote und weiße Ballons in den Himmel steigen. Immer wieder eine schöne Aktion – auch für die Gäste!

Wissen Sie bereits, dass es sich bei dem ein oder anderen Blumenkind um ein eher »spezielles« Kind handelt, das nicht jedes Kleid oder jeden Anzug anzieht, so sollten Sie in jedem Fall, dem Alter der Kinder angemessen, mit ihnen sprechen und sie mit in die Wahl der Kleider einbeziehen. Besprechen Sie mit den Eltern oder den Kindern im Vorfeld, welche Kleider sie gerne tragen, so vermeiden Sie, dass am Tag der Hochzeit Tränen fließen, weil sich das Blumenkind in dem Anzug oder dem Kleid so gar nicht wohlfühlt.

Bedenken Sie auch, dass Sie den Kindern nicht zwangsläufig zumuten können, den ganzen Tag in einem warmen Tüllkleid herumzutollen. Kinder bleiben Kinder, ob auf einer Hochzeit oder nicht. Erlauben Sie ihnen, sich nach der Zeremonie umzuziehen, wenn es zu warm oder zu unbequem wird. Seien Sie zudem nicht ungehalten, wenn das Kleid verschmutzt oder gar Risse oder Löcher davonträgt. Auch Haarschmuck, der mit einer Spange oder mit Klammern befestigt ist, kann auf die Dauer »ziepen« oder drücken. Nehmen Sie den Schmuck dann aus dem Haar und legen Sie ihn als Erinnerung beiseite.

Auch für Jungen gilt, dass sie nicht darauf achten, ob sie an diesem besonderen Tag die blank polierten Schuhe anhaben oder ob die Krawatte nach dem Fangenspielen noch gerade sitzt. Bei warmen Außentemperaturen ist sicher ein eng geknöpfter Anzug auch nicht das Wahre. Bedenken Sie dies bitte immer bei der Anschaffung solcher Kleider und nehmen Sie, der guten Laune wegen, bequeme Kleidung zum Wechseln mit. Auch Freizeitkleidung kann schick und dem Anlass einer Hochzeit entsprechend gut aussehen.

Der Geschenketisch

Geschenke gibt es zu vielen Anlässen, gerade zu Ihrer Hochzeit sollten Sie sich gemeinsam Gedanken machen, welche Art von Geschenken wirklich sinnvoll ist. Geld zu schenken kommt ein bisschen aus der Mode – wie ich finde ein guter Trend, denn sicherlich hilft eine Finanzspritze hier und da, die nach der Hochzeit noch offenen Rechnungen zu begleichen, allerdings haben Sie bei dieser Geschenkvariante als Brautpaar eher wenig »Freude« an Ihren Geschenken.

Die Tradition, dass Brautpaare erst nach der Hochzeit die eigenen Hausstände aufgeben oder nach der Heirat vom Elternhaus in eine erste gemeinsame Wohnung ziehen, ist längst überholt. Es gibt in fast allen Fällen bereits einen gemeinsamen Hausstand, vieles an Einrichtungsgegenständen ist unter Umständen sogar noch doppelt vorhanden oder wurde gemeinsam neu angeschafft. Was sollen Sie den Gästen also kommunizieren, was Sie sich wünschen? Aus meiner Erfahrung heraus gibt es drei große Trends, die sich sicherlich auch noch einige Jahre halten: Flittermeilen, Spenden und der Geschenketisch.

Reisen mit Flittermeilen

Beginnen wir mit den Flittermeilen, denn nicht selten werden Flitterwochen erst einmal auf unbestimmte Zeit verschoben, um mit dem geschenkten Geld offene Rechnungen für Location und Dienstleister zu bezahlen. Manches Brautpaar macht auch nur einen Kurztrip an die See oder genießt ein paar wenige Tage auf einer sonnigen Insel. Sehr schade, wie ich finde, denn Sie haben eine lange und anstrengende Planungsphase hinter sich gebracht. Ein rauschender Hochzeitstag liegt hinter Ihnen, an dem Sie sich ganz bestimmt wunderbar amüsiert haben und sich wie im siebten Himmel fühlten, allerdings blieb für Zweisamkeit an diesem Tag wenig oder gar keine Zeit. Das ist ganz normal, denn Sie wollen sich mit möglichst vielen Gästen unterhalten, sind Gastgeber und die wichtigsten Personen an diesem Abend. Nichtsdestotrotz wünschen sich viele Brautpaare in manchen Minuten einfach nur Ruhe, um mit dem frisch vermählten Partner kurz allein zu sein und den Augenblick zu genießen.

 Seien Sie sicher, dass Ihr Hochzeitstag wunderbar, aber auch anstrengend wird, und besinnen Sie sich darauf, dass Sie sich bei der Trauung die Zeit nehmen, einander in die Augen zu sehen und den Augenblick bei einem von Ihnen ausgewählten Song auf sich wirken zu lassen. Auch deswegen sind Musikeinlagen bei der Trauung ein wichtiger Bestandteil, den Sie sich in jedem Fall gönnen sollten.

Flittermeilen sind also ein rundum perfektes Geschenk, um die oftmals nicht ganz günstige Hochzeitsreise von den Gästen mit finanzieren zu lassen. Hinzu kommt, dass leider immer wieder Geldgeschenke auf Hochzeitsfeiern entwendet werden.

Sie sollten, sofern Sie sich Geldgeschenke wünschen, eine Person, der Sie vertrauen, darum bitten, das Geld – das zum Beispiel an der Geschenkverpackung angeklebt sein kann – von der Dekoration zu trennen und für Sie aufzubewahren. Halten Sie hierzu leere, weiße Umschläge bereit, in die das Geld hineingelegt und auf denen notiert wird, von welchem Geschenk das Geld abgenommen wurde. Auf diese Weise können Sie später nachhalten, von wem welche Summe geschenkt wurde.

Mit Unterstützung Ihrer Gäste, die Ihnen sogenannte Flittermeilen schenken, setzen Sie einen altbewährten Hochzeitsbrauch in die Tat um – Sie fliegen oder reisen in die Flitterwochen. Flittermeilen werden heute von jedem gut organisierten Reisebüro ausgegeben. Dabei liegt Ihre Aufgabe darin, ein gemeinsames Ziel für Ihre Reise festzulegen. Nicht immer ganz einfach, denn Flitterwochen sollen schließlich etwas ganz Besonderes sein und nicht dem Urlaub entsprechen, den man sich unter Umständen jedes Jahr gönnt.

Wohin soll die Reise gehen?

Besonders beliebte Ziele für Flitterwochen sind unter anderem die Malediven, die Seychellen, die Karibik, die Inseln rund um Hawaii sowie Hawaii selbst, natürlich auch Paris, die Stadt der Liebe, Las Vegas oder Großstädte wie New York oder San Francisco. Sie können sich auch gegen ein festes Ziel entscheiden und eine Rundreise mit einem Schiff oder gar eine Weltreise buchen. Denken Sie auch über eine Kombination der beiden Möglichkeiten nach. So reisen Sie unter Umständen erst zwei Wochen umher und lassen Ihre Flitterwochen dann an einem romantischen Ort Ihrer Wahl in Ruhe ausklingen. Für welche Alternative oder für welches Reiseziel Sie sich auch entscheiden, wichtig ist einzig und allein, dass Sie sich als Brautpaar über das Ziel der Reise einig sind.

Fragen Sie bei Ihrem Reiseveranstalter nach, ob Sie bei der Buchung oder gar vor Ort einen Nachweis für Ihre Trauung vorlegen müssen, um in den Genuss von Nachlässen für Frischvermählte zu kommen. Haben Sie sich für ein Reiseziel entschieden, stehen auch die Kosten für Flug, Unterkunft und sonstige Kosten der Reise fest. Diesen monetären Wert rechnet das Reisebüro dann in sogenannte Flittermeilen um. Jeder Gast hat nun die Möglichkeit, Ihnen mit einem vom Reisebüro schön gestalteten Gutschein von diesem Kontingent Flittermeilen zu schenken. Sie lösen diese Gutscheine bei Ihrem Reisebüro ein und zahlen lediglich noch die Differenz, die nicht mit Gutscheinen abgedeckt wurde.

Dieben auf Ihrer Hochzeit wird so ein Strich durch die Rechnung gemacht, denn mit Flittermeilen kann niemand anders außer Ihnen etwas anfangen. Selbst wenn Umschläge von Hochzeitsgästen mit geschenkten Meilen abhandenkommen sollten, so haben die Reisebüros in der Regel eine Liste hinterlegt, wie viele Flittermeilen von den Gästen bezahlt wurden. Also selbst ohne Gutschein können Sie Ihre Flitterwochen mit Unterstützung Ihrer Gäste antreten.

Denken Sie also über die Variante Flittermeilen in Ruhe nach, denn die Flitterwochen dienen in erster Linie dazu, sich gemeinsam von dem ganzen Hochzeits- und Vorbereitungsstress zu erholen. Sie sollen Abstand von der Familie und den sozialen Kontakten bekommen, um sich ganz auf sich als Brautpaar aufeinander einstellen zu können, das festigt Ihre Beziehung. Die Dauer der Flitterwochen ist dabei nicht vorgegeben, meist flittern Brautpaare zwei bis drei Wochen.

In den USA ist es übrigens Tradition, dass das Brautpaar direkt von der Feier in die Flitterwochen entschwindet und die anwesenden Gäste ohne das Brautpaar weiterfeiern. In Deutschland geht es oft wenige Tage nach der Hochzeit in die Flitterwochen.

Für einen guten Zweck

Genug geflittert, wenden wir uns dem zweiten, derzeit modernen Trend zu, dem Spenden. Spenden sind hier nicht mit Geldgeschenken zu verwechseln. Nicht Ihnen als Brautpaar wird Geld gespendet, sondern einer von Ihnen ausgewählten Organisation.

Unsere Gesellschaft ist heute sehr schnelllebig und oft vergessen wir, wie gut es uns doch eigentlich geht. Oft klagen wir auf recht hohem Niveau und vergessen dabei, dass es nicht nur in Deutschland Menschen gibt, denen es weitaus schlechter geht als uns. Soziale Einrichtungen benötigen in der Regel immer Geld- oder Sachspenden. Während meiner Zeit als Hochzeitsplanerin durfte ich bereits das ein oder andere Paar erleben, das sich für diese Geschenkalternative entschieden hat. Um die Frage nach den Geschenken der Gäste an Sie frühzeitig zu beantworten, bietet es sich an, bereits in der Einladung darauf hinzuweisen, für welche Alternative Sie sich entschieden haben und vor allem, wie die Gäste in diesem Fall die Spenden tätigen können.

Wenn Sie eine Hochzeitswebseite erstellt haben (mehr Informationen dazu finden Sie in Kapitel 15), können Sie diese auch dazu nutzen, Ihren Gästen die Einrichtung vorzustellen, der Sie die Spendengelder zukommen lassen wollen. Vielleicht waren Sie schon einmal vor Ort und können Bilder von Ihrer Tätigkeit oder Ihrem Besuch hochladen. Beschreiben Sie das Projekt und das Land, für das Sie Spenden sammeln wollen. Setzen Sie zudem einen Link zu der offiziellen Seite der Organisation oder der Einrichtung.

Spenden sind somit zwar Geldgeschenke, aber eben nicht im herkömmlichen Sinne, da Sie als Brautpaar finanziell nicht von den Spenden der Gäste profitieren, sondern diesen besonderen Tag dafür nutzen, anderen Menschen – oder auch Tieren – etwas Gutes zu tun, eine schöne Idee, wie ich finde. Wenn weder die Flittermeilen noch die Spendenaktion das Richtige für Sie sind und Sie sich auch kein Geld wünschen, könnte vielleicht der Geschenketisch etwas für Sie sein. Ein Tisch, auf dem Geschenke stehen – hört sich nicht so spannend an, finden Sie? Wenn es so wäre, würde ich es ähnlich sehen. Zudem käme noch die Schwierigkeit hinzu, koordinieren zu müssen, wer was schenkt, um nicht doppelt beschenkt zu werden. Was brauchen Sie überhaupt und mit welchen Dingen können Sie so gar nichts anfangen? Hier kommt der moderne oder auch virtuelle Geschenketisch zum Zuge.

Der virtuelle Geschenketisch

Bei einem solchen Geschenketisch handelt es sich um ein Onlineportal, bei dem sich Ihre Gäste ganz bequem von zu Hause aus einloggen und Ihre Wünsche abrufen können. Keine Sorge, dieser Bereich ist für Sie und Ihre Gäste exklusiv durch einen persönlichen Zugang mit einem Passwort geschützt. Geschenketische dieser Art gibt es heute viele; im Folgenden erfahren Sie, welche Kriterien bei der Wahl eines Anbieters ausschlaggebend sein sollten.

Beratung online und vor Ort

Ein professioneller Anbieter eines Onlinehochzeitstisches wird Ihnen die Möglichkeit bieten, sich vor Ort in seinem Geschäft beziehungsweise einer der Filialen einen Überblick zu verschaffen, welche Wunschgeschenke Sie sich vorstellen können. Sie haben noch keine Ahnung, welche Geschenke Sie sich eigentlich wünschen? Auch hier wird Ihnen ein professioneller Anbieter mit Rat und Tat zur Seite stehen. So wählen Sie die richtigen, individuell zu Ihnen passenden Hochzeitsgeschenke aus. Vielleicht ist es ja doch das hochwertige Geschirr, eine neue Sportausrüstung oder schöne Accessoires für Wohnzimmer oder Küche. Das gesamte Sortiment des Anbieters steht Ihnen hier zur Auswahl.

 Oft besteht Unsicherheit, wie viele Geschenke angebracht sind und wie viel ein Geschenk überhaupt kosten darf. Lassen Sie sich einfach beraten! Streichen Sie Ihre Wünsche nicht, weil Sie vielleicht annehmen, dass diese den Rahmen sprengen oder nicht auf die Liste gehören. Unter Umständen schenken Ihnen Freunde als Gruppe etwas gemeinsam, schon ist das Budget für ein Geschenk höher und Sie finden es nach der Hochzeit unverhofft nicht mehr online, sondern real und in Farbe in Ihren vier Wänden wieder.

Nicht nur Ihnen steht ein Berater in einem der Kaufhäuser, bei dem Sie den Tisch angelegt haben, zur Seite. Auch Ihre Gäste werden auf Wunsch bei der Auswahl eines Geschenks von Ihrem Hochzeitstisch beraten. Wie soll das funktionieren, wenn Freunde und Familie gar nicht an ein und demselben Ort wohnen? Entscheiden Sie sich in diesem Fall für einen Anbieter, der bundesweit Filialen hat und somit in fast jeder Stadt in Deutschland vertreten ist. Von überall kann dann Ihr Onlinehochzeitstisch beziehungsweise Ihre Liste abgerufen und Ihre Gäste können entsprechend beraten werden.

10 ➤ Hochzeitstraditionen und wichtige Statisten

Dabei haben Ihre Gäste immer noch die Wahl, die Geschenke online zu erwerben oder sie in einer Filiale zu reservieren und dann dort abzuholen. Insbesondere für Gäste, die unter Umständen von sehr weit her oder gar aus dem Ausland anreisen, bietet sich ein ganz spezieller Service an: Die Gäste können die Geschenke auf Wunsch kostenfrei mit beigefügter Glückwunschkarte direkt an Sie liefern lassen. Ein professioneller Anbieter ist so vernetzt, dass kein Geschenk in einer der Filialen oder online doppelt verkauft wird. Dieses Kriterium sollten Sie unbedingt bei der Wahl des Anbieters einbeziehen, der Aufwand, einen solchen Geschenketisch anzulegen, wäre sonst so gut wie umsonst.

Zusätzliche Gestaltungsmöglichkeiten

Gute Anbieter geben Ihnen auch die Möglichkeit, das Design für Ihren Onlinetisch in vielen Variationen selbst zu gestalten. Entsprechend Ihrem Hochzeitslayout, das sich bereits in Ihrer Einladungskarte widerspiegelt, entscheiden Sie sich für ein entsprechend angelegtes Design Ihres Onlinehochzeitstisches.

In einigen Fällen können Sie zudem ganz persönlich einige Dinge zu Ihrem Hochzeitstisch und den Geschenken sagen, die Sie sich ausgesucht haben. Erstellen Sie eine Videobotschaft und begrüßen Sie Ihre Gäste mit einem eigenen Film auf Ihrer Internetseite. Falls Sie weitere Informationen mit Ihren Gästen teilen wollen, so gibt es Anbieter, die Ihnen anhand einer Bildergalerie die Möglichkeit bieten, ganz exklusive Einblicke in Ihre Geschichte als Paar zu gewähren. Mit einem Hochzeitstagebuch können Sie Ihre Gäste vor der Hochzeit regelmäßig auf den neuesten Stand Ihrer Vorbereitungen bringen.

Stellen Sie zum Beispiel Bilder und Kontaktdaten von umliegenden Hotels zur Verfügung oder informieren Sie Ihre Gäste, an wen sie sich bezüglich des Programms für die Hochzeitsfeier wenden können.

Die Onlinegeschenkeliste rechtzeitig erstellen

Damit Ihre Gäste genügend Zeit haben, in den Filialen zu stöbern und Geschenke für Sie zu kaufen, sollten Sie Ihre Geschenkeliste zwei bis drei Monate vor der Hochzeit anlegen. Fragen Sie zudem nach, ob die von Ihnen ausgewählten Artikel für die gesamte Dauer Ihres Hochzeitstisches für Sie zurückgelegt werden, das heißt vom Beginn des Zusammenstellens der Liste bis zu Ihrem Hochzeitstag. So sind die Artikel für Ihre Gäste auch garantiert verfügbar.

Als kleines Dankeschön bieten Ihnen einige Anbieter von Hochzeitstischen sogar an, dass Sie einen Geschenkgutschein in Höhe von zum Beispiel 5 Prozent des Umsatzes Ihres Hochzeitstisches in bar oder als Gutschein erhalten.

Ein Hochzeitstisch erleichtert nicht nur Ihnen als Brautpaar, sondern auch Ihren Gästen die Auswahl der für Sie passenden Hochzeitsgeschenke. Bei der Kombination eines Onlinehochzeitstisches mit der Möglichkeit, sich die Geschenke auch vor Ort in den Filialen anzusehen, vereinen Sie nicht nur die persönliche Beratung, sondern auch die Flexibilität, online einzukaufen. Denken Sie an Ihre Freunde, die sicher gerne online und mit wenigen Klicks für Sie das Geschenk auswählen. Vergessen Sie aber Ihre lieben Großeltern und Onkel und Tanten nicht. Diese Herrschaften wollen sich ein nachmittägliches Shopping für Sie sicher nicht entgehen lassen.

Andere Geschenkewünsche

Natürlich gibt es auch noch unzählige andere Wünsche zu Ihrer Hochzeit. Ob diese erfüllt werden, hängt zum einen von Ihren Wünschen und Vorstellungen ab, zum anderen, ob Sie Familienmitglieder oder auch Freunde und Bekannte haben, die Ihnen ein Geschenk machen wollen, was den »normalen« (finanziellen) Rahmen sprengt.

Nicht selten bieten Ihnen die Großeltern oder auch die Eltern an, einen Teil der Hochzeit zu bezahlen. Eine finanzielle Entlastung durch die Familie und Freunde angesichts der zu begleichenden Rechnungen einer Hochzeitsfeier mag auf den ersten Blick sehr verlockend aussehen. Besprechen Sie sich jedoch gemeinsam, ob, in welcher Höhe und in welchem Umfang Sie finanziell sehr aufwendige Geschenke annehmen wollen. Nicht selten habe ich erlebt, dass mit dem Geschenkten auch ein Mitbestimmungsrecht zum Beispiel beim Aussuchen des Kleides oder auch bei der Wahl der Location erwartet wird.

Um hier Uneinigkeiten innerhalb der Familie und auch im Freundeskreis zu vermeiden, sprechen Sie ganz offen über Ihre Bedenken und lehnen Sie im Zweifelsfall die finanzielle Unterstützung vor oder während der Planungsphase lieber ab. Denken Sie immer daran: Es ist Ihre Hochzeit und nur Sie ganz allein sollen entscheiden, wie Sie sie ausgestalten und umsetzen wollen.

Sind Sie sich hingegen einig, dass Sie ein großzügiges Geschenk ohne »Nebenwirkungen« annehmen können, so werden oftmals Dinge wie das Brautkleid oder der Hochzeitsplaner, die Liveband oder die Miete der Location, das Brautfahrzeug oder die Flitterwochen von der Familie bezahlt. In seltenen Fällen wird die gesamte Hochzeit von den Eltern, traditionell der Familie der Braut, ausgerichtet. Dieser Brauch findet aber nur noch sehr selten Anwendung.

Wünsche wie eine tolle Hochzeitscollage, in der Sie und Ihre einzigartigen Erinnerungen, Bilder und Schriftstücke in einer von einem Künstler zusammengestellten Collage festgehalten werden, finden heute mehr und mehr Einzug. Auch dass Freunde Ihnen »einen Dienstleister«, wie zum Beispiel einen Karikaturisten, der Ihre gesamte Hochzeitsgesellschaft auf einem Bild vereint, »schenken«, ist heute eine wundervolle Alternative zu üblichen Geschenken. Vielleicht teilen Sie mit einigen Ihrer Hochzeitsgäste ein besonderes Hobby. Lassen Sie sich von der Gruppendynamik überraschen und unter Umständen eine neue Ausrüstung, ein Adventure-Wochenende, einen Segeltörn oder Ähnliches schenken.

Die klare Kommunikation Ihrer Wünsche gegenüber Ihren Gästen steht im Vordergrund. Sagen Sie, was Sie sich wünschen, und setzen Sie Grenzen, wenn Sie davon ausgehen, dass sich der ein oder andere ein »Geschenk« ausdenkt, an dem Sie weder Freude noch besonders schöne Erinnerungen haben. Das ist weder für Sie noch für den Schenkenden ein schönes Gefühl.

Kleider machen (Braut-)Leute

In diesem Kapitel

▶ Das Brautkleid und seine Accessoires

▶ Das passende Brautkleid wählen

▶ Traditionen und Weisheiten rund um das Brautkleid

▶ Alles rund um die Kleidung für »ihn«

Wenn Sie bei diesem Kapitel angelangt sind oder sogar voller Vorfreude direkt diese Seite aufgeschlagen haben, dann ist das für (fast) alle von uns, die Braut sind, waren und jemals sein werden, sehr gut nachzuvollziehen. Das Brautkleid ist das Highlight für jede Braut! Ob klassisch ganz in Weiß, mit oder ohne Schleier, mit vielen oder wenigen Accessoires – der Fantasie sind hier zunächst einmal keine Grenzen gesetzt. Viele von Ihnen haben vielleicht schon einige Hochzeitsmagazine durchgeblättert, waren auf Hochzeitsmessen, haben Modenschauen gesehen und sich im Internet über Kleidervariationen informiert.

In diesem Kapitel erfahren Sie nun, welche Halsausschnitte es bei Brautkleidern gibt, wie Sie für sich die richtige Silhouette wählen und welche Accessoires es grundsätzlich zu einem Kleid gibt. Dieser Ratgeber richtet sich dabei nicht nach führenden Marken, die nur die neuesten Trends des jeweiligen Jahres zeigen. Sie sollen das für Sie perfekte Kleid finden, lassen Sie sich dabei nicht von den Medien verunsichern, welches Kleid für Sie das richtige ist. Aus Erfahrung kann ich sagen: Das Kleid, das im Katalog und in der eigenen Vorstellung vielleicht ganz fantastisch auf den eigenen Leib passt, mag in der Realität unter Umständen so gar nicht zu Ihnen und Ihrem Typ passen. Probieren Sie mutig mehrere Varianten aus, auch wenn Sie das Kleid »an der Stange« anfangs eher nicht so spannend finden. Sie werden überrascht sein, wie gut Ihnen manches Kleid steht, von dem Sie das vorher nicht für möglich gehalten haben.

 Die Bräutigame können sich an dieser Stelle erst noch einmal bequem zurücklehnen, denn es gilt der Grundsatz, dass zuerst das Kleid und danach der Anzug gekauft werden soll. So sind Braut und Bräutigam auch in ihrer Kleiderordnung perfekt aufeinander abgestimmt.

Das Highlight für die Braut

Nach einem Heiratsantrag schweben die »Gefragten« natürlich auf Wolke sieben und die Bräute in spe wollen so schnell wie möglich in das nächste Brautmodengeschäft laufen. Ganz so einfach ist es in der Regel jedoch nicht, denn auch hier sollten Sie einige Dinge beachten:

✔ Vereinbaren Sie telefonisch einen Termin für die Anprobe in einem Brautmodengeschäft. So stellen Sie sicher, dass eine Verkäuferin Zeit für Sie hat und Sie beraten kann.

✔ Fragen Sie vorab, wie viel Zeit man sich für Sie nimmt. In einigen Brautmodengeschäften wird davon ausgegangen, dass Sie Ihr Kleid innerhalb von zwei Stunden auswählen. Das kann unter Umständen etwas kurz sein.

✔ Wenn Sie sich unwohl dabei fühlen, Kleider in Anwesenheit anderer Kunden anzuprobieren, fragen Sie nach Abendterminen oder Terminen außerhalb der Öffnungszeiten, während derer man sich nur Zeit für Sie nimmt.

✔ Fragen Sie nach, ob auch Accessoires wie Handtaschen, Unterwäsche, Schleier, Schmuck und so weiter vor Ort gekauft werden können. Sie haben dann die Wahl, ob Sie diese Dinge passend zu Ihrem Kleid gleich vor Ort mitnehmen wollen oder sich lieber noch woanders umsehen.

✔ Bei der Anprobe sollten Sie Unterwäsche tragen, die bequem ist und in der Sie sich auch wohlfühlen, wenn die Verkäuferin mit Ihnen in der Kabine steht, um Ihnen in die Brautkleider hineinzuhelfen. Tragen Sie am besten einen trägerlosen BH, um die Optik des Brautkleides nicht zu stören.

✔ Legen Sie kein starkes Parfum oder Make-up auf. Die Kleider, die Sie anprobieren, sollen nach dem Termin nicht verschmutzt sein oder stark riechen. Viele Brautmodengeschäfte legen hierauf großen Wert!

✔ Nehmen Sie sich ein Zopfband oder eine Haarklammer mit. So können Sie ausprobieren, wie das Kleid bei hochgesteckten Haaren aussieht, und auch einen Schleier provisorisch ins Haar stecken.

✔ Wenn Sie möchten, nehmen Sie auch Schuhe mit hohen Absätzen mit, um diese zusammen mit dem Kleid zu testen. In der Regel müssen die Kleider aber alle noch auf Ihre Maße angepasst oder ganz neu angefertigt werden.

✔ Wenn Sie stark schwitzen, können Sie sich Tücher unter die Arme klemmen. Zu empfehlen sind dafür übrigens Stilleinlagen für Mütter.

✔ Sich im Voraus auf einen bestimmten Halsausschnitt, eine bestimmte Silhouette oder gar ein bestimmtes Kleid festzulegen, nur weil Sie es in einem Katalog oder in den Medien gesehen haben, ist grundsätzlich keine gute Idee. Auf den folgenden Seiten können Sie sich informieren, welcher Halsausschnitt und welche Silhouette am ehesten für Ihren Typ infrage kommen. Das heißt aber nicht, dass Sie nicht auch andere Brautkleider anprobieren können und sollten.

✔ Wenn Sie übrigens Wert darauf legen, dass das Brautmodengeschäft auch Herrenanzüge führt, da Sie als Paar unter Umständen dann einen Nachlass auf den Gesamtpreis erhalten, so erfragen Sie auch dies bei der Terminvergabe.

Das Fotografieren von Brautkleidern vor dem Kauf ist grundsätzlich nicht gestattet. Die Brautmodengeschäfte möchten damit vermeiden, dass sich die Verkäuferin stundenlang um Sie gekümmert hat, Sie Ihr Traumkleid gefunden haben, es abfotografieren und dann für wenig Geld bei einem anderen Anbieter nachschneidern lassen.

11 ➤ Kleider machen (Braut-)Leute

Ein Brautkleid sollten Sie mindestens ein gutes halbes Jahr vor der Hochzeit aussuchen und bestellen, denn manche Kleider haben Lieferzeiten von gut sechs Monaten. Um sich deshalb nicht einschränken zu müssen, lohnt es sich also, rechtzeitig mit der Suche zu beginnen.

Abnehmen vor der Hochzeit

Ich kann jeder Braut nur davon abraten, für die eigene Hochzeit oder das vermeintlich perfekte Kleid zu »hungern«. Wollen Sie generell abnehmen, so sollten Sie nicht »auf die Schnelle« und vor allem nur in gesundem Maße abnehmen. Gehen Sie erst dann auf Shopping-Tour für das Kleid, wenn Sie annähernd Ihr Wunschgewicht erreicht haben. Denn ein Kleid kann nicht beliebig umgenäht werden. Verlieren Sie mehrere Kleidergrößen oder nehmen extrem zu, so kann auch die beste Schneiderin das Kleid nicht so verändern, dass es noch vernünftig sitzt!

Halsausschnitte bei Brautkleidern

Widmen wir uns zunächst den verschiedenen Halsausschnitten, die bei Brautkleidern zu finden sind und welche sich für bestimmte Typen von Frauen grundsätzlich gut eignen.

✔ Der sogenannte **Carmenausschnitt** sitzt unter den Schultern, die breiten Träger bedecken einen Teil des Oberarms (siehe Abbildung 11.1, links). Dieser Schnitt eignet sich für jede Frau und jede Figur. Der Ausschnitt betont besonders das Schlüsselbein und die Schultern. Insbesondere für Frauen mit sehr flachem oder auch mit sehr vollem Busen eignet sich dieser Schnitt hervorragend.

✔ Das **Carré** (siehe Abbildung 11.1, rechts) ist für jede Frau geeignet. Der Schnitt ist schlicht und elegant zugleich. Die feminine Wirkung kann hier von der Trägerin beeinflusst werden, wenn die Breite der Trägeransätze abnimmt. Es betont den Hals und die Schultern. Eine Schneiderin kann Ihnen die Breite der Trägeransätze ohne Problem verbreitern oder verschmälern.

✔ Der **gerade Ausschnitt**, mit anderen Worten das **schulterfreie Kleid**, ist immer noch sehr beliebt. Grundsätzlich lässt sich dieser Stil auch mit Trägern kombinieren, die Sie durch eine Schneiderin mit Druckknöpfen befestigen lassen können. So können Sie Ihren mit Trägern verzierten Ausschnitt auch wieder in einen halterlosen Ausschnitt verwandeln. Dieser Stil eignet sich besonders gut für Frauen mit einer schönen Oberweite, gut trainierten Schultern und einem sich abzeichnenden Schlüsselbein.

✔ Die **Herzform** betont vor allem das Dekolleté. Probieren Sie diesen Schnitt doch einmal an, wenn Sie über eine besonders große Oberweite verfügen.

✔ Der sogenannte **Neckholder** steht für ein ärmelloses Oberteil oder ein ärmelloses Kleid, das von einem Band oder einem Kragen, das beziehungsweise der sich um den Hals schmiegt, gehalten wird. Oft bleibt der Rücken unbedeckt und betont die Arme. Besonders schlanke Frauen können diesen Stil gut tragen.

185

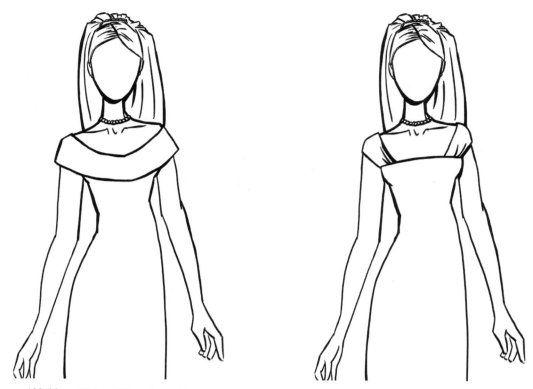

Abbildung 11.1: Während der Carmenausschnitt vor allem elegant und romantisch wirkt (links), ist das Carré durch die Trägervarianten ein echter Allrounder (rechts).

- ✔ **Spaghettiträger** an Ihrem Kleid bieten tolle Möglichkeiten, diese individuell noch einmal zu verzieren. So können Sie Blumen, echt oder unecht, daran fixieren oder auch tolle Stickereien, Perlen oder funkelnde Steine auf die Träger aufsetzen lassen. Sie geben dem Kleid mit diesen Extras etwas Mädchenhaftes und halten die Korsage dabei fast unbemerkt an ihrem Platz. Besonders Frauen mit einer schmalen Figur können mit diesem Schnitt punkten.

- ✔ Das **Tanktop** ist ein kurzes, ärmelloses Oberteil mit weiten Armausschnitten (siehe Abbildung 11.2). Dieser Schnitt eignet sich besonders für Frauen mit sehr schmalem Oberkörper und nicht allzu großer Oberweite. Ein großer Busen hat unter Umständen bei diesem Schnitt nicht den nötigen Halt.

- ✔ Der **V-Ausschnitt** formt genau wie der Herzausschnitt besonders schön das Dekolleté. Frauen mit mittelgroßem Busen können diese Form besonders gut tragen.

11 ➤ Kleider machen (Braut-)Leute

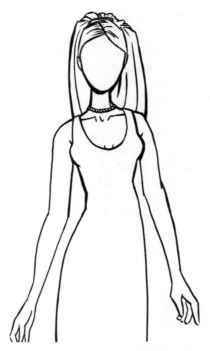

Abbildung 11.2: Das Tanktop – sportlich schick für eher schlanke Bräute

Die richtige Silhouette wählen

Damit Sie in dem von Ihnen ausgesuchten Brautmodengeschäft mit Wissen punkten können, stelle ich Ihnen im Folgenden die wichtigsten Stile für Brautkleider vor. Nicht jeder Stil wirkt an jeder Frau gleich. Auch hier gilt, lieber den ein oder anderen Stil ausprobieren und nicht gleich von vornherein ausschließen. Aus- und Anprobieren kostet ja schließlich nichts. Natürlich finden sich hier gleichermaßen auch die Halsausschnitte wieder. Sie können sich selbstverständlich auch ein Kleid schneidern lassen. Dies muss nicht zwingend sehr viel kostspieliger sein, als ein Kleid »von der Stange« zu kaufen.

Viele Bräute sind zu Beginn der Kleidersuche noch unsicher, wie viel Geld sie ausgeben wollen. Zum einen sollten Sie diese Position mit in Ihrem Budgetplan einkalkuliert haben, zum anderen werden Sie in einem Brautmodenfachgeschäft zu Beginn des Termins gefragt, wie viel Sie in etwa für das Kleid ausgeben wollen. In dieser Preisklasse werden Ihnen dann Kleider zur Auswahl gestellt. Vergessen Sie jedoch nicht, dass auch die Änderungen an Ihrem Kleid, unter Umständen ein Reifrock, die Unterwäsche, Schuhe und auch Accessoires noch mit hinzugerechnet werden müssen. So können die Änderungen an Ihrem Brautkleid oft schon einen erheblichen Kostenanteil ausmachen. Kalkulieren Sie für diese Dinge also ausreichend finanziellen Spielraum ein. Rechnen Sie mit etwa 20 Prozent der Kosten Ihres Brautkleides, dann sind Sie in jedem Fall auf der sicheren Seite.

Nun zu den verschiedenen Schnitten:

- ✔ Die **Fishtail-Linie** wird auch **Sirenen-** oder **Meerjungfrauen-Linie** genannt, da die Form an die Figur einer Meerjungfrau erinnert (siehe Abbildung 11.3, links). Diese Form sollte nur von Frauen getragen werden, die eine perfekte weibliche Figur besitzen. Dieses Kleid betont extrem die Figur. Sie sollten sich den gesamten Abend über in einem solchen Kleid wohlfühlen – oder darüber nachdenken, ob Sie zur »Party« in ein vielleicht kurzes, nicht ganz so enges Kleid wechseln.

- ✔ Bei der **Kuppel-Linie** ist der Rockteil sehr weit ausgestellt und erinnert daher stark an eine Glocke oder eine Kuppel (siehe Abbildung 11.3, rechts). Dieses Kleid eignet sich gut für sehr schmale, frauliche Bräute, da zu dem glockenförmigen Rock oft ein sehr figurbetontes Oberteil, beispielsweise eine Korsage, getragen wird. Auch hier können Sie wunderbar mit tollen Verzierungen oder Extras an der Korsage arbeiten. Auch ein farbiges Band am Übergang zwischen der Korsage und dem Rock ist ein besonderer Hingucker.

Abbildung 11.3: Wenn Sie zum echten Hingucker werden wollen, ist die Fishtail-Linie die perfekte Wahl (links). Bei der Kuppel-Linie bildet ein figurbetontes Oberteil einen schönen Kontrast zu dem weiten Rockteil (rechts).

11 ➤ Kleider machen (Braut-)Leute

✔ Die **I-Linie** spiegelt eine gerade, schmale Silhouette wieder, die an die Form des Buchstabens »I« erinnert, deshalb auch dieser Name (siehe Abbildung 11.4, links). Geeignet ist dieser Stil besonders für schmale, sportliche Bräute.

✔ Die **X-Linie** ist für jede Braut geeignet, auch für kräftige Figuren. Die Schulterpartie und der ausgestellte Rockteil ergeben die Form des Buchstabens »X« (siehe Abbildung 11.4, rechts). Das Oberteil wird durch die Taillennaht betont. Auch hier lässt sich mit einem farbigen Band schön der Übergang von Oberteil zu Rock betonen.

Abbildung 11.4: Während sich die I-Linie besonders für zierliche und schmale Bräute eignet (links), ist die X-Linie vor allem für kräftige Bräute zu empfehlen (rechts).

✔ Die **Ballon-Linie** hat ihren Namen aus dem oben und unten gerafften Rockteil, sie erinnert so an die Form eines Ballons (siehe Abbildung 11.5, links). Dieser Schnitt ist, wie auch die I-Form, eher für schmale Bräute geeignet. Schön an dieser Variante ist, dass der Rock mit oder ohne figurbetontem Oberteil getragen werden kann. Der Stil des Oberteils kann also noch einmal ganz individuell auf die Wünsche und die Oberweite der Braut abgestimmt werden.

✔ Das **A-Linien**-Kleid besticht durch eine klare Linie, schlichte Eleganz, eine Romantik ohne viel Verspieltheit und das figurbetonte Oberteil (siehe Abbildung 11.5, rechts). Diesen Stil kann jede Frau tragen.

Abbildung 11.5: Bei der Ballon-Linie kann der Stil des Oberteils individuell gewählt werden (links). Die A-Linie passt für jede Braut – ein echter Alleskönner (rechts).

✔ Das **Duchesse**-Kleid ist ein eher großes und ausladendes Brautkleid, wie für eine Prinzessin gemacht (siehe Abbildung 11.6, links). An dem figurbetonten Oberteil ist ein weites Unterteil angesetzt, das sich besonders für schmale und eher männliche Figuren eignet. Dieses Kleid macht Sie besonders weiblich.

✔ Eine hohe Taillennaht direkt unter der Brust mit schmal fließendem, schlichtem Schnitt macht das **Empire**-Kleid aus (siehe Abbildung 11.6, rechts). Das Kleid ist für jede Figur geeignet, besonders aber für Frauen mit kleinem Busen.

✔ Das **Etui**-Kleid strahlt durch seine Schlichtheit und Eleganz. Es liegt eng am Körper an und umschmeichelt die Trägerin. Dieser Schnitt eignet sich für athletische und nicht zu frauliche Figuren.

11 ➤ Kleider machen (Braut-)Leute

Abbildung 11.6: Für all die Bräute, die sich schon immer wie eine Prinzessin fühlen wollten: Duchesse- (links) und Empire-Kleid (rechts)

Reifröcke für darunter

Wenn Sie sich die Kleiderstile noch einmal anschauen, fällt Ihnen sicherlich auf, dass auch sehr bauschige, runde Kleider dabei waren. Diese Kleider fallen leider nicht von allein so, hierzu bedienen Sie sich der Hilfe eines passenden Reifrocks. Bei den Reifröcken unterscheidet man mehrere Kriterien: die Länge, die Form sowie die Anzahl der Ringe und Rüschen. Zum einen gibt es den sogenannten »Midi-Reifrock«, er geht der Braut (leicht) bis über das Knie. Zum anderen gibt es bodenlange Reifröcke. Wie der Name schon sagt reichen diese bis zum Boden, also dem Saum des Brautkleides. Die Formen von Reifröcken werden entsprechend den Brautkleidstilen in schmal, breit und »fishtail« eingeteilt. Die Anzahl der Ringe und Rüschen spielt eine besondere Rolle: Die Ringe bauschen das Kleid auf, indem sie weiter oder enger gestellt sind, sie geben dem Kleid Halt. Auch Rüschen bauschen Ihr Kleid, wenn der Schnitt es hergibt, wundervoll auf. Der Umfang von Reifröcken reicht in der Regel von 150 cm bis 320 cm. Einen Reifrock müssen

Sie nicht kaufen, in vielen Fällen leiht der Brautmodenausstatter ihn gegen eine Gebühr aus. Kontrollieren Sie genau, welchen Reifrock Sie anprobiert haben, und lassen Sie eine entsprechende Notiz zu Ihrem Kleid eintragen. Es kam schon vor, dass am Hochzeitstag der falsche Reifrock ausgegeben wurde, sodass das Kleid ganz anders fiel und eben auch die abgenähte Länge nicht mehr passte.

Accessoires zum Kleid

Was wäre die Welt ohne passende Accessoires zum Kleid. Oft sind es die kleinen, liebevoll zusammengestellten Details, die Ihr Kleid und Ihr Gesamtoutfit an diesem Tag erst perfekt machen. Wählen Sie mit Bedacht, vieles lacht Sie zu Beginn Ihrer Erkundungstour im Laden sicherlich funkelnd an und am liebsten würden Sie alles kaufen. Nehmen Sie sich Zeit, in Ruhe darüber nachzudenken, was zu Ihnen und Ihrem Kleid wirklich passt. Bitten Sie die Verkäuferin, Ihnen das ein oder andere Accessoire zum Kleid dazu zu reichen und entscheiden Sie dann, was das Richtige für Sie ist.

Accessoires, die unmittelbar zu sehen sind, wie Handschuhe, Schleier, Jäckchen oder auch Handtasche sollten grundsätzlich bevorzugt in dem Brautmodenladen gekauft werden, in dem Sie auch das Kleid erworben haben. Das hat einen einfachen Grund: Sie können diese Accessoires vor Ort an das Kleid halten und prüfen, ob Farbe, Steine und auch das Accessoire generell zu Ihrem Kleid passen. Die Ersparnis, die Sie unter Umständen haben, wenn Sie woanders kaufen, rückt eher in den Hintergrund, wenn Sie merken, Sie haben sich im Farbton vergriffen.

Boleros, Stola und Cape

Boleros gibt es als kurze, dreiviertellange oder langärmlige Version. In der Regel hat der Bolero keinen Verschluss und wird daher offen getragen. Er dient dazu, die Schultern sowie den oberen Rücken zu bedecken.

Die Stola ist ein schalförmiges langes Tuch, das zum Beispiel aus dünnem und leichtem Stoff besteht. Dies bietet viele Umhängemöglichkeiten und ist für den Sommer gut geeignet. Es gibt aber auch Stolen aus festerem und wärmerem Material, die Sie im Winter tragen können. Auch farbliche Akzente lassen sich so perfekt mit dem Kleid kombinieren.

Das Cape ähnelt der Stola, nur dass es kürzer ist und durch einen Verschluss geschlossen gehalten werden kann. Für Hochzeiten besteht es üblicherweise aus Fell oder einem Imitat und besitzt keine Kapuze. Capes sind besonders bei Winterhochzeiten sehr beliebt.

Schön verpackt – Handschuhe

Handschuhe verleihen Ihrem Outfit eine besondere Eleganz. Sie können zwischen vielen verschiedenen Varianten wählen:

✔ Der kurze Handschuh wird heute nicht mehr so oft getragen, da sich Bräute zu ihren Kleidern oft elegante, lange Handschuhe wünschen. Aber auch hier gilt: Probieren Sie aus, prüfen Sie, ob dieser Handschuh zu Ihnen und Ihrem Kleid passt.

11 ➤ Kleider machen (Braut-)Leute

✔ Der Handschuh, der kurz über dem Ellenbogen endet, wird oft mit Perlen und Steinen verziert. Dies gibt einem schlichten Kleid ein bisschen »Glitzereffekt«.

✔ Der Opernhandschuh reicht bis zum Oberarm und ergänzt sich wunderbar mit halterlosen oder vollständig ärmellosen Oberteilen.

✔ Der fingerlose Handschuh kann lang oder kurz sein und ist für den Ringtausch perfekt geeignet. Der Stülphandschuh ist ein langer Handschuh, der bis zum Ellenbogen oder auch darüber hinausgehen kann. Die Handfläche ist bei diesem Handschuh frei. Er wird am Mittelfinger von einem Bändchen in Position gehalten.

Vorteile von fingerlosen Handschuhen

Die erwähnten Handschuhe haben geschlossene Finger. Das ist nicht für jede Braut das Richtige, zum einen kann es im Sommer schnell warm in den Handschuhen werden, zum anderen haben Sie sich sicherlich eine Maniküre oder sogar French Maniküre gegönnt. Da wäre es doch schade, wenn man Ihre Fingernägel nicht sehen würde. Es stellt sich bei Handschuhen auch die Frage, ob Sie sich dabei wohlfühlen, wenn Sie Ihren Ehering auf Stoff und nicht auf Ihrer Haut tragen. Wählen Sie dann lieber einen fingerlosen Handschuh.

Was Frau so braucht – Handtaschen und Handbeutel

Vielleicht denken Sie, dass Sie eigentlich gar nicht der »Handtaschentyp« sind und in Ihrer Freizeit zu den wenigen Frauen gehören, die auch ohne oder zumindest mit einer sehr kleinen Handtasche auskommen.

Was für eine Handtasche spricht

Bevor Sie sich generell für oder gegen ein solches Accessoire entscheiden, sollten Sie sich überlegen, was Sie alles in dieser Tasche bei sich tragen könnten. In der Regel sind diese Taschen nicht besonders groß, aber Sie können zumindest ein oder zwei Taschentücher, ein Pfefferminzbonbon, Hygieneartikel wie Tampons und Puder beziehungsweise Make-up sowie einen Lippenstift darin unterbringen. (Kaufen Sie sich vor der Hochzeit, sofern Sie diese Tücher nicht auch vorher schon im Gebrauch haben, am besten auch sogenannte »Oil Blotters«. Diese Tücher sind mit einer leichten Puderschicht überzogen und saugen beim Aufdrücken auf den Gesichtspartien das überschüssige Fett auf. So vermeiden Sie, dass Sie wieder und wieder pudern und nach kurzer Zeit eine dicke Schicht Make-up im Gesicht haben, die unnatürlich aussieht.) Auch Zahnseide ist immer ein sehr hilfreiches Mittel und passt gut in eine Handtasche. Ich weiß nicht, wie es Ihnen geht, aber wenn ich etwas zwischen den Zähnen habe, was sich nicht so leicht entfernen lässt, bin ich ausschließlich darauf konzentriert, dieses »Ding« zwischen den Zahnräumen endlich aus meinem Mund zu bekommen, und fühle mich zudem nicht besonders wohl dabei. Zahnseide nimmt nicht viel Platz weg und hilft Ihnen, schnell und ohne großes Herumgestocher den Störenfried in Ihren Zahnzwischenräumen zu entfernen.

Eines sei vorweg gesagt: Wie bei allen Dingen rund um Ihre Hochzeit müssen Sie sich nicht für oder gegen etwas entscheiden, nur weil es sich so »schickt«. Die Handtasche kann auf einer Hochzeit ein nicht nur schönes, sondern auch praktisches Accessoire sein. Während der Trauung benötigen Sie vielleicht ein Taschentuch und auch beim Fotoshooting ist es hilfreich, wenn Sie zum Nachschminken alles griffbereit haben.

Es gibt eine große Auswahl an Taschen, Beuteln oder sogenannten **Clutches**. Für alle Varianten gilt jedoch, dass sie zu der Farbe und dem Stil Ihres Kleides passen sollten. Der Handbeutel ist im Gegensatz zu einer Tasche oder einer Clutch nicht ganz so stabil. Unter Umständen können Sie den Beutel später einfärben, sodass Sie ein nettes Accessoires auch für andere Anlässe zu einem späteren Zeitpunkt haben.

Die Handtasche bietet im Gegensatz zum Handbeutel etwas mehr Platz. Das muss nicht immer so sein, denn auch Handtaschen können sehr klein und schmal ausfallen. Überlegen Sie sich also im Vorfeld, welche Utensilien Sie in der Tasche unterbringen wollen und ob sie in die Tasche passen. Wenn Sie sich unsicher sind, fragen Sie im Geschäft nach, ob Sie Ihre Utensilien einmal probeweise hineinlegen dürfen. Achten Sie dabei jedoch darauf, dass sie nicht schmutzig sind, also keine Make-up- oder Lippenstiftflecken hinterlassen. Eine solche Verschmutzung würde zu einer Kaufverpflichtung führen.

Eine Clutch unterscheidet sich im Wesentlichen gar nicht so sehr von der Handtasche für die Braut. In vielen Fällen wird eine Clutch dann als Alternative gewählt, wenn sich die Braut ein sehr edel aussehendes Accessoire an ihrer Hand beziehungsweise an ihrem Arm wünscht. Eine Clutch kann mit oder ohne Trageriemen gekauft werden, sie bietet für Ihre Utensilien jedoch weniger Platz als eine Tasche oder ein Beutel. Auch hier können Sie auf Nachfrage Ihre Artikel sicherlich einmal probeweise einlegen.

Wenn Sie viel Stoff von Ihrem Kleid abnehmen lassen müssen, fragen Sie die Schneiderin auch gleich, ob sie aus diesem Stoff nicht auch die Handtasche oder den Beutel nähen kann. Sind Sie geschickt im Umgang mit der Nähmaschine oder kann Ihnen Ihre Mutter oder Großmutter helfen, dann lassen Sie sich den von Ihrem Kleid überschüssigen Stoff von der Schneiderin aushändigen und nähen zu Hause den Beutel oder die Tasche. Das Gleiche gilt natürlich auch für Accessoires wie Handschuhe oder Halsketten aus Satin oder Seide!

Der passende Kopfschmuck

Fast jede Braut trägt irgendeine Art Kopfschmuck zu ihrem Kleid. Wie dieser ausfällt, kann sehr unterschiedlich sein, beginnen wir mit den verschiedenen Formen von Schleiern:

- ✔ Der sogenannte **Blusher** ist ein kurzer, dünner Schleier, der über dem Gesicht der Braut getragen wird (siehe Abbildung 11.7, links). Dabei kann der Schleier ganz schlicht, mit Perlen oder feinen Stickereien verziert sein. Die Accessoires am Schleier können über den gesamtem Schleier verteilt oder nur an den Rändern des Schleiers zu finden sein.

  Der Blusher wird entweder nach dem Übergeben der Braut an den Bräutigam zurückgestülpt oder erst vor dem ersten Kuss als Mann und Frau, so lange bleibt die Braut dem Bräutigam und auch den Gästen verhüllt.

✔ Der **Zwei-Schichten-Schleier** ist besonders gut geeignet für Bräute, die sich entweder nicht zwischen einem kurzen und einem langen Schleier entscheiden konnten oder die ihr Kleid mit dem langen, über dem Kleid liegenden Schleier noch einmal optisch aufwerten wollen (siehe Abbildung 11.7, rechts). Der Zwei-Schichten-Schleier besteht entweder aus zwei unterschiedlich langen Schleiern oder aus einem Schleier und einem Blusher. Der unterste Schleier ist dabei immer der längere.

 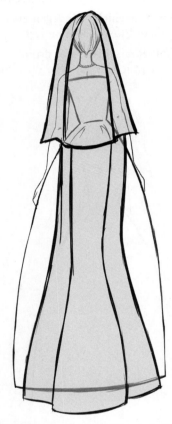

Abbildung 11.7: Der Blusher verhüllt die Braut bis zum ersten Kuss mit ihrem Ehemann (links). Für alle, die sich nicht entscheiden können, ob kurz oder lang: der Zwei-Schichten-Schleier (rechts).

 Den langen Schleier können Sie im Laufe des Abends, besonders wenn die Feier auf den tanzbaren Teil zusteuert, bequem abnehmen. Mit dem kurzen Schleier oder Blusher tragen Sie so immer noch Ihren Kopfschmuck.

✔ Der **Ellenbogenschleier** ist auf etwa Ellenbogenlänge oder auch auf Taillenlänge begrenzt. Oft wird diese Form beziehungsweise Länge des Schleiers gewählt, da die Silhouette hierdurch etwas schlanker wirkt.

- ✔ Der **längere Schleier** ist etwas beliebter, er unterscheidet sich vom Ellenbogenschleier nur in seiner Länge. Er geht bis zu den Fingerspitzen der Braut.
- ✔ Der **Ballettschleier** ist länger als die beiden eben vorgestellten und endet an den Knien oder am Knöchel der Braut (siehe Abbildung 11.8, links). Somit ist er auch für alle diejenigen geeignet, die Angst davor haben, dass ihnen jemand auf den Schleier tritt und ihre ganze Haarpracht mit herunterreißt.
- ✔ Der **Kirchenschleier** hingegen endet erst auf dem Boden. Oft wird er mit einer Schleppe oder einem Blusher kombiniert.
- ✔ Der **Kathedralschleier** hat grundsätzlich die gleiche Form wie der Kirchenschleier, läuft aber wesentlich länger über die Schleppe hinaus (siehe Abbildung 11.8, rechts).

Abbildung 11.8: Den nur knöchellangen Ballettschleier brauchen Sie auch beim Tanzen nicht abzunehmen (links). Doch für alle diejenigen, die lange Schleier einfach romantisch finden, ist sicherlich der Kathedralschleier die richtige Wahl (rechts).

- ✔ Der sogenannte **Flyaway-Schleier** berührt gerade die Schultern der Braut und kann aus einem, aber auch aus verschiedenen Schleiern bestehen (siehe Abbildung 11.9, links). Wer das Gefühl nicht mag, etwas kitzelt im Nacken, sollte auf diesen Schleier verzichten.

✔ Eine ähnliche Länge hat der **Fontänenschleier**; er wird als Krone zusammengefasst und fällt dann in mehreren Schichten vom Kopf der Braut herunter (siehe Abbildung 11.9, rechts).

Abbildung 11.9: Flyaway- (links) und Fontänenschleier (rechts) – beide Schleier eignen sich hervorragend als Kopfschmuck, der den ganzen Abend über getragen werden kann.

✔ Ein ähnlicher Effekt wird beim sogenannten **Pouf** erzeugt. Der (sehr kleine) Schleier wird hierbei an einem Kamm oder an einer Haarklammer am Kopf der Braut zusammengefasst.

Natürlich muss es nicht immer ein Schleier zum Kleid sein. Ein Schleier kann durch eine Krone ganz ersetzt oder auch ergänzt werden:

✔ Die **Krone** sollte mitten auf dem Kopf sitzen und kann mit Steinen, Perlen oder Swarovski-Kristallen verziert sein. Sie kann um einen Dutt herum oder auch im offenen Haar getragen werden. In beiden Fällen sorgt Ihre Stylistin beziehungsweise Friseurin für den richtigen Halt auf dem Kopf.

✔ Die **halbe Krone** geht im Gegensatz zur ganzen Krone nicht um den gesamten Kopf herum, sie ist somit kleiner als die ganze Krone (siehe Abbildung 11.10).

Abbildung 11.10: Die halbe Krone ist ein ganz besonderer Haarschmuck, den Sie mit einer Hochsteckfrisur sehr gut kombinieren können.

✔ Die **Tiara** ist besser bekannt unter der Bezeichnung **Diadem**. Sie ist filigraner als die halbe Krone, da sie aus mehreren dünnen Stäbchen besteht. Sie kann ebenso mit Steinen, Perlen oder Swarovski-Kristallen besetzt sein.

✔ Einen ganz natürlichen und dennoch romantischen Look erhalten Sie mit einem **Kranz** aus frischen Blumen, verziert mit Perlen oder Bändern passend zu Ihrem Outfit.

✔ **Curlies** sind kleine Drahtspiralen, an denen Perlen, Steine oder kleine Rosen befestigt und ins Haar eingefädelt werden.

✔ Den **Kamm** und die **Haarspange** gibt es in unterschiedlichen Formen und Verzierungen und kann in Ihre Hochsteckfrisur integriert werden. Die Spange wird jedoch nur im Haar und nicht am Schleier befestigt.

✔ Das sogenannte **Käppchen** und das Haargesteck werden mit kleinen Tüllschleiern, Steinchen, Federn, Blumen oder anderen Dingen geschmückt (siehe Abbildung 11.11).

✔ Das **Duttband** kann ebenso beliebig mit Perlen oder Steinen besetzt werden. Es wird um eine Hochsteckfrisur oder um einen Dutt gebunden. Das Haarband schmiegt sich so eng an die Kopfform an.

✔ Im Gegensatz zum Duttband sitzt der **Haarreif** lockerer. Er kann einerseits sehr schlicht oder mit Steinen und Perlen geschmückt sein. Die Erweiterung des Haarreifs ist der **Stirnreif**, der an den Seiten und am Hinterkopf mit längeren Bändern geschmückt ist.

11 ➤ Kleider machen (Braut-)Leute

Abbildung 11.11: Das Käppchen zeugt von zeitlosem Design, elegant und auch für Standesamt-Outfits absolut geeignet.

Haben Sie schon einmal über die Alternative nachgedacht, einen Hut zu tragen? Hüte sind bei Hochzeiten leider ein bisschen aus der Mode gekommen. Gerade für die standesamtliche Hochzeit eignen sich Hüte jedoch besonders als Hingucker – nicht nur auf den Fotos! Da es Hutformen in schier unendlicher Vielfalt gibt, hier eine kleine Auswahl der gängigsten Hutformen:

- ✔ Der **Glocken-** oder sogenannte **Topfhut** kann in verschiedenen Farben und mit unterschiedlichen Accessoires am Hut getragen werden.
- ✔ **Pillbox-Hüte**, die zu einer Hochzeit getragen werden, sind oftmals mit einem Schleier versehen.
- ✔ Der Begriff **Chiffonhut** rührt von dem Material her, aus dem der Hut oft gemacht ist (siehe Abbildung 11.12). Allerdings gibt es diesen Hut auch in anderen Materialien.

Im weitesten Sinne gehören auch Ohrschmuck und Halskette zum Kopfschmuck dazu. Bei den Ohrringen sollten Sie in jedem Fall ein Oberteil bei der Anprobe anhaben, das dem Schnitt Ihres Kleides ähnelt. Stecken Sie ebenso Ihre Haare in Ansätzen so hoch, wie Sie es sich auch für Ihren Hochzeitstag wünschen. Erst dann können Sie eine sichere Aussage darüber treffen, welche Form von Ohrringen zu Ihnen und Ihrem Outfit passt. Creolen, Ohrhänger, Ohrstecker oder Ohrclips können mit verschiedenen Outfits ganz anders an Ihnen wirken, als dies im Alltag der Fall ist.

Abbildung 11.12: Hut ist wieder in! Der Chiffonhut verleiht Ihnen eine ganz eigene Note und kann gut zum Standesamt getragen werden.

Auch bei den Halsketten werden Sie vor eine große Auswahl gestellt. Ohrstecker und Halskette sollten vom Material her zusammenpassen. Aber auch hier gilt, dass Sie sich bei der Entscheidung, welche Kette die richtige ist, an dem Schnitt Ihres Oberteils sowie der Frisur und den Ohrringen orientieren sollten.

Sie können auch eine Kette mit Anhänger tragen; Perlen sind zeitlos und sehen an vielen Bräuten toll aus. Auch ein Halsband, aus dem Stoff Ihres Kleides, oder eine mehrreihige Kette können ein Hingucker sein. Nicht zu vergessen Colliers mit verschiedenen Motiven, die die Aufmerksamkeit auf sich ziehen.

Diamonds Are a Girl's Best Friend

Wer kennt diese Zeile von Marilyn Monroe nicht? Doch es müssen nicht immer gleich Diamanten sein. Wichtig ist vor allem, dass der Schmuck, den Sie zu Ihrem Kleid tragen, insgesamt zum Stil passt. Steine funkeln in verschiedenen Farben und können die unterschiedlichsten Farbabstufungen haben. Vielleicht haben Sie sich schon für die passenden Ohrringe und auch eine Halskette entschieden. Den Ehering werden Sie ab dem Ja-Wort ebenso tragen. Den meisten Bräuten reicht dieser Schmuck aus und sie tragen keine weiteren Schmuckstücke am Körper.

Bitte tragen Sie keine Sportuhren oder Freizeituhren zu Ihrem Kleid, das passt einfach nicht zusammen. Auch zu große und klobig wirkende Armreifen oder Armbänder lenken von Ihnen und Ihrem Kleid ab. Weniger ist in diesem Fall oft mehr. Und auch wenn Sie sonst gerne und viele Ringe tragen, beschränken Sie sich an diesem Tag besser auf Ihren Ehering.

Der passende Schuh

Beim Thema Schuhe glänzen vielen Frauen sicherlich auch ohne das Thema Hochzeit die Augen. Schuhe gibt es mittlerweile in so vielen Varianten, dass es oft schwer ist, die richtige Wahl zu treffen. Wie groß die Auswahl ist, hängt allerdings auch von der ganz persönlichen Schuhgröße ab. Wer besonders kleine oder auch besonders große Füße hat, sollte sich in jedem Fall frühzeitig umschauen. Dabei müssen Sie keineswegs immer auf spezielle Anbieter für Brautschuhe zurückgreifen. Allerdings haben Letztere oft eine größere und ideenreichere Auswahl an Modellen als herkömmliche Schuhhäuser.

Grundsätzlich unterscheidet man zwischen den folgenden Schuhstilen:

✔ **Ballerinas** gehören derzeit zu den beliebtesten Schuhen für den alltäglichen Gebrauch. Auf Hochzeiten wird dieser Schuh allerdings eher als »Wechselschuh« mitgeführt, um am Abend von den Schuhen mit höheren Absätzen auf flache Schuhe umsteigen zu können.

Tragen Sie ein langes Brautkleid, so wird der Brautschuh, abgesehen davon, dass er unter Umständen zum Fotoshooting in Szene gesetzt wird, von kaum jemandem wahrgenommen. Führen Sie also ein bequemes Paar Schuhe mit. Es muss noch nicht einmal weiß oder neu sein, die Priorität liegt hier auf dem Wort »bequem«. Was nützen Ihnen tolle Schuhe, in denen Sie spätestens nach dem Essen nicht mehr als zwei Meter gehen können, weil Ihnen alles wehtut.

✔ **Stilettos** zeichnen sich durch besonders hohe Absätze aus. Dies sieht sicherlich besonders elegant zu kurzen oder halblangen Brautkleidern aus, allerdings sollten nur Bräute diese Schuhe tragen, die im Laufen auf hohen Absätzen geübt sind.

✔ **Wedges** eignen sich für fast jede Braut, da das Laufen auf diesen Schuhen durch einen durchgängigen und breiteren Absatz als bei Stilettos vereinfacht wird. Allerdings mag auch nicht jede Braut diesen Stil.

✔ Beim sogenannten **Peeptoe** sollten Sie besonders darauf achten, dass die Auslassung für die Zehe im vorderen Bereich nicht scheuert oder gar drückt. Die Meinungen sind hier geteilt, wenn es darum geht, ob Peeptoes nur barfuß oder auch mit einer Nylonstrumpfhose getragen werden dürfen. Ich finde, dass bei Schuhen, bei denen die Zehen zu sehen sind, Strumpfhose nicht angebracht ist. Auch die Zehen an sich sollten natürlich immer perfekt gepflegt und auch lackiert sein.

✔ **Sandaletten** oder auch **Slingpumps** werden oft als Brautschuh gewählt. Dieses Modell ist meiner Ansicht nach zeitlos und kann, wenn es das Material erlaubt, genau wie die anderen Schuhe auch, nach der Hochzeit eingefärbt werden. Ein Schuh, den Sie auch zu einem schicken Hosenanzug noch tragen können. Die individuell zu verstellenden Bänder, oft mit einer kleinen Stretcheinlage, geben dem Schuh einen guten Halt am Fuß, ohne zu drücken.

✔ Sogenannte **D'Orsay Pumps** erfreuen sich ebenso recht großer Beliebtheit. Diesen Schuh können Bräute mit sehr schmalem Fuß gut tragen.

Schuhe einlaufen

Laufen Sie Ihre Schuhe, egal für welches Paar Sie sich entscheiden, immer vor der Hochzeit ein. Am besten tragen Sie die Schuhe zu Hause mit dünnen Socken, so nutzen Sie den Schuh nicht ab, passen ihn aber Ihrem Fuß an. Auch Geleinlagen und vor allem Blasenpflaster sollten Sie immer dabeihaben. Unter Umständen gehen Sie mit dem Schuh vor der Hochzeit zum Schuster und lassen sich Einlagen hineinarbeiten. Bedenken Sie immer, dass Sie in den meisten Fällen eine Nylonstrumpfhose anhaben. Diese macht den Fuß rutschig, sodass es sein kann, dass Sie beim Laufen vorn an die Spitze anstoßen. Das muss nicht sein, mit der richtigen Vorbereitung schweben Sie auch in Ihren neuen Schuhen wie auf Wolke sieben!

Generell soll der Schuh natürlich zu der Farbe Ihres Kleides passen. Haben Sie Ihr Kleid ausgesucht, so lassen Sie sich ein Stoffmuster von dem Brautmodengeschäft mitgeben, mit dem Sie dann auf »Schuhjagd« gehen können. Schneeweiße Schuhe unter einem cremefarbenen Kleid sehen nämlich nicht besonders gut aus.

Sie sollten sich auch mit dem Schuhkauf nicht allzu lange Zeit lassen, da Sie die Schuhe frühzeitig in Ihr Brautmodengeschäft mitbringen müssen. Die Schneiderin kann die korrekte Länge Ihres Kleides nur mit dem passenden Schuh zu Ihrem Outfit abstecken. Und dabei macht es durchaus einen Unterschied, ob Sie sich für flache Ballerinas oder für Stilettos mit 15-cm-Absatz entschieden haben!

Alles für darunter

Widmen wir uns nun dem »Darunter«. Die meisten Bräute schaffen sich für die Hochzeit, beziehungsweise die Hochzeitsnacht, besonders schöne Unterwäsche an. An diesem Tag soll eben alles perfekt sein, auch das, was »Frau« darunter trägt.

Auch der Reifrock wird natürlich unter dem Kleid getragen, allerdings leihen Sie diesen in den meisten Fällen aus, sodass Sie sich hier ausschließlich um die richtige Passform und nicht unbedingt um das perfekte Aussehen des Reifrocks kümmern müssen. Mehr Informationen dazu finden Sie in dem Kasten »Reifröcke für darunter« weiter vorn in diesem Kapitel.

Die Unterwäsche, die Sie sich kaufen, sollte grundsätzlich drei Dinge erfüllen. Zum einen muss sie Ihnen optisch gefallen und in Ihr gesetztes Budget passen; das ist erst einmal nicht so schwer zu erfüllen, da die Auswahl an schöner Unterwäsche heute relativ groß ist und Sie sich mit dem Kauf etwas Zeit lassen können. Zum anderen sollte die Unterwäsche aber auch bequem sein und zwar so, dass Sie damit den ganzen Tag umherlaufen können, ohne sich dabei unwohl zu fühlen, auch bei sehr kalten oder sehr warmen Temperaturen. Nichts soll scheuern, einen falschen Sitz haben oder gar rutschen.

Zu guter Letzt ist es wichtig, dass Sie die Wäsche auch auf Ihr Kleid abstimmen. Es gibt Kleider mit viel Spitze im Oberteil, die entsprechend viel Haut zeigen. Einen BH-Träger möchten Sie dann sicherlich nicht auf Ihren Fotos sehen. Auch die Frage nach halterlosen Strümpfen oder Strapsen müssen Sie sich stellen. Wollen Sie Strapse unter Ihrem Kleid tragen, gibt Ihr Kleid dies her – denken Sie einmal an den Schnitt des Fishtail – oder tragen Sie doch lieber halterlose Strümpfe dazu? Überlegen Sie zudem noch einmal, welchen Ausschnitt Ihr Kleid hat und welcher BH Ihnen hier das schönste Dekolleté zaubert! Auch funktionale Unterwäsche, die einen besonders straffen Po zaubert oder den Bauch flacher aussehen lässt, sind Hilfsmittel, derer Sie sich bedienen können.

Vielleicht schaffen Sie sich auch zwei Sets an. Ein eher praktisches für den Tag der Hochzeit, was ja nicht heißen muss, dass das nicht auch sexy aussehen kann, und ein Set für Ihre Hochzeitsnacht. Ihr Bräutigam wird es Ihnen sicherlich nicht verübeln, wenn Sie sich noch einmal kurz ins Badezimmer verabschieden und mit frischer, nagelneuer Unterwäsche wenige Minuten später wieder vor ihm stehen.

Viele Brautmodenhäuser verschenken heute ein Strumpfband beim Kauf eines Brautkleides, hierum müssten Sie sich dann also nicht mehr kümmern. Oftmals ist in dem Strumpfband auch ein blaues Bändchen eingearbeitet, sodass Sie die Tradition, etwas Blaues zu tragen, schon erfüllt haben. (Mehr dazu finden Sie in Kapitel 10.) Natürlich steht Ihnen frei, sich trotzdem ein schönes Strumpfband zuzulegen. Die Auswahl in Brautmodenhäusern sowie im Internet ist auch hier sehr groß.

Bräuche rund um das Brautkleid

Auch wenn es bereits in Kapitel 10 ausgiebig um Hochzeitstraditionen ging, so möchte ich Ihnen hier doch noch gesondert einige der vielen – nicht immer ganz ernst zu nehmenden – Traditionen rund um das Brautkleid vorstellen.

✔ **Das Geheimnis:** Erst am Hochzeitstag soll der Bräutigam das Brautkleid sehen, vorher soll es ein Geheimnis bleiben.

Damit der Anzug des Bräutigams perfekt auf das Kleid abgestimmt ist, kann ein Vertrauter der Braut und des Bräutigams ein Foto des Kleides beim Kauf des Anzugs mitnehmen. Es empfiehlt sich auch, eine Stoffprobe dabeizuhaben, nur so kann die Farbe und das Material des Kleides eindeutig von der Verkäuferin zugeordnet werden. Im besten Fall kaufen Braut und Bräutigam das Kleid und den Anzug im selben Geschäft, sodass die Verkäuferin intern auf die Daten der Braut und somit auch auf ein Bild des Brautkleides zugreifen kann. So sind Braut und Bräutigam perfekt aufeinander abgestimmt.

- ✔ **Die Farben:** Weiß und Creme sind am Hochzeitstag nur der Braut vorbehalten. Das ist doch selbstverständlich, denken Sie? Ob Sie es glauben oder nicht, ich habe auch schon Gäste in schneeweißen Kleidern auf einer Hochzeit gesehen.

  Übrigens muss das Kleid der Braut heute nicht unbedingt nur weiß oder cremefarben sein. Farbige Brautkleider sind immer wieder ein echter Hingucker. Auch farbige Akzente wie Stickereien, Gürtel oder ausgefallene Schuhe sind heute sehr modern.

Weisen Sie Ihre Gäste bereits in der Einladungskarte darauf hin, welche Farben an Ihrem großen Tag für Sie vorbehalten sein sollen. So sind Sie auf der sicheren Seite.

- ✔ **Blick in den Spiegel:** Um Unglück abzuwenden, soll die Braut erst dann in den Spiegel schauen, wenn das Outfit komplett angezogen ist.

- ✔ **Der letzte Stich:** Bis zum Hochzeitstag sollte noch an Ihrem Kleid genäht werden, denn wird das Kleid zu früh fertig, bringt es Unglück.

Wenn Sie an diese Tradition glauben, so lassen Sie am Hochzeitstag noch ein kleines Detail wie eine Schleife oder einen Knopf an Ihrem Kleid annähen. Auch ein Glücks-Cent kann in den Saum des Kleides eingenäht werden. Holen Sie das Brautkleid am Tag vor der Hochzeit aus dem Geschäft ab und lassen Sie dann beispielsweise einfach Ihre Mutter oder Großmutter dieses Detail ein- beziehungsweise annähen. So kommen Sie auf keinen Fall an Ihrem Hochzeitstag in Zeitnöte.

- ✔ **Nähen:** Auch wenn Sie eine gelernte Schneiderin sind, als Braut dürfen Sie Ihr Brautkleid auf keinen Fall selbst nähen, denn das bringt Unglück. Diese alte Tradition wurde von dem Sprichwort »So viele Stiche, so viele Tränen« begleitet. Deshalb haben Schneiderinnen auch schon früher ihr Brautkleid von jemand anders nähen lassen.

- ✔ **Nach dem Antrag:** Erst nach dem offiziellen Heiratsantrag sollen Sie Ihr Kleid aussuchen und kaufen. Auch wenn heute bereits viele Frauen auf Hochzeitsmessen und auch in Brautmodengeschäften auf der Suche nach dem passenden Brautkleid sind, obwohl sie noch gar keinen Heiratsantrag erhalten haben, ist es sinnvoll, sich an diese Tradition zu halten. Alles andere bringt – zumindest der Tradition nach – Unglück.

- ✔ **Der Schleier:** Muss heute nicht mehr unbedingt lang sein. Auch gar kein Schleier und entsprechend andere Accessoires für das Haar der Braut sprechen nicht gegen die eigentliche Tradition, das Gesicht der Braut durch einen Schleier zu verhüllen.

Als Braut entscheiden Sie, welches Outfit Sie tragen und welchen Traditionen Sie Glauben schenken und welchen nicht. Setzen Sie sich nicht unter Druck, alle vermeintlichen Traditionen und Bräuche auch erfüllen zu müssen. Wichtig ist einzig und allein, dass Sie als Braut und gemeinsam als Brautpaar diesen wundervollen Tag genießen. Ob Ihr Kleid dabei noch bis zum letzten Tag fertig genäht wurde oder Sie gemeinsam Ihre Outfits ausgesucht haben, sollte dabei eine untergeordnete Rolle spielen.

Der Anzug für den Bräutigam

Natürlich trägt nicht nur die Braut an diesem besonderen Tag ganz besondere Kleidung. Auch der Bräutigam darf sich in Schale werfen, um an der Seite der Braut zu glänzen.

Vergessen Sie nicht, dass zuerst die Braut ihr Kleid kauft und Sie Ihren Anzug und dazu passende Accessoires erst danach mit einem Vertrauten aussuchen. Nehmen Sie möglichst ein Bild und eine Stoffprobe des Brautkleides mit oder kaufen Sie Ihren Anzug im gleichen Ausstattungsgeschäft, sodass die Verkäuferin ein Bild des Kleides in der internen Datenbank abrufen kann.

Schnittformen für Herrenanzüge

In diesem Abschnitt stelle ich Ihnen einige Schnittformen für Anzüge beziehungsweise Anzugtypen vor. Die Anzüge werden wiederum mit Accessoires kombiniert, die bestimmte Namen wie »Kläppchenkragen«, »Plastron« oder Ähnliches tragen. Lassen Sie sich von all diesen Begriffen nicht beirren, konzentrieren Sie sich auf den Anzug. Die Accessoires werde ich Ihnen weiter hinten in diesem Kapitel im Abschnitt »Accessoires für den Bräutigam« noch ausführlich erklären. Sie müssen diese ganzen Begriffe auch nicht alle auswendig lernen. Ich möchte Sie nur ein wenig auf den Kauf Ihres Anzugs vorbereiten, indem Sie das ein oder andere Wort schon einmal gehört haben oder sich unter Umständen auch direkt Notizen machen, wenn Sie einer der hier vorgestellten Schnitte und ein bestimmtes Accessoire besonders interessiert.

✔ Den **Cut** (siehe Abbildung 11.13, links) trägt »Mann« grundsätzlich nur für morgendliche Anlässe, maximal bis zum frühen Nachmittag, daher auch der Name »Morning Cut«. Dieser Anzug ist somit besonders dann eine gute Wahl, wenn Sie zum Beispiel am Morgen standesamtlich heiraten, anschließend mit der Familie und den engen Freunden etwas essen gehen und sich am Nachmittag kirchlich trauen lassen. Sie würden dann typischerweise den Morning Cut gegen einen Frack oder Smoking austauschen.

Zum Cut tragen Sie die klassische Stresemannhose (eine gestreifte Hose mit geradem Schnitt), eine oft graue Weste und ein weißes Kragenhemd mit – zur Weste passender – silbergrauer Krawatte. Alternativ können Sie auch ein Hemd mit Kläppchenkragen und dezent grauem Plastron tragen.

Mit einem grauen Zylinder ist der Morning Cut der traditionelle Bräutigamanzug schlechthin.

✔ Das sogenannte **Longsakko** ist etwas länger als das normale Sakko (siehe Abbildung 11.13, rechts). Als Alternative zum Kläppchenkragenhemd passt dazu ein weißes oder cremefarbenes Partyhemd. Besonders festlich wirkt es mit Weste, Plastron und Pochette. Als Drei- oder Vierknopfsakko mit modischen Kragenvarianten lässt es sich auch später noch zu vielen Gelegenheiten tragen. Farblich soll es natürlich auf das Kleid der Braut abgestimmt sein.

Abbildung 11.13: Der Cut eignet sich besonders für Hochzeiten, die am frühen Nachmittag enden (links). Das elegante Longsakko können Sie auch zu späteren Anlässen noch gut tragen (rechts).

Hinweise zum Dresscode geben

Sie können in Ihrer Einladung auf einen sogenannten Dresscode verweisen, an dem sich die Gäste bei der Wahl ihrer Kleider beziehungsweise ihrer Anzüge orientieren sollten. Dabei wird der Smoking oft als »Black Tie« bezeichnet und ist die richtige Wahl für gesellschaftliche Ereignisse ab dem Nachmittag. Mit einem »White Tie« bezeichnet man den Frack.

✔ Der eher elegante **Smoking** ist in den meisten Fällen rein schwarz und einreihig. Sie tragen dazu einen Schalkragen. Weste oder Kummerbund werden farblich abgestimmt, das Hemd ist dabei klassisch weiß oder cremefarben.

Der moderne Smoking ist die Alternative zum klassischen Smoking. Er ist einreihig, nicht zwingend schwarz und wird mit farbiger Weste und Pochette kombiniert.

11 ➤ Kleider machen (Braut-)Leute

✔ Das **Stehkragenjackett** ist eine neue Variante für das festliche Outfit. Hochgeschlossen wird es mit einer Weste und passendem Plastron oder einem passenden Schleifenband getragen.

✔ Mit »White Tie« wird der **Frack** bezeichnet. Er ist eine besonders festliche Kleidung für den Bräutigam oder auch auf Wunsch für Ihre Gäste. Auch den Frack tragen Sie erst ab dem Nachmittag beziehungsweise erst bei Einbruch der Dunkelheit. Zum Frack wird oft ein schwarzer Zylinder, eine weiße, tief ausgeschnittene Piqué-Weste oder ein weißes Frackhemd mit Piquébrust getragen. Ein definitives »Muss« sind eine (weiße) Schleife und schwarze Lackschuhe.

✔ Auch das sogenannte **Dinnerjacket** können Sie gut auch nach der Hochzeit zu anderen Anlässen noch einmal tragen. Sie kombinieren das Dinnerjacket mit Smokinghemd und Smokinghose. Nach eigenem Geschmack tragen Sie dazu eine weiße oder farbige Schleife, passend zu Ihrem Pochette und Kummerbund.

✔ **Sakkokombinationen** sind die vielfältigste Art, sich gut anzuziehen. Hier haben Sie viele Auswahlmöglichkeiten wie den Schalkragen, ein fallendes oder gebrochen steigendes Revers bis hin zur kragenlosen Cardiganform. Eine Weste gehört immer zu einem Sakko dazu. Das weiße Hemd zeigt sich mit Kläppchenkragen, Schleife und Pochette am festlichsten und somit einer Hochzeit angemessen.

✔ Auch den sogenannten **Hochzeitsanzug** können Sie noch nach der Hochzeit zu anderen Anlässen anziehen. Dieser Anzug ist nicht ganz so offiziell wie zum Beispiel der Smoking. Farblich wird der Anzug auf das Kleid der Braut abgestimmt und mit Weste, einem Plastron und Pochette ergänzt.

✔ Verwandt mit dem Business-Anzug, aber in Farbe, Form und Details weit modischer und eleganter ist der **Party-Anzug**. Das weiße Hemd sollte mit festlichem Kläppchenkragen kombiniert werden. Die Schleife, das Einstecktuch und die Weste sollten in Stil und Farbe zueinander passen. Auch hier ist ein Kummerbund eine gute Alternative zur Weste.

Perfekt bis in die Fußspitzen

Ein Smoking verlangt schwarze, elegante Schuhe, ein Frack hingegen schwarze Lackschuhe. Grundsätzlich gilt: Je flacher und schlichter der Schuh, desto besser Ihr Auftritt. Vergessen Sie nicht, Ihre Schuhe vor Ihrem großen Tag einzulaufen, um Blasen und Druckstellen an den Füßen zu vermeiden. Sie sollen Ihre Braut ja schließlich am Ende der Nacht noch über die Schwelle tragen können. Testen Sie auch, wie rutschfest die Sohle ist, nicht jeder ist geübt, in Schuhen zu tanzen, die eine sehr rutschige Trittfläche haben! Bei den Strümpfen gilt, dass »Mann« grundsätzlich knielange Strümpfe tragen sollte, um beim Sitzen einen Blick auf die nackten Beine zu vermeiden. Seide oder feine Baumwolle passen besser als dicke Wolle. Wählen Sie als Farbe bei festlichen Anlässen immer schwarz!

Hochzeitsplanung für Dummies

Nicht alle Anzüge wie der Black oder White Tie sind in ihrer Farbe frei wählbar. Als Bräutigam müssen Sie sich also überlegen, ob Sie den Anzug nach der Hochzeit auch im Alltag noch einmal tragen wollen, welcher Typ Mann Sie in Bezug auf Anzugschnitte sind und vor allem welcher Anzug zu dem Kleid Ihrer zukünftigen Frau passt. Dies scheint nicht ganz einfach zu sein, aber eine gute Beraterin in einem Ausstattungsgeschäft wird Sie sicherlich kompetent zu diesen Themen beraten.

Der passende Anzug für Ihren Typ

Auch wenn wir wiederholt schon davon gesprochen haben, dass der Anzug auf das Kleid der Braut abgestimmt sein soll, so sollen Sie sich vorrangig natürlich in Ihrem Anzug wohlfühlen. Viele Bräutigame haben nicht die typische Konfektionsgröße und müssen den Anzug abnähen beziehungsweise umnähen lassen.

Wenn Sie vor gefühlt »ewigen« Zeiten das letzte Mal oder gar noch nie in Ihrem Leben einen Anzug gekauft haben, sollten Sie zunächst einfach darauf achten, zu welchem Typ Mann Sie gehören. Grundsätzlich lassen sich die folgenden Typen unterscheiden:

✔ **Große und schlanke Männer:** Bei dieser Körperform können Sie alles tragen. Ob derzeit modern wie ein einreihiges Sakko mit vier Knöpfen oder eher klassisch wie ein zweireihiger Smoking mit breiten Schultern – Ihnen steht jeder Anzug gut. Für sehr schlanke Männer, die etwas stabiler in ihrem Anzug aussehen möchten, bietet sich der Smoking an.

✔ **Große und muskulöse Männer:** Wenn Sie zu diesem Typ zählen, sollten Sie einen schlichten und geradlinigen Anzug wählen. Dazu sollte das Sakko einen Schalkragen haben und eher einreihig sein. Haben Sie eine eher breite Taille, so empfiehlt es sich, zu einem Smoking statt eines Kummerbunds eine Weste zu tragen. Die passenden Farben zu diesem Anzugstyp sind eher dunkel gehalten.

✔ **Kleine und schlanke Männer:** Das passende Jackett sollte einreihig mit zwei bis drei Knöpfen sein, wobei diese eher niedrig angebracht sein sollten. Eine Kombination mit einer klassischen Smoking- oder Bundfaltenhose eignet sich hierzu gut. Achten Sie auch darauf, dass die Arm- und Beinlängen perfekt auf Ihre Länge abgenäht werden, Sie sehen sonst schnell »verloren« in Ihrem Anzug aus.

✔ **Kleine und breite beziehungsweise stämmig wirkende Männer:** Hier bietet sich ein einreihiges Jackett mit ein bis zwei Knöpfen an. Die Knopfreihe sollte auch in diesem Fall eher tief angebracht sein und der Kragen nicht zu weit auslaufen. Das Hemd sollte eine natürliche Schulterform haben, kombinieren Sie hier mit einer Weste.

Den Anzug zum Kleid können Sie auch mit schönen Accessoires abrunden. Vielleicht haben Sie beide sich auf eine bestimmte Farbe auf Ihrer Hochzeit geeinigt, sodass Sie farblich passende Accessoires wählen können.

Accessoires für den Bräutigam

Nicht jedes Accessoire soll zu jedem Anzug getragen werden. So trägt »Mann« zum Frack beispielsweise keine Armbanduhr, sondern, um den Stil zu wahren, eine goldene Taschenuhr. Optionale Accessoires zum Frack sind ein weißer Seidenschal und weiße Handschuhe. Es

208

sind nur Taschentücher aus Stoff erlaubt, auf keinen Fall Papiertaschentücher. Ein besonderes Accessoire ist ein Frackstock, der mit schwarzem Klavierlack lackiert ist und einen verchromten Knauf hat.

Zu einem Smoking sollten Sie immer eine Fliege wählen, einen Kummerbund, flache silberne Manschettenknöpfe und eine passende silberne Armbanduhr mit schwarzem Lederarmband. Zum Cut passt hingegen immer ein Plastron. Es wird mit einem Gummiband unter dem Kragen befestigt und mit einer schönen Perlennadel ergänzt. Tragen Sie einen Zylinder und eine weiße oder rote Nelke am linken Revers, ist Ihr Outfit perfekt.

Im Folgenden stelle ich Ihnen die Accessoires in alphabetischer Reihenfolge vor:

- ✔ Die **Fliege** beziehungsweise **Schleife** ist eine Alternative zur Krawatte oder zum Plastron. Zum Smoking und Frack ist die Fliege beziehungsweise Schleife unverzichtbar. Sie können sie entweder zum Selbstbinden kaufen oder, wenn Sie unsicher sind, auch mit Gummiband und sie damit um den Kragen befestigen. Die Größe der Fliege variiert mit der jeweiligen Mode.

- ✔ Der **Haifischkragen** beziehungsweise **Cutaway-Kragen** ist hoch und breit gespreizt, wodurch er sich besonders gut für große Krawattenknoten eignet (siehe Abbildung 11.14, links). Verstärken Sie diesen Kragen bei Bedarf mit Kragenstäbchen. Kragenstäbchen werden in den Kragen eingeführt und sorgen für einen korrekten Sitz des Kragens.

- ✔ Der **Kläppchenkragen**, auch **Klapp-** oder **Umlegekragen** beziehungsweise **Kentkragen**, ist der hochoffizielle Vertreter aller Kragenarten und ist ausschließlich besonderen Anlässen, wie Ihrer Hochzeit, vorbehalten. Dieser edle Kragen findet sich heute fast ausschließlich bei Hemden, die zu Smoking oder Frack getragen werden. Sie tragen zum Kläppchenkragen statt einer Krawatte eine Fliege (siehe Abbildung 11.14, rechts).

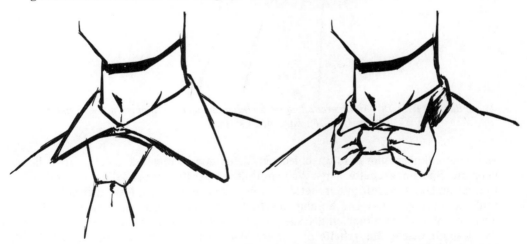

Abbildung 11.14: Während zum Haifischkragen Krawatte getragen werden (links), erfordert der Kläppchenkragen eine Fliege (rechts).

✔ Der **Kummerbund** ist eine schicke Alternative zur Weste. Er sitzt zwischen Becken und Taille und hat die gleiche Farbe und dasselbe Muster wie die Schleife. Die Farbe kann zudem auch perfekt auf das Outfit der Braut abgestimmt werden. Die Falten des Kummerbunds zeigen immer nach oben.

Abbildung 11.15: Der Kummerbund eignet sich hervorragend, um einen gemeinsamen Farbakzent zu setzen!

✔ Manschettenknöpfe gibt es in verschiedenen Variationen. Am gebräuchlichsten ist die sogenannte **Sportmanschette**, deren Weite mithilfe zweier Knöpfe verstellbar ist. Andere Varianten sind die **Umschlagmanschette**, die mit einem gesonderten Manschettenknopf verschlossen werden muss. Die **Kombimanschette** kann sowohl mit normalen Knöpfen als auch mit Manschettenknöpfen getragen werden. Eine Sonderform der Manschette stellt die **neapolitanische Manschette** dar. Diese Manschette ist eine normale zweiknöpfige Manschette, bei der die Knöpfe durch eine zweite Stofflage teilweise verdeckt werden.

✔ Das **Partyhemd** zeichnet sich durch besonders auffällige Farben und Muster aus.

- ✔ Die **Piqué-Weste** hat ihren Namen aus dem Französischen und ist ein meist baumwollenes Gewebe mit abwechselnd erhöhten und vertieften Stellen. Es erscheint oft wie gesteppt, was im Französischen »piqué« heißt. In diesem Zusammenhang kann auch das Frackhemd oder die Piquébrust genannt werden. Früher bezeichnete man diese noch als Vorhemd oder auch Hemdbrust. Heute findet man ein Vorhemd unter dem Smoking oder Frack.

- ✔ Ein **Plastron** ist breiter als eine Krawatte und kann mit einer schönen, auf das Brautkleid abgestimmten Perlennadel verziert werden. Das Plastron kommt ausschließlich bei Hemden mit elegantem Kläppchenkragen oder Haifischkragen zum Einsatz. In den USA und England ist der Cut mit Plastron übrigens die offizielle Hochzeitskleidung, nicht nur für den Bräutigam, sondern auch für die Gäste.

Abbildung 11.16: Ein Plastron kann man auch schon fertig zusammengebunden kaufen!

- ✔ Das unverzichtbare **Einstecktuch** nennt man auch **Pochette** und wird in der festlichen Mode farblich auf die Fliege und die Weste beziehungsweise den Kummerbund abgestimmt.

- ✔ Als **Revers**, **Sakkoaufschlag** oder **Klappe** bezeichnet man die an einem Sakko, Mantel oder Blazer nach außen geschlagene obere Vorderkante. Es gibt hier wiederum verschiedene Arten: Schalkragen, fallendes Revers und gebrochen steigendes Revers.

Nach all diesen Informationen schwirrt Ihnen sicherlich der Kopf. Suchen Sie sich nur die für Sie wichtigen Informationen heraus und punkten Sie im Bekleidungsgeschäft mit Wissen rund um Ihren Anzug.

Wichtige Dienstleister rund um die Hochzeit

12

In diesem Kapitel

▶ Alles rund um das Styling von Kopf bis Fuß

▶ Den richtigen Ring für die Ewigkeit finden

▶ Bezaubernde Momente und bewegte Bilder auf der Hochzeit festhalten

▶ Mit Zauberern und Karikaturisten für gute Stimmung sorgen

Zu Beginn der Hochzeitsplanung stehen Sie vor vielen Entscheidungen, die Sie nicht alle auf einmal treffen müssen. Die Planung und Buchung von erfahrenen und professionellen Dienstleistern sollten Sie allerdings bereits nach der festen Buchung Ihrer Traumlocation in Angriff nehmen. Einige Dienstleister buchen Sie unter Umständen erst zu einem späteren Zeitpunkt noch hinzu, sofern Sie den von Ihnen gesetzten Budgetpuffer noch nicht voll ausgereizt haben.

In diesem Kapitel erfahren Sie, welche speziellen Dienstleister für Ihre Hochzeit interessant sein könnten und auf welche Kriterien Sie bei der Recherche und Auswahl achten sollten, damit Sie gut auf Gespräche bei Hochzeitsmessen oder auch bei individuell vereinbarten Terminen vorbereitet sind. Grundsätzlich ist sicherlich nicht derjenige Dienstleister der beste, der den niedrigsten Preis hat. Unsere Gesellschaft legt heute eine extreme »Geiz ist geil«-Mentalität an den Tag, was leider oft zu fragwürdigen Angeboten seitens der Dienstleister führt. Vergessen Sie nicht: Ihr Hochzeitstag ist einmalig! Sie können ihn nicht wiederholen wie irgendeine andere Party. Sie haben diese eine Chance, das Beste aus Ihrem Budget herauszuholen und alles so zu planen und umzusetzen, dass Sie noch Jahre später von Ihrer ganz persönlichen Traumhochzeit sprechen können. Sparen Sie also nicht am falschen Ende.

Das Styling für sie und ihn

Das Styling umfasst nicht nur die perfekte Frisur, sondern auch Themen wie das perfekte Make-up, Köperbehaarung, Maniküre und Pediküre sowie das richtige Parfum für den großen Tag. Vielleicht gehören Sie zu den begnadeten Bräuten, die sich ein perfektes und vor allem haltbares Make-up selbst in ihr Gesicht zaubern können. Nichtsdestotrotz sollten Sie sich überlegen, ob Sie sich für Ihren großen Tag nicht doch ein professionelles Styling gönnen. Grundsätzlich können Sie sich zwischen einem Styling in einem Geschäftsraum wie der Ihres Friseurs oder auch für ein »Styling at home« entscheiden. Lassen Sie eine professionelle Kraft zu sich nach Hause kommen, so haben Sie an Ihrem Hochzeitstag keinen Zeitdruck, zu einem bestimmten Termin beim Stylisten sein zu müssen. Und im günstigsten Fall frisiert eine professionelle Stylistin Ihnen auch die Haare!

213

Schauen Sie sich im Internet auf den Webseiten von Stylistinnen um. Rufen Sie die Stylistin Ihrer Wahl an und verabreden Sie einen Probetermin. In der Regel müssen Sie diesen bezahlen, allerdings werden die Kosten wiederum auf den Endpreis für das Brautstyling angerechnet. Fragen Sie auch nach Preisen für das Styling von Brautmutter oder Trauzeugen. Eine professionelle Stylistin wird Ihnen hierzu ein Gesamtangebot machen können. Mit einer Stylistin, die nicht nur das Make-up übernehmen kann, sondern Ihnen auch die Brautfrisur richtet, haben Sie zudem zwei Dienstleister in einem kombiniert. Der Einfachheit halber gehe ich die einzelnen Bereiche, die Sie neben dem klassischen Make-up in Anspruch nehmen können, alphabetisch durch und füge noch hilfreiche Tipps hinzu.

- **Augenbrauen zupfen:** Wenn Sie sowieso regelmäßig zum Augenbrauenzupfen gehen, behalten Sie einfach Ihren Terminrhythmus bei, wenn nicht, dann beginnen Sie bereits mehrere Wochen oder gar Monate vor der Hochzeit, sich die Brauen zupfen zu lassen. Sie können in diesem Zeitraum zum einen den ein oder anderen Stil ausprobieren und zum anderen die Brauen auch wieder nachwachsen lassen, wenn Ihnen zu viele Haare gezupft wurden oder Sie mit der Form Ihrer Brauen noch nicht ganz zufrieden sind. Außerdem können auch Hautirritationen auftreten, die auf Ihren Hochzeitsbildern nicht so schön aussehen.

- **Augenbrauen färben:** Was für das Zupfen gilt, gilt erst recht für das Färben von Augenbrauen. Egal ob Sie sich für eine herkömmliche Augenbrauenfarbe, die Sie bei Ihrem Friseur oder einem Beautysalon auftragen lassen, oder für ein permanentes Make-up durch ein kosmetisches Tätowierstudio entscheiden, es gilt immer: lange Zeit vor der Hochzeit ausprobieren! Ein permanentes Make-up lässt sich zudem nicht einfach ausprobieren und dann wieder entfernen. Hier ist Vorsicht geboten, in welche Hände Sie sich begeben.

Entscheiden Sie sich für ein permanentes Make-up, so lassen Sie sich Fotos zeigen, auf denen die Resultate der Behandlung zu sehen sind, oder sprechen Sie mit einem Kunden und überzeugen Sie sich von Angesicht zu Angesicht von der Arbeit des Dienstleisters.

Lassen Sie Ihre Brauen färben, besprechen Sie mit Ihrem Friseur oder Beautysalon am besten bereits Monate (mindestens mehrere Wochen) vor der Hochzeit, welchen Farbton Sie für Ihr Haar und darauf abgestimmt dann auch für Ihre Augenbrauen wählen. Bleiben Sie bei Ihrer derzeitigen Haarfarbe oder lassen Sie Ihre Haare gar aufhellen oder dunkler färben? Das sollte bei der Wahl der Augenbrauenfarbe berücksichtigt werden. Probieren Sie dies frühzeitig vor der Hochzeit aus, so haben Sie ausreichend Zeit, verschiedene Stärken und Nuancen zu testen. Direkt am Tag der Hochzeit sollten Sie übrigens nicht zum Augenbrauenfärben gehen, denn oftmals bleiben Farbreste an der Haut zurück, die sich nur schwer entfernen lassen. Notieren Sie sich, wie lange es dauert, bis alles nach dem Färben die Brauen wieder ganz natürlich aussieht, und planen Sie daraufhin die Termine zum Färben für die Hochzeit ein.

- **Bräunen:** Vielen Bräuten und auch vielen Bräutigamen ist es wichtig, nicht nur auf der Hochzeit, sondern auch im Alltag eine leichte bis mittelstarke Gesichts- und Körperbräune zu haben. Unter Umständen sind Sie Solariumgänger und müssen sich nicht extra für den Hochzeitstag Gedanken machen, wie Sie zu einer angenehmen Körperbräune kommen. Es gibt jedoch auch Brautpaare, die sich aus gesundheitlichen oder anderen Gründen nicht regelmäßig unter das Solarium legen, sich für den Hochzeitstag aber trotzdem eine leichte Körperbräune wünschen.

 Achten Sie als Solariumgänger darauf, nicht zu viel des Guten zu wollen. Zu lange oder intensive Solariengänge können die Haut schnell rot und ausgetrocknet wirken lassen. Erhöhen Sie die Frequenz vor der Hochzeit nicht unnötig und gehen Sie ein bis zwei Tag vor dem Hochzeitstag ein letztes Mal unter das Solarium. Ihre Bräune wirkt dann natürlicher.

Diejenigen, die im Sommer heiraten und in den Genuss von sonnenreichen Tagen vor dem großen Tag kommen, sollten darauf achten, dass keine Streifen vom Bikini oder Badeanzug auf den Schultern zu sehen sind. Cremen Sie sich vor dem Sonnenbaden ein und gönnen Sie sich auch nach dem Freibadbesuch eine ausführliche Körperpflege mit After-Sun-Lotion. Weder Braut noch Bräutigam wollen sich an ihrem Hochzeitstag im Gesicht oder sonst wo »pellen«. Natürlich gibt es auch Möglichkeiten, braun zu werden, ohne dass man sich unter das Solarium legt oder in der prallen Sonne schmort. Mehr Informationen dazu finden in dem Kasten »Tanning – die Bräunungsdusche«.

Tanning – die Bräunungsdusche

Für diejenigen, die sich den UV-Strahlen eher ungern aussetzen, aber zu den blassen Hauttypen gehören, gibt es die Möglichkeit des sogenannten Tanning, auch Bronzing oder Bräunungsdusche genannt. Auch hier gilt: Unbedingt mehrere Male, also Monate im Voraus, vor der Hochzeit ausprobieren! Sie lassen sich bei dieser Methode Selbstbräuner professionell, zum Beispiel in einem Sonnenstudio, auf den Körper aufsprühen und sind so in wenigen Minuten durch und durch braun. Sogenannte Nebenwirkungen gibt es auch hier, denn ein Selbstbräuner hält nicht ewig und kann unter Umständen gerade unter den Achseln und in Bereichen, an denen die Kleidung eher eng anliegt, fleckig werden. Auch »riecht« ein Selbstbräuner etwas. Probieren Sie also aus, welche Bräunungsstärke die richtige für Sie ist und ob das Ergebnis Sie zufriedenstellt.

✔ **Cremes und Öle:** Am Tag der Hochzeit gilt es, sich der Körperpflege besonders intensiv zu widmen. Benutzen Sie die gleiche Creme für Gesicht und Körper wie immer, brauchen Sie sich nicht viele Gedanken zu machen. Nutzen Sie jedoch eine Creme zum ersten Mal, da Sie einen besonderen Duft gewählt haben, oder – die Damen – eine Creme mit Glitzerpartikeln, so probieren Sie sie vorher im Alltag aus.

 Cremes und Öle können die Kleidung rutschig werden lassen. Insbesondere bei Bräuten, die sich für halterlose Strümpfe entschieden haben, gilt im Vorfeld auszuprobieren, ob die Klebestreifen der Strümpfe trotz Lotion oder Körperöl auch beim Tanzen noch halten.

✔ **Enthaarung:** Dieses Thema interessiert Frauen und Männer oft gleichermaßen, denn beide Brautleute wollen an diesem Tag natürlich perfekt aussehen – und das bis in die Abendstunden. Die herkömmliche Art der Enthaarung bei Frauen und auch bei Männern ist die klassische Rasur. Sowohl im Gesichtsbereich als auch an allen anderen Stellen kann der Nass- oder Elektrorasierer zum Einsatz kommen.

 Wenn Sie über besonders dickes Haar verfügen, was schnell nachwächst und am Abend bereits dafür Sorge trägt, dass Ihre Beine oder Ihr Bartwuchs Stoppeln wirft, dann lassen Sie sich von Fachkräften beraten, welche Alternativen Ihnen zur Verfügung stehen. Vereinbaren Sie weit vor der Hochzeit zum Beispiel Termine in einem Wachsstudio, probieren Sie Alternativen wie Kaltwachs, Heißwachs und Wachsstreifen aus. Beobachten Sie, wie lange Ihre Haut nach dem Wachsen für die Regeneration braucht und wie lange Sie von Ihrem Haarwuchs befreit sind.

Für Männer mit starkem Haarwuchs auf dem Rücken gilt das Gleiche; im Gesicht lässt sich der Haarwuchs unter Umständen mit Cremes verzögern. Probieren Sie auch aus, ob eine Nassrasur Ihnen eher hilft als eine Elektrorasur.

✔ **Färben und Strähnen:** Haare sind ein besonders sensibles Thema, wenn es um das perfekte Styling geht. Andere Stylingmissgeschicke lassen sich unter Umständen noch mit reichlich Make-up, Kleidungsstücken oder anderweitig verbergen, bei Haaren sieht das leider ganz anders aus.

 Wagen Sie keine Experimente, auch wenn Ihre Friseurin vielleicht meint: »Ich habe da was ganz Tolles für dich« – wenn es kurz vor der Hochzeit ist, lehnen Sie das besser ab. Probieren Sie neue Schnitte und Farben nur aus, wenn noch reichlich Zeit ist, die Haare wieder langsam an das heranzuführen, was Sie sich ursprünglich gewünscht haben. Eine falsche Farbnuance, Strähnen, die zu hell oder zu dunkel geworden sind, können Sie nicht so einfach korrigieren.

Grundsätzlich gilt auch für Männer: Gehen Sie nicht erst einen Tag vor der Hochzeit zum Friseur, sondern ebenso wie die Bräute bereits einige Tage vorher. So sehen Sie nicht »frisch geschnitten« aus.

Wenn Sie sich für Extensions, also Haarverlängerungen, interessieren, sprechen Sie dies mit Ihrem Friseur durch. Unter Umständen ist es sinnvoll, dass Sie sich nur wenige Haarsträhnen zur Probe ins Haar kleben lassen und ausprobieren, wie Sie damit zurechtkommen. Die eigentliche Haarverlängerung lassen Sie dann in der Woche vor der Hochzeit machen.

✔ **Maniküre und Pediküre:** Fingernägel und Fußnägel sollten meiner Meinung nach auch im Alltag gepflegt sein. Dafür müssen Sie sicherlich nicht jedes Mal zu einer professionellen Kraft gehen. Wenn die Fingernägel und Fußnägel »nur« gefeilt und lackiert werden sollen, reicht in der Regel ein Probetermin vor der Hochzeit aus.

 Probieren Sie zwei bis drei verschiedene Farben auf Ihren Nägeln aus und beobachten Sie, ob Ihre Nagelhaut bei der Pflege beschädigt wurde und ob die Nägel zudem nach Ihren Wünschen gefeilt wurden. Die Farbe der Nägel sollte sich an Ihrem Make-up beziehungsweise Ihrem Kleid und den Accessoires orientieren.

Sind Sie mit der Maniküre zufrieden, vereinbaren Sie einen Termin einen Tag vor der Hochzeit. So ist die Chance, dass der Lack oder Ihre Nagelhaut doch noch einen Schaden bis zum großen Tag davonträgt, relativ gering. Lassen Sie sich bitte keine künstlichen Nägel nur für den Hochzeitstag aufsetzen, wenn Sie damit noch keine Erfahrung gemacht haben. Viele Frauen müssen sich erst an das Tragen des Gels oder des Acryls gewöhnen! Tragen Sie auch im Alltag künstliche Nägel, können Sie besondere Designs für Ihren großen Tag ausprobieren! Auch Männer sollten sich für den Hochzeitstag eine Maniküre und auch Pediküre gönnen.

✔ **Wimpern verlängern:** Eine Alternative, einen dramatischen Augenaufschlag zu inszenieren, ist die Wimpernverlängerung. Durch feinste Verarbeitung mit einzelnen Kunsthärchen, die mit einem speziellen Kleber einzeln auf jeweils eine Naturwimper aufgesetzt werden, entsteht ein unvergleichlicher Augenaufschlag. Die Wimpern können in verschiedenen Längen aufgesetzt werden, sodass die Augenform und das Auge trotz künstlicher Behandlung ganz natürlich wirken. Ob Sie sich eine Wimpernverdichtung oder eine Verlängerung wünschen, entscheiden Sie am besten nach einer ausführlichen Beratung. Die Wimpern halten in der Regel zwei bis drei Wochen und fallen dann mit den natürlichen Wimpern aus. Probieren Sie also vor der Hochzeit mehrfach aus, wie Ihr »Wimpernzyklus« ist, sodass Sie auf Ihrer Hochzeit möglichst viele künstliche Wimpern an Ihren Augen haben.

Sport, Diäten und Stress

Ich erlebe viele Brautpaare, die bis zu ihrem großen Tag abnehmen wollen. In manchen Fällen mit sehr hochgesteckten Zielen. Ein Grund dafür ist sicherlich, dass uns – insbesondere in der Werbung – immer wieder vorgehalten wird, dass nur »dünn« schön ist. Nur wenige Anbieter arbeiten in der Werbung mit Menschen, die aussehen wie Sie und ich oder ein paar Pfunde zu viel auf den Hüften haben. Lassen Sie sich nicht unter Druck setzen, weder von Hochglanzmagazinen noch von Freunden oder gar der Familie. Sie werden als Braut und Bräutigam strahlen, egal ob da nun einige Kilos mehr auf der Waage sind oder nicht.

Wenn Sie aber in jedem Fall abnehmen wollen, sollten Sie sich einen Plan aufstellen, bei dem Sie sowohl die sportliche als auch die ernährungstechnische Komponente berücksichtigen. Insbesondere wenn Sie schon mehrere erfolglose Versuche hinter sich haben, ist es eventuell hilfreich, sich an einen Ernährungsberater zu wenden oder an ein Fitnessstudio, das Ihnen bei der Auswahl der Geräte und dem Zusammenstellen eines auf Sie abgestimmten Fitnessprogramms zur Seite steht.

Brautkleid und Anzug sollten Sie erst dann kaufen, wenn Sie Ihr Gewicht annähernd erreicht haben. Keine Schneiderin kann Ihre Kleidung um mehrere Konfektionsgrößen ändern, ohne dass der Gesamteindruck leidet. Bedenken Sie trotz allem, dass Kleider teilweise bis zu sechs Monate Lieferzeit haben.

Nehmen Sie nicht nur für die Hochzeit ab, sondern stellen Sie Ihre Lebensgewohnheiten und Essgewohnheiten dauerhaft um. Viele Menschen fühlen sich gestresst, da ihre Arbeit ihnen nicht genügend Raum für das Privatleben lässt. Versuchen Sie, dem entgegenzuwirken, und verbringen Sie bewusst mehr Zeit mit Freunden und Ihrem Partner. Kochen Sie zusammen, besuchen Sie Kochkurse, in denen Sie Tipps für eine gesündere Ernährung erhalten, oder essen Sie einfach wieder gemeinsam und ausgiebig, ohne dass der Fernseher nebenbei läuft. Genießen Sie die Zeit, die Sie in der Küche zu zweit verbringen. Sprechen Sie dabei über Ihre Hochzeitspläne. Sie werden sehen, so nehmen Sie sicherlich mit Freude und ohne viel Stress ab. Unterstützen Sie sich gegenseitig, wenn Sie einen Tiefpunkt haben und so gar keine Lust zum Sport verspüren und stattdessen lieber zwei Tafeln Schokolade verputzen würden. Gemeinsam sind Sie stark!

Das perfekte Make-up

Das Thema Make-up interessiert vorrangig die Bräute, wobei es heute nicht mehr ungewöhnlich ist, wenn sich auch der Bräutigam leicht schminken lässt. Was, das geht gar nicht, denken Sie nun? Fantasieren Sie bitte nicht von Ihrem Zukünftigen mit Lipgloss und Rouge, so ist das nicht gemeint. Vielleicht hat Ihr Liebster eine Hautirritation, die mit einem leichten Tages-Make-up korrigiert werden kann. Auch gezupfte Augenbrauen gehören zu den mittlerweile bei Männern gängigen Beautybehandlungen. Einige Männer tragen zudem einen leichten Lidstrich unter dem Auge – probieren Sie es ruhig einmal aus, »Nein danke« können Sie immer noch sagen.

Bei den Frauen gilt zuerst einmal die Überlegung, wer das Braut-Make-up umsetzen soll. Sind Sie eine Braut, die keine Probleme damit hat, sich selbst zu schminken? Dann können Sie sich diesen Kostenfaktor getrost sparen. Es gilt dann nur zu überlegen, ob Sie unter Umständen einen neuen und am besten kussechten Lippenstift an Ihrem besonderen Tag tragen wollen. Farbe und Tragekomfort testen Sie auch hier am besten vor dem Hochzeitstag hinreichend aus!

Das Styling kann Ihr Friseur, Ihre Beautyberaterin, Ihre Parfümerie oder natürlich eine Stylistin übernehmen, die ganz bequem zu Ihnen nach Hause kommt. Sie müssen das Haus dann nicht mehr verlassen, trinken in Ruhe am Morgen Ihres Hochzeitstags erst einen Becher Kaffee und dann ein Gläschen Sekt und werden von A bis Z von Ihrer Stylistin umsorgt. Wenn Sie sich für ein »Styling at Home« entscheiden, buchen Sie im besten Fall jemanden, der nicht nur das Make-up herrichtet, sondern auch das Haarstyling übernehmen kann.

Bei dem Braut-Make-up vereinbaren Sie mit einem professionellen Anbieter vor der Hochzeit einen Probetermin, den Sie in der Regel auch bezahlen müssen. Allerdings wird Ihnen der Preis später auf das Styling am Tag der Hochzeit angerechnet. Bei dem Probestyling besprechen Sie zuerst, wie Sie sich Ihr Make-up vorstellen. Benötigen Sie beispielsweise aufgrund von Allergien besondere Produkte, so kann die Stylistin Ihre Produkte verwenden, sonst werden Sie mit hochwertigen Produkten geschminkt, die den ganzen Tag und den ganzen Abend weder verlaufen noch ihren Glanz verlieren.

Probieren Sie die Haltbarkeit doch einfach anhand Ihres Probe-Make-ups aus. Lassen Sie sich vormittags stylen und gehen Sie abends noch feiern. Prüfen Sie, wie das Make-up gehalten hat und ob Sie sich Veränderungen wünschen.

12 ➤ Wichtige Dienstleister rund um die Hochzeit

Viele Stylistinnen bieten auch an, dass sie die Brautmutter, die Trauzeugen oder andere Gäste – zu günstigen Konditionen – mit schminken. Melden Sie die Personen, die gestylt werden sollen, vorher an, als Braut haben Sie aber immer den Vorrang. Sind es zu viele Personen, kann die Stylistin noch eine Kollegin als Verstärkung mitbringen.

Die richtige Zahnpflege

Das Thema Zahnpflege wird oft nicht besonders ernst genommen oder etwas stiefmütterlich behandelt. Für Ihre Hochzeitsfotos wollen Sie jedoch sicherlich ein strahlend weißes Lächeln vorweisen können. Lassen Sie sich von Ihrem Zahnarzt beraten, ob ein sogenanntes *Bleaching* unter Umständen angebracht ist. Dem ist nicht immer so, da die Zähne nicht beliebig weißer gemacht werden können. Zähne haben in der Regel einen natürlich Ton, der nicht mit dem »Strahlemannweiß« aus der Werbung mithalten kann.

Sie sollten aber, je nachdem welche Lippenstiftfarbe Sie wählen, darauf achten, dass Ihre Zähne nicht von zu viel Tee, Kaffee oder Nikotin gelb aussehen. Ein intensiv roter Lippenstift würde dies besonders zur Geltung bringen.

Auch wenn Sie im vorderen Zahnbereich bereits eine Brücke, Krone oder einen Stiftzahn tragen, sollten Sie rechtzeitig vor der Hochzeit noch einmal den Sitz und die Gesundheit der Zähne beziehungsweise Zahnteile prüfen lassen. Ein grauer Rand am Zahnfleisch oder gar Zahnschmerzen am Tag der Hochzeit wünscht sich niemand. Gehen Sie auch ein bis zwei Wochen vor dem Hochzeitstag noch einmal zur Zahnreinigung. Reizungen, die vielleicht nach der Reinigung aufgetreten sind, sind dann bis zu Ihrem großen Tag wieder abgeklungen.

Brautfrisuren für jedes Haar

Sobald Sie Ihren Heiratsantrag erhalten haben, können Sie sich schon fast Gedanken darüber machen, wie Sie Ihr Haar am liebsten an Ihrem Hochzeitstag tragen wollen. Abgesehen von Farbe oder Highlights in Ihrem Haar kommt es auf die Haarlänge an, die bestimmte Brautfrisuren ausschließt oder gar erst möglich macht. Tragen Sie kurze Haare, sind ganz andere Brautfrisuren und auch Haaraccessoires angesagt als bei mittellangem oder sehr langem Haar. Lassen Sie sich von Ihrer Haarstylistin oder Friseurin beraten und blättern Sie in entsprechenden Magazinen, um Anregungen zu finden. Im Folgenden möchte ich Ihnen zusätzliche Hinweise geben und ein paar trendige Brautfrisuren vorstellen.

✔ **Frisuren für kurze Haare:** Bei kurzem Haar sollten Sie mit Haarschmuck Akzente setzen, auch das Make-up darf etwas kräftiger ausfallen, um die Augen oder die Lippen besonders in Szene zu setzen. Denken Sie hier über die Alternative nach, sich eine Wimperwelle, Wimpernverdichtung oder -verlängerung zu gönnen (mehr Informationen dazu finden Sie weiter vorn in diesem Kapitel im Abschnitt »Das Styling für sie und ihn«). Ihr Auftritt wird einfach umwerfend sein!

✔ **Frisuren für schulterlanges Haar:** Insbesondere glattes Haar kann mit einer leichten Welle oder einer lockeren Steckfrisur perfekt in Szene gesetzt werden. Lockere Hochsteckfrisuren liegen momentan im Trend, denn viele Bräute wünschen sich heute eine natürliche, aber dennoch dem Anlass entsprechende Haarfrisur, die ihrem Typ und ihrem Kleid entspricht. Bei etwas zu kurzen Haaren kann mit Haarteilen oder Extensions, also Haarverlängerungen, gearbeitet werden. Auch Brautfrisuren im sogenannten *Vintage-Stil* gehören zu den eher lockeren Brautfrisuren, bei denen der Schwerpunkt auf Natürlichkeit und Verspieltheit liegt.

✔ **Frisuren für langes Haar:** Langes Haar lässt sich in ganz verschiedenen Variationen zu einer tollen Frisur formen. Halboffene Brautfrisuren lassen dem Haar Spielraum, halten es aber dennoch zusammen. Auch lange Haare können wunderschön hochgesteckt werden und mit Blumen, Nadeln oder anderen Accessoires Akzente zu Ihrem Kleid setzen (siehe Abbildung 12.1). Ob Sie es lieber streng oder locker gebunden mögen, ist dabei ganz Ihnen überlassen.

Abbildung 12.1: Die klassische Brautfrisur – mit Accessoires perfekt aufs Kleid abgestimmt

12 ➤ Wichtige Dienstleister rund um die Hochzeit

Für welche Brautfrisur Sie sich auch entscheiden, kaufen Sie am besten zuerst Ihr Kleid und die passenden Accessoires. Denn auch Ihre Haarstylistin oder Friseurin wird bei einem ersten Beratungsgespräch ein Foto Ihres Kleides sehen wollen, da Ihre Brautfrisur zu dem Stil des Kleides und natürlich auch zu Ihnen und Ihrem Make-up passen soll. Das gesamte Outfit wird so perfekt aufeinander abgestimmt.

Bei der Wahl des Kopfschmucks sollten Sie sich allerdings schon für eine Frisur entschieden haben. Nicht jede Frisur passt auch mit einem Schleier oder gar zwei Schleiern zusammen. Auch Haarnadeln oder Kämme sollen auf die Frisur abgestimmt sein. Am wichtigsten dürfte hier jedoch das Vertrauen zu Ihrer Stylistin beziehungsweise zu Ihrem Friseur sein. Verlassen Sie sich auf Ihr Bauchgefühl – und natürlich das Ergebnis des Probestylings.

Der Trauring als Symbol der Liebe

Befragt man heute eine x-beliebige Person auf der Straße, was das Symbol der Ehe und auch der Liebe ist, so wird die Antwort in vielen Fällen sicherlich gleich ausfallen: der Ring. Bereits in der Antike war der Trauring bekannt, denn schon die Ägypter und die Römer trugen den Ehering am Ringfinger der linken Hand. Bei einigen Brautpaaren kommt auch heute noch die Frage auf, warum der Ring vorzugsweise am rechten und nicht wie gerade beschrieben am linken Ringfinger getragen wird. Der Grund dafür ist der damalige Glaube, dass von diesem Finger eine Ader direkt zum Herzen und damit zur Liebe führt. Während also in vielen westlichen Ländern der Trauring am linken Ringfinger getragen wird, ist es in Deutschland, Österreich, Norwegen, Polen, Bulgarien oder auch Russland üblich, den Ring am rechten Ringfinger zu tragen. Für welche Seite Sie sich auch entscheiden, tragen Sie den Ring beide an der gleichen Hand. Eheringe sind zudem oft mit Gravuren auf der Innenseite des Rings versehen. Der Name des Partners, das Hochzeitsdatum oder auch ein besonderer Spruch sind die am häufigsten gewählten Gravuren für Eheringe.

 Achten Sie bei der Wahl des Rings darauf, wie breit dieser ist. Legen Sie besonderen Wert darauf, einen Spruch oder ein Datum mit Namen einzugravieren, darf der Ring nicht zu schmal sein. Ein Fachberater in einem Juweliergeschäft wird Sie hier ausgiebig informieren können.

Ein Ring mit alten Traditionen

Der Ehering gilt als Sinnbild der Treue und Beständigkeit, er hat weder Anfang noch Ende. So soll in der Ehe auch die Beziehung des Paares zueinander währen. Bei der kirchlichen Heirat werden die Ringe gesegnet, sodass auch der Ehering die Beziehung zu Gott in seiner Treue und Beständigkeit symbolisiert.

Der Tradition nach darf ein einmal angesteckter Ring nie mehr abgenommen werden. Denn wenn der Ring erkaltet, so erkaltet auch die Liebe. Geht der Ring gar verloren oder zerbricht er, so soll es angeblich sehr schlecht um die Ehe stehen. Ebenso sagt man, dass wenn der Bräutigam beim Anstecken des Rings an der Fingerkuppe seiner Braut hängen bleibt, die Frau zukünftig die »Hosen in der Ehe anhat«. Lässt sich der Ring hingegen ohne Probleme auf den Finger schieben, so bleibt der Mann der »Herr im Haus«. Entscheiden Sie selbst, welche Bedeutung Sie diesen Vorstellungen zusprechen.

Das Material und die Farbvarianten von Eheringen

Welches Material Sie für Ihre Ringe wählen, hängt zum einen davon ab, welche Eigenschaften und Farben Ihre Ringe haben sollen. Gold ist im Vergleich zu anderen Materialien eher weich und erfährt im Alltag leichter einen Kratzer, als dies zum Beispiel bei Platin der Fall ist. Natürlich spielt auch eine Rolle, wie viel Sie für Ihre Eheringe ausgeben wollen.

Gold – der Klassiker

Für viele Braupaare gilt der goldene Ehering als eher klassischer Ehering, doch Gold ist nicht gleich Gold, denn Sie haben die Wahl zwischen verschiedenen Farbabstufungen bei Ihren Eheringen. Im Internet gibt es heute zahlreiche Möglichkeiten, sich mit Materialien, Steinbesatz und sonstigen Gestaltungsmöglichkeiten von Ringen zu beschäftigen.

Der Feingehalt von Edelmetallen wird durch die *Repunze* beglaubigt. Eine Repunze ist dabei ein Stempelzeichen, das den Feingehalt des jeweiligen Metalls beglaubigt. Für die Richtigkeit des Feingehalts haftet in Deutschland der Verkäufer. Sie kennen sicherlich die folgenden Auszeichnungen an Ringen; die Zahlen drücken nichts anderes als den Edelmetallgehalt beziehungsweise Feingehalt des jeweiligen Metalls aus:

- ✔ Gold 990
- ✔ Gold 916
- ✔ Gold 750
- ✔ Gold 585
- ✔ Gold 375
- ✔ Gold 333

Das Wort Karat bezeichnet übrigens die Gewichtsprozente des Goldes. Bei 18 Karat können Sie von einem Anteil von 75 Prozent Gold in Ihrem Ring ausgehen. 24 Karat ist der höchste Anteil, hier liegen Sie bei 99,9 Prozent Goldanteil in Ihrem Schmuckstück.

Auch wenn Sie im Internet Ihren vermeintlichen Traumring gefunden haben, sollten Sie ihn auf jeden Fall in Form und Farbe zumindest einmal an Ihrer Hand getragen haben. Sollte es genau diesen Ring nicht in dem Juwelierladen um die Ecke geben oder wollen Sie sich einen Ring anfertigen lassen, so stecken Sie sich probeweise zumindest einmal einen Ring an, der in Breite und Farbe dem entspricht, den Sie sich online ausgesucht habe. Eine fachkundige Beratung für Eheringe sollten Sie in jedem Fall in Anspruch nehmen.

Generell haben Sie die Wahl zwischen folgenden Farbgoldlegierungen:

- ✔ **Rotgold:** Um die mechanische Verarbeitung zu verbessern, besteht die Goldlegierung Rotgold aus Feingold, Kupfer und unter Umständen etwas Silber. Der relativ hohe Kupferanteil gibt dem Gold die rote Färbung und Härte des Materials. Der Farbton ist dem von Kupfer sehr ähnlich.

12 ➤ Wichtige Dienstleister rund um die Hochzeit

✔ **Gelbgold:** Bei der Legierung Gelbgold handelt es sich um eine dem Feingold ähnelnde gelbe Legierung aus Feingold, kombiniert mit Silber und Kupfer. Das Verhältnis beeinflusst auch hier die Farbe. Mit abnehmendem Goldgehalt reduziert sich die Tiefe des Gelbtons. Die Farbpalette reicht von hellgelb bis zu gelborange. Gelbgold ist weltweit mit Abstand die beliebteste Goldfarbe.

✔ **Grüngold:** Diese Legierung entsteht bei einer Eins-zu-eins-Mischung von Silber und Gold, ohne Kupferzusatz. Der daraus resultierende Farbton ist relativ hell. Grüngoldlegierungen sind sehr weich und wenig farbstark, für Trauringe werden sie in der Regel nicht oder nur sehr selten verwendet.

✔ **Weißgold und Graugold:** Der Sammelbegriff Weißgold bezeichnet alle Goldlegierungen, die durch Beimischung deutlich entfärbender Zusatzmetalle eine weiß-blassgetönte Legierung ergeben. Als Beimischung werden hauptsächlich Palladium, Nickel oder Silber verwendet.

Palladiumhaltiges Weißgold wird auch als Graugold bezeichnet. Es ist vergleichsweise weich, wobei es unterschiedliche Rezepturen von harten bis zu weichen Legierungen gibt. Der Grundfarbton der palladiumbasierten Goldmischungen ist eher dunkler, daher auch der Name Graugold. Durch den erhöhten Palladiumanteil ist der Preis von graugoldenen Ringen höher als der von weißgoldenen.

✔ **Titan-Gold-Legierung:** Eine aushärtbare Titan-Gold-Legierung mit 99 Prozent Gold und einem Prozent Titan wird in der Trauringherstellung sowie übrigens auch in der Medizintechnik eingesetzt. Die gelbe Farbe ist vergleichbar mit einem 750er Gelbgold, wirkt jedoch grauer.

Alternativen zu Gold

Auch Silberringe finden ihre Liebhaber. Ähnlich wie bei Gold unterscheidet man unterschiedliche Feingehalte:

✔ Silber 999 (Feinsilber)

✔ Silber 970 (Emailsilber)

✔ Silber 935

✔ Silber 925 (Sterlingsilber)

✔ Silber 835

✔ Silber 800

✔ Silber 625

Feinsilber steht für den höchsten Silbergehalt mit 99 Prozent, Sterlingsilber hat im Vergleich einen Silbergehalt von 92,5 Prozent, der Rest setzt sich aus anderen Metallen zusammen. Silberringe können, je nach Kombination mit anderen Materialien und Steinbesatz, bereits zu sehr günstigen Preisen im Handel erworben werden. Brautpaare mit einem sehr kleinen Budget finden diesen Aspekt unter Umständen besonders interessant.

223

Ringe aus Platin hingegen sind im Preis grundsätzlich höher anzusetzen. Für Platin und Platinlegierungen gibt es aufgrund der hervorragenden Eigenschaften unglaublich viele Einsatzmöglichkeiten in zahlreichen Bereichen der Wirtschaft. Platin ist ein edles und derzeit nach Gold das zweitwertvollste Edelmetall der Welt. Es ist je nach Markt knapp fünfzigmal teurer als Silber. Eheringe aus Platin erfreuen sich heute einer großen Beliebtheit.

 Der Preis für Edelmetalle kann zeitweise großen Schwankungen unterliegen. Sofern Sie ein Angebot von einem Händler bekommen, einen Ring wegen des guten Einkaufspreises günstig zu erwerben, sollten Sie nicht zu lange mit der Entscheidung warten. Ändert sich der Einkaufspreis von Edelmetallen am Markt, so können Händler ihren günstigen Angebotspreis unter Umständen nicht mehr halten.

Auch Platin wird mit einem Feingehalt angegeben. Oft findet sich der Platingehalt für Schmuck bei Platin 950 wieder. Eher selten sind die Angaben 800, 750 oder 585. Platinringe sind sehr beständig und robust. Das Material ist sehr viel härter als beispielsweise Gold.

Ein Trauring, wie es ihn nur einmal auf der Welt gibt

Einige Dienstleister haben sich darauf spezialisiert, ganz persönliche Ringe herzustellen, indem sie organische Stoffe, die für ihre Kunden eine besondere Bedeutung haben, mit reinstem Titan verschmelzen. Sie können grundsätzlich alles auswählen, was brennbar ist: zum Beispiel Haarlocken, Fotos, Blütenblätter, alte Liebesbriefe, Teile von Kleidungsstücken oder Stofftieren. All dies lässt sich ohne Probleme mit Titan verschmelzen.

Wenn Sie sich für Ihre ganz persönlichen, organischen Dinge entschieden haben, verschließen Sie sie in einem dafür vorgesehenen Tiegel, den Sie vorab von Ihrem Dienstleister erhalten. Dieser wird dann ungeöffnet auf mehrere hundert Grad erhitzt, um ein Kohlepulver daraus zu gewinnen. Die Zusammensetzung Ihres Rings bleibt somit für immer Ihr Geheimnis. Anschließend wird reines Titan mit der gewonnenen Kohleessenz gemischt und bei über 1100 Grad miteinander verschmolzen. Jeder einzelne Trauring ist damit eine vollständige Maßanfertigung. Sie können die Ringform, die Breite sowie die Oberflächenstruktur frei wählen und auch, ob Sie Edelsteine, zusätzliches Gold, Rotgold, Silber oder Platin mit einbringen möchten. Diese Ringe sind absolut alltagstauglich und mit Ihren individuellen Erinnerungen versehen. Eine Alternative zu den »normalen« Ringen.

Eine weitere Alternative sind Papier-Schicht-Ringe. Sie werden in einer aufwendigen sogenannten Layertechnik Schicht für Schicht für Sie hergestellt. Wie die Ringe in Form und Gestaltung aussehen sollen, können Sie mit dem entsprechenden Dienstleister besprechen. Jedes Stück ist auch hier ein Unikat und trägt ganz besondere Erinnerungen aus Ihrem gemeinsamen Leben in sich. Das Design der Ringe lässt im Endresultat nicht zwingend auf ein aus Papier gemachtes Schmuckstück schließen. Im Alltag sind diese Ringe jedoch aufgrund ihrer Beschaffenheit aus Papier nicht ganz so praktisch. Der Preis dieser Papierringe ist übrigens unschlagbar. Sie bewegen sich bei den Kosten von unter 100 Euro bis zu Preisen für Silberringe. Auch hier also eine tolle Alternative für Brautpaare, die für die Trauringe nicht ganz so viel Geld ausgeben möchten.

Palladium gehört zu den sogenannten Übergangsmetallen in der Gruppe der Platinmetalle. Die Eigenschaften von Palladium sind nicht so hervorragend wie die des Platins, dementsprechend ist auch der Preis von Eheringen aus Palladium niedriger als der von Eheringen aus Platin. Eine schöne Alternative für Brautpaare, die nicht ganz so tief in die Tasche greifen wollen, um sich Platinringe zu kaufen.

Eheringe aus Edelstahl sind robust und werden ebenso gerne von Brautpaaren angenommen. Der Preis der Edelstahlringe liegt in etwa – je nachdem wie der Marktpreis der jeweilgen Edelstahle sich verhält – bei dem von Gold oder Palladium. Auch Edelstahlringe können, wie alle anderen Ringe auch, mit anderen Materialien oder mit Steinbesatz kombiniert werden.

 Probieren Sie verschiedene Materialien aus, wenn Sie sich nicht ganz sicher sind, welches Material Sie bevorzugen. Nicht jedes Material fühlt sich gleich gut auf der Haut an. Unter Umständen haben Sie eine Allergie, die beim Kauf der Eheringe berücksichtigt werden muss. Bedenken Sie, dass Sie Ihre Eheringe ein Leben lang tragen werden. Überlegen Sie sich auch, welchen emotionalen Wert Sie mit dem Ring verknüpfen und was dieser im Alltag alles aushalten muss.

Diamonds are forever – der Steinbesatz von Trauringen

Bekannte Edelsteinarten sind Rubin, Saphir, Smaragd und Topas. Ein Diamant ist eine spezielle kristalline Erscheinungsform elementaren Kohlenstoffs und wird oft in der Trauringherstellung verwendet. Nur Diamanten, die im sogenannten Brillantschliff geschliffen wurden, dürfen sich auch Brillanten – ohne jeden weiteren Namenszusatz – nennen. Andere Edelsteinarten mit Brillantschliff müssen durch den jeweiligen Edelsteinnamen ergänzt werden. Sie werden in unterschiedliche Varietäten unterteilt, die überwiegend von der Farbe abhängen. So wird roter Korund als Rubin gehandelt, ein spezielles Rotorange als Padparadscha. Die restlichen Farben werden als Saphire bezeichnet, der blaue Saphir ist am wertvollsten. Übrigens können auch Diamanten in unterschiedlichen Farbtönungen vorkommen, die dann als »fancy diamond« betitelt werden. Der Wert eines Edelsteins hängt natürlich auch von seiner Größe ab. Zudem gibt es Halbedelsteine, die im Gegensatz zu den Edelsteinen wesentlich häufiger in der Natur vorkommen. Sie sind oft nicht so hart und weniger wertvoll als reine Edelsteine.

Trauringgravuren – Sprüche für die Ewigkeit

Fast jedes Brautpaar lässt seine Eheringe gravieren. Oft wird das Hochzeitsdatum, vereint mit dem Namen des Partners, in die Innenseite des Rings eingraviert Je nachdem wie breit Ihr Ring ist, können Sie sich natürlich auch für andere Formen der Gravur entscheiden.

Im Allgemeinen wird zwischen folgenden Gravuren unterschieden:

✔ Bei der *Diamantgravur* – der klassischen Gravur – werden mittels eines Diamantstichels die Wörter, Symbole oder Zahlen in den Ring übertragen, die Sie sich wünschen. Die Beschriftung ist bei dieser Gravur immer innen und die eingravierte Schrift glänzt.

✔ Die *Lasergravur* hat die Beschriftung der Ringe revolutioniert. Mit dieser Technik ist eine individuelle Beschriftung Ihrer Trauringe möglich, denn der Laser überträgt digitale Vorlagen auf den Ring. Diese Gravur kann damit nicht nur innen, sondern auch außen und seitlich an Ihren Ringen erfolgen. Das Schriftbild ist matt.

Auch der Wunsch nach internationalen Schriftzeichen wie zum Beispiel griechische, kyrillische, arabische oder chinesische Zeichen können heute von einem professionellen Anbieter umgesetzt werden. Selbst längere Gedichte können in Kleinstformat in Ihre Ringe eingraviert werden.

Emotionen durch die richtigen Bilder festhalten

Leider erlebe ich immer wieder, dass Brautpaare in einem ersten Beratungsgespräch darüber spekulieren, die Fotos von einem Bekannten der Familie schießen zu lassen. Das mag zwar »billiger« sein, allerdings sparen hier fast 100 Prozent aller Brautpaare am falschen Ende ein und bereuen es im Nachhinein ganz bitter.

Bedenken Sie immer, dass Sie nur diesen einen Tag haben, an dem Sie Fotos von Ihrer Trauung machen können und von so einzigartigen Momenten wie dem, wenn sich Ihre Mama oder Ihr Papa eine Träne aus dem Auge wischt, während Sie sich das Ja-Wort geben. Sie können diese Szenen nie wieder nachstellen. Zweisamkeitsfotos könnten Sie in Ruhe auch an einem anderen Tag machen lassen, das Geschehen, die Hochzeitsgesellschaft und das Ambiente können Sie allerdings nur an diesem einen Tag einfangen.

Der Markt ist unglaublich eng gesät mit Hochzeitsfotografen – oder solchen, die sich so nennen. Hier die richtige Wahl zu treffen, ist oft schwierig. Im folgenden Abschnitt gebe ich Ihnen daher einige Kriterien für die Auswahl von Hochzeitsfotografen mit auf den Weg. Neben all den folgenden Kriterien ist entscheidend, ob die Chemie zwischen Ihnen und dem Fotografen stimmt.

Jeder Fotograf hat seinen ganz persönlichen Stil, Momente festzuhalten. Es ist seine oder ihre Handschrift, die in den Bildern zum Ausdruck kommt. Natürlich spielt auch das Equipment des Fotografen eine große Rolle dabei, wie gut oder schlecht die Aufnahmen werden. Auch können Bilder automatisch oder manuell nachbearbeitet werden. Schauen Sie sich die Webseite des Fotografen an, unter Umständen gibt es hier mehrere Bereiche, in denen Sie sich einen Überblick über bereits fotografierte Paare und Szenen verschaffen können. So unterteilt sich ein Hochzeitstag zum Beispiel in Fotos zum »Making of the Bride«, zur Trauung, zur Party; nicht zu vergessen die Zweisamkeitsfotos. Das »Making of the Bride« wird von vielen Brautpaaren gebucht, da der zukünftige Ehemann so die Möglichkeit hat, im Nachhinein etwas von den Vorbereitungen seiner Braut zu sehen.

Lassen Sie sich neben den Bildern auf der Webseite noch weitere Bilder oder auch ein Fotoalbum mit diversen Aufnahmen und Arbeiten zeigen. Wenn dafür kein Termin gefunden werden kann, die Bilder gerade auf einer anderen Festplatte liegen oder sonst etwas im Wege steht, sollten Sie getrost und schnell wieder Abstand von diesem Dienstleister nehmen.

12 ➤ Wichtige Dienstleister rund um die Hochzeit

Ein Hochzeitsfotograf muss nicht nur das Motiv entsprechend treffen, sondern auch Ruhe am Tag der Hochzeit ausstrahlen. Nicht zu vergessen, dass er sich unsichtbar zwischen den Gästen bewegen sollte. Besondere Hochzeitsfotos entstehen immer dann, wenn Sie oder Ihre Gäste sich unbeobachtet fühlen.

Auch Bilder, die keine Hochzeitsbilder sind, sollten nicht dazu dienen, eine Entscheidung zu treffen, diesen Fotografen zu buchen oder nicht. Nur weil jemand Produkte schön fotografiert oder auch Werbebilder gemacht hat, heißt das noch lange nicht, dass auch Ihre Hochzeitsfotos schön werden.

Zusatzservices von Fotografen

In welchem Umfang der Fotograf für Sie arbeiten soll, sollten Sie vertraglich genau festhalten. Lesen Sie auch die ungeliebten allgemeinen Geschäftsbedingungen, kurz AGB genannt, um ganz sicherzugehen, dass Sie die Leistungen erhalten, die Sie besprochen haben. Zusatzservices von Fotografen können zum Beispiel das Aufbauen und Betreuen eines Fotobooth sein. Dabei handelt es sich oft um eine selbstauslösende Kamera vor einem fest installierten Hintergrund, vor dem sich die Gäste dann ablichten lassen können. (Mehr Informationen zu Fotobooth finden Sie im Abschnitt »Gästeunterhaltung mittels Selbstauslöser« weiter hinten in diesem Kapitel.)

Der Fotograf sollte diese Dienste nur dann anbieten, also ohne Assistent, wenn er zu diesem Zeitpunkt des Tages nicht mehr für die eigentlichen Hochzeitsfotos zuständig ist. Die Zeit, sich um den Fotobooth und um die Hochzeitsfotos zu kümmern, ist sonst einfach zu knapp bemessen.

Halten Sie zudem fest, ob der gewünschte Zusatzservice im Preis enthalten ist und in welchem Format Sie und Ihre Gäste die Bilder aus dem Fotobooth zur Verfügung gestellt bekommen. Unter Umständen gibt es die Möglichkeit, die Fotos bereits am Tag der Hochzeit auszudrucken und in das Gästebuch zu kleben. So kann jeder Gast einen kleinen Spruch unter sein Foto schreiben. Auch die Nachbearbeitung von Bildern kann zu den Zusatzservices des Fotografen gehören. Fragen Sie nach, ob die Bilder mithilfe eines Bearbeitungsprogramms automatisch oder jedes Bild manuell nachbearbeitet wird. Die Qualität der Nachbearbeitung lässt sich oft anhand der Art der unterschiedlichen Nachbearbeitungsarten unterscheiden.

Überlegen Sie gut, ob Sie wirklich alle Bilder von Ihrer Hochzeit auf einer DVD oder CD erhalten wollten. Viele Fotografen locken mit dem Angebot, Ihnen 1.500 oder noch mehr Bilder von Ihrer Hochzeit auf CD zur Verfügung zu stellen. Seien Sie ehrlich: Schauen Sie sich diese Masse an Bildern, auch die, die eben nicht so gut geworden sind, wirklich öfter an? Wählen Sie lieber einen Fotografen aus, der für Sie die besten Bilder auswählt. Daran haben Sie garantiert mehr Freude!

Bei einem Kennenlerntermin geht es zum einen darum, den Menschen hinter der Kamera kennenzulernen, und zum anderen die Gelegenheit zu nutzen, Bildmaterial vor Ort zu sichten. Zudem besprechen Sie bei diesem Termin, welche Motive Sie sich grundsätzlich wünschen und wie lange der Fotograf auf Ihrer Hochzeit anwesend sein soll.

Der Fotograf bekommt bei diesem Gespräch auch ein Gefühl für Sie, wer Sie sind, was Ihre Vorlieben sind und wen er unter Umständen aus seinem Team noch für das Shooting hinzuziehen sollte. In manchen Fällen arbeiten Fotografen im Team, sodass Sie bei diesem Termin auch beide Fotografen kennenlernen. Auch besondere Wünsche können in diesem Gespräch in Ruhe besprochen und festgehalten werden.

Festlegung von Motiven

Ich habe schon Brautpaare erlebt, die dem Fotografen eine ellenlange Liste an die Hand geben wollten, welche Motive er auf der Hochzeit fotografieren sollte. Das ist nicht sinnvoll, ein professioneller Fotograf wird Ihnen anhand von Beispielbildern und in einem Gespräch darlegen, welche Motive er ohne besondere Absprache ohnehin fotografiert. Legen Sie Wert auf ein bestimmtes Motiv, eine Person, die Dekoration, den Eröffnungstanz oder dass Fotos von jedem Gast gemacht werden, so besprechen Sie dies im Vorfeld.

 Haben Sie ein gutes Gefühl bei dem Fotografen und gefallen Ihnen seine bisherigen Arbeiten, so vertrauen Sie ihm auch was das Fotografieren von bestimmten Motiven auf Ihrer Hochzeit angeht. Besprechen Sie nur Besonderheiten, die fotografiert werden sollen, und genießen Sie sonst den Tag. Eine Braut oder einen Bräutigam, die beziehungsweise der den Fotografen ständig fragt, ob er dies oder jenes schon abgelichtet hat, möchte sicherlich niemand um sich herum haben.

Kosten für vereinbarte Leistungen

Die Kosten für einen professionellen Fotografen variieren am Markt extrem. Extrem teuer muss nicht auch gleich extrem gut sein, so viel steht fest. Vergleichen Sie bitte nicht nur die Preise, sondern auch die Leistungen, die hinter diesem Preis stehen. Worauf legen Sie Wert? Wollen Sie alle Bilder unbearbeitet auf CD nach der Hochzeit erhalten oder doch lieber nur die »Best of«, dann aber manuell nachbearbeitet, sodass jedes Bild perfekt aussieht? Legen Sie Wert auf ein Fotobuch und ist dies vielleicht schon im Preis inbegriffen? Was ist mit der Nachbestellung von Fotos, welche Fotomengen sind auch hier wieder im Endpreis inklusive und welche Kosten kommen extra auf Sie zu? Ebenso gibt es Unterschiede bei den Anwesenheitszeiten der Fotografen und ob Fahrtkosten erhoben werden oder nicht.

 Der Preis eines Fotografen hängt zum einen von dem Zeitumfang ab, den er auf Ihrer Hochzeit verbringt, zum anderen ergibt sich ein Preis auch daraus, wie hochwertig das technische Equipment ist, das für die Fotografie benutzt wird.

Letzten Endes sollten Sie sich einen Budgetrahmen setzen, in dem Sie sich bewegen wollen. Durch den Kostenpuffer haben Sie unter Umständen die Wahl, ein größeres Angebotspaket zu buchen, da Sie vielleicht doch das »Making of the Bride« mit in das Shooting einkalkulieren wollen und der Fotograf somit länger vor Ort ist. Vertrauen Sie Ihrem Bauchgefühl und nicht nur Ihrem Portemonnaie. Sie sollten allen Dienstleistern, also auch dem Fotografen, die Sie über den ganzen Tag begleiten, Essen und Trinken anbieten. Sie können ein separates, kostengünstigeres Essen als für Ihre Hochzeitsgesellschaft bestellen und nur alkoholfreie Getränke anbieten.

Rechte an den Bildern

Sie wundern sich über die Überschrift, denn Sie gehen davon aus, dass Ihnen die Bilder auch »gehören«? Das muss nicht immer so sein. Auch hier gibt es verschiedene Klauseln, die dem Fotografen unter Umständen erlauben, mit Ihren Bildern zum Beispiel auf der eigenen Webseite zu arbeiten. Wollen Sie dies vermeiden, so fragen Sie konkret nach, wie es sich mit dem Eigentum der Bilder verhält, und nehmen einen entsprechenden Vermerk in Ihren Vertrag mit dem Fotografen auf.

Fotobücher als Erinnerungsstücke

Fotobücher sind heute ein bisschen aus der Mode gekommen, da wir uns stets auf digitaler Ebene bewegen. Es gibt hier aber besonders schöne Möglichkeiten, die schönsten Bilder nicht nur auf dem Rechner anzusehen, sondern auch als Bildband in einem Fotobuch.

Neben den Fotobüchern, die Sie über den Fotografen bestellen können, haben Sie natürlich auch die Wahl, ein Fotobuch online zu gestalten und zu bestellen. Anbieter in diesem Bereich lassen sich in zahlreicher Form in Internet finden. Wählen Sie diese Alternative, so planen Sie ausreichend Zeit und Geduld ein, sich mit der Auswahl der Fotos und der entsprechenden Gestaltung des Buches zu beschäftigen. Bei dieser Alternative lassen sich im Gegensatz zu einem Fotobuch von einem Fotografen sicherlich ein paar Euro sparen. Die Qualität mag nicht ganz so hoch sein, reicht aber für Danksagungsbücher vollkommen aus.

Lassen Sie die Gestaltung von dem Fotografen übernehmen, so haben Sie in der Regel die Wahl, wie Ihr Fotobuch aussehen soll. Dies beginnt bereits bei der Wahl des Außenmaterials. Ob Stoff, Leder oder gar Plexiglas, den Gestaltungsmöglichkeiten sind kaum noch Grenzen gesetzt. Auch die Anordnung oder Bearbeitung der Bilder in Ihrem Buch kann ganz nach Ihrem Belieben umgesetzt werden.

Nachbestellung von Bildern

Entweder Sie schenken Ihren Gästen ein kleines Buch mit ausgewählten Hochzeitfotos als Dankeschön oder Sie entscheiden sich dafür, eine einfache Danksagungskarte zu versenden, auf der die Zugangsdaten zur Webseite des Fotografen angegeben sind sowie der Hinweis, die gewünschten Bilder nachbestellen zu können. Voraussetzung für diese Variante ist, dass der Fotograf einen solchen, für Sie kostenlosen Zugang zu Ihren Bildern bereitstellt. Die Gäste können sich so die Fotos nachbestellen und tragen auch die Kosten. Da sich diese pro Gast normalerweise in Grenzen halten, können Sie Ihren Hochzeitsgästen das Nachbestellen der Bilder auf Selbstzahlerbasis ohne Weiteres zumuten.

Der engen Familie oder der Generation, die nicht an das Internet gewöhnt ist, wie die liebe Oma und der liebe Opa, schenken Sie besser ein »echtes« Bild oder ein Fotobuch. Damit verschenken Sie nicht nur ein einfaches Bild, sondern auch viel Freude!

Fragen Sie nach, wie lange der Zugang für die Gäste besteht und wie lange Sie noch Bilder nachbestellen können, wenn Ihre Dateien auf CD beschädigt oder gar verloren gehen würden. Unter Umständen sichert der Fotograf auf einer externen Platte die Bilder noch Jahre nach Ihrem Hochzeitstag, so haben Sie immer eine Sicherheitskopie zur Hand.

Bewegende Momente auf Video

Seit einiger Zeit erfreuen sich auch Videografen vermehrter Beliebtheit. Wie auch bei der Fotografie gibt es bei den Anbietern, die sich am Markt tummeln, einige wichtige Kriterien zu beachten.

Sparen Sie auch bei der Wahl des Videografen nicht am falschen Ende. Onkel Otto oder Schwiegervater Willie können noch so gute Hobbyvideografen sein, ein professionell gedrehtes Hochzeitsvideo wird keiner von ihnen drehen können. Wie bei den Fotos von Ihrem Hochzeitstag haben Sie nur eine einmalige Chance, Momente und Emotionen in bewegter Form festzuhalten, um sie sich auch in 30 Jahren noch gemeinsam unter einer Kuscheldecke auf der Couch sitzend ansehen zu können.

Die Ausrüstung für den Film der Filme

In der heutigen Zeit sollten alle Kameras, mit denen Ihr Hochzeitsvideo gedreht wird, voll HD-fähig sein. Es gibt Videografen, die arbeiten bereits jetzt schon mit so kleinen Kameras, dass diese beinahe wie Fotoapparate aussehen. Dies gibt dem Videografen viel Freiheit, sich mit seinem Equipment um Sie und Ihre Gäste herum zu bewegen, ohne dass Sie das Gefühl haben, Sie werden von einem Filmteam mit Kabelträgern und Regisseur begleitet.

Auch eine Ersatzkamera gehört zu der Ausrüstung eines professionellen Fotografen dazu. Jede Kamera, sei sie auch noch so gut, kann gestern noch voll funktionstüchtig gewesen sein und morgen schon nicht mehr richtig funktionieren. Das Gleiche gilt für Ersatzakkus und Speicherkarten. Auch spezielle Gestelle, auf denen die Kamera aufgesetzt wird und über den Boden fährt, um aus besonderen Perspektiven zu filmen, gehören bei professionellen Anbietern zum Standardrepertoire.

Viele Brautpaare verkennen leider den Umstand, dass eine gute Videoaufnahme viel Licht benötigt. In vielen Fällen arbeiten Anbieter deshalb mit speziellen Scheinwerfern auf den Kameras, die das Brautpaar bei seinem Eröffnungstanz auf der eher schummrigen Tanzfläche gut ausleuchten. Viele Einstellungen sind auch ohne den Einsatz von künstlichem Licht möglich, aber eben nicht alle. Dies sollte Ihnen bewusst sein, wenn Sie einen Videografen buchen, der Sie auch bis in die Abendstunden begleitet.

Vielleicht ist es Ihnen möglich, bei bestimmten Anlässen das Licht im Raum entsprechend zu regeln. Dimmschalter oder zusätzliche Lichtquellen können nach Absprache mit dem Personal vor Ort in der Location zu bestimmten Zeiten hinzugeschaltet und auch wieder abgeschaltet werden. Sie können für diese Aufgabe auch eine Person Ihres Vertrauens abstellen, die mit dem Service abspricht, wann die Lichtquellen im Raum angesteuert werden.

Überlegen Sie auch, ob Sie Ton auf Ihrem Video hören wollen oder ob Sie sich für einen Videografen entscheiden, der die besten Szenen des Tages in einem Clip mit Ihrer Lieblingsmusik zusammenschneidet. Möchten Sie das gesprochene Wort hören, so müssen nicht selten kleine Mikrofone an Ihren Kleidungsstücken angebracht werden. Auch der Pfarrer, der Standesbeamte oder der freie Redner muss dann genauso wie die Trauzeugen und sonstige Gäste, die etwas während der Trauung sagen, ein Mikrofon tragen.

12 ➤ Wichtige Dienstleister rund um die Hochzeit

Sprechen Sie in jedem Fall mit allen Beteiligten über den Einsatz von Kameras und Mikrofonen. Ein Pfarrer, Standesbeamter oder Redner fühlt sich sonst unter Umständen überrumpelt und lehnt es an Ihrem Hochzeitstag ab, das Mikrofon anzulegen. Auch Ihre Trauzeugen und sonstige Sprecher sollten sich zumindest gedanklich darauf vorbereiten können, nicht nur vor der Hochzeitsgesellschaft, sondern auch in ein kleines Mikro sprechen zu müssen.

Wie ein Videofilm aufbereitet wird, kann sehr unterschiedlich sein. Sie sollten sich bereits gedrehte Videos auf der Webseite Ihres Dienstleisters anschauen. Sind hier nur wenige Beispiele oder aus Datenschutzgründen gar keine Videos eingestellt, so sollten Sie sich bei einem ersten Gespräch Beispiele zeigen lassen. Glauben Sie mir, ich habe von sogenannten »hochprofessionellen« Anbietern schon Videos zugeschickt bekommen, bei denen es mich einfach nur geschüttelt hat. Ein wackeliges oder gar unscharfes Video will niemand sehen. Auch stundenlange, eher langweilige Sequenzen gehören nicht zu den Lieblingsmotiven von Brautpaaren.

Weniger ist oft mehr. Lassen Sie sich beim Braut- und Bräutigamstyling filmen, so kann Ihr Partner im Nachhinein auch diese Momente und Bilder mit Ihnen gemeinsam genießen. Emotionen sollen eingefangen werden, Sie sollten sich im besten Fall das Video immer und immer wieder ansehen können, ohne dabei gelangweilt zu sein. Ein gutes Hochzeitsvideo zeigt von allen Abschnitten des Tages die »Best of« und ist im besten Fall tatsächlich nicht länger als wenige Minuten.

Sie entscheiden sich dann für den richtigen Anbieter, wenn die Chemie zwischen Ihnen und dem Videografen stimmt, Sie das Gefühl haben, man hört Ihnen zu und geht auf Ihre Wünsche ein, und wenn Sie nach einem Blick in drei oder vier aktuelle Videos ein Gefühl für den Stil der Videografie entwickeln konnten. Dann haben Sie alles richtig gemacht.

Musikalische Untermalung und Präsentation des Filmmaterials

Mit welcher Musik Ihr Video unterlegt werden soll, können Sie sich in der Regel aussuchen. Je nach Länge des Videos oder der verschiedenen Sequenzen, die über den Tag verteilt gefilmt wurden, wählen Sie mehrere Lieder aus. Wählen Sie nicht unbedingt langsame Lieder aus, das empfinden Sie später beim Ansehen des Videos eher als langweilig. Wählen Sie Lieder aus, bei denen automatisch das Bein mitwippt und Sie im Rhythmus des Liedes Ihren Hochzeitstag noch einmal Revue passieren lassen.

In den meisten Fällen erhalten Sie das fertig gedrehte Video nach der Hochzeit auf dem Postweg. Viele Videografen bieten allerdings auch an, sowohl das fertig geschnittene Video mit musikalischer Untermalung als auch eine weitere DVD mit dem gesamten Rohmaterial an Sie zu versenden. Wenn Sie dann aus dem Rohmaterial noch einmal ein umfangreicheres Video schneiden wollen, steht dem nichts im Wege.

Ein Video in Kurzversion, also zum Beispiel in der Länge eines Liedes, können Sie ebenso wunderbar als Dankesgeschenk an alle Gäste versenden.

Hochzeitsplanung für Dummies

Es gibt auch Videografen, die Ihr Hochzeitsvideo bereits am selben Abend schneiden und auf einer Großbildleinwand inklusiv musikalischer Begleitung vorführen. Ein tolles Highlight, das auf jeder Hochzeit, auf der ich dabei sein durfte, supergut angekommen ist. Auch in diesem Fall erhalten Sie das fertige Video und das Rohmaterial getrennt voneinander zu Ihrer Verwendung.

Kosten für einen Videografen

Wie bei den meisten anderen Dienstleistern der Hochzeitsbranche auch, variieren die Preise in diesem Bereich stark, sodass viele Brautpaare zuerst einmal von dem vermeintlich hohen Preis abgeschreckt sind. Vergleichen Sie auch hier immer nur, was auch zu vergleichen ist. Wählen Sie nicht nur nach dem Preis aus, sondern beziehen Sie auch die Anwesenheitszeit, die Anzahl der Mitarbeiter und die Qualität der Ausrüstung in Ihren Preisvergleich mit ein.

Ein professioneller Videograf kann aufgrund hochwertiger Ausrüstung und Bearbeitungszeit des Films nicht für wenige Hundert Euro am Tag Ihrer Hochzeit anwesend sein. Vergleichen Sie gerne auch die Videos und deren Qualität, wenn Sie sich verschiedene Anbieter ansehen. Sie werden schnell große Unterschiede feststellen und merken, dass das professionelle Videografensegment sich preislich nicht so sehr weit voneinander unterscheidet. Erlaubt Ihr Budget keinen Videografen am Tag Ihrer Hochzeit, so können Sie sich – zumindest für Ihr Gästebuch – immer noch für bewegte Bilder entscheiden. Mehr Informationen dazu finden Sie in dem Kasten »Eine Alternative für bewegte Bilder«.

Eine Alternative für bewegte Bilder

Das sogenannte DVD-Gästebuch ist zwar in keiner Weise mit einem professionell gedrehten Video zu vergleichen, trotzdem will ich es Ihnen kurz vorstellen. Mit einem DVD-Gästebuch können sich Ihre Gäste nicht nur, wie sonst, in einem Buch verewigen, sondern Wünsche und auch lustige Momente live auf DVD festhalten. Die DVD-Säule wird entweder angeliefert und Sie müssen das Gerät selbst aufstellen, oder Ihr Anbieter installiert sie für Sie. Die Gäste haben dann per Knopfdruck die Möglichkeit, eine frohe und lustige Botschaft auf DVD aufzunehmen. Vergisst ein Gast einmal den Knopf bei Ende der Botschaft erneut zu drücken, so schaltet das Gerät die Aufnahme nach einer festgelegten Zeit automatisch aus. Je später der Abend, desto – sagen wir – »ungehemmter« werden die Botschaften. Eine tolle Alternative, Grüße von Gästen bewegt festzuhalten.

Verzauberte Hochzeitsgesellschaften

Zauberei fasziniert Groß und Klein gleichermaßen. Dabei ist für eine Hochzeit eher die sogenannte *Close-up-Zauberei* geeignet als ein klassischer Auftritt, bei dem alle Hochzeitsgäste mehr oder weniger gebannt dem mysteriösen Mister X bei seinen Kunststücken auf einer Bühne zusehen (müssen). Close-up-Zauberei ist eine unauffällige, aber dennoch sehr unterhaltsame Animation Ihrer Hochzeitsgäste. Sie können mit dem Zauberer besprechen, wann das Programm an Ihrem Hochzeitstag starten soll. Ein professioneller Zauberer mischt sich

12 ➤ Wichtige Dienstleister rund um die Hochzeit

zum Beispiel bereits beim Sektempfang unter die Gäste, zeigt Kartentricks, zaubert Münzen hervor, verknotet Ringe ineinander oder lässt Objekte verschwinden und an anderen Stellen wieder auftauchen. Dabei verweilt der Zauberer immer bei einer anderen Gruppe von Gästen, sodass jeder etwas von seinen Künsten aus nächster Nähe zu sehen bekommt, daher auch der Name Close-up.

Einige Zauberer bieten zudem ein spezielles Kinderprogramm an. Haben Sie also viele Kinder auf Ihrer Hochzeit, die Sie über einen kurzen Zeitraum, zum Beispiel den Sektempfang, beschäftigen wollen, so bietet es sich unter Umständen an, dass der Zauberer ein kleines Programm mit den Kindern ausarbeitet, das sie dann den Erwachsenen vorführen können. Auch Ballonfiguren basteln oder gar eine kleine Zaubershow nur für die Kids kommt als Beschäftigung immer gut an!

Es ist auch bei diesem Dienstleister nicht ganz einfach, sich von seinen Künsten per Webseite zu überzeugen. Vielleicht ergibt sich die Gelegenheit, dass Sie den Zauberer einmal live bei einem Auftritt sehen können oder er Ihnen Videos zeigen kann, die ihn bei seinen Zauberkünsten und im Umgang mit Menschen zeigen. Auch hier sollten Sie das persönliche Gespräch suchen, um einen Eindruck zu bekommen. Im besten Fall nennt Ihnen der Zauberer zwei oder drei Referenzen, sodass Sie mit jemandem sprechen können, der den Zauberer bereits auf der eigenen Hochzeit oder einer anderen Feier gebucht und somit erlebt hat.

Die Kosten für einen Zauberer hängen davon ab, wie lange der Zauberer Ihre Gäste und vielleicht auch Kinder verzaubern soll. Unter Umständen zahlen Sie für die Kinderanimation einen anderen Preis als für die Unterhaltung auf Ihrer Hochzeit. In manchen Fällen verhält sich die Preisgestaltung so, dass die erste oder die ersten beiden Stunden höher abgerechnet werden als die folgenden Stunden. Diese Berechnungsmethode ergibt sich daraus, dass der Künstler an diesem Tag oft keinen weiteren Auftrag mehr annehmen kann und so einen entsprechend höheren Betrag für weniger Stunden ansetzt. Überlegen Sie deshalb gut, ob Sie nicht doch anstelle von nur ein oder zwei Stunden lieber ein drei- oder gar vierstündiges Programm buchen, auf die Stunde heruntergerechnet mag sich dies, insbesondere wenn Sie die Kinder mitbetreuen lassen, sogar eher rechnen als ein kurzer Auftritt.

Schnell gezeichnet und viel gelacht

Als besondere Attraktion auf Hochzeitsfeiern erfreuen sich besonders Schnellzeichner und Karikaturisten immer größerer Beliebtheit. Der Auftritt eines Schnellzeichners beziehungsweise das Bild eines Karikaturisten als Geschenk zum Mitnehmen wird als originelle Idee gerne von Brautpaaren für die Hochzeitsgäste gebucht.

Schnellzeichner und Karikaturisten

Um höchste künstlerische Qualität und einen publikumswirksamen Auftritt zu garantieren, arbeiten professionelle Schnellzeichner grundsätzlich an einer Staffelei mit entsprechender Lichtquelle, die die Hochzeitsgäste beziehungsweise die Gesichter der Hochzeitsgäste gut ausleuchtet.

Grundsätzlich ist es auch möglich, dass sich der Schnellzeichner oder Karikaturist mit einem Zeichenbrett in der Hand zwischen den Gästen – zum Beispiel beim Sektempfang – bewegt oder beim Essen von Gast zu Gast oder von Tisch zu Tisch geht. Diese Art der Zeichnung ist in der Regel qualitativ nicht ganz so hochwertig, was aber nicht heißen soll, dass die Karikaturen insgesamt als minderwertig anzusehen sind. Die durchschnittliche Dauer für ein Schnellporträt beträgt zwei bis fünf Minuten, wobei eine Karikatur, die nicht auf Schnelligkeit ausgelegt ist, etwas länger (circa fünf bis acht Minuten) braucht.

Auch bei Schnellzeichnern und Karikaturisten sind große künstlerische und handwerkliche Unterschiede zu erkennen. Schauen Sie sich die Karikaturen auf der Webseite an oder lassen Sie sich, wenn Sie sich wegen des Stils noch unsicher sind, gegen ein kleines Entgelt zunächst einmal selbst zeichnen.

Stilistisch gibt es einige Unterschiede zwischen den Künstlern. Die Fraktion der klassischen Porträtkarikaturisten versucht die typischen Merkmale einer sogenannten Physiognomie, also der charakterlichen Merkmale des zu Zeichnenden, durch Übertreibung beziehungsweise Untertreibung darzustellen. Für diese Art von Schnellkarikaturen benötigen die Karikaturisten eine überdurchschnittliche Beobachtungsgabe und einen sehr sicher geführten Strich. Um allerdings eine tatsächlich ausdrucksstarke Porträtkarikatur zu zeichnen, ist ein psychologisches Einfühlungsvermögen in fremde Menschen eine Grundvoraussetzung für den Karikaturisten.

Eine andere Fraktion von Schnellzeichnern bemüht sich in relativ kurzer Zeit mehr oder weniger realistische Porträts zu zeichnen. Das Ergebnis einer solchen Zeichnung ist trotzdem selten eine wirkliche Porträtzeichnung, sondern vielmehr eine idealisierte Typdarstellung. Diese Zeichnungen sollen der dargestellten Person nicht zwingend besonders deutlich ähneln, sondern vielmehr schmeicheln. Zudem gibt es Karikaturisten und Schnellzeichner, die ihre Schnellporträts zusätzlich durch comicartige kleine Gags wie Tiere, Symbole oder Landschaften ergänzen. So werden Hobbys oder Berufe der Modelle auf möglichst lustige Weise in Szene gesetzt. Das Potenzial, Ihre Gäste zu unterhalten, steigt in diesem Fall enorm.

Cartoonisten hingegen brauchen in der Regel länger, um ein entsprechendes Bild oder eine Geschichte darzustellen. Grundsätzlich würde ich diese Variante nicht für eine Hochzeitsgesellschaft buchen, sondern bei den Karikaturisten und Schnellzeichnern bleiben. Cartoons können Sie in Ihrer Papeterie, also allem Gedruckten, einbauen oder auch im Nachhinein Cartoons von Ihrer Hochzeitsgesellschaft als Danksagungskarte versenden. Als Animationsprogramm ist diese Art der Unterhaltung eher ungeeignet.

Zeichnungen auf der Hochzeitsfeier

Abgesehen davon, dass der Schnellzeichner beziehungsweise der Karikaturist Porträts von Ihren Gästen anfertigt, die sie mit nach Hause nehmen, gibt es noch weitere Möglichkeiten, diesen Dienstleister in Ihre Hochzeit einzubinden. Sie könnten zum Beispiel damit anfangen, dass Sie sich als Paar karikieren lassen und diese Karikatur dann auf die Einladungskarten drucken lassen. Eine ganz individuelle Karte, mit der Sie bei den Gästen sicherlich bereits vor der Hochzeit schon punkten. Dieses Motiv kann sich dann auch auf der gesamten Papeterie, also alles, was gedruckt ist, widerspiegeln. Ein toller Wiedererkennungswert auf Ihrer Hochzeit! (Mehr Informationen zur Papeterie finden Sie in Kapitel 14.)

Auch das Gästebuch kann auf dem Cover Ihre Karikatur tragen, alternativ lassen Sie unter jede Ihrer Karikaturen einen anderen Spruch setzen, der zu dem jeweiligen Element passt. Auf die Einladungskarten schreiben Sie zum Beispiel »Wie trauen uns«, auf das Gästebuch hingegen »Unsere Hochzeitsgäste« und auf der Danksagungskarte steht dann ganz einfach das Wort »Danke« oder Ähnliches. Der Fantasie sind hier keine Grenzen gesetzt.

Auch Ihre Gäste können bereits vorab in Ihrem Gästebuch verewigt werden. Bei einer Karikatur müssen Sie dem Künstler vorab Bilder Ihrer Gäste zukommen lassen, diese werden dann in dem Gästebuch als Karikaturen festgehalten. Anstelle der Fotos aus dem Fotobooth können nun die ganz individuellen Zeichnungen von Ihren Hochzeitsgästen mit Grüßen und frohen Botschaften an Sie gespickt werden!

Als Alternative zum klassischen Gruppenfoto kann der Karikaturist ein Gruppenbild zeichnen. Dabei muss nicht die ganze Gruppe so lange stillhalten, bis das Gruppenbild fertiggestellt ist, das würde viel zu lange dauern. Der Karikaturist kann die Gäste hier Stück für Stück einfügen und schließlich zu einem Gesamtbild verbinden. Als Liveanimation können Sie auch das Gemalte auf eine Großleinwand projizieren, oder, noch besser, projizieren Sie während des Malens die Aktion auf Großleinwand, sodass die Gäste es beobachten können.

Schmetterlinge im Bauch und Sterne am Himmel

Wer von uns sieht nicht gerne ein tolles Feuerwerk als krönenden Abschluss des »offiziellen« Teils der Hochzeitsfeier, nach dem es in die rauschende Party übergeht? Feuerwerke rufen bei den meisten von uns immer noch ein »Ah« oder »Oh« hervor, auch wenn wir es jedes Jahr mindestens einmal an Silvester zu sehen bekommen.

Bodenfeuerwerke sind Feuerwerke, bei denen sich im Gegensatz zu Höhenfeuerwerken keine Effekte aus ihrer Halterung lösen, das heißt, die Feuerwerkskörper sind fest mit dem Boden verankert. Oft werden sprühende Effekte wie Fontänen, Sonnen, Lichterbilder, Springbrunnen, brennende Herzen oder Ähnliches abgebrannt, die von wenigen Zentimetern bis mehrere Meter Höhe reichen können. Reine Bodenfeuerwerke haben keine besonders große Wirkung und werden deshalb oft mit einem Höhenfeuerwerk kombiniert oder mit klassischer Musik abgeschossen. Solche Kombinationen bezeichnet man dann als Kombinationsfeuerwerk oder Barockfeuerwerk. Durch die geringe Steighöhe eignet sich diese Art von Feuerwerk besonders bei Veranstaltungen, in denen nur ein sehr kleiner Sicherheitsabstand möglich ist, hier reichen 20 Meter Abstand zu den Hochzeitsgästen in der Regel aus.

Als Höhenfeuerwerk oder auch Hochfeuerwerk wird das Feuerwerk bezeichnet, was wir auch zu Silvester hoch oben am Himmel sehen. Die Steighöhen liegen zwischen mehreren Dutzend Metern und einigen Hundert Metern. Im »Himmel« angekommen, explodieren diese Höhenfeuerwerkskörper und werfen ihre Effekte aus. Die Effekte können dabei in Form- und Farbgebung ganz unterschiedlich sein, sodass auch eine musikalische Begleitung dieses Highlight noch unterstreichen und das Bodenfeuerwerk das Höhenfeuerwerk gekonnt zum Abschluss bringen kann. Bei Höhenfeuerwerken ist ein größerer Sicherheitsabstand als bei einem Bodenfeuerwerk nötig. Der Pyrotechniker vor Ort wird individuell entscheiden, wie groß er sein muss.

Als sogenannte stille Feuerwerke werden pyrotechnische Effekte bezeichnet, die ihre Effekte ohne Blitzzerleger an den Himmel zaubern oder fest am Boden verankert sind. Der Blitzzerleger ist dabei verantwortlich für den extrem lauten oder eben sehr leisen oder gar keinen Knall. Es kommt immer wieder vor, dass sich Brautpaare ein Feuerwerk wünschen, sich für Ihre Traumlocation entschieden haben und dann eine Absage für das Feuerwerk von der Gemeinde wegen »Lärmbelästigung« erhalten. Durch den Einsatz von sogenannten stillen Effekten, also dem Weglassen von Blitzzerlegern, können Brautpaare in vielen Fällen auch dort Feuerwerke abschießen lassen, wo es sonst Probleme wegen Lärmbelästigung geben würde. Insbesondere in dicht besiedelten Gemeinden, in der Nähe von Altersheimen, Pflegeheimen, Krankenhäusern oder Kirchen gibt es diese Problematik sehr häufig.

Auch wenn es im ersten Moment so klingt, ganz lautlos gehen selbst diese Feuerwerke leider nicht über die Bühne. Vulkane, Sonnen oder Fontänen rauschen zum Beispiel kräftig, wenn sie abbrennen. Auch bei den stillen Feuerwerken hört man letzten Endes den Abschussknall und ein »Plopp« beim Ausstoßen der Effektladung. Im Gegensatz zu herkömmlichen Feuerwerkskörpern ist dies jedoch eine wirklich leise Alternative, die niemand stören sollte.

Ohne Genehmigung kein Feuerwerk

Genehmigungen sind in jedem Fall bei dem Ordnungsamt der Gemeinde, in dem das Feuerwerk abgeschossen werden soll, einzuholen. Grundsätzlich ist der Pyrotechniker hierfür verantwortlich. Halten Sie in jedem Fall vertraglich fest, dass sich der Dienstleister um die Genehmigung kümmern muss und Ihnen eine Kopie der Genehmigung zukommen lässt. Feuerwerke müssen im Winter grundsätzlich bis 22 Uhr und im Sommer bis 23 Uhr abgeschossen worden sein. Auch hier gibt es Ausnahmen, die die Gemeinde angeben wird.

Zünden Sie niemals ein Feuerwerk, wenn Sie hierfür keine Genehmigung haben! Der Schadenersatz beziehungsweise die Strafe, die Sie zahlen müssen, wenn sich jemand über Sie beschwert, kann schnell in den Tausend-Euro-Bereich gehen!

Achten Sie auch darauf, wo das Feuerwerk aufgebaut und abgeschossen werden soll. Unter Umständen müssen Sie auf ein fremdes Grundstück wie eine Kuhweide oder Ähnliches ausweichen. Auch hier sollten Sie im Vorfeld abklären, ob Sie eine Erlaubnis bekommen können. Halten Sie immer alles schriftlich fest!

Kosten und Besonderheiten

Dass Sie vertraglich festhalten sollten, wann das Feuerwerk abgeschossen sein muss und dass der Veranstalter, nämlich der Pyrotechniker, auch die Genehmigung für das Feuerwerk rechtzeitig einholt und Sie keine zusätzlichen Kosten hierfür tragen sollten, wissen Sie bereits. Halten Sie vertraglich auch fest, dass der Pyrotechniker dafür sorgt, dass nach dem Feuerwerk der Abfall fachgerecht entsorgt wird. Nicht, dass Sie am Folgetag von dem Inhaber der Wiese oder gar der Location angerufen und gebeten werden, doch den Platz von den Überresten des Feuerwerks zu befreien. Auch Fahrtkosten und die Zeit für den Aufbau des Feuerwerks sollten im Endpreis bereits einkalkuliert sein.

12 ➤ Wichtige Dienstleister rund um die Hochzeit

Kellner, die mehr als nur servieren können

Sie haben noch nie etwas von *Comedy-Kellnern* gehört und können sich auch so gar nichts darunter vorstellen? Nun, dafür gibt es ja diesen Ratgeber! Viele Brautpaare stehen immer wieder vor der großen Frage, wie sie die einzelnen Gruppen und Familien, die sich oft nur einmal gesehen oder gesprochen haben, zusammenbringen. In nicht wenigen Fällen kennen sich die Familien der Brautleute tatsächlich noch gar nicht. Oft fällt es den Erwachsenen schwer, den ersten Schritt zu machen und ein gemeinsames Gesprächsthema zu finden.

Sind viele Kinder auf Ihrer Hochzeit anwesend, so ergibt sich in den meisten Fällen das Gesprächsthema schon über die lieben Kleinen, die untereinander den Kontakt suchen, beziehungsweise Eltern, die eben von Beginn an ein gleiches und unkompliziertes Gesprächsthema untereinander finden.

Bei den Eltern der Braut und des Bräutigam, den Onkeln und Tanten, Großeltern, Paten und dem restlichen Gefolge ist dies schon weitaus schwieriger. Es bilden sich schnell Grüppchen, die sich den ganzen Nachmittag und Abend über nur untereinander unterhalten. Das muss nicht zwangsläufig schlecht sein, viele Brautpaare wünschen sich aber eben, dass zumindest die Familie diesen Tag nutzt, um sich etwas näher kennenzulernen. Auch Freunde, alte und neue Kollegen, die Sportkameraden und andere Gäste sollten sich im besten Fall bunt untereinander mischen. Je bunter gemischt sich die Gäste unterhalten, desto besser verhält es sich in der Regel mit der Partylaune Ihrer Hochzeitsgesellschaft.

Insbesondere während der Zeit, in der Sie mit dem Fotografen oder auch Videografen Zeit allein verbringen, um Fotos oder ein persönliches Video zu schießen beziehungsweise zu drehen, sollten Sie für Unterhaltung unter den Gästen sorgen. Die Stimmung flacht sonst bereits am Nachmittag ab und Ihre Gäste gehen gelangweilt zum Essen über. Nicht die besten Voraussetzungen für eine gelungene Veranstaltung.

Aufgaben und Programme von Comedy-Kellnern

Sogenannte Comedy-Kellner sind nicht für jede Hochzeitsgesellschaft das Richtige, so viel schon einmal vorweg. Es kommt sicherlich auch ein bisschen darauf an, was und wie viel Sie Ihren Gästen zumuten können und wollen. Ich habe schon ganz verschiedene Programme gesehen, die sich in ihrer Intensität, was das Programm und vor allem das Einbeziehen der Hochzeitsgäste betrifft, stark unterschieden.

Überlegen Sie genau, was auch Ihre Gäste noch als lustig und unterhaltsam empfinden, bevor Sie einen solchen Comedy-Kellner oder mehrere buchen. Nur weil Sie sich köstlich amüsieren, wenn Onkel Hubert das Haarteil vom Kopf gerissen oder Ihrer Tante Hanna ein Stück vom Kuchen abgebissen wird, muss das noch lange nicht heißen, dass sich auch Ihre Gäste amüsieren. Das Programm soll in erster Linie Ihren Hochzeitsgästen gefallen und diesen nicht bereits am Nachmittag oder frühen Abend die Laune verderben.

Comedy-Kellner sind Meister der Improvisation und Kommunikation mit dem Publikum. Angezogen wie ein ganz normaler Servicemitarbeiter mischen sich die Comedy-Kellner unter das Personal und sorgen im Verlauf der Veranstaltung für zunehmenden Spaß direkt am

Hochzeitsplanung für Dummies

Tisch beziehungsweise schon während des Sektempfangs. Da die Comedy-Kellner von den echten Kellnern auf den ersten Blick nicht zu unterscheiden sind, sind sie anfangs auch noch höflich und um das Wohl der Gäste besonders bemüht. Doch nach und nach schleichen sich kleine Marotten, Gesten oder Bemerkungen gegenüber Ihren Hochzeitsgästen ein. So ergibt sich unter Ihren Gästen ein gemeinsames Thema: Was ist denn hier los?! Im Mittelpunkt steht dabei immer die Kommunikation mit den Gästen. Reden kann man ja über (fast) alles. Dabei ist besonders die Schlagfertigkeit bei den Kellnern auf das Höchste gefordert. Die dadurch entstehende Situationskomik verführt manch einen Gast nicht nur zum Schmunzeln, sondern auch zu herzhaften Lachern. Dabei sollten Comedy-Kellner immer sensibel mit jedem einzelnen Gast umgehen, nicht jeder versteht die gleiche Art Humor oder möchte in gleicher Weise interagieren.

Jeder Comedy-Kellner ist ein Fall für sich, besprechen Sie, in welche Richtung Sie das Animationsprogramm wünschen. Vielleicht stellen Sie sich einen Kellner vor, der so ungeschickt ist, dass schon das Abräumen von mehr als zwei Gläsern akrobatisches Geschick erfordert. Dafür macht er umso öfter Pause und plaudert unverhohlen mit den Gästen. So sorgt jeder Kellner auf seine Art für die Unterhaltung der Gäste. Die Aktion der Kellner, sofern Sie mehrere gebucht haben, verteilt sich im ganzen Raum. Gäste und Kellner werden Darsteller einer großen Komödie. Der Einsatz beziehungsweise die Länge einer Show dauert in der Regel zwei bis drei Stunden. Der Abschluss der Comedy-Performance kann ganz unterschiedlich sein, hilft aber auch dem letzten Gast mitzubekommen, dass es sich hier nicht um echte Kellner handelt. Viele Comedy-Kellner bieten für das Abschlussprogramm Besonderheiten an:

✔ **Musikalische Highlights:** Der oder die Kellner tragen mit Ihnen abgesprochene Lieder vor. Einer der Kellner täuscht zum Beispiel vor, sich in einen Gast verliebt zu haben, und hält ein kleines Ständchen. Ein Spaß für alle Beteiligten und Zuhörer, vorausgesetzt, Sie wählen einen Gast aus, dem dies nicht sehr unangenehm ist. Natürlich können auch Lieder angestimmt werden, die zum Mitsingen aller Hochzeitsgäste verleiten. Es ist auch möglich, dass sich die Gäste etwas aussuchen können, das der Kellner dann live singt.

✔ **Magische Momente mit Ihrem Kellner:** Ihr Comedy-Kellner ist zugleich Zauberkünstler und beherrscht die Kunst der Illusion. Kartentricks, Ringe verknoten, Geldscheinverwandlungen und Hütchenspiele sind nur eine kleine Auswahl an Zaubertricks aus dem großen Repertoire. Schier unglaubliche Dinge passieren direkt an den Tischen Ihrer Gäste. Zusätzlich wird mit dem vorhandenen Material gezaubert: Besteck, Kaffeetassen, Gläser und Bierdeckel werden zu zauberhaften Utensilien umfunktioniert.

✔ **Jonglierende Kellner:** Diese Kellner sind zugleich Jongleur und Animateur. Die Akrobatik findet mitten im Speisesaal statt und alle Gäste, egal an welchem Tisch jongliert wird, können dabei zusehen. Ein toller Abschluss-Act, der zum Beispiel auch gut auf der Tanzfläche stattfinden kann. Es kann nicht nur mit herkömmlichen Dingen wie Bällen oder Kegeln jongliert werden, auch Teller oder Wasserflaschen sind in diesem Fall Material, das der Jongleur in seinen Act mit einbauen kann.

Kosten für Comedy-Kellner

Auch bei diesem Dienstleister gilt der Grundsatz, nicht am falschen Ende zu sparen. Kombinieren Sie Kosten, indem Sie einen zaubernden Kellner buchen. So haben Sie zwei Fliegen mit einer Klappe geschlagen und am Ende noch etwas Geld gespart.

Ein »billiger« Comedy-Kellner wird unter Umständen ein Programm abspulen, das nicht besonders lustig ist, da die Schlagfertigkeit fehlt. Auch mäßige Zauberei führt eher zu einem höflichen Lächeln bei den Gästen als zu echter Bewunderung, die zu einem gemeinsamen Gesprächsthema führen. Comedy-Kellner sind, wie die bereits vorgestellten anderen Dienstleister auch, echte Künstler, die eben auch ein entsprechendes Honorar verlangen können. Die Honorare für ein zwei- bis dreistündiges Programm ohne zusätzliche Highlights und Fahrtkosten oder Ähnliches fangen bei etwa 400 Euro an. Nach oben sind dem Preis grundsätzlich kaum Grenzen gesetzt, da Sie sich – bei einer großen Hochzeitsgesellschaft – auch für mehrere Kellner entscheiden können. Zusatzleistungen wie Zaubern oder Gesang hinzubuchen oder ganz einfach eine längere Einsatzzeit verursachen dann auch höhere Honorare.

Überlegen Sie sich, für welchen Teil des Tages oder Abends Sie sich diese Animation Ihrer Gäste wünschen, oft reichen zwei oder drei Stunden vollkommen aus, um Ihre Gäste nach der Trauung, über den Sektempfang bis hin zum Abendessen zu bespaßen.

Gästeunterhaltung mittels Selbstauslöser

Die Fotobox und der Fotobooth sind auf jeder Hochzeit ein angesagtes Instrument, um tolle Erinnerungen festzuhalten und Ihre Gäste dabei noch köstlich zu unterhalten. Dabei spielt es überhaupt keine Rolle, ob Ihre Gäste jung oder alt sind. Ist der Anfang gemacht, so tummeln sich in der Regel während der gesamten Zeit, in der die Fotobox oder der Fotobooth aufgebaut ist, Gäste in oder um das Equipment herum.

Unterschiede zwischen der Fotobox und dem Fotobooth

Die Fotobox, wie sie heute auf Hochzeiten benutzt wird, ist vergleichbar mit einem sogenannten Fotofix-Automaten, den Sie sicherlich von Bahnhöfen oder Einkaufspassagen her kennen. Die Fotobox für Ihre Feier ist mobil, das heißt, sie kann auch in höhere oder tiefere Etagen transportieren werden. Das ist für Feiern wichtig, in denen die Box zum Beispiel im ersten Stock oder gar in einem Gewölbekeller aufgebaut werden soll.

Die Fotobox unterscheidet sich von dem klassischen Fotobooth-System in einigen Punkten:

✔ Durch einen geschlossenen Raum, der im Inneren der Box mit einer farbigen oder verkleideten Wand, einem kuscheligen Fell oder Ähnlichem abgehängt ist, haben Ihre Gäste die Möglichkeit, sich fotografieren zu lassen, wie sie wollen. Ein Vorhang zum Durchgang in die Box schützt die Gäste in der Box vor störenden Blicken anderer Hochzeitsgäste. Dies ist bei dem klassischen Fotobooth nicht der Fall, hier werden die Gäste mitten im Raum oder mitten auf der Wiese vor einer Leinwand oder Ähnlichem für jeden sichtbar fotografiert.

✔ Auch die Technik ist bei der Fotobox verborgen. Keine Kabel sind für den Gast sichtbar. Bei dem Fotobooth sehen die Gäste oft noch ein Kabel zur Kamera hin und auch die Druckerkabel sind in der Regel nicht verdeckt, sondern offen verlegt. Der Computer, der Blitz, die Kamera und alles andere an Technik bleiben bei der Box im Hintergrund, sodass der Hochzeitsgast sich nur auf sich und sein Motiv zu konzentrieren braucht.

- ✔ Bei der Box gibt es in der Regel keinen Selbstauslöser. Ihre Gäste müssen nicht für jedes Foto auf den Knopf des Selbstauslösers drücken. Das einmalige Antippen des Auslösers auf einem Touchscreen-Monitor sorgt dafür, dass zum Beispiel eine Reihe von Bildern geschossen wird oder der Gast im Countdown drei Sekunden Zeit hat, sich für das Bild zu positionieren.

- ✔ Durch extrem schnelle und hochwertige sogenannte Thermosublimationsdrucker erhalten Ihre Gäste direkt ein Gastgeschenk in Form eines Fotos mit – sofern Sie es so wünschen – mehreren Motiven darauf. So können Sie die Fotos zum Beispiel mit vier verschiedenen Motiven zweimal ausdrucken lassen, einmal als Gastgeschenk und einmal als Erinnerung für das Gästebuch. Diese Methode ist kostengünstiger und sehr viel schneller als der Ausdruck über einen Drucker eines Fotobooth.

- ✔ Manche Anbieter bieten an, einen Projektor mitzubringen, mit dem die erstellten Fotos live projiziert werden können. So nehmen alle Gäste direkt an diesem Ereignis teil und haben Spaß bei der Betrachtung der Bilder.

- ✔ Bei den meisten Fotoboxen haben Sie die Wahl zwischen Schwarz-Weiß-, Sepia- oder Farbfotos. Dies ist bei dem Fotobooth oft nicht die Regel. Wenn das letzte Bild von dem jeweiligen Gast in der Box geschossen wurde, kann der Gast alle vier Fotos vor dem Druck noch einmal ansehen. Die Fotos können bei Nichtgefallen auch wieder verworfen und wiederholt werden. Auch das ist in der Regel bei einem Fotobooth nicht oder nur mit höherem Zeitaufwand möglich.

- ✔ Möglich bei beiden Alternativen ist oft, dass die in der Box geschossenen Bilder nach Ihrem Fest auf einer mit Passwort geschützten Seite ins Internet gestellt werden, sodass sich Ihre Gäste die eigenen Fotos, wie auch alle anderen Bilder der Fotobox, ansehen und auch bestellen können.

- ✔ Professionelle Anbieter können die Fotobox so einstellen, dass die Fotos direkt auf Facebook gepostet oder auf eine Webseite aufspielt werden.

Sofern Sie sich für die Variante entscheiden, dass Bilder direkt auf einer Webseite oder gar auf Facebook zu sehen sind, sollten Sie unbedingt gut sichtbar einen entsprechenden Hinweis für Ihre Gäste aufstellen. Nicht jeder Gast möchte sein Bild in sozialen Netzwerken wiederfinden!

Für eine Fotobox brauchen Sie nicht viel Platz, eine Box hat ungefähr einen Platzbedarf von zwei bis vier Quadratmetern. Achten Sie darauf, dass die Box nach oben hin circa zwei Meter Platz hat, dies kann in Gewölbekellern, wenn die Box an einer Wand stehen soll, wichtig sein. Zudem sollten Sie einen Tisch neben die Box stellen können, auf dem Ihr Gästebuch, ein Stift und auch Utensilien für die Verkleidung in der Box liegen können. Dies können Hüte, Schnurrbärte, Brillen und so weiter sein. Ebenso können Sie auch Tafeln und Schilder für das Shooting bereitlegen.

Ein Fotobooth braucht unter Umständen etwas mehr Platz, da der Abstand zur Kamera eingehalten werden muss. Zudem muss die Leinwand, die als Hintergrund dient, separat aufgebaut werden. Sowohl Fotobox als auch Fotobooth brauchen einen normalen Stromanschluss.

Wünschen Sie sich eine Übertragung der Fotos auf eine Leinwand, so kalkulieren Sie dafür auch Platz ein. Fragen Sie nach, wie breit und hoch die Leinwand und wie tief das Dreibein oder der Ständer ist, auf dem die Leinwand steht oder an der sie hängt. Zudem müssen Sie darauf achten, dass die Kabel von der Box zum Beamer stolperfrei verlegt werden und auch ein Stromanschluss für den Beamer sowie ein fester Platz hierfür vorhanden sind. Am besten wäre es, wenn Sie den Beamer an der Decke befestigen. Fragen Sie in Ihrer Location nach, ob es dafür eine Möglichkeit gibt.

Sie können Ihre Fotoausdrucke und meist auch die Fotobox an sich individualisieren lassen. Das ist bei einem Fotobooth auf den Fotos zwar ebenfalls möglich, nicht jedoch auf der Kamera, dort ist es wenig sinnvoll, da einen kleinen Aufkleber niemand so richtig sehen kann. Das Branding der Fotos ist dann sinnvoll, wenn Sie sich für Ihre Gäste neben dem Bild noch einmal eine individuelle Widmung wünschen. Sie können neben Ihren Namen und Ihrem Hochzeitsdatum bei vielen Anbietern auch Logos, Monogramme oder andere Symbole, die sich auf Ihrer Hochzeit wiederfinden, in digitaler Form einreichen. Diese werden dann in den Computer eingelesen und auf die Fotoausdrucke zum Beispiel unten links oder rechts aufgedruckt.

Kosten für Fotoboxen und Fotobooth

Sowohl Fotoboxen als auch der Fotobooth werden in der Regel für einen festen Zeitraum über den Abend angeboten. Die Fotobox sollte immer von einem Mitarbeiter des Unternehmens betreut werden, über die Sie auch die Box gebucht habe. Ein Computerfehler, der Auf- und Abbau sowie ein Papierstau oder sonstige technische Fehler werden so schnell und unkompliziert behoben.

In der Regel sind die Einsatzzeiten von Fotoboxen um die vier Stunden. Sie können diese natürlich auch verlängern, wenn Sie möchten. Fotoboxen werden bereits ab einem Preis von circa 350 Euro angeboten. Meist sind dies aber Anbieter, die neu am Markt sind und den Aufwand unterschätzen, der sich aus der Vermietung einer Fotobox ergeben. Sie arbeiten nur anfangs mit diesen recht niedrigen Preisen. Realistisch sind Preise zwischen 650 und 1.000 Euro für eine hochwertige Fotobox. In diesem Preis sind dann alle Kosten, von der Anlieferung über den Auf- und Abbau bis hin zum Ausdrucken der Bilder und dem Einspeisen der Fotos auf einer Webseite enthalten.

Die Kosten für einen Fotobooth können, je nach Aufwand, ähnlich ausfallen. Auch ein Fotobooth sollte meiner Meinung nach stets nur betreut vermietet werden. Oft unterschätzen Brautpaare den Aufwand und wollen Kosten sparen. Doch müssen Sie Sorge dafür tragen, dass das oft sehr teure Equipment nicht zu Schaden oder gar abhanden kommt. Technische Fehler müssen selbst behoben und auch die Ausdrucke selbst in Angriff genommen werden. All dies ist sehr zeitaufwendig und sollte Sie an Ihrem Hochzeitstag eher nicht beschäftigen.

 Fotografen, die auch einen Fotobooth anbieten, sollten einen Mitarbeiter hierfür abstellen. Selbst sollten sie den Fotobooth nur betreuen, wenn sie am Hochzeitstag nicht mehr für die Fotos der Hochzeitsgesellschaft verantwortlich sind.

Eine Hochzeitstorte, die nicht nur gut schmeckt

Wie so viele Produkte hat sich auch die Hochzeitstorte im Laufe der Zeit von der einstigen Weizen-/Salzmischung bis zu der heutigen Hochzeitstorte weiterentwickelt. Inzwischen sind alle Formen und Geschmacksrichtungen erlaubt, es gibt (fast) nichts, was es nicht gibt. Die persönliche Note durch die Figur des Brautpaares auf der obersten Etage ist in der Geschichte der Hochzeitstorte erst in jüngerer Zeit aufgetaucht. Dabei wird gerne auch auf individuell angefertigte Figuren gesetzt, die dem Brautpaar entweder wie aus dem Gesicht geschnitten sind oder nach einer anderen Vorlage hergestellt werden: Dies kann von Tierfiguren bis hin zum klassischen Brautpaar oder auch Comicfiguren alles Mögliche sein.

Eine Torte mit Geschichte

Die Ursprünge der Hochzeitstorte liegen im antiken Rom. Die Torte wurde in der damaligen Zeit aus Weizen gemacht – ein Symbol der Fruchtbarkeit und des Wohlstands. Weizen und Salz wurden zu einem kleinen, essbaren Kuchen beziehungsweise zu einem Brot gebacken. Während der Hochzeitszeremonie aß der Bräutigam einen Teil dieses Brotes und zerbrach den Rest über dem Kopf seiner Braut. Dies wurde als ein Zeichen des Glücks und Segens für ein langes Leben mit vielen Kindern angesehen. Jeder Gast versuchte dabei, vom Boden eine Brotkrume für sich abzubekommen. Damals glaubte man, dass dadurch ein Anteil am Glück und am zukünftigen Wohlstand des Paares weitergegeben würde.

Tortenformen für jeden Geschmack

Hochzeitstorten gibt es in verschiedenen Erscheinungsformen. Welche Tortenform für Sie die richtige ist, hängt davon ab, wie viele Stücke Sie anbieten und ob Sie Schriftzüge, Ihr Hochzeitsdatum oder andere aufwendige Dekorationen an der Torte anbringen lassen wollen.

Wenn Sie Ihre Hochzeitstorte am Nachmittag zu Kaffee und Kuchen reichen, planen Sie in jedem Fall ein ganzes Stück pro Person ein. Haben Sie mehrere Stockwerke, haben Sie die Möglichkeit, auf jeder Etage eine andere Geschmacksrichtung anzubieten. Reichen Sie die Torte zum Dessert, so planen Sie für circa die Hälfte der Gäste ein Tortenstück ein. Die Torte wird dann dünner geschnitten, da Sie sicherlich noch andere Desserts anbieten werden.

Die Kastenform ist ideal für Motivtorten oder Torten, auf denen ein längerer Schriftzug zu lesen sein soll. Obwohl diese Torte aufgrund der großzügigen Möglichkeiten der Dekoration auf der ebenen Fläche ein echter Hingucker sein kann, sind kastenförmige Hochzeitstorten nicht so häufig anzutreffen. Schade eigentlich, denn diese Hochzeitstorten bieten diverse Möglichkeiten der Dekoration und Kombination mit weiteren Torten. Denken Sie zum Beispiel an ein auf Esspapier ausgedrucktes Foto des Brautpaares, das die Torte verziert.

Hochzeitstorten in Herzform erlebe ich ebenfalls selten, am ehesten wenn sich das Brautpaar für einen Erdbeer- oder Früchteboden entscheidet. Herztorten in dieser Kombination sind sehr beliebt bei den Hochzeitsgästen und werden meiner Erfahrung nach immer vollständig aufgegessen. Sie können in verschiedenen Größen bestellt werden und einen Durchmesser von über einem Quadratmeter haben.

Denken Sie daran, dass die Torte vor Ort eventuell noch gekühlt werden und daher auch noch durch die Tür des Kühlhauses passen muss! Sie können das Blech, auf dem die Torte angerichtet ist, in keinem Fall kippen. Zudem sind so große Torten sehr schwer. Klären Sie also im Vorfeld unbedingt ab, ob die Türen zum Kühlraum breit genug sind und der Servierwagen die Torte auch gefahrlos halten kann!

Hochzeitstorte auf Säulen

Hochzeitstorten auf Säulen erfreuen sich großer Beliebtheit. Sie können zum Beispiel Lichtelemente in die Säulen integrieren und Ihre Torte so toll in Szene setzen. Außerdem ermöglichen die Säulen fast alle Kombinationen aus lockerem Boden und cremiger Füllung, ohne dass die Standhaftigkeit der Torte leidet. So haben Sie die Möglichkeit, verschiedene Tortenfüllungen anzubieten, die Ihnen und Ihren Gästen besonders gut schmecken.

Die Säulen lassen die Torte zudem deutlich höher wirken als eine sogenannte selbsttragende Hochzeitstorte. Wie die Säulen platziert werden und wie viele Stockwerke Sie insgesamt wählen, hängt von der Menge der Tortenstücke ab, die Sie benötigen. Ein fachkundiger Konditor kann Sie hierzu kompetent beraten. In Abbildung 12.2 sehen Sie ein Beispiel.

Der Vorteil einer selbsttragenden Hochzeitstorte liegt in der kompakten »Bauweise« und dem Verzicht auf eine Etagere oder ähnliches Zubehör. Allerdings gibt es diese Torte auch mit einer Etagere, die jedoch nicht zu sehen ist. Sie ist in die Torte eingebunden, sodass die Gefahr, dass die unteren Stockwerke die Last der oberen Etagen nicht halten können, gebannt ist. Zudem lässt sich die Torte mit einer integrierten Etagere besser portionieren. Auch hier können verschiedene Geschmacksrichtungen verarbeitet werden. »Schiefe« Hochzeitstorten sind besonders im Trend und benötigen in jedem Fall eine Etagere im Inneren der Torte. Dabei wird die Torte asymmetrisch angerichtet – ein echter Hingucker!

Hochzeitstorten auf einer Etagere zählen zu den eher klassischen Tortenformen, sie sind in ihrer Erscheinung zeitlos und eignen sich für jede Hochzeitsgesellschaft, die eine Torte mit mindestens drei Stockwerken benötigt. Der große Vorteil bei dieser Hochzeitstorte ist der sichere Transport, da die Tortenteile einzeln verpackt, transportiert und erst vor Ort angerichtet werden. Die Dekorationsmöglichkeiten dieser Torte sind in etwa die gleichen wie bei der selbsttragenden Hochzeitstorte.

Etageren müssen Sie heute nicht mehr kaufen. Konditoren leihen Ihnen diese gegen ein Pfand aus, das Sie bei Rückgabe der Etagere wieder erstattet bekommen. Sofern Sie sich eine Etagere in einer Größe wünschen, die der Konditor nicht vorrätig hat, können Sie auch im Internet recherchieren, ob Sie eine solche Etagere ausleihen und dem Konditor dann zur Verfügung stellen.

Abbildung 12.2: Eine Torte, die nicht nur toll aussieht, sondern auch genauso schmeckt!

Neben der normalen Etagere gibt es auch Etageren für die sogenannte Treppen- oder Wendeltreppentorte. Besonders beliebt sind diese Torten auch in den USA. Sie kennen diese Torten sicherlich aus dem ein oder anderen amerikanischen Film. Die Hochzeitstorte in Treppenform eignet sich allerdings in der Regel nur für sehr große Hochzeitsgesellschaften, also für 250 oder mehr Gäste, wobei die Zahl der Gäste nach oben tatsächlich unbegrenzt sein kann, da die Treppen oder Wendeltreppen beliebig groß ausfallen können. Die Torten werden hier in unterschiedlichen Höhen hintereinander, nebeneinander und übereinander präsentiert. Je nach Modell der Treppe können die Torten alle den gleichen oder unterschiedliche Durchmesser haben. In der Regel sind alle Torten gleich groß.

Füllungen und Umhüllungen für Ihre Hochzeitstorte

Eine Hochzeitstorte kann verschiedene Tortenfüllungen und Umhüllungen – also das, was um die eigentliche Torte herum angebracht ist – haben. Die Auswahl an Füllungen für eine Hochzeitstorte ist so vielfältig, dass vielen Brautpaaren die Entscheidung oft schwerfällt. Einige Tortenfüllungen lassen sich auch zur Umhüllung der Hochzeitstorte verwenden, zum Beispiel kann Marzipan sowohl in der Torte als auch um die Torte herum verarbeitet werden.

Um Ihnen die Entscheidung leichter zu machen, welche Füllungen und auch Umhüllungen für Ihre Torte passen, probieren Sie am besten die einzelnen Sorten bei Ihrem Konditor. In der Regel bieten Konditoren kleine Proben an, sodass Sie nicht von jeder Sorte ein dickes Stück Kuchen essen müssen.

Die Auswahl der Füllungen sollte sich unter anderem an der Jahreszeit der Hochzeitfeier orientieren. Im Sommer sollten Sie auf schwere Cremetorten und im Winter eher auf Eistorten verzichten. Hier ein paar Spezialitäten:

- ✔ Marzipan gehört zu den oft verarbeiteten Lebensmitteln bei Hochzeitstorten. Marzipan kann in einer Torte oder auch als Umhüllung verwendet werden. Es kann je nach Bedarf auch eingefärbt werden.

- ✔ Ganache wird ebenso oft in der Herstellung von Torten verwendet. Das Wort Ganache (gesprochen Kanasch) kommt aus dem Französischen und bedeutet Dummkopf. Aufgrund eines Fehlers eines französischen Konditorlehrlings, der heiße Milch über Schokolade geschüttet hatte, wurde er von seinem Meister als »Ganache« beschimpft. Nachdem sich diese Kombination aus heißer Milch und Schokolade aber als sehr genießbar herausstellte, wurde das neu entdeckte Erzeugnis nach genau diesem Schimpfwort benannt. Sie vermuten sicherlich schon, was Ganache sein könnte: eine Pariser Crème, die aus Kuvertüre oder dunkler Schokolade und aufgelockerter Sahne besteht.

- ✔ Sowohl Sahnecreme als auch Buttercreme zählen zu den Klassikern unter den Tortencremes. Beide Varianten eignen sich als Tortenfüllung, aber auch als Umhüllung für Torten. Auch wenn Sie vielleicht eher gruselige Erinnerungen an Omas fettige Buttercremetorte haben, so sollten Sie die heutigen Buttercremetorten doch noch einmal probieren. Insbesondere Sorten wie Zitrone, Passion oder Himbeere in Buttercremeform schmecken ganz hervorragend!

- ✔ Fondant ist essenziell bei der Zubereitung einer Hochzeitstorte. Es ist eine süße Zuckermasse, die aus verschiedenen Zuckersorten sowie Farb- und Geschmacksstoffen besteht. Die Konsistenz ist pastenartig, sodass sich das Fondant einfach formen und weiterverarbeiten lässt. Ursprünglich stammt der Begriff Fondant aus dem Französischen und hat die Bedeutung »im Mund zergehen lassen«. Von dem Verb »fondre« (schmelzen) wurde dann schließlich das Wort Fondo beziehungsweise Fondant abgeleitet.

Die Füllung macht's

Grundsätzlich kann es bei bestimmten Formen der Hochzeitstorte, wie zum Beispiel bei der selbsttragenden Hochzeitstorte, Einschränkungen in der Auswahl der Füllungen geben. Das liegt vor allem daran, dass gerade mehrstöckige, selbsttragende Hochzeitstorten eine stabile Basis brauchen, die nicht alle Füllungen erlauben, wie zum Beispiel Füllungen auf Sahnebasis. Sie sollten zudem immer eine alkoholfreie Füllung für Kinder, alkoholkranke oder schwangere Gäste anbieten. Befinden sich unter Ihren Gästen auch Allergiker, bietet es sich an, die einzelnen Etagen mit den Inhaltsstoffen zu beschriften.

Hochzeitstorten und ihre Dekoration

Wir alle kennen die Redewendung »Das Auge isst mit«. Die Dekoration einer Hochzeitstorte spielt eine ganze besondere Rolle und sollte das Design, das sich im besten Fall durch die gesamte Hochzeit zieht, widerspiegeln.

Für die Dekoration der Torte können neben einer komplett essbaren Dekoration alle Dinge, die aus lebensmittelechten Materialien sind, zur Dekoration verwendet werden. Auf fast jeder Torte findet sich zudem eine individuelle, vom Brautpaar ausgesuchte Tortenfigur. Lassen Sie sich von Ihrem Konditor beraten. Alternativ bestellen Sie online eine Tortenfigur, die Ihnen gut gefällt und zum Stil der Torte passt.

Einige Anbieter lassen sich ein Foto von Ihnen schicken und stellen anhand dieser Vorlage eine Figur her, die Ihnen vollkommen ähnelt. Ein tolles Accessoire auch für die Wohnzimmerwand nach der Hochzeit. Alternativ kleben Sie die Figur auch auf das Armaturenbrett Ihres Autos oder stellen es auf Ihren Schreibtisch am Arbeitsplatz. Allerdings müssen Sie mit rund 100 Euro pro Figur rechnen.

Bräuche rund um die Hochzeitstorte

Bräuche rund um die Hochzeit gibt es viele. Hier einige Beispiele:

✔ Der wohl bekannteste Brauch ist das Anschneiden der Hochzeitstorte durch das Brautpaar. Dabei ist entscheidend, wer den Daumen beim Anschneiden der Torte oben hat; derjenige wird in der Ehe die »Hosen anhaben«.

✔ Bei vielen Brautpaaren ist der noch relativ junge Brauch beliebt, die oberste Etage der Hochzeitstorte einzufrieren und sie dann am ersten Hochzeitstag zu verspeisen. Sie können die erste Etage auch noch einmal nachstellen und sich zum ersten Hochzeitstag von Ihrem Konditor liefern lassen. Wie ich finde, eine etwas schmackhaftere Alternative, als einen ein Jahr alten Kuchen zu essen.

✔ Das gegenseitige Füttern mit dem ersten Bissen hat sich auch in Deutschland etabliert. Im Gegensatz zu den Amerikanern wird dem Partner die Torte dabei aber nicht ins Gesicht gedrückt. Eine gute Wahl!

Die gute Fee für alle Brautpaare, die sich das wünschen

Wie in jeder Branche gibt es auch unter den Hochzeitsplanern schwarze Schafe, die nicht unbedingt auf den ersten Blick zu erkennen sind. Aus langjähriger Erfahrung in der Hochzeitsplanung kann ich sagen, dass viele Damen und auch Herren, die sich diesen Beruf als ihren Traumberuf vorstellen, sicherlich erst einmal falsche Vorstellungen von unserer Arbeit haben. So mag es eben genau an diesem Umstand liegen, dass viele Agenturen bereits nach einem Jahr nicht mehr am Markt agieren. Hochzeitsplanung besteht zu rund 80 Prozent aus Büroarbeit. Ein kaufmännisches Verständnis und Verhandlungsgeschick sind dabei Voraussetzungen, um für das Brautpaar das Maximale aus seinem Budget herauszuholen.

Professionelle Planer erkennen

Bitte vergessen Sie nicht, dass Sie bei jedem Dienstleister, den Sie für Ihre Hochzeit buchen, auf selbstständige Kaufleute treffen, die ihre Zeit sehr genau einteilen müssen. Wenn es Ihnen »nur« um eine kostenlose Beratung geht, vereinbaren Sie keinen Termin. Nehmen Sie dann Angebote zu Workshops wahr, das ist für Sie und den Planer eine faire Lösung.

Sie können sich auch auf Webseiten austauschen, die – sofern professionell gestaltet – eine wirkliche Hilfe bei der Planung sein können und nebenbei auch noch tolle Accessoires anbieten. Zudem gibt es oft die Möglichkeit, das Brautkleid wieder zu verkaufen oder anders herum ein gebrauchtes Brautkleid für die eigene Hochzeit zu erwerben.

Interessieren Sie sich für die Unterstützung und sind auch bereit, Geld dafür auszugeben, so recherchieren Sie am Markt, wo die üblichen Honorare liegen. Eine professionelle Agentur kann Sie von Beginn an bis zu Ihrem großen Tag begleiten. Hierfür wird ein durchschnittliches Honorar von 15 Prozent des Budgets Ihrer Hochzeit netto berechnet. Erhebt eine Agentur weitaus weniger Honorar, so kann dies ein Indiz dafür sein, dass sie noch nicht lange oder gar ganz neu am Markt ist.

Sparen Sie auch hier nicht am falschen Ende. Sie werden mit Ihrem Planer eine lange Zeit zusammenarbeiten. Es sollte sich ein Vertrauensverhältnis aufbauen können. Schauen Sie sich die Webseite und auch Referenzen an. Lesen Sie nach, wie viele Hochzeiten die Agentur oder der einzelne Planer schon durchgeführt hat. Aussagen wie »bereits über 1000 Hochzeiten durchgeführt« werfen jedoch ein eher fragwürdiges Licht auf den Anbieter. Fragen Sie auch nach, wie es mit einer Vertretungsregelung steht, wenn Ihr Planer erkrankt oder anderweitig ausfällt. Eine professionelle Agentur sorgt in diesem Fall immer für Ersatz.

Teil V

Der rote Faden

In diesem Teil ...

In diesem Teil des Buches widmen wir uns den Feinheiten in der Planung Ihres Hochzeitstags. Dazu gehört zum einen, sich Gedanken darüber zu machen, ob und – wenn ja – wie Sie ein bestimmtes Thema oder ein Motto auf Ihrer Hochzeit umsetzen wollen. Zum anderen geht es um alles, was gedruckt werden muss, kurz: die Papeterie. Auch hier können Sie mit einem einheitlichen Stil von der Einladungskarte über Ablaufhefte bis hin zu kleinen Hinweisschildern einen »roten Faden« spannen. Dem Thema Einladungen kommt ein besonderer Stellenwert zu, denn hier können Sie bereits viele wichtige Informationen für Ihre Gäste einfließen lassen. Schließlich widmen wir uns der Dekoration, bei der es nicht nur um Licht und Blumenpracht geht. Lassen Sie sich von vielen kleinen Ideen überraschen! Und natürlich gilt auch in diesem Teil des Buches, dass Sie einfach die für Sie wichtigen Informationen herausfiltern. Beginnen wir also, den »roten Faden« für Ihre Hochzeit zu entwickeln.

Die Wahl des richtigen Themas oder Mottos

13

In diesem Kapitel
- Ein besonderes Thema für Ihre Hochzeit finden
- Gestaltungsideen für verschiedene Themen sammeln
- Mit Monogramm und Farben Akzente setzen

In vielen Zeitschriften, im Internet und auch auf Hochzeitsmessen wird oft vom sogenannten roten Faden gesprochen. Damit ist gemeint, dass Ihre Hochzeit einen möglichst einheitlichen Stil haben sollte, der sich in Ihrem Outfit, den gewählten Farben, der Papeterie, der Dekoration und so weiter widerspiegelt. Um dies zu erreichen, wird häufig ein bestimmtes Thema für eine Hochzeit gewählt.

In diesem Kapitel erhalten Sie eine gute Übersicht, wie Sie ein Thema wählen und auf Ihrer Hochzeit umsetzen können. Letzten Endes ist nur eines entscheidend: Bleiben Sie sich und Ihren Wünschen und Vorstellungen treu. Lassen Sie sich nicht von Außenstehenden und dem Trend beeinflussen. Es ist Ihre Hochzeit, Ihr großer Tag und Sie fällen immer die letzte Entscheidung, wie etwas umgesetzt werden soll.

Ein Thema wählen und umsetzen

Der rote Faden kann vielerlei sein. Es muss nicht gleich ein komplettes Thema wie ein gemeinsames Hobby oder die Kennenlerngeschichte sein, das sich von dem Gedruckten, über den Blumenschmuck bis zu Ihrem Outfit durchzieht – kann es aber.

Grundsätzlich ist die Reihenfolge auf der To-do-Liste (siehe Kapitel 3) so, dass Sie zuerst eine Location suchen und sich danach an die Buchung der Dienstleister begeben. Auch der Kauf des Brautkleides sowie der Kauf der Ringe und des Anzugs stehen in der Reihenfolge grundsätzlich noch vor der Festlegung von Feinheiten wie der Dekoration und der Entwicklung eines roten Fadens. Auch die Drucksachen gehen Sie normalerweise erst zu einem späteren Zeitpunkt an, denn ohne die Wahl einer Location könnten Sie gar keine Einladungen an Ihre Gäste versenden.

Wenn Sie sich jedoch dazu entschließen, ein aufwendigeres Thema umzusetzen, ist es ratsam, die Reihenfolge in Ihrer To-do-Liste etwas zu modifizieren. Im folgenden Abschnitt möchte ich Ihnen dies an einem Beispiel demonstrieren.

Hochzeiten im mittelalterlichen Stil

Einige Brautpaare, die ich in den letzten Jahren begleiten durfte, waren begeisterte Anhänger einer Gemeinde, die regelmäßig mittelalterliche Spiele und Bräuche nachstellte. Daher wählten diese Paare für ihre Hochzeit einen Mittelalterstil. Dies ist ohne Frage eines der aufwendigsten und wohl auch ausgefallensten Themen, die es umzusetzen gilt, und bedarf daher einer besonderen Planung. Wenn Sie Ihr Hobby, also in diesem Fall das Mittelalter, für Ihre Hochzeitsfeier aufgreifen wollen, so ist es sinnvoll, dies bereits bei der Suche nach einer passenden Örtlichkeit für die Trauung mit anschließender Feier zu berücksichtigen.

Vielleicht finden Sie bei Ihrer Recherche eine Location, die diese Art der Feierlichkeit bereits einige Male umgesetzt hat, und können vorhandene Kontakte zu Künstlern aus diesem Bereich nutzen. Eventuell haben Sie durch Ihre Freizeitaktivitäten auch eigene Verbindungen. So sparen Sie sich eine zusätzliche Recherche nach speziellen Dienstleistern in diesem Bereich.

Der Ablauf einer Mittelalterhochzeit kann, wie andere Hochzeiten auch, ganz individuell gestaltet werden. Letzten Endes entscheidet auch Ihr Budget, wie viele Künstler auf Ihrem Fest zum Einsatz kommen. Gern gebuchte Künstler sind zum Beispiel Feuerspucker, Wahrsagerinnen oder auch Gaukler, die die Gäste bereits beim Eintreffen auf dem Fest mit Gesang, Musik und künstlerischen Darbietungen unterhalten. Mittelalterliche Musik, die live gespielt wird, und Tänze sollten die Gäste natürlich den gesamten Nachmittag und Abend zum Feiern animieren. Auch das Hochzeitsessen fällt auf einer Mittelalterhochzeit meist eher deftig aus und wird an langen Tafeln, bei gutem Wetter im Außenbereich, serviert. Sie können sogar Ihren Wein aus sogenannten Trinkhörnern genießen.

Insbesondere musikalisch haben Sie hier ein sehr großes Spektrum an Künstlern, die Sie in die Hochzeitszeremonie sowie zur Unterhaltung der Gäste am Nachmittag und am Abend einbinden können. Ein Dudelsackspieler oder auch eine Harfe sind etwas ganz Besonderes, das Ihre Gäste auf anderen Hochzeiten mit Sicherheit eher selten oder bisher noch gar nicht erleben durften.

Gaukler können sich zu einer Gruppe zusammenfinden und Ihre Gäste gemeinschaftlich unterhalten. Je nachdem, wie klein oder groß Ihre Hochzeitsgesellschaft ist, bietet es sich auf einem großzügigen Außengelände zum Beispiel an, dass Gaukler und andere Künstler an unterschiedlichen Plätzen agieren. Sind viele Kinder unter Ihren Gästen, ist Ponyreiten eine schöne Idee und zu späterer Stunde könnte ein Geschichtenerzähler die Kinder in die wunderbare Welt der Märchen entführen. Die Erwachsenen haben unter Umständen Spaß an Ständen, an denen frisches Brot oder Obst angeboten wird. Auch Jongleure oder mittelalterliche Zauberer werden gerne zu solchen Veranstaltungen gebucht.

Ein aufwendiges Thema kann in der Umsetzung jedoch eingeschränkt werden, wenn Sie als Location bereits das Märchenschloss gewählt haben, Ihnen aber bestimmte Aktivitäten untersagt werden, oder die Location ganz einfach so gar nicht mehr zum Thema passt, für das Sie sich erst Wochen oder Monate nach der Locationrecherche entschieden haben. Das gilt, wenn Sie sich für ein Restaurant oder eine Burg entschieden haben und Ihnen nun doch eher eine Variante mit Beach-Club-Charakter gefällt. Denn Sand kann nicht einfach aufgeschüttet wer-

13 ➤ Die Wahl des richtigen Themas oder Mottos

den und ein Cocktailmixer ist nicht in jeder Location aufgrund der Abnahme von alkoholischen Getränken gerne gesehen. Und vielleicht war Ihnen anfangs auch die »Sperrstunde« für Musik im Außenbereich noch kein Dorn im Auge. Mit der Entscheidung für ein neues Thema kommen ganz andere Ansprüche an die Location zutage. Überlegen Sie also im Vorfeld gut, welches Thema Sie wählen möchten.

Eine Hochzeit in den Herbst- und Wintermonaten

Ein Hochzeitsthema muss jedoch nicht so aufwendig und umfangreich sein wie das oben vorgestellte Mittelalterthema. Es kann letzten Endes alles sein, was zu Ihnen passt. Manchmal ergibt sich ein Thema auch aus der Jahreszeit des Hochzeitstermins heraus. Heiraten Sie zum Beispiel im Winter, so ergeben sich hier ganz andere Ideen und Beispiele, an denen Sie sich orientieren können, als bei einer klassischen Sommerhochzeit. Auch wenn Sie im Herbst heiraten, muss Ihr Tag nicht grau und diesig sein. Machen Sie etwas daraus und nutzen Sie die Jahreszeit, um Ihr Thema in Szene zu setzen.

Gehen wir einmal davon aus, dass Sie in den Herbstmonaten heiraten. Dann können Sie bereits bei der Wahl der Einladungskarten auf ein entsprechend farbiges Papier, zum Beispiel in Champagner und herbstlichen Brauntönen, zurückgreifen. Auch eine goldene Verzierung oder goldene Buchstaben verleihen der Karte einen herbstlichen, warmen und sehr festlichen Ton. Vielleicht mögen Sie noch eine farbig passende Schleife um jede einzelne Karte binden, ein besonders schönes Accessoire, das der Karte eine sehr edle und der Jahreszeit angemessene Note verleiht.

Wenn Sie sich wünschen, dass auch die Gäste grundsätzlich in herbstlichen Tönen gekleidet sind, weil vielleicht auch Ihr Brautkleid nicht klassisch weiß oder cremefarben ist, teilen Sie das am besten direkt in Ihrer Einladungskarte unter dem Punkt Dresscode mit. So können Ihre in einem bestimmten Stil gekleideten Gäste bereits den »roten Faden« ausmachen. Denken Sie zum Beispiel an eine Hochzeit, bei der alle Gäste mit Hut oder einer anderen Kopfbedeckung erscheinen sollen. Ihrer Fantasie sind keine Grenzen gesetzt!

Zu Ihrem herbstlichen Thema passt wunderbar ein Teppich, auf dem Sie zum Altar schreiten. Wählen Sie in diesem Fall einen cremefarbenen oder beigen Teppich. Auch Rot kann sich in dieses Konzept gut einfügen, greifen Sie jedoch auf einen warmen Rotton und nicht auf ein leuchtendes Rot zurück. Solche warmen Farben finden Sie im Herbst an allen Bäumen und Sträuchern. Besonders schön ist es, wenn der Teppich mit buntem, sauberem Herbstlaub und an den Seiten mit Kastanien bestreut wird.

Achten Sie bitte beim Streuen von Kastanien darauf, dass später niemand darauf ausrutscht oder Kleinkinder die Kastanien verschlucken!

Die Bänke oder Stühle der Gäste sollten in einem dunklen Braun gehalten sein oder festlich mit Stuhlhussen überzogen werden. Entscheiden Sie sich für Stuhlhussen, wählen Sie eher cremefarbene, braune oder goldene anstelle von weißen Hussen. Wenn Sie einen Teppich in dem Mittelgang verlegen lassen, sollten Sie darauf achten, dass Stuhlhussen und Teppichfarbe gleich sind beziehungsweise zueinander passen.

An den Stühlen der Gäste können Sie zudem Schleifen in einer passenden herbstlichen Farbe oder auch herbstliche Blüten oder Beeren anbringen lassen. Die Brautleute können bei diesem Thema anstatt auf Stühlen auch auf gepolsterten Baumstümpfen oder Baumstämmen sitzen. Vielleicht lassen Sie noch den Namen oder auch einen schönen Spruch darin eingravieren beziehungsweise einschnitzen. Der Blumenschmuck orientiert sich bei diesem Thema an herbstlichen Farben und Beeren. Auch das Streumaterial orientiert sich an allem, was der Herbst hergibt. Dies können Blätter, getrocknete Beeren, Kastanien und Nüsse sein.

Lichterketten, die unter farbig passenden Stoffen unter den Tischdecken oder auf das Buffet gelegt werden, bieten sich zu diesem Thema ebenfalls an. Ein sehr günstiges Mittel, um die Tische oder auch das Buffet romantisch auszuleuchten.

Blumen im Haar der Braut werden besonders schön in Szene gesetzt, wenn die Frisur eher locker und nicht streng gesteckt ist. Der Schmuck und auch das Kleid sind eher schlicht und neutral und bestechen durch farblich passende Akzente. Die Ringe können auf einem Moosbett oder auch auf einer gravierten Baumscheibe auf dem Altar liegen. Eine Harfenspielerin macht sich bei einem solchen Thema zur Trauung, aber auch zum Sektempfang besonders gut!

Der Außenbereich kann im Herbst sehr romantisch in Szene gesetzt werden. Schilder aus altem Holz, in Weiß oder Gold beschriftet, weisen den Weg zu den Parkplätzen, der Trauung oder den Räumlichkeiten der Feier. Dieses Element können Sie auch später bei der Beschilderung der Toiletten oder auch den Tischnummern wunderbar wieder aufgreifen.

Die Wege zu den Räumlichkeiten, den Parkplätzen oder auch angeschlossenen Hotelzimmern können Sie im Herbst, da es bereits früh dunkel ist, wunderschön mit Fackeln, Lichtertüten oder Laternen ausleuchten. Auch in den Bäumen machen sich Laternen besonders gut, zudem schützen sie die Kerzen gerade in dieser Jahreszeit vor Wind und Wetter. Flammschalen, die im Innenhof angezündet sind, trotzen in der Regel auch Regen und geben ein romantisches Licht ab.

Die Torte darf herzhaft schmecken und mit Motiven des Herbstes verziert sein. Ist es bereits sehr kalt an Ihrem Hochzeitstag, bieten sich auch heiße alkoholische Getränke sowie eine Auswahl heißer nicht alkoholischer Getränken an, die einen vorweihnachtlichen Duft verbreiten. Sie sehen, ein Thema umzusetzen, hört sich im ersten Moment vielleicht schwirig an, ergibt sich oft aber auch von ganz allein.

Eine Reise um die ganze Welt

Sie reisen gerne und wollen zu diesem Thema etwas umsetzen? Auch dies ist kein Problem, das folgende Beispiel soll Ihnen zeigen, wie viele Ansatzpunkte Sie haben, auch bei diesem Thema einen roten Faden für Ihre Hochzeit zu finden. Paare, die gerne und viel verreisen, fliegen oft lange Strecken zu ihren Traumzielen. Oft bieten sich wegen der langen Strecken über

13 ➤ Die Wahl des richtigen Themas oder Mottos

Wasser- und Waldflächen Farben wie Türkis oder auch Grün an. Überlegen Sie zudem, welche Dinge Sie für eine Reise brauchen und welche Dinge Sie persönlich vielleicht noch nicht gebraucht haben, aber ein Weltenbummler mit sich tragen würden.

Spontan fallen Ihnen sicherlich Dinge wie der Koffer, ein Kofferanhänger, das Flugticket und der Reisepass ein. Aber auch ein Kompass, Karabinerhaken oder ein gefülltes Survival-Pack könnten zur Ausrüstung eines Weltenbummlers gehören. Wählen Sie aber zunächst erst einmal die Farbe, die Sie sich gut für Ihre Hochzeit vorstellen können. Wie wäre es mit der Grundfarbe Weiß und den Akzenten Türkis und Aquafarben?

Wenn Sie für Ihre Hochzeit Einladungen oder vorab Save-the-Date-Karten (mehr Informationen dazu finden Sie in Kapitel 14) versenden wollen, könnten Sie dabei Ihr Konzept bereits aufgreifen, indem Sie beispielsweise eine runde Karte aussuchen, die wie eine Weltkugel aussieht und mit einem Magnetstreifen an den Kühlschrank gehängt wird. Aber auch ein schöner Kompass, an dem ein kleiner Zettel mit den entsprechenden Daten festgebunden ist, macht sich bei diesem Konzept besonders gut.

Sie wollen selbst basteln? Dann denken Sie über eine Flaschenpostoptik nach. Die Einladung und auch alle weiteren Informationen lassen sich wunderbar in der Flasche einrollen und mit einer Kordel an dem Korken befestigen. Die Flaschen können Sie bereits so kaufen, dass Sie sie ohne Umverpackung mit der Post versenden können! Auch ein bisschen Sand oder kleine Muscheln in der Flasche werden Ihre Gäste sicherlich positiv überraschen!

Flaschenpost muss in der Regel mit einer Briefmarke von 1,45 Euro versendet werden. Wenn es sich anbietet, werfen Sie so viele Flaschen wie möglich persönlich ein oder übergeben sie an Freunde und Kollegen. Sie sparen damit nicht unerhebliche Portokosten.

Ihr Trauort, ob frei oder in der Kirche, lässt sich auch bei diesem Motto sehr ausgefallen dekorieren. Die Gäste laufen bei dem gewählten Farbkonzept nicht über einen roten, sondern über einen weißen oder gar türkisfarbenen Teppich. Wählen Sie einen weißen Teppich, so denken Sie über türkisfarbenes Streumaterial nach, zum Beispiel Stoffblütenblätter. Diese sehen heute wie echt aus! Auch können Sie kleine Bäumchen oder Palmen aufstellen und wie eine Reling mit Seilen links und rechts die Wege zu den Sitzplätzen säumen. Übrigens bieten sich Teppiche, die mit dem Namen oder auch einem bestimmten Symbol der Brautleute bedruckt oder verziert sind, nicht nur für dieses Motto an. Solche bedruckten Teppiche sind immer ein gelungener Hingucker!

Auf dem Altar liegen Ihre Ringe in großen Muscheln, die in einer alten, mit Sand gefüllten Holzkiste liegen. Auch die Kerze kann mit Muscheln oder mit kleinen, farbig passenden Steinen verziert sein. Gerade solche Elemente wie das Ringkissen aus Muscheln oder auch die selbst gebastelte Kerze tun Ihrem Budget richtig gut, wenn Sie noch Potenzial zum Einsparen suchen. Auch die Seile entlang des Gangs können Sie kaufen und befestigen!

Ihre Hochzeitstorte könnte im Stil von Muscheln, Sand und Meer gestaltet werden. Besprechen Sie dies mit Ihrem Konditor. Unter Umständen bieten Sie auch eine Kombination aus Eis und Torte für Ihre Hochzeitsgäste an! Auch in der Auswahl des Menüs können Sie das Weltenbummlerthema aufgreifen, indem Sie zum Beispiel verschiedene Köstlichkeiten aus mehreren Ländern servieren lassen.

Bieten Sie Ihren Gästen als Survival-Pack kleine Taschen oder Minirucksäcke an, in denen Dinge wie ein Pflaster, ein kleiner Schnaps, eine Aspirin oder auch eine Minizahnpastatube enthalten sind. Alles Dinge, die man auch auf einer Reise gut gebrauchen kann. Haben Sie den Kompass noch nicht als Save-the-Date-Karte versendet, so verschenken Sie ihn als etwas edleres Gastgeschenk, vielleicht mit einer Gravur mit Ihren Namen und Ihrem Hochzeitsdatum oder auch Ihrem ganz persönlichen Monogramm.

Stöbern Sie auch ein wenig auf der Webseite www.meine-papeterie.de. Hier finden Sie tolle Anregungen, wie Sie Papeterien basteln und dabei Ihr ganz eigenes Thema umsetzen können.

Das Monogramm

Unter einem Monogramm verstand man im ursprünglichen Sinn einen Einzelbuchstaben, der künstlerisch gestaltet sein konnte, aber nicht musste. Im Laufe der Zeit wurde der Begriff allerdings mehr und mehr zur Bezeichnung von zwei oder mehr kunstvoll gestalteten Buchstaben verwendet, die zu einem Zeichen zusammengefügt sind. Für die Hochzeitspapeterie (siehe Kapitel 14) wird am häufigsten eine Monogrammart gewählt, bei der die Anfangsbuchstaben der beiden Vornamen des Paares gestalterisch miteinander verbunden sind; es gibt aber auch Varianten mit den vollständigen Vornamen (siehe Abbildung 13.1). Eine weitere Alternative besteht darin, den gemeinsam getragenen Anfangsbuchstaben des Nachnamens in das Monogramm zu integrieren (siehe Abbildung 13.2).

Abbildung 13.1: Links ein Monogramm mit den Anfangsbuchstaben der Vornamen des Paares, rechts ein Beispiel mit den vollständigen Vornamen

Entwicklung eines Monogramms

Möchten Sie für Ihre Hochzeit ein solches Monogramm entwickeln, sollten Sie dafür am besten einen Grafiker engagieren. Wenn Sie Ihre Einladungskarten in einer Druckerei drucken lassen, fragen Sie nach, ob man Ihnen dort, und auch zu welchem Preis, Vorschläge für ein Monogramm machen kann. Wenn nicht, suchen Sie sich einen selbstständigen oder freiberuflichen Grafiker und bitten Sie um ein entsprechendes Angebot.

13 ➤ Die Wahl des richtigen Themas oder Mottos

Abbildung 13.2: Ein Monogramm, in dem auch der Anfangsbuchstabe des gemeinsamen Nachnamens aufgenommen ist

Wie sich das Monogramm zusammensetzt, können Sie selbst entscheiden. Vielleicht zeichnen Sie auch im Vorfeld ein bisschen auf Papier, um Ideen zu sammeln.

- ✔ Wählen Sie die Anfangsbuchstaben Ihrer Vornamen, um hieraus ein Monogramm gestalten zu lassen.
- ✔ Alternativ nehmen Sie die Anfangsbuchstaben Ihrer Nachnamen.
- ✔ Kombinieren Sie Vor- und Nachnamen oder nehmen Sie den Buchstaben des Nachnamens, den Sie nach der Ehe gemeinsam tragen werden.
- ✔ Überlegen Sie, ob Sie auch das Hochzeitsdatum mit in Ihr Monogramm einbringen lassen wollen.
- ✔ Überlegen Sie, ob Sie auch andere für Sie wichtige Elemente in Ihr Monogramm integrieren lassen wollen (siehe Abbildung 13.3).

Abbildung 13.3: Ein Monogramm mit den vollständigen Vornamen des Paares und einem Hinweis auf den gemeinsamen Beruf

Die Umsetzung eines Monogramms

Sie bekommen in der Regel von dem Grafiker oder von der Druckerei, den beziehungsweise die Sie mit der Erstellung des Monogramms beauftragt haben, mehrere Vorschläge, wie das Monogramm aussehen kann. Überlegen Sie, bevor Sie sich für einen Vorschlag entscheiden, für welche Zwecke Sie das Monogramm verwenden wollen.

Natürlich soll es sich auf den gedruckten Elementen wie den Save-the-Date-Karten, den Einladungskarten und später auch den Danksagungskarten wiederfinden. Aber auch auf dem Tischplan, den Tischnummern und den Menü- und Getränkekarten kann sich das Monogramm wiederholen.

Ein Monogramm kann sich auch auf Ihrem weißen Teppich wiederfinden, auf dem Sie zum Altar schreiten. Es gibt auch Anbieter, die nicht nur Teppiche herstellen, sondern gleich auch Banner für den Eingang in die Location, Tischläufer für den Brauttisch oder auch sogenannte *Walltattoos*. Diese Walltattoos lassen sich in der Regel ohne Probleme wieder von den Wänden entfernen, sprechen Sie aber vorher mit der Location ab, wo Sie Banner aufhängen dürfen und auch, ob Sie etwas auf die Wände kleben dürfen!

Auch wenn Sie selbst kein Problem darin sehen, einen kleinen Nagel in die Außenwand zu schlagen, an dem das Banner hängt, oder Sie sicher sind, dass das Walltattoo wieder von der Tapete zu lösen ist, so kann der Schaden aufgrund von Gebäudeschutzbestimmungen sehr hoch ausfallen. Eine schriftliche Einwilligung des Verantwortlichen vor Ort erspart Ihnen im Nachhinein viel Ärger.

Monogramme können Sie übrigens in verschiedenen Farben und auch mit oder ohne Schattierung umsetzen lassen. Die Farben sollten sich dabei immer an den Farben Ihrer Hochzeit orientieren. Bei einer Prägung ist immer die Farbe des Papiers entscheidend, bei dem Siegel die Farbe des Wachses.

Ein Farbkonzept wählen

Ein Farbkonzept orientiert sich oft an dem Thema, für das Sie sich entschieden haben. (Beispiele dafür finden Sie im Abschnitt »Ein Thema wählen und umsetzen« weiter vorn in diesem Kapitel.) Auch die Wahl der Blumen, wenn Sie Lieblingsblumen haben oder bereits klar ist, welche Blumen es auf Ihrer Hochzeit sein sollen, kann die Farbgestaltung Ihrer Hochzeit maßgeblich beeinflussen.

Sie müssen sich nicht für eine einzige Farbe entscheiden, sondern Sie können und sollten am besten mit verschiedenen Farbabstufungen arbeiten. Insbesondere bei der Wahl der Blumen ist es einfacher, sich später an mehreren Farbabstufungen zu orientieren als an einer einzigen Farbe. Selbst bei einem Strauß roter Rosen lassen Sie vielleicht weiße oder cremefarbene Perlen einarbeiten. Ein Satinband um die Stiele gewickelt mit einem Strassanhänger kann ebenso einen tollen Akzent setzen. Manche Brautpaare mögen es knallig und setzen auf farbige Tischdecken, ebensolche Stuhlhussen oder auch einen knalligen Fußboden, wenn es zum Beispiel darum geht, ein Zelt mit Teppichfliesen auszulegen. Lila Fußböden habe ich in meiner Zeit als Hochzeitsplanerin auch schon gesehen!

Wenn Sie sich in eine knallige Farbe »verliebt« haben, sich aber nicht gleich den ganzen Raum oder die Tischdecken in dieser Farbe wünschen, dann setzen Sie auf gezielte Akzente. Eine neutrale Grundfarbe wie Weiß oder Creme können Sie mit jeder knalligen oder kräftigen Farbe Ihrer Wahl kombinieren, ohne dass es überladen wirkt. Fast in jedem Jahr wechselt die Trendfarbe, sodass Fuchsia, also ein dunkles Pink, von einem Grünton, Blau oder auch mal Schwarz abgelöst werden kann. Akzente in diesen Farben können Sie auch bei der Kleidung setzen. Tragen Sie als Braut einen entsprechend farbigen, dünnen Gürtel aus Seide an einem weißen oder cremefarbenen Kleid oder als Bräutigam ein Hemd, eine Krawatte oder auch ein Einstecktuch in dieser Farbe.

Die Gesamtpapeterie festlegen

In diesem Kapitel
▸ Ihre Freunde mit Save-the-Date-Karten frühzeitig informieren
▸ Einladung und Danksagung perfekt gestalten
▸ Besondere Drucksachen und sonstige Papeterieelemente auf Ihrer Hochzeit

»*P*apeterie« – vielleicht haben Sie dieses Wort schon einmal irgendwo gehört oder auch gelesen und wussten im ersten Moment nicht so ganz, was damit gemeint ist. Keine Sorge, Sie stehen nicht allein auf weiter Flur, dieser Begriff ist nicht ganz umgangssprachlich und wird oft von Hochzeitsplanern, Fachdienstleistern wie Druckereien, Grafikern oder Anbietern von Kartenserien benutzt. Unter dem Wort Papeterie versteht der Duden Papierwaren und Papierwarenhandlungen, also alles rund um das bedruckte oder auch unbedruckte Papier, das Sie in diesem Fall für Ihre Hochzeit mit Ihrem individuellen Design und Ihren Texten und Sprüchen versehen.

In diesem Kapitel geht es um das Thema Gesamtpapeterie. Dabei erhalten Sie auch zur inhaltlichen Gestaltung wertvolle Informationen sowie zum Einsatz der einzelnen Elemente. Nicht jedes dieser Papierelemente muss sich zwingend auf Ihrer Hochzeit wiederfinden, vielleicht wählen Sie auch Alternativen, die gar nicht aus Papier sind. Auch dazu gebe ich Ihnen wertvolle Tipps.

 Schauen Sie auch einmal auf die Webseite www.meine-papeterie.de, dort finden Sie noch weitere Anregungen.

Bitte vormerken! – Save-the-Date-Karten

Wie in der heutigen Zeit so manches Wort, hat sich auch der Begriff der Save-the-Date-Karte in Deutschland eingebürgert. Es gibt im Grunde genommen auch keinen gängigen deutschen Begriff dafür, häufig ist als Abkürzung auch nur von STD-Karten die Rede (was für die Anfangsbuchstaben dieses Begriffs steht). Eine Save-the-Date-Karte ist immer dann sinnvoll, wenn Sie ein ganz besonderes Hochzeitsdatum haben, jedoch noch keine Location, Kirche oder den Ort der freien Trauung, geschweige denn eine Uhrzeit angeben können, wann Ihre Hochzeitsfeier starten soll. In manchen Jahren gibt es auch besondere Daten (wie zum Beispiel den 12.12.2012), an dem die Brautleute heiraten wollen.

Ich erlebe nicht selten verliebte Menschen, die um Weihnachten oder Silvester herum einen Heiratsantrag stellen oder gestellt bekommen und in der kommenden Saison heiraten wollen. Die Vorlaufzeit von wenigen Monaten kann in solchen Fällen in bestimmten Ballungsgebieten, in denen besonders viele Ehen pro Jahr geschlossen werden, problematisch sein.

Hochzeitsplanung für Dummies

Bedenken Sie, dass jede Location nur eine oder maximal zwei Gesellschaften pro Tag annehmen kann. Zudem wollen die Brautleute meist an Freitagen oder samstags heiraten. Zählen Sie doch einmal die Freitage und Samstage in den Monaten von April bis September – sicherlich weniger als Sie gedacht hätten, oder? Allein in Großstädten kommt es jedes Jahr zu Tausenden von Eheschließungen, die alle eine entsprechende Location für ihre Hochzeitsfeier suchen. Planen Sie also mindestens ein volles Jahr Vorlaufzeit für Ihre Hochzeitsplanung ein oder verschieben Sie Ihre Hochzeit einfach um ein Jahr. Sie werden ein Leben lang zusammen sein, da sollte es eigentlich egal sein, ob Sie sich in der kommenden oder der darauf folgenden Saison das Ja-Wort geben!

Ihnen ist noch nicht ganz klar, warum Gäste einen langen Vorlauf für Ihre Hochzeit brauchen, denn Sie sind doch diejenigen, die die ganze Planung übernehmen? Überlegen Sie sich, welche Berufe oder welche Freizeitaktivitäten Ihre Gäste ausüben. Manche Gäste sind an Ferienzeiten gebunden oder müssen sehr früh Urlaubstage bei ihrem Arbeitgeber einreichen. Auch Selbstständige danken es Ihnen, wenn sie weit im Voraus wissen, wann und ob sie eine Vertretung für ein paar Tage brauchen werden. Andere Gäste wiederum buchen jedes Jahr sehr früh ihren Urlaub, manche auch gemeinsam mit anderen Freunden, die darauf angewiesen sind, dass jeder in dieser Gruppe diesem Urlaub auch zustimmen kann, da man sich zum Beispiel ein Ferienhaus oder ein Hausboot kostentechnisch teilt.

Denken Sie auch darüber nach, ob Gäste von weit her anreisen und sich ein paar Tage länger freinehmen müssen, eine günstige Flug- oder Zugverbindung recherchieren oder auch das Hotel schon buchen wollen – vorausgesetzt, Sie können zumindest den ungefähren Ort Ihrer Hochzeit angeben. Die Anreise, das Besorgen neuer Kleidung und ein schönes Geschenk für Sie als Brautpaar belastet bei einigen Gästen sicherlich auch die Portokasse nicht unerheblich. Geben Sie Ihren Gästen auch die Möglichkeit, über einen längeren Zeitraum etwas Geld zu sparen, um alles rund um Anreise, Kleidung und Geschenk finanzieren zu können.

Die Gestaltung einer Save-the-Date-Karte ist in der Regel recht einfach gehalten. Auch hier können Sie sich wieder an Ihrem Hochzeitskonzept, also dem »roten Faden«, orientieren und die Karte so auswählen oder gestalten lassen, dass sie zu Ihren Ideen passt (mehr Informationen dazu finden Sie in Kapitel 13). Ob die Karte als Postkarte oder – passend zu Ihrem Motto – als Sonderformat in einer Weltkugeloptik verschickt wird, hängt dabei ganz von Ihren Wünschen ab. Bei Sonderformaten wie einer runden Karte müssen Sie allerdings mehr Porto zahlen.

Auf der Save-the-Date-Karte müssen nur folgende Informationen zu finden sein: die Ankündigung, dass Sie heiraten werden, Ihre Namen, das Datum und die Bitte, sich diesen Termin vorzumerken. Fügen Sie noch hinzu, dass weitere Informationen folgen werden, und senden Sie die Karten ab.

Einladungen zur Hochzeit

Die eigentliche Einladungskarte können Sie erst dann verschicken, wenn Sie den Ort der Trauung sowie der Feier inklusive Uhrzeit für den Start Ihres Hochzeitstags festgelegt haben. Haben Sie die Save-the-Date-Karte bereits in einem bestimmten Stil gestaltet, so sollte sich dieser Stil auch in Ihrer Einladungskarte widerspiegeln. Die Einladungskarte ist offizieller und in der Gestaltung und Umsetzung viel aufwendiger als eine Save-the-Date-Karte. Sie haben oftmals die Auswahl zwischen Standardeinladungskarten, die Sie im Internet oder auch bei Druckereien ansehen können, und eigenen Entwürfen von Grafikern oder Druckereien.

Günstige Karten aus dem Internet

Wenn Sie eine Karte aus dem Internet bestellen, sollten Sie sich zumindest eine Probekarte schicken lassen. In vielen Fällen sieht die Karte auf den ersten Blick im Internet sehr schön aus, fühlt sich aber, wenn man sie in der Hand hat, hinsichtlich der Papierqualität nicht besonders hochwertig an. Auch die Farben sehen oft anders aus als auf Ihrem Bildschirm und im schlimmsten Fall »hakelt« der Einleger, den Sie beispielsweise aus einer Steckkarte an einer Kordel rein- oder wieder rausziehen müssen, so extrem, dass Ihnen die Karte nicht mehr gefällt.

Haben Sie sich jedoch von der Qualität einer Karte überzeugt und sich für den Kauf entschieden, sollten Sie überlegen, ob Sie die Karte mit Accessoires wie Schleifenbändern, speziellen Aufklebern mit Hochzeitsmotiven oder selbst aufgeklebten Strasssteinchen verzieren wollen. Sie sparen unter Umständen einige Euros, indem Sie diesen Teil der Kartengestaltung im wahrsten Sinne des Wortes in die Hand nehmen und Bänder und Anhänger selbst an die Karten binden. Bei einer großen Hochzeitsgesellschaft ist das allerdings recht aufwendig und nicht jedermanns Sache!

Grafiker oder auch Druckereien bieten Ihnen meist an, dass Sie Ihre Karte aus mehreren Karten oder Vorlagen zusammenstellen können. Sie bestimmen dabei die Farbe der Karte, die Schriftart und auch welche besonderen Elemente wie Schleifen, Strasssteine oder Ähnliches die Karte verzieren sollen. Bei vielen Informationen bieten sich sogenannte *Steckkarten* an. In diesen Karten stecken mehrere Einleger mit den verschiedenen Informationen vom Einladungstext über Hotelempfehlungen bis hin zu einer fertig gestalteten Rückantwortkarte in einer extra Tasche, die dann für den Versand wiederum in einen Briefumschlag gelegt wird. Ihre Gäste freuen sich sicherlich über zahlreiche Informationen rund um Ihren schönsten Tag!

Es gibt viele Karten, die im Comic-Look aufgebaut sind. Lustige Männchen spielen »verliebt, verlobt, verheiratet« auf dem Cover und schauen sich tief in die Augen. Wenn Sie sich diesen Stil für Ihre Hochzeit vorstellen können, fragen Sie doch einen Karikaturisten, ob er Sie anhand eines Fotos, das Sie ihm zusenden, oder auch live zeichnen kann. Die Druckerei wandelt das Bild dann in eine Druckdatei um und setzt es auf das Cover Ihrer Einladungskarte. Garantiert eine Karte, die es kein zweites Mal auf der ganzen Welt gibt!

Auch eine vermeintlich eher schlichte Karte wird mit einem Siegel, das Sie mittels Prägezange oder Wachsstempel aufbringen, schnell zu einem Hingucker (mehr Informationen dazu finden Sie in Kapitel 13). Besonders einfache, weiße Umschläge lassen sich mit dieser Methode optisch stark aufwerten.

Eine Einladung muss zudem nicht immer aus einer herkömmlichen Karte bestehen. Passend zu dem Motto »Weltenbummler« können Sie Ihre Einladung auch als Flaschenpost versenden. Flaschen aus Plastik, in denen die Einladung hübsch eingerollt ist, können Sie ohne Umverpackung mit der Post versenden. Ein optisches Highlight, das Ihre Gäste sicherlich in Erinnerung behalten werden!

Kirchenhefte und Hefte zur freien Trauung

Die Gestaltung und der Umfang der Papeterieelemente, die den Ablauf der Trauung wiedergeben, können sehr unterschiedlich sein. Grundsätzlich orientiert sich das Layout dieses Elements wieder an Ihrem Design und greift das von Ihnen gewählte Thema, ein Monogramm oder lediglich die Farben und Schriftarten, die Sie in der Einladungskarte bereits verwendet haben, wieder auf.

Ein Ablaufplan zur Trauung muss jedoch nicht als klassisches Heft gestaltet werden, das zudem, je nachdem, für wie viele Seiten und für welche Papiersorte Sie sich entscheiden, relativ kostenintensiv sein kann. Wie wäre es alternativ mit einer *Trautasche*?

Ein einfaches DIN-A5-Blatt aus einer Papiersorte, die so stark ist, dass Sie sie gegen die Lehne eines Stuhls stellen können, kann in Kurzfassung den gesamten Trauablauf beinhalten. Um dem Ganzen aber den Charme von etwas Besonderem zu geben und nicht nur ein einfaches DIN-A5-Blatt auf den Plätzen Ihrer Gäste zu verteilen, bietet es sich an, auf die Vorderseite eine kleine Tasche aufzukleben, in der zum Beispiel ein Röhrchen mit Seifenblasenflüssigkeit und ein Taschentuch stecken. So etwas haben Ihre Gäste sicherlich noch nie gesehen!

Ihre Gäste danken es Ihnen, wenn sie anhand eines Heftes oder eines kleinen Ablaufplans wissen, an welcher Stelle der Trauzeremonie sie sich gerade befinden. Ganz ohne Ablaufplan ist für viele oft nicht klar, wie lange die Trauzeremonie noch dauert. Sie verschaffen Ihren Gästen so etwas Sicherheit, welche Abläufe schon hinter- und welche noch vor ihnen liegen.

Umfangreich gestaltete Traufefte bieten sich zum Beispiel dann an, wenn die Trauzeremonie in zwei Sprachen gehalten wird oder die gesamte Rede auf Deutsch ist, Sie aber ausländische Gäste haben, die kein Deutsch sprechen. Anders herum gilt natürlich der gleiche Grundsatz. Nicht jeder Gast kann eine auf Englisch gehaltene Rede vollständig verstehen. In solchen Fällen können Sie die gesamte Rede mehrsprachig in das Trauheft übertragen lassen. Auf der linken Seite des Heftes könnte der Text in der jeweiligen Fremdsprache stehen, auf der rechten die deutsche Fassung. So kann jeder Gast dem Ablauf und auch dem Inhalt Ihrer Zeremonie folgen. Wenn Sie sich wünschen, dass Ihre Gäste bei jedem Lied mitsingen, sollten Sie auch die Liedtexte in Ihr Heft aufnehmen, das ist bei kirchlichen Trauungen oft der Fall.

Treueversprechen hingegen sind eine sehr persönliche Angelegenheit und werden von den Brautleuten aufgrund der Nervosität oft sehr leise gesprochen, sodass ab der dritten Reihe die Gäste von dem Gesagten leider nichts mehr mitbekommen. Wenn es für Sie in Ordnung ist, lassen Sie auch Ihre Treueversprechen in dem Heft abdrucken, denn gerade diese persönlichen Worte berühren viele Gäste.

In der Kirche bieten sich auch Hinweise zum Fotografieren an oder ein kurzer Überblick am Ende des Heftes, wie der weitere Ablauf des Tages ist. Auch Wegbeschreibungen und die nochmalige Angabe der Adresse Ihrer Feierlocation sind nützliche Hinweise für Ihre Gäste.

Menü- und Buffetinformationen

Während der Planung Ihrer Hochzeit entscheiden Sie sich für ein Menü oder ein Buffet, das Sie Ihren Gästen an Ihrem schönsten Tag anbieten wollen. Dabei haben Sie die Wahl, ob Sie jedem Gast eine separate Information zu Ihrem Hochzeitsessen auf den Platz legen oder eine Karte pro Tisch verteilen (siehe Abbildung 14.1). Letzten Endes ist auch das eine Kostenfrage.

Abbildung 14.1: Eine klassische Menükarte mit individuellem Hochzeitsmonogramm

 Wenn Ihnen die Papeterie besonders wichtig ist und Sie gerne etwas mehr Geld in diesem Bereich ausgeben wollen, gefällt Ihnen vielleicht die Idee, die Buffet- oder auch Menüinformationen zu individualisieren und überall unter die Platzteller aus Glas zu legen.

Individualisierte Informationen kombinieren

Individualisierte Informationen können gleichzeitig auch die Tisch- oder Platzkarte des jeweiligen Gastes sein. Sie sprechen auf der Karte jeden Gast mit seinem Vornamen an und wünschen einen guten Appetit. Zudem haben Sie die Möglichkeit, Menüs so anzupassen, dass auf den Plätzen der Vegetarier und Veganer eine andere Menükarte liegt als auf den Plätzen der Fisch- und Fleischesser. Möglich ist alles; dies bedeutet für Sie nur mehr Vorarbeit und auch Mehrkosten bei dem Druck der verschiedenen Karten. Wenn Sie sich für diese Alternative entscheiden, müssen Sie Ihre Gäste bereits in den Einladungskarten bitten anzugeben, ob jemand an Allergien leidet, Vegetarier oder Veganer ist. Sie können auch einen Unterschied machen zwischen den Vegetariern, die Fisch essen, und denen, die keinen Fisch essen.

 Führen Sie bei diesen Alternativen die Rückantwortlisten für Ihre Hochzeit sehr akribisch. Zudem müssen Sie sich darüber im Klaren sein, dass Sie dem Küchenpersonal auf Ihrer Hochzeit einen genauen Sitzplan geben müssen, auf dem markiert ist, welcher Gast welches Essen bekommt. Nur so stellen Sie sicher, dass der Service auch das richtige Gericht für den jeweiligen Gast am Tisch serviert.

Wenn Sie diesen zusätzlichen Aufwand auf sich nehmen wollen, werden Ihre Gäste sicherlich sehr angetan davon sein, wie viel Mühe Sie sich im Vorfeld mit der Planung des Essens und auch mit der Rücksichtnahme auf besondere Essgewohnheiten gemacht haben!

Alternativen zu individuellen Menü- oder Buffetinformationen

Sie halten eher nichts von diesem großen Aufwand und wollen es auf Ihrer Hochzeit organisatorisch etwas einfacher halten, was die Informationen rund um das Essen angeht? Auch das ist natürlich kein Problem. Sie können immer noch wahlweise jedem Gast die Informationen zum Menü oder zum Buffet auf den Platz legen. Dabei haben Sie verschiedene Möglichkeiten.

Verzieren Sie die Essensinformationen mit einer schönen Schleife. Alternativ wählen Sie eine Papiersorte aus, die wie eine alte Schriftrolle wirkt, oder Papierelemente, in die Sie das Besteck einfügen können. Es gibt sogar Minipapierrollen, die Sie bedrucken lassen können. Menü- und Getränkeinformationen lassen sich auch auf Glasgefäße aufbringen. Vielleicht möchten sich einige Gäste diese Glasgefäße zur Erinnerung mit nach Hause nehmen. Es können im Übrigen nicht nur Informationen zu den Getränken und dem Essen aufgegriffen werden, sondern auch unterschiedlich hohe Gläser auf dem Tisch stehen mit Ihrem Logo, Ihren Namen und dem Hochzeitsdatum. Lassen Sie Ihrer Fantasie freien Lauf!

Beleuchtete Menükarten

Menü- oder Buffetinformationen zu beleuchten, ist nicht schwierig. Sie können die Informationen auf einem DIN-A4-Blatt drucken lassen, dieses dann rollen und an den Enden zusammenkleben. In die Mitte stellen Sie ein Glasgefäß mit einer Kerze hinein (siehe Abbildung 14.2). Wenn Sie mögen, legen Sie noch ein kleines Knicklicht, das man sich sonst um den Arm binden würde, um die Kerze herum. Knicklichter gibt es in verschiedenen Farben, sodass der Boden der Menükarte noch einmal in der Farbe Ihrer Wahl erstrahlen kann.

14 ➤ Die Gesamtpapeterie festlegen

Abbildung 14.2: Einfach, aber wirkungsvoll – eine beleuchtete Menükarte

 Achten Sie bei der Wahl des transparenten Papiers darauf, dass dies schwer entflammbar ist. Schließlich wollen Sie nicht, dass der gesamte Tisch in Flammen aufgeht, nur weil jemand die Karte umgestoßen hat.

Die Karten müssen nicht rund sein, Sie können auch zwei DIN-A5-Blätter bedrucken lassen und links und rechts mit Schleifen zusammenbinden. In der Mitte platzieren Sie wieder eine Kerze, so erreichen Sie den gleichen Effekt mit einer anderen Kartenform. Wenn Sie sich für beleuchtete Karten entscheiden und auf der einen Seite die Informationen zum Essen, auf der anderen Seite die Informationen zu den Getränken sowie die Tischnummer drucken lassen, haben Sie drei Informationen auf einem Papeterieelement und noch ein Dekorationselement untergebracht, nämlich die Beleuchtung durch die Karte. Bei einer großen Gästezahl und vielen Tischen können Sie so eine Menge Geld einsparen!

Informationen zum Essen auch am Buffet

Dass Menü-, Buffet- oder Getränkeinformationen auf die Gästetische gehören, ist für viele Brautleute selbstverständlich. Allerdings ist es bei einem Buffet auch sinnvoll, Informationen an den Rechauds, also den Warmhaltebehältern, aufzustellen – insbesondere bei den Soßen.

Oft ist vielen Gästen nicht ganz klar, welche Fleischsorte serviert wird oder welche Soßen man da gerade vor sich hat. Für Vegetarier ist das besonders ungünstig, denn oft ist nicht zu erkennen, ob in Beilagen, Soßen oder auch anderen aufgetischten Speisen tierische Inhaltsstoffe enthalten sind. Machen Sie sich also die Mühe und stellen Sie kleine Schilder neben dem Angebotenen auf.

Tischnummern und Sitzpläne zur Orientierung

Tischnummern sind nicht gleich Tischnummern, das schon einmal vorweg. Die einfachste Art, Tische zu nummerieren, ist sicherlich, die Zahlen von 1 bis 10 oder höher zu nehmen, je nachdem, wie viele Tische Sie auf Ihrer Hochzeit eindecken lassen. Sie können Ihren Gästen auch bestimmte Tische zuweisen, Ihnen aber freie Wahl lassen, neben wen sie sich an diesem Tisch setzen.

Diese Variante ist jedoch nur möglich, wenn Sie kein Menü geplant haben! Bei einem Menü müssten Sie dem Küchenpersonal ja ganz genau mitteilen, welcher Gast wo sitzt, um seine besonderen Essgewohnheiten zu berücksichtigen (mehr Informationen dazu finden Sie im Abschnitt »Menü- und Buffetinformationen« weiter vorn in diesem Kapitel).

Auch bei länglichen Tischen oder einer U-Form mit Tafeln können Sie Bereiche bilden, die Sie nummerieren. So helfen Sie den Gästen, schnell und unkompliziert ihren Sitzplatz zu finden.

Wenn Ihnen die einfache Nummerierung der Tische zu langweilig erscheint, denken Sie über Tischnamen nach. Die Tischnamen sollten sich in Ihr Konzept, also wieder den »roten Faden«, einfügen (mehr dazu finden Sie in Kapitel 13). Bei unseren Weltenbummlern könnten dies Städte oder Länder sein, die das Brautpaar schon bereist hat. Wollen Sie Ihre Gäste in bestimmte Gruppe einteilen, können Sie auch Tischnamen wie »Handballer« oder »Arbeitskollegen« vergeben. Beliebt sind auch Namen wie Liebe, Treue, Vertrauen, Hoffnung und so weiter.

Nachdem Sie sich für Tischnummern oder -namen entschieden haben, überlegen Sie sich, wie Sie diese auf den Tischen platzieren wollen. Sie können kleine Staffeleien benutzen oder Aufsteller, in denen die bedruckten Karten eingeklemmt werden. Auch schöne Bilderrahmen oder Schneekugeln sind tolle Alternativen.

Anschließend legen Sie fest, welche Gäste zusammen an einem Tisch oder in einem Bereich der Tafel sitzen sollen. Eine ganz freie Sitzordnung ist nicht empfehlenswert. Es dauert oft sehr lange, bis sich die Gäste dann auf ihren Plätzen eingefunden haben. Diese Unruhe stört den Ablauf der Hochzeit. Außerdem kann es sein, dass Gäste »übrig« bleiben, da sie fast niemanden aus Ihrem übrigen Bekanntenkreis oder der Familie kennen und nicht wissen, zu wem sie sich gesellen sollen. Es ist also an Ihnen, im Vorfeld zu überlegen, welche Gäste sich gut miteinander unterhalten würden. Sitzpläne können ganz klassisch auf Papier gedruckt, gerahmt und auf eine Staffelei gestellt werden. Es gibt aber auch andere Alternativen!

Wenn Sie sich die Kosten für den Druck und den Verleih einer Staffelei sparen wollen, prüfen Sie, ob vor Ort ein großer Spiegel vorhanden ist. Fragen Sie nach, ob Sie mit einem wasserlöslichen Stift die Sitzordnung auf diesen Spiegel schreiben dürfen. Schon haben Sie Ihre kostenlose Sitzordnung in Szene gesetzt!

Auch Sitzpläne, die mit natürlichen Elementen arbeiten, sind immer wieder gerne gesehen. So können Sie für jeden Tisch einen Sitzplan (zum Beispiel auf DIN-A5-Tonpapier) drucken lassen und alle an einem sogenannten Korkenzieherbaum oder auch einer Weide mit hübschen Bändern befestigen. Auch die Tischnummern können Sie im gleichen Design an Ästen festbinden, die aus der Blumendekoration auf den Tischen ragen. So ergibt sich ein perfekt einheitliches Bild von Sitzplan und Tischnummern.

Sie können Sitzplatzübersichten auch auf festem Material wie Leinwänden oder auf einer Leichtschaumplatte aufziehen beziehungsweise drucken lassen. So haben Sie die Möglichkeit, Ihren Sitzplan später als Gästebuch wiederzuverwenden. Lassen Sie die Gäste mit wasserfesten Stiften in Ihren Farben auf dem Sitzplan unterschreiben. So sparen Sie sich den Kauf eines Gästebuchs und haben eine schöne Erinnerung an Ihre Hochzeit und Ihre Gäste.

Hinweisschilder machen das Besondere aus

Hinweisschilder geraten leider oftmals ein bisschen ins Hintertreffen, da sich viele Brautpaare aus Kostengründen gegen weitere Druckelemente oder Tafeln aus Holz entscheiden. Bedenken Sie jedoch, dass man Schilder, auf denen beispielsweise »Mein Mann« oder »Meine Frau« oder auch »Last Exit« oder »Fluchtweg« steht, besonders gut bei Fotoshootings in Szene setzen kann. Sie können diese Schilder auf festem Papier in Ihrem Design anfertigen lassen, als Holztafel kaufen – oder natürlich auch basteln.

Hinweisschilder machen sich im Außenbereich besonders gut, da sie Ihre Gäste in das richtige Gebäude lotsen. Auch Hinweise zu den Toiletten, den Zimmern oder dem richtigen Saal helfen den Gästen, sich in einer Location, die vielleicht etwas größer ist, schnell zurechtzufinden. Auch auf den Toiletten selbst können Sie Schilder anbringen. Kleine Körbchen mit Hygieneartikeln für Ihre Gäste verzieren Sie mit dem Hinweis »Bitte bedient euch«.

Wollen Sie für Ihre Feier eine sogenannte Candy-Bar aufstellen, sollten auch die dort aufgestellten Schilder Ihrem Design folgen. Eine Candy-Bar besteht meist aus mehreren Regalen oder Tischen, auf denen Bonbonnieren in wiederum verschiedenen Formen und Größen aufgebaut sind. Welche Leckereien sich darin befinden, können die Gäste auf Schildern lesen, die Sie haben anfertigen lassen. Außerdem können Sie über der Bar noch ein größeres Schild mit einem Spruch aufstellen – beispielsweise »Wisst ihr noch, wie es früher war, bedient euch an der Candy-Bar«. Solche Kleinigkeiten sind oft nicht teuer, machen sich auf Fotos aber besonders gut und sorgen für Gesprächsstoff unter den Gästen.

Danksagungskarten nach der Hochzeit

Nach dem ganzen Hochzeitstrubel sind die meisten Brautleute erst einmal froh, ein bisschen Ruhe einkehren zu lassen. Manches Brautpaar fliegt auch gleich in die Flitterwochen, um ein bisschen Zweisamkeit zu genießen. Genau so sollte es sein! Allerdings sollten Sie nach der Rückkehr oder Ihrer kleinen Auszeit zügig mit der Gestaltung der Danksagungskarten beginnen (siehe Abbildung 14.3). Je länger Sie damit warten, desto unmotivierter sind Sie, diese auch tatsächlich noch zu versenden.

 Das Design der Karte kann bereits bei der Planung der restlichen Papeterie entwickelt werden. Entscheiden Sie sich für eine Karte mit Foto, können Sie die Karte und auch den Text bereits mit den Einladungskarten zusammen gestalten und brauchen nachher nur noch das fehlende Bild oder die fehlenden Bilder einzusetzen. Das erspart Ihnen viel Zeit und motiviert Sie, die Karten zügig nach der Feier an Ihre Gäste zu versenden.

Abbildung 14.3: Bei der Gestaltung der Danksagungskarte können Sie auf das Design der übrigen Papeterie zurückgreifen

Varianten von Danksagungskarten

Wer ein bisschen mehr Geld in die Hand nehmen möchte, lässt kleine sogenannten *Booklets* vom Fotografen anfertigen. Diese Booklets sind oft nicht größer als eine EC-Karte und bestehen aus den Best-of-Bildern Ihrer Hochzeit. Zusammengehalten werden solche Bilderreihen oft von einer Niete, die Sie aufschrauben können, sodass Sie beliebig Bilder in das Booklet einfügen oder auch wieder herausnehmen können.

Da diese Variante recht kostenintensiv ist, überlegen Sie sich, ob Sie solche Booklets nur für die enge Familie und engsten Freunde anbieten. Die restliche Hochzeitsgesellschaft bekommt eine Danksagungskarte mit dem Onlinezugang des Fotografen. Dort kann sich jeder Gast die Bilder nachbestellen, die er gerne haben möchte.

Wenn Sie für Ihre Feier eine Fotobox organisiert haben und Ihre Gäste damit viele lustige Bilder von sich haben machen lassen, können Sie auch diese Bilder für die Danksagungskarte nutzen. An solchen Bildern haben bestimmt alle Gäste noch einmal enorm Spaß. (Mehr Informationen zur Fotobox finden Sie in Kapitel 12 im Abschnitt »Emotionen durch die richtigen Bilder festhalten«.)

Stellen Sie nur sicher, dass jeder Gast auch mit der Weitergabe seines Bildes einverstanden ist, gerade wenn er darauf – vielleicht zu späterer Stunde – nicht mehr ganz so frisch aussieht.

Auch Danksagungskarten müssen nicht zwingend nur aus Papier bestehen. Vielleicht haben Sie ein Video auf Ihrer Hochzeit drehen lassen und versenden dies auf einem Speicherstick oder einer DVD an alle Gäste. Versenden Sie keine ewig langen Filme, die möchte sich niemand ansehen. Setzen Sie auf einen kurzen, knackigen Film, der die Highlights Ihrer Hochzeit zeigt. Dies kann man gut in einem drei bis vier Minuten langen Film unterbringen.

Sonstige Papeterieelemente

Sie müssen nicht jedes Element, das hier vorgestellt wird, für sich entdecken. Lassen Sie sich auf den folgenden Seiten inspirieren, schauen Sie, welche Möglichkeiten es gibt und welche auch für Ihre Hochzeit infrage kommen.

Banner in groß und klein

Je nachdem, in welcher Location Sie feiern, machen sich sogenannte *Banner* an den Wänden wirklich toll. Banner sind in diesem Sinne wörtlich zu nehmen, denn sie können, je nach Raumhöhe und Befestigungsmöglichkeit, einige Meter hoch und auch breit sein.

Unschöne Wände können so verdeckt werden. Der Platz hinter dem Brauttisch oder auch hinter einer Liveband kann mit diesem Hilfsmittel toll in Szene gesetzt werden. Auch der Eingangsbereich, die Tanzfläche oder andere Bereiche der Location können damit geschmückt werden. Selbst hinter dem Altarbereich habe ich bei Trauungen schon Banner gesehen. In Ihren Farben, Ihrem Stil und vielleicht sogar mit Ihren Fotos sind Banner ein wirklich gelungener Hingucker.

Nicht jede Druckerei, die kleine Papeterien wie Einladungskarten, Menükarten und dergleichen druckt, kann auch Banner herstellen beziehungsweise bedrucken. Wenn Sie wissen, dass Sie auf Ihrer Hochzeit gerne ein Banner nutzen wollen, fragen Sie direkt bei Ihrer Druckerei an, ob sie so etwas herstellen kann. Sollte sie darauf nicht ausgerichtet sein, bitten Sie darum, dass Ihnen beziehungsweise der Druckerei, die das Banner anfertigt, Logos, Farbangaben oder andere für das Banner benötigte Druckdaten kostenlos zur Verfügung gestellt werden.

Wenn Sie hierfür einen hohen Aufschlag zahlen sollen, verhandeln Sie nach oder suchen Sie sich von Beginn an eine andere Druckerei, die Ihnen die Dateien kostenlos oder für kleines Geld zur Verfügung stellt.

Aus welchem Material die Banner sein sollen und vor allem wie sie befestigt werden können, besprechen Sie im Vorfeld mit der Druckerei. Lassen Sie sich, wenn Sie sich unsicher sind, welches Material das richtige ist, kleine Proben schicken. Im Außenbereich bietet sich eine Plane an, die wasserfest und auch gegen ein bisschen Wind gefeit ist, damit die Ösen für die Befestigung nicht gleich bei der kleinsten Bewegung abreißen. Hängen Sie ein Banner im Innenbereich auf, so erkundigen Sie sich bei den Inhabern beziehungsweise Pächtern der Location, wie Sie es an der Wand oder an der Decke befestigen können und dürfen. Unter Umständen muss das Material, aus dem das Banner besteht, schwer entflammbar sein.

Walltattoos oder Aufkleber für Wand und Auto

Über Walltattoos haben wir bereits in Kapitel 13 kurz gesprochen. Ihre Namen mit Ihrem Hochzeitsdatum oder auch schöne Sprüche zur Liebe, Lebenseinstellung oder Ihrem Hochzeitsmotto sind Alternativen zu Bannern, wenn Sie sie direkt auf den Wänden vor Ort aufbringen lassen dürfen. Sie müssen immer rückstandslos wieder entfernt werden können.

Wenn Sie keine Walltattoos anbringen dürfen, können Sie diese Idee aber vielleicht für Ihr Auto nutzen. Abgesehen von dem traditionellen Blumenschmuck und den Schleifen an den Autogriffen machen sich ein paar Aufkleber auf dem Wagen oder auf den Scheiben sicherlich gut. Auch diese Aufkleber können Sie individuell anfertigen lassen und so Ihrem Hochzeitsgefährt ein besonderes Outfit verpassen!

Sie scheuen sich, Aufkleber direkt auf den Lack oder die Scheiben zu kleben und machen sich Sorgen, dass Sie beim Entfernen Kratzer hinterlassen? Wie wäre es dann mit individuell für Sie hergestellten beziehungsweise bedruckten Magneten, die Sie zum Beispiel links und rechts auf die Türen des Wagens aufbringen? Diese Magnete müssen nicht besonders groß sein und können nach der Hochzeit als Erinnerungsstück immer noch die Tür Ihres Kühlschranks verzieren!

Papeterien mal anders

Zu Beginn dieses Kapitels habe ich bereits die Save-the-Date-Karte sowie Trauhefte kurz vorgestellt. Doch auch hier gibt es vielerlei Möglichkeiten, diese Elemente zu gestalten. Eine schöne und kostengünstige Idee sind Türanhänger, die als Save-the-Date-Karte dienen. Jeder von uns kennt die Türanhänger in Hotels, die besagen, dass man bitte nicht gestört werden will oder dass das Zimmer aufgeräumt werden kann. Ein solcher Save-the-Date-Anhänger

14 ➤ Die Gesamtpapeterie festlegen

kann an der Eingangstür oder auch jeder anderen Tür im Haus oder in der Wohnung Ihrer eingeladenen Gäste hängen, als Erinnerung, sich diesen besonderen Tag schon einmal frei zu halten, bis weitere Informationen folgen.

Vielleicht denken Sie auch einmal darüber nach, dass Sie Programmhefte für den Ablauf Ihrer Trauung an einem Stiel anbieten. Kling komisch? Nun, an sehr heißen Tagen können die Gäste das Heft, das an einem Stiel angeklebt und beidseitig bedruckt ist, auch als Fächer benutzen. Wenn Sie bei über 30 Grad, auch wenn es im Schatten ist, zum Beispiel einer freien Trauung beiwohnen, sind Sie sicherlich über diese Idee sehr froh! Zudem ist ein Ablauf »am Stiel« einfach mal was anderes. Auch Programmblätter, in denen eine Tasche oder ein Fach eingearbeitet ist, in der beziehungsweise dem die Gäste eine kleine Seifenblasentube oder auch ein Taschentuch für die Freudentränen finden, nimmt sich der ein oder andere Gast als Erinnerung sicherlich gerne mit nach Hause.

 Verteilen Sie auf Ihrer Hochzeit »zündende Ideen«, indem Sie kleine Streichholzpäckchen an die Gäste verschenken, auf denen der Spruch »Feuer und Flamme« sowie Ihre Namen und Ihr Hochzeitsdatum zu lesen sind. Die Gäste können so zu Beginn Ihres Hochzeitstanzes die auf den Plätzen bereitgelegten oder als Platzkarten verwendeten Wunderkerzen anzünden und Sie tausend funkelnde Sterne sehen lassen.

Mancher Gast kann mit den kleinen Seifenblasentuben, die Sie in der Kirche oder auch bei der freien Trauung liebevoll auf jedem Platz verteilt haben, nicht so recht etwas anfangen. Um hier Missverständnisse zu vermeiden, lassen Sie kleine Anhänger oder Aufkleber drucken, auf denen Sprüche wie »Beim Auszug bitte kräftig pusten« oder »Love is in the air« zu lesen sind. Damit sollte jedem Gast klar sein, wozu die Seifenblasentube gut ist. Befestigen Sie die Schilder entweder mit einem dünnen Schleifenband an der Tube oder lassen Sie Aufkleber bedrucken, die Sie dann selbstklebend an den Tuben aufbringen.

Wünschen Sie sich ein traditionelles Gästebuch oder wollen Sie zum Beispiel am Tag der Hochzeit Bilder Ihrer Gäste einkleben, lassen Sie das Cover Ihres Gästebuchs möglichst durch die Druckerei gestalten. Ihre Gäste werden über die Einheitlichkeit der gedruckten Elemente auf Ihrer Hochzeit staunen.

Ganz individuell sind sogenannte *Wedding Trees*. Ein Baum, abgedruckt in Ihren Farben, darunter Ihre Namen und Ihr Hochzeitsdatum, wartet darauf, dass Ihre Gäste ihm zu seinen Blättern verhelfen. Wie denn das? Ganz einfach: Stellen Sie Fingerfarben, Küchenpapier und feuchte Tücher zum Reinigen der Finger bereit. Die Gäste tunken einen Finger in die Farbe, hinterlassen einen Abdruck an einem der kahlen Äste und schreiben ihren Namen daneben. Eine tolle Alternative für schreibfaule Hochzeitsgäste!

Für die Gäste der Hochzeit

Sogenannte *Give-aways*, eher bekannt als »Gastgeschenke«, haben ihren Einzug mittlerweile auch in die deutschen Hochzeitstraditionen gefunden. Mit kleinen Aufmerksamkeiten zeigen Sie Ihren Gästen, dass Sie sich über ihr Kommen freuen. Dem ursprünglichen Brauch nach wurden pro Gast fünf Hochzeitsmandeln hübsch verpackt verschenkt. Die Mandeln stehen für Glück, Wohlstand, Gesundheit, Fruchtbarkeit und ein langes Leben. Heute werden zwar immer öfter andere Geschenke für die Gäste ausgewählt, der Sinn eines solchen Geschenks ist jedoch geblieben – Danke sagen (siehe Abbildung 14.7).

Wenn Sie sich für Gastgeschenke auf Ihrer Hochzeit entscheiden, kombinieren Sie doch die Botschaft, dass Sie dankbar für das Kommen sind, mit den Namenskärtchen auf den Plätzen der Gäste. So sparen Sie den Druck von Platzkarten.

Grundsätzlich sind die Geschenke für jeden Ihrer Gäste gleich. Allerdings bietet es sich an, für die enge Familie und besonders für die Trauzeugen, Bridesmaids und Groomsmen ein besonderes Geschenk auszuwählen. Für die Männer kann dies zum Beispiel ein gravierter Flachmann sein, was im weiten Sinne dann auch zu den Drucksachen gehören könnte. Den Damen der Schöpfung bereiten Sie vielleicht mit einem individuell beschrifteten Handtaschenhalter, den sie an den Tisch klemmen können, eine Freude.

Kreative Druckereien bedrucken nicht nur fertige Umverpackungen für Gastgeschenke, sondern bieten auch an, diese zu entwerfen. Eine schöne Idee ist eine Umverpackung für eine einzelne Praline, die aussieht wie eine kleine Handtasche. Auch Umverpackungen, die transparent sind, machen optisch wirklich etwas her. Oder Sie lassen kleine Papiertüten mit Sprüchen wie »Süßes für süße Leute« bedrucken. Überlegen Sie sich, welches Gastgeschenk Sie passend zu Ihrem Thema verschenken wollen und welche Umverpackung am besten dazu passt.

Selbst gebackener Kuchen oder eingemachte Marmelade kommt bei Gästen ebenso sehr gut an. Die Gläser können Sie günstig besorgen und die Aufkleber für das Glas für kleines Geld drucken lassen.

Love is in the Air

Sie planen eine Ballonaktion und wollen gute Wünsche in die Luft steigen lassen? Kein Problem, lassen Sie auch hierzu kleine Karten in Ihrem Design drucken, die von den Ballons ohne Probleme mit in die Luft genommen werden. Gute Druckereien benutzen hier ganz leichtes Papier, das die Flugeigenschaften Ihrer Ballons nicht beeinflusst.

Ballonaktionen mit daran gebundenen Karten scheitern immer dann, wenn Sie sich im Vorfeld keine Gedanken gemacht haben, wie schwer die Karte überhaupt sein darf, damit der Ballon noch ohne Probleme in den Himmel steigen kann.

Auch Lichtertüten, die Sie im Außenbereich platzieren können, und die den Weg zu den Räumlichkeiten oder auch zu den Hotelzimmern säumen, lassen sich wunderschön nach Ihren Wünschen bedrucken.

Eine kleine Dankeschön-DVD

Wenn Sie vorhaben, eine DVD mit einem kurzen Video oder auch den Best-of-Bildern des Tages an Ihre Gäste zu versenden, bietet es sich an, auch ein entsprechendes Cover für die DVD anfertigen zu lassen. Lassen Sie Ihrer Fantasie also freien Lauf, wenn es darum geht, Ihre Gedanken, Ihr Design auf Papier (oder auf andere Dinge) zu bringen. Fragen Sie offen nach, wie Ihre Ideen umgesetzt werden können und welche Kosten dafür anfallen. Wählen Sie aus einem großen Angebot an Drucksachen diejenigen aus, die für Sie und Ihre Hochzeit passend sind. Und vergessen Sie nicht: Weniger ist oft mehr!

Geschlossene Gesellschaft – Einladungen richtig formulieren und verschicken

In diesem Kapitel

▶ Was alles in eine Einladungskarte gehört und wie man richtig adressiert
▶ Ein Hochzeits-Abc für Ihre Gäste erstellen
▶ Hochzeitswebseiten als Hilfsmittel nutzen
▶ Eine Zusagenliste übersichtlich führen

---

*W*ie sollen Sie Ihre Gäste in der Einladung anreden? Gibt es formelle Richtlinien, wie man Einladungen formuliert? Schreibt man ganze Familien an oder muss jeder Gast individuell angesprochen werden? Wie verhält es sich mit den Adressen auf den Umschlägen, gibt es hierzu Vorschriften, sozusagen einen »Knigge für Einladungsschreiben«? Keine Sorge! Wenn Sie dieses Kapitel gelesen haben, werden all diese Fragen beantwortet sein.

In diesem Kapitel erfahren Sie alles rund um die formellen Angelegenheiten, Einladungen an Ihre Gäste zu schreiben, sie richtig zu adressieren und festzulegen, welche Informationen Ihre Gäste von Ihnen benötigen. Anders herum aber auch, welche Informationen Sie von Ihren Gästen zurückerhalten wollen und wie Sie an diese Informationen herankommen. Zudem erhalten Sie Tipps, wie Sie die Zu- und Absagenliste Ihrer Gäste übersichtlich führen.

Inhalt und Umfang einer Einladungskarte

Nicht jede Hochzeitsgesellschaft ist gleich und kommt mit einem kurzen und knappen Einladungstext über das Warum, Wo und Wann der Hochzeit aus. Bevor Sie sich den Kopf zerbrechen, wie Sie den Text formulieren, ob er sich reimen soll oder nicht, sollten Sie überlegen, welche Informationen Sie von Ihren Hochzeitsgästen für die weitere Planung benötigen, und dementsprechend den Umfang der Karte planen.

Bevor Sie Ihre Einladungskarten überhaupt versenden können, müssen überdies der Ort und die Zeit der Trauung sowie die Location bekannt sein, in der die Hochzeitsfeier stattfinden soll.

Hochzeitspaare, die ihren Gästen nicht mehr mitteilen wollen, als dass sie heiraten und wann und wo die Trauung mit anschließender Feier stattfindet, müssen in ihre Karte lediglich noch einen Hinweis aufnehmen, welche Geschenke sie sich wünschen und bis wann um Rückantwort gebeten wird. Im Großen und Ganzen war es das dann schon. Ich sehe allerdings immer seltener solch einfache Karten, da Brautpaare so lange auf diesen Tag hinarbeiten, dass sie bereits in der Einladungskarte ihre Gedanken und in vielen Fällen auch den Trauspruch und andere Informationen integrieren wollen.

Einladungstexte formulieren

Früher wurde eine Hochzeit von den Eltern der Braut ausgerichtet und somit entsprechend im Einladungstext formuliert:»Herr und Frau Müller freuen sich, die Hochzeit ihrer Tochter Claudia mit Herrn Markus Schmidt bekannt geben zu dürfen.« Heute werden Hochzeiten nur selten (vollständig oder in Großteilen) von den Eltern der Braut oder auch des Bräutigams ausgerichtet. In der Regel zahlen Braut und Bräutigam die Hochzeit, zumindest in großen Teilen, selbst und laden ihre Gäste aus diesem Grund auch persönlich ein. Gehören Sie allerdings noch zu dem Kreis von Braut oder Bräutigam, bei welchen die Kosten der Hochzeit von den Eltern getragen werden, so achten Sie bei der Formulierung des Textes darauf, ob Ihre Eltern noch zusammen, getrennt oder gar geschieden sind.

> ### Das Namensfettnäpfchen – die richtige Formulierung bei getrennten Eltern
>
> Sind Ihre Eltern getrennt, tragen aber noch denselben Nachnamen, so führen Sie bei der Einleitung die Vornamen Ihrer Eltern separat mit dem gleichen Nachnamen hintereinander auf: »Herr Carsten Müller und Frau Gertrud Müller freuen sich, die Hochzeit ihrer Tochter Claudia mit Herrn Markus Schmidt bekannt geben zu dürfen.« Sind Ihre Eltern geschieden und tragen nicht mehr den gleichen Nachnamen, so verwenden Sie natürlich auch nur die entsprechenden Nachnamen, die beide offiziell tragen: »Herr Carsten Müller und Frau Gertrud Kunze freuen sich, die Hochzeit ihrer Tochter Claudia mit Herrn Markus Schmidt bekannt geben zu dürfen.« Leider gibt es auch den Umstand, dass ein Elternteil bereits verstorben ist, dann führen Sie nur den Elternteil auf, der noch lebt. Richten die Eltern des Bräutigams die Hochzeit aus, so gelten diese Regeln genauso, nur dass der Sohn dann im Text zuerst erwähnt wird.

Eine Einladungskarte kann recht unterschiedlich aufgebaut sein. Sie kann verschiedene Informationen enthalten, die für Ihre Gäste wichtig sind, und um Informationen bitten, die Sie von Ihren Gästen in Erfahrung bringen wollen. Zu Beginn des Einladungstextes steht meist der Trauspruch, also der Spruch, den Sie als Leitmotto Ihrer Liebe gewählt haben. Dies kann ein Spruch aus der Bibel sein, ein Zitat aus Ihrem Lieblingsfilm oder auch eine Zeile aus einem Gedicht. Auch Sprüche, die Sie gedichtet oder geschrieben haben, finden an dieser Stelle Platz. Die Auswahl solcher Texte und Zitate ist schier unendlich. Sie können im Internet nach Liebessprüchen, Gedichten und auch Zitaten zur Liebe suchen und werden tagelang beschäftigt sein.

 Wählen Sie Ihren Spruch nicht willkürlich aus. Ein Zitat aus einer berühmten Filmszene, das genau Ihre Gefühle oder Ihre Werte für Ihr gemeinsames Leben widerspiegelt, ist wesentlich besser als ein Spruch, der gefühlt auf jeder dritten Einladungskarte zu lesen ist – nur weil er besonders häufig in den Suchergebnissen im Internet angezeigt wird.

15 ➤ Geschlossene Gesellschaft – Einladungen richtig formulieren

Im Folgenden erhalten Sie eine kleine Übersicht über gern gewählte Sprüche, die als Einleitung zum eigentlichen Einladungstext hinführen:

✔ Man kann ohne Liebe Holz hacken, Ziegel formen, Eisen schmieden. Aber mit Menschen kann man nicht ohne Liebe umgehen. *Leo Tolstoj*

✔ Einen Menschen lieben heißt einwilligen, mit ihm alt zu werden. *Albert Camus*

✔ Es gibt keinen Weg zum Glück, Glück ist der Weg. *Buddha*

✔ Liebe ist das Einzige, was wächst, indem wir es verschwenden. *Ricarda Huch*

✔ Die Liebe ist ein Stoff, den die Natur gewebt und die Fantasie bestickt hat. *Voltaire*

✔ Seine Freude in der Freude des anderen finden können: das ist das Geheimnis des Glücks. *George Bernanos*

✔ Lieben heißt einen anderen Menschen so sehen zu können, wie Gott ihn gemeint hat. *Dostojewski*

✔ Wir alle sind Engel mit einem Flügel. Wir müssen einander umarmen, wenn wir fliegen wollen. *Luciano De Crescenzo*

✔ Einzeln sind wir Worte, zusammen ein Gedicht. *Georg Bydlinski*

✔ Wenn der Mensch verliebt ist, zeigt er sich so, wie er immer sein sollte. *Simone de Beauvoir*

✔ Liebe und Toleranz sind untrennbar miteinander verbunden, denn ohne Toleranz ist Liebe nicht ehrlich. *Leo Lembcke*

✔ Wirklich reich ist ein Mensch nur dann, wenn er das Herz eines geliebten Menschen besitzt. *Greta Garbo*

✔ Die Erfahrung lehrt uns, dass die Liebe nicht darin besteht, dass man einander ansieht, sondern dass man in die gleiche Richtung blickt. *Antoine de Saint-Exupéry*

Allgemeine Sprüche, die nicht zitiert sind:

✔ Wir müssen nicht, wir brauchen nicht. Wir wollen ganz einfach verheiratet sein.

✔ Zu unserer Hochzeit laden wir herzlich ein.

✔ Jetzt wird geheiratet!

✔ Wir schließen den Bund fürs Leben!

✔ Wir und heiraten? Na klar!

✔ Unsere Herzen haben gesprochen – wir heiraten!

✔ Unser JA ist ein JA, kein jaja, kein probehalber ja, kein unter Umständen und auch kein naja.

✔ Voller Spannung erwartet, auf vielfachen Wunsch und doch aus eigenem Willen!

Hochzeitsplanung für Dummies

Für Paare, die bereits verheiratet sind und sich das Ja-Wort noch einmal in einer kirchlichen oder freien Trauzeremonie geben wollen, oder für Paare, die nicht verheiratet sind, aber bereits Kinder haben, bieten sich die folgenden Sprüche an:

✔ Nach fünf Jahren Ehe erbitten wir nun auch Gottes Segen für unsere Partnerschaft.

✔ Im letzten Jahr taten wir den ersten Schritt auf dem Standesamt, nun wagen wir den zweiten vor dem Traualtar.

✔ Nach drei Jahren trauen wir uns noch einmal – und dieses Mal ganz in Weiß.

✔ Hanna und Pia *[Name der Kinder]* freuen sich, dass Mama und Papa heiraten.

✔ Mama und Papa heiraten am 19. Mai 20XX. Wir freuen uns sehr, wenn Ihr diesen besonderen Tag mit uns gemeinsam feiert.

Nachdem Sie einen entsprechenden Spruch in die Einladung aufgenommen haben, formulieren Sie den eigentlichen Text für Ihre Einladung. Dabei erwähnen Sie zum einen den Anlass Ihrer Einladung – nämlich, dass Sie heiraten werden – und zum anderen, wo und wann die Trauung stattfindet und bis wann Sie eine Antwort benötigen. Anschließend teilen Sie mit, wo die Hochzeitsfeier stattfindet, sofern diese nicht am gleichen Ort sein wird. So könnte Ihr Text also lauten:

✔ Überglücklich teilen wir Euch mit, dass wir am 19. Mai 20XX um 15 Uhr in der *XY* Kirche heiraten. Zur darauffolgenden Feier im Landgasthof *XY* laden wir herzlich ein. Bitte gebt uns bis zum 15. März Bescheid, ob Ihr kommen könnt.

✔ Wir laden Euch zu unserer freien Trauung mit anschließender Feier am 19. Mai 20XX um 15:30 Uhr auf Schloss *XY* ein. Wir hoffen, dass Ihr diesen besonderen Tag mit uns verbringt! Bitte gebt uns bis zum 15. März Bescheid, ob Ihr mit uns feiern werdet!

✔ Es war schon vielen klar, doch nun sagen wir auch offiziell »JA«! Wir beschließen unsere Ehe und wollen mit Euch diesen Ehrentag genießen! Die freie Trauung mit anschließender Feier wird am 19. Mai 20XX um 12 Uhr auf Burg *XY* stattfinden. Bitte gebt uns bis zum 15. März Bescheid, ob wir mit Euch rechnen dürfen!

Auch Hinweise zu Geldgeschenken lassen sich gut in den Einladungstext einfügen:

✔ Wer sich fragt: »Was soll ich kaufen?«, muss sich nicht die Haare raufen. Lasst Teller, Tassen, Töpfe sein und steckt was ins Kuvert hinein!

✔ Wer uns etwas schenken möchte, der kann uns mit etwas Geld in einem Kuvert eine Freude machen. Wir ziehen in eine größere Wohnung, müssen noch renovieren und wollen den ein oder anderen Einrichtungsgegenstand neu kaufen. Damit macht Ihr uns in jedem Fall eine Freude!

✔ Wir müssen Euch noch schnell was sagen: Nicht des Schenkens wegen seid Ihr eingeladen. Kommt mit guter Laune und viel Zeit, dann macht Ihr uns die größte Freud. Wollt Ihr uns trotzdem was schenken, könnt Ihr an unser Sparschwein denken!

15 ➤ Geschlossene Gesellschaft – Einladungen richtig formulieren

Wünschen Sie, dass Ihre Gäste einen bestimmten Dresscode einhalten oder haben Sie Sorge, dass der ein oder andere Gast tatsächlich in Jeans erscheint, so ergänzen Sie einen weiteren Hinweis am Ende Ihres Einladungstextes:

✔ Um festliche Abendgarderobe wird gebeten.

✔ Mancher Gast, der mag sich fragen, was soll ich an dem Tage tragen. Es ist unsere Hochzeit, ein schickes Feste, drum kleidet Euch gerne mit Kleid und Weste.

Vielleicht folgt Ihre Hochzeit ja auch einem bestimmten Motto, das die Gäste durch die Wahl ihrer Kleidung aufgreifen sollen. Auch eine solche Bitte können Sie an dieser Stelle einfügen:

✔ Unsere Hochzeit steht unter dem Motto »White Wedding«, wir bitten Euch ganz in Weiß gekleidet zu kommen!

 Die Bezeichnungen »Black Tie« für Smoking und edle Abendkleider sowie »White Tie« für Frack und bodenlange Abendkleider sollten Sie nur dann in die Karte aufnehmen, wenn Ihre Hochzeitsgesellschaft eher gehoben ist und sich die Gäste solche Art Kleider auch leisten können.

Ich werde immer wieder gefragt, ob es »erlaubt« sei, sich zu wünschen, dass Gäste ihre Kinder nicht zur Hochzeit mitbringen. Grundsätzlich können Sie sich das wünschen und in der Einladung entsprechend formulieren.

✔ Eure Kinder sind echt nett, doch gehören früh ins Bett. Damit Ihr lange mit uns feiern könnt, sei uns ein Tag ohne die Kleinen gegönnt.

✔ Kleine Kinder sind zwar fein, doch bleiben sie an diesem Tag bitte daheim.

✔ Ausnahmsweise möchten wir Euch bitten, ohne Euren süßen Anhang zu unserem Hochzeitsfest zu kommen.

 Überlegen Sie jedoch, ob Sie sehr viele Gäste mit Kindern haben, die sich unter Umständen vielleicht keinen Babysitter leisten können oder wollen. Zudem hat nicht jeder Gast eine Mutter oder Schwiegermutter um die Ecke wohnen, die auf die lieben Kleinen aufpassen kann. Wenn Sie also eher Bedanken haben, dass viele Gäste aufgrund dieser Bitte erst gar nicht kommen und vielleicht auch etwas verärgert sein könnten, dass Sie einen solchen Wunsch äußern, sollten Sie besser eine Kinderbetreuung anbieten. So haben alle etwas von Ihrem Fest.

Neben diesen Informationen stellen Hochzeitspaare oft eine Liste mit Hotelempfehlungen zur Verfügung. Wegbeschreibungen, Hilfen für Flugbuchungen und Shuttle sowie ein sogenanntes Hochzeits-Abc können ebenso mit in die Einladung aufgenommen werden. Widmen wir uns zuerst den Wegbeschreibungen und den Hotelunterkünften.

Wegbeschreibungen und Hotelunterkünfte

Bei dem Thema Wegbeschreibungen stellt sich die Frage, ob dies im Zeitalter von Navigationsgeräten überhaupt noch sinnvoll ist. Doch sollten Sie bedenken, dass auch Navigationsgeräte fehlbar sind und es ja nicht immer klassische Wegbeschreibungen zu einer Location oder einer Kirche sein müssen, sondern auch Lagepläne gute Dienste erweisen können. Prüfen Sie zunächst, ob auf den Webseiten der von Ihnen empfohlenen Hotels eine andere Straße für das Navigationsgerät angegeben ist als die, die Sie unter den Kontaktdaten finden. Es kann vorkommen, dass eine bestimmte Straße in keinem Navigationsgerät zu finden ist und die Gäste die Parallelstraße oder gar einen alten Straßennamen eingeben müssen, um zu dem Hotel oder der Location zu finden.

Wenn Sie auf einem großen Anwesen feiern, auf dem sich mehrere Gebäude befinden und es mehrere Säle gibt, in denen sogar parallel Hochzeiten gefeiert werden, so erleichtert ein kleiner Lageplan Ihren Gästen die Suche nach den richtigen Räumlichkeiten. Zeichnen Sie den Parkplatz, gegebenenfalls die Unterkünfte oder auch den Ort der Zeremonie und den Festsaal ein.

Stellen Sie zudem kleine Schilder und Wegweiser auf dem Anwesen auf, die Ihre Gäste jeweils zu den richtigen Stellen leiten. Besonders Gäste auf hochhackigen Schuhen und auch die ältere Generation dankt es Ihnen, nicht mehrfach den falschen Weg eingeschlagen zu haben! (Mehr Informationen zur Gestaltung solcher Schilder finden Sie in Kapitel 13 und 14.)

Kommen wir nun zu den Hotelunterkünften. Wenn mehrere Gäste zu Ihrer Hochzeit anreisen müssen, sollten Sie *Kontingente* in umliegenden Hotels halten. Überlegen Sie bereits direkt nach der Buchung der Location und einer groben Festlegung der Gästeliste, wie viele Doppelzimmer und wie viele Einzelzimmer Ihre Gäste aller Wahrscheinlichkeit nach in Anspruch nehmen. Reservieren Sie Zimmer in verschiedenen Hotels unterschiedlicher Preisklassen und geben Sie diese Hotels in Ihrer Empfehlungsliste an. Ihre Gäste können dann entscheiden, zu welchen Konditionen sie in den umliegenden Häusern nächtigen wollen.

Lassen Sie sich von den Hotels die Reservierungen beziehungsweise Optionierungen schriftlich bestätigen. Hierzu gehören das An- und Abreisedatum sowie die Tageszeiten für das Check-in und Check-out, die Ausstattung sowie die Zimmerpreise und vor allem die Bestätigung, dass Zimmer, die von den Gästen nicht bis zu einem festgelegten Termin abgerufen wurden, kostenfrei in den Verkauf zurückgenommen werden. So müssen Sie keine Zimmer stornieren oder im schlimmsten Fall bezahlen, wenn keiner Ihrer Gäste dort gebucht hat.

Flugbuchungen und Shuttleservice

Flüge Ihrer Gäste müssen Sie nicht zahlen. Feiern Sie allerdings im Ausland, sollten Sie überlegen, ob Sie Ihren Gästen zumindest einen Teil der Reisekosten erstatten. Nicht jeder Gast ist in der Lage, diese Reisekosten zu tragen. Haben Sie mehrere Gäste, die von ein und demselben Flughafen abfliegen oder auch anders herum, die an demselben Flughafen ankommen, ist es sinnvoll, in einem Reisebüro nach vergünstigten Konditionen zu fragen, wenn mehrere Flüge gleichzeitig gebucht werden. Bitten Sie Ihre Gäste, sich bis zu einem bestimmten Termin per E-Mail oder Telefon bei Ihnen zu melden, um An- und Abflugzeiten abzustimmen.

15 ➤ Geschlossene Gesellschaft – Einladungen richtig formulieren

 Um die Organisation nicht unnötig zu verkomplizieren, geben Sie höchstens zwei Flüge an, für die sich die Gäste entscheiden können. Sofern Sie sich frühzeitig mit Ihren Gästen abstimmen, sollte es allen Gästen möglich sein, sich auf diese Zeiten einzustellen.

Ein Shuttleservice bietet sich für Gäste an, die aus dem Ausland kommen und an Flughäfen landen, die weit entfernt von Ihrer Location liegen. Es gibt relativ günstige Flughafenshuttle und private Unternehmen, die Ihre Gäste gebündelt abholen und zu den Hotels bringen. Haben Sie viele Gäste, die den Shuttleservice nutzen wollen oder müssen, bietet es sich eventuell an, einen Reisebus zu mieten. Prüfen Sie, ob mehrere kleine Fahrzeuge, ein Großraumtaxi oder gleich ein ganzer Bus günstiger ist.

 Bedenken Sie bei der Buchung eines Shuttleservice, dass jeder Gast mindestens einen Koffer bei sich trägt. Der Kofferraum beziehungsweise Stauraum in den Bussen muss also groß genug für alle Gepäckstücke sein!

Shuttleservices werden nicht nur von Bahnhöfen oder Flughäfen aus eingesetzt, sondern auch, um Ihre Gäste von den Unterkünften zu der Location der Trauung beziehungsweise Feier abzuholen und wieder zurückzubringen. Geben Sie bereits in der Einladung oder im *Hochzeits-Abc* bekannt, dass die Gäste zu einer bestimmten Uhrzeit vor den Hotels abgeholt und zu bestimmten Zeiten nach der Party auch wieder zurückgefahren werden. So kommen bei den Gästen keine Fragen auf, wie sie ohne eigenes Auto zu Ihrer Location und wieder zurück zum Hotel kommen.

Das Hochzeits-Abc

Ein Hochzeits-Abc bietet sich an, wenn Sie Ihren Gästen nützliche oder auch witzige Informationen mit auf den Weg geben, diese aber nicht in den eigentlichen Einladungstext integrieren wollen.

Sie müssen dabei nicht zu jedem einzelnen Buchstaben des Abc etwas schreiben, das würde den Umfang Ihrer Karte sprengen. Schauen Sie sich die folgenden Beispiele an und suchen Sie sich das heraus, was für Sie infrage kommt:

✔ Allergien: Allergien oder Besonderheiten zum Essen gebt Ihr bitte auf der Antwortkarte an.

✔ Antworten: Bitte antwortet bis zum 15. März 20XX, ob Ihr den Tag mit uns verbringt.

✔ Brautentführung: Bitte nicht, es war schon schwer genug, sie einzufangen!

✔ Blumen: Bitte schenkt uns keine Blumen, da wir gleich nach der Hochzeit in die Flitterwochen fahren!

✔ Cha-Cha-Cha: Wollen wir reichlich auf der Tanzfläche sehen!

✔ Dresscode: Bitte erscheint im Black Tie. Creme und Weiß sind die Farben der Braut!

✔ Danke: Sagen wir allen, die diesen wundervollen Tag mit uns gemeinsam verbringen!

✔ Essen: Ist genug für alle da! Vegetarier und Veganer geben dies bitte auf der Antwortkarte an.

Hochzeitsplanung für Dummies

✔ Eröffnungstanz: Wir haben fleißig geübt ...

✔ Flitterwochen: Wir freuen uns über Flittermeilen, die Ihr im Reisebüro *XY* unter dem Namen »Hochzeit *[Ihr Name]*« erwerben könnt.

✔ Fotos: Wir haben einen professionellen Fotografen engagiert, der uns während der Zeremonie fotografiert.

✔ Geschenke: Macht es Euch nicht schwer, legt uns einfach einen Taler ins Kuvert.

✔ Gästebuch: Wir halten für Euch ein digitales Gästebuch bereit und freuen uns auf kreative Aufnahmen!

✔ Hochzeitstorte: Werden wir zum Kaffee und Kuchen servieren.

✔ Hotels: *[Hier verweisen Sie auf die Hotelliste oder tragen die Daten der Hotels ein.]*

✔ Ideen: Für Ideen und Überraschungen wendet Euch bitte an unsere Trauzeugen.

✔ Junggesellenabschied: Bitte keine Stripclubs.

✔ Ja: Das wichtigste und schönste Wort an unserem Tag.

✔ Kinder: Für Kinder haben wir eine Betreuung gebucht.

✔ Kirche: *[Hier tragen Sie die Adresse Ihrer Kirche ein.]*

✔ Liebe: Der Grund, warum wir heiraten.

✔ Livemusik: Der Garant für eine lange Partynacht.

✔ Mitternacht: Für einen Snack ist gesorgt!

✔ Musik: Wir haben eine Liveband organisiert.

✔ Nachname: Wir tragen einen gemeinsamen Namen nach der Trauung: *[Ihr Name]*.

✔ Nachwuchs: Ist geplant, aber noch nicht unterwegs!

✔ Open End: Wir wünschen uns eine lange und ausgiebige Feier mit Euch.

✔ Polterabend: Lassen wir ausfallen.

✔ Quartiere: Wir halten Hotelzimmer für Euch bereit!

✔ Quak: Genug Frösche geküsst, der Prinz ist gefunden!

✔ Reden: Gerne kurz und knackig.

✔ Ringe: Haben wir selbst geschmiedet.

✔ Sonnenschein: Ist bestellt. Wir hoffen auf pünktliche Lieferung.

✔ Standesamt: *[Hier tragen Sie die Adresse Ihres Standesamtes und die Uhrzeit der Trauung ein.]*

✔ Trauzeugen: *[Hier tragen Sie die Namen Ihrer Trauzeugen ein]*. Sie stehen Euch unter *[Telefonnummer oder E-Mail-Adresse der Trauzeugen]* für Fragen und Überraschungen gerne zur Verfügung.

15 ➤ Geschlossene Gesellschaft – Einladungen richtig formulieren

✔ Überraschung: Wir freuen uns über Ideen und Überraschungen. Bitte mit unseren Trauzeugen absprechen!

✔ Unterkunft: *[Hier tragen Sie die Hotels ein oder verweisen auf den Buchstaben H.]*

✔ Video: Wir haben einen professionellen Videografen engagiert, der uns die Best-of-Szenen bereits am Abend unserer Hochzeit präsentiert!

✔ Webseite: Für noch mehr Informationen schaut auf: www.*[Ihre Webseite]*.de

✔ Windelträger: Vor Ort gibt es eine Wickelstation.

✔ XY ungelöst: Falls Ihr noch Fragen habt, ruft uns gern an!

✔ Youngsters: Für die Kleinen gibt es eine Kinderbetreuung.

✔ Yellow Press: Die örtliche oder überregionale Klatschpresse ist nicht eingeladen.

✔ Zusammen: Sind wir seit dem 13. August 2009.

✔ Zauberhaft: Soll dieser Tag für uns alle werden!

✔ Zusagen: Bitte bis zum 15. März 20XX.

Rückantwortkarten und ihre Inhalte

Sie haben mehrere Alternativen, eine Rückmeldung Ihrer Gäste bis zu einem festgelegten Datum zu erhalten: per Telefon, E-Mail, Internet oder persönlich. Das Datum ist für Ihre Planung entscheidend, denn Sie müssen zumindest der gebuchten Location mitteilen, wie viele Personen letzten Endes kommen und wer davon unter Umständen Allergiker ist, wer eine Kinderbetreuung braucht oder einen behindertengerechten Zugang benötigt. Neben der klassischen Variante Telefon oder E-Mail entscheiden sich viele Brautpaare dafür, der Einladung eine bereits fertig adressierte Antwortkarte beizulegen, und bitten die Gäste, diese ausgefüllt zurückzusenden. Ob Sie sie bereits frankieren, liegt in Ihrem Ermessen.

Eine Antwortkarte kann Fragen zu den folgenden Punkten beinhalten:

✔ Namen der Gäste, die kommen oder nicht kommen können

✔ Angaben zu Allergien, Wunsch nach vegetarischem oder veganem Essen, sonstige Anmerkungen zu besonderen Essgewohnheiten

✔ Namen und Alter der Kinder, die mitkommen, Wunsch einer Kinderbetreuung

✔ besondere Anmerkungen für das Brautpaar

✔ sofern von Ihnen angeboten, Bedarf an einem Shuttleservice vom Bahnhof, Flughafen oder vom Hotel zur Location

Mithilfe einer solchen Antwortkarte fällt Ihnen das Führen einer Antwortliste auch gleich leichter. Sie müssen nicht jedes Detail am Telefon erfragen und haben wahrscheinlich auch nicht immer Ihre Liste zur Hand, wenn jemand per SMS oder per Telefon zusagt. Erhalten Sie die Antworten per Postkarte, können Sie einige Karten sammeln und die Informationen dann gebündelt in Ihre Liste eintragen. Das erleichtert die Organisation erheblich.

Eine Antwort per Internet – also auf Ihrer Hochzeitswebseite – zu verlangen, ist sicherlich sehr praktisch. Sie können heute ohne große Probleme eine Webseite gestalten oder einen Anbieter buchen, der das für Sie übernimmt. Ein Antwortformular online einzustellen, spart Ihnen Druck- und eventuell auch Portokosten (wenn die Einladungskarte ohne Antwortkarte leichter und das Porto somit günstiger wird).

Auch wenn Sie meinen, dass das Formular leicht auszufüllen ist – denken Sie an Ihre Omas, Opas, Tanten und Onkel, die mit dem Internet nicht so vertraut sind. Laden Sie sie am besten persönlich ein und fragen Sie dabei nach besonderen Wünschen und Bedürfnissen.

Hochzeitswebseiten nutzen

Alle Informationen, die Sie in einer Einladungskarte unterbringen, können Sie auch auf einer Internetseite einstellen. So sparen Sie sich mit einer solchen »virtuellen Einladungskarte« das Drucken einer umfangreichen Karte. Ihren Trauspruch, das Hochzeits-Abc, die Hotelempfehlungen und das Formular für die Rückantworten lassen sich ohne Probleme auf der Webseite integrieren. Auch Fotos von Ihnen und ein Tagebuch, wie die Vorbereitungen auf Ihren großen Tag laufen, können Sie hier wunderbar einstellen. Wegbeschreibungen und Fotos von der Location oder auch der empfohlenen Hotels lassen sich gut mit einbauen. Wenn Sie nicht sicher sind, ob Sie solche Bilder einbauen dürfen, verlinken Sie auf die jeweiligen Homepages oder machen vor Ort Bilder, an denen Sie dann auch die Rechte haben. Wenn Sie Ihre Geschenkeliste über einen Onlinehochzeitstisch (mehr Informationen dazu finden Sie in Kapitel 10) anbieten, können Sie hier ebenfalls einen entsprechenden Link setzen.

Informationen zu Ihrer Hochzeitsreise, ein Gästebuch, in dem Ihre Gäste bereits vor der Hochzeit schon Kommentare hinterlassen können, sind ebenso beliebte Dinge, mit denen Sie Ihre Webseite füllen können.

Bitte schreiben Sie aber niemals Ihre Adresse auf die Webseite und auch nicht, von wann bis wann Sie in den Flitterwochen sind. Leider gibt es immer wieder Kriminelle, die genau nach diesen Informationen suchen und dann einen Einbruch planen, um geschenktes Geld oder auch sonstige Dinge aus Ihrem Hausstand zu stehlen, während Sie auf Hochzeitsreise sind.

Hochzeitswebseiten können eine Menge Informationen enthalten, die Sie Ihren Gästen mitteilen wollen. Überlegen Sie jedoch, ob es gerade im Zeitalter der elektronischen und leider oftmals sehr unpersönlichen Kommunikation nicht netter ist, bei diesem besonderen Anlass auf schön bedrucktes Papier und einen hübschen Umschlag zurückzugreifen. Wenn Sie sich für eine Webseite entscheiden, sollten Sie einen passwortgeschützten Bereich einbauen. Die Gäste erhalten per Post dann lediglich den Hinweis auf die Webseite sowie das Passwort, mit dem sie sich auf der Seite anmelden können, um mehr zu Ihrer Hochzeit zu erfahren.

15 ▶ Geschlossene Gesellschaft – Einladungen richtig formulieren

Einladungen richtig adressieren

Sie werden zu Ihrer Hochzeit unverheiratete Paare, verheiratete Paare, Singles, Familien, Personen mit oder ohne Titel und vielleicht auch Gäste aus dem Ausland (mit besonderen Formen der Adressierung) einladen. Dabei den Überblick zu behalten und die Namen auf dem Briefumschlag korrekt zu formulieren, ist nicht nur für die Zustellung des Briefes wichtig. Denn mit der Anrede auf dem Briefumschlag fühlen sich Gäste oft eingeladen oder auch von Ihrer Feier ausgeschlossen. Aus der Einladungskarte an sich geht ja nicht zwingend hervor, wer nun genau alles eingeladen wurde und wer nicht, da der Einladungstext meist an alle Gäste gerichtet ist und keine individuellen Anreden enthält. Familien mit Kindern im Jugendalter zum Beispiel sind oft verunsichert, ob die Kinder nun mitgebracht werden können oder nicht, wenn Sie dies im Adressfeld auf dem Briefumschlag nicht deutlich formuliert haben.

Auch wenn es sich um die Familie und gute Freunde handelt, manchmal sind sich Brautpaare nicht ganz einig, wie der Name der betreffenden Person oder der neuen Freundin geschrieben wird. Bevor Sie einen Namen falsch schreiben, fragen Sie lieber offen nach!

Adressen auf den Briefumschlägen

Wenn Sie sich an die Adressierung der Umschläge begeben, sollten Sie sich daher vorher bewusst machen, welche Einladungen an Familien, Singles, Paare oder Gäste mit Titel gehen. Möchten Sie eine ganze Familie einladen, so führen Sie alle Namen der Familienmitglieder auf, die sich im selben Haushalt befinden. Wollen Sie nur die Eltern einladen, so schreiben Sie nur die Namen und Nachnamen der Eltern ohne Kinder auf. Bei Singles bietet es sich an, nach dem Namen noch den Zusatz »und Gast« oder »und Begleitung« nach dem Namen des Empfängers aufzuführen. So machen Sie deutlich, dass der Empfänger eine Begleitung mitbringen kann.

Kürzen Sie zudem das Wort »und« nicht mit »u.« ab, sondern schreiben Sie es aus. Vermeiden Sie Abkürzungen bei der Adresse oder Initialen im Straßennamen. Sofern nötig, fügen Sie eine Postfachnummer hinzu. Denken Sie auch daran, dass Personen, die einen Titel tragen, oft Wert darauf legen, dass dieser auch korrekt bei der Adressierung mit aufgeführt ist. Den Titel setzen Sie dabei vor den Vornamen. Für die Adressierung der Umschläge sollte Ihre Handschrift leserlich und dem Anlass entsprechend elegant sein. Wählen Sie einen Stift mit blauer oder schwarzer Tinte und benutzen Sie immer denselben Stift für den Umschlag und für die Einladung.

Wenn Sie sich für ein besonderes Farbmotto entschieden haben, benutzen Sie einen Stift in dieser Farbe. Auch hübsche Schleifen, spezielle Aufkleber zur Hochzeit oder Strasssteine können den Umschlag und auch die Einladung optisch aufwerten.

Anstatt alles per Hand zu schreiben, können Sie jedoch auch Aufkleber nutzen. Wenn Sie sich für gedruckte Adressaufkleber entscheiden, lassen Sie sie von der Druckerei anfertigen, die auch die Karten entworfen hat. So sind die Schriftart, gegebenenfalls Ihr Monogramm und auch die Farben einheitlich. Sie können den Umschlag natürlich auch direkt bedrucken lassen. Stellen Sie dafür der Druckerei Ihre Gästeliste inklusive der Adressen zur Verfügung. Und vergessen Sie nicht: Auf jeden Briefumschlag gehört Ihr Absender. Entweder Sie geben ihn handschriftlich an oder Sie nutzen auch hier einen kleinen Aufkleber oder einen Adressstempel, den Sie auch später noch benutzen können.

Anreden in der Einladung

Adressen und Namen auf dem Briefumschlag sind das eine, Anreden in der Einladung das andere. In der Regel lassen Sie alle Einladungskarten mit einem einheitlichen Text drucken – also auch einer einheitlichen Anrede. Kaum jemand macht sich die Arbeit, die Hochzeitseinladungen mit der Hand zu schreiben.

Sie können in Ihrer Druckerei jedoch nachfragen, ob der Druck von Einladungskarten mit individuellen Anreden anstelle der allgemein formulierten Anrede »Wir laden Euch herzlich zu unserer Trauung ein« als kostenloser Service mit angeboten wird oder ob damit zusätzliche Kosten verbunden sind. Wenn Sie sich für individuelle Anreden für jeden einzelnen Gast entscheiden, müssen Sie der Druckerei eine Liste mit den Namen der Gäste geben, die auf die Einladungskarten gedruckt werden sollen, und auch markieren, ob Sie den Gast duzen oder siezen. Jeder Gast erhält so seine ganz eigene und sehr persönliche Einladung und auch Paare und Familien sehen sofort, an wen sie genau gerichtet ist. Sie können auch wenige Karten mit einer persönlichen Anrede drucken lassen und die anderen in der allgemeinen Euch-Form belassen. Oder Sie drucken alle Karten gleich, lassen aber Platz für die persönliche Anrede, die Sie dann handschriftlich – und möglichst leserlich – einfügen.

Zusagen und Absagen festhalten

Sie erwarten von jedem Gast eine simple Rückmeldung, ob er an Ihrer Hochzeit teilnimmt oder nicht. Das ist die einfachste Art der Rückmeldung. Sofern Sie auch Fragen zu Allergien und sonstigen Besonderheiten bezüglich des Essens, einer möglichen Kinderbetreuung, der Buchung eines Hotels oder des Shuttleservice gestellt haben, müssen Sie auch diese Informationen in Ihrer Antwortliste vermerken. Führen Sie in jedem Fall nur eine einzige Liste, in der einer von Ihnen oder nach Absprache Sie beide die Antworten der Gäste einpflegen.

Es empfiehlt sich, dass Sie sich die Aufgaben ganz klar teilen und nur einer von Ihnen die Liste führt. So kommen Sie sich nicht in die Quere mit vermeintlich »logischen« Bemerkungen in »Ihrer« Liste.

Überlegen Sie, welche Daten Sie in die Liste einpflegen wollen, und legen Sie dann am besten eine Excel-Tabelle an. Im Folgenden finden Sie eine Übersicht, welche Überschriften Sie über die einzelnen Spalten schreiben können. Suchen Sie das heraus, was für Sie infrage kommt. Einige Informationen können Sie bereits aus Ihrer Liste für die Einladungskarten kopieren.

- ✔ Nachname
- ✔ Vorname
- ✔ Straße und Hausnummer
- ✔ PLZ und Ort

15 ▸ Geschlossene Gesellschaft – Einladungen richtig formulieren

✔ Namen der Kinder (schreiben Sie diese in der Reihenfolge auf, in der Sie auch das Alter in der nächsten Zeile einfügen, zum Beispiel Marcel, Nina, und direkt darunter 9, 12)

✔ Alter der Kinder

✔ Anzahl Zusagen

✔ Anzahl Absagen

✔ Kinderbetreuung gewünscht

✔ Name Allergiker

✔ Name Vegetarier

✔ Name Veganer

✔ Name sonstige Besonderheiten

✔ Hotelbuchung über Brautpaar nötig

✔ Gast wünscht Styling durch Stylistin auf Hotelzimmer

✔ Styling gebucht über Brautpaar/Uhrzeit Styling

✔ Doppelzimmer/Einzelzimmer/Beistellbett nötig

✔ Zimmer wurde gebucht am/im

✔ Hotelzimmer wird vom Brautpaar bezahlt

✔ Shuttleservice von wo nach wo mit Datum und Uhrzeit (gegebenenfalls auch Ankunftsgleis oder Ankunftsterminal)

✔ Gast erhält Willkommensgeschenk auf dem Zimmer

Im Wesentlichen sind dies die Überschriften, die Sie in die erste Zeile setzen können. Sie können dann einfach ein X in die entsprechende Zeile setzen oder notieren die relevanten Informationen in der Zeile. Excel bietet die Möglichkeit, die Tabelle nach bestimmten Kriterien zu sortieren, sodass Sie die Namen der Gäste alphabetisch sortieren oder die Tabelle so umstellen können, dass beispielsweise alle Gäste mit Allergien oben stehen. So verlieren Sie nicht den Überblick, welche Informationen Ihnen noch fehlen.

Um alles im Blick zu behalten, können Sie auch mit unterschiedlichen Farbmarkierungen arbeiten. Alles, was mit Rot markiert ist, ist noch offen. Grün bedeutet, dass alles komplett erledigt ist, und so weiter. Nutzen Sie so viele Farben, wie Ihnen lieb ist. Markieren Sie Veganer ganz in Gelb, Vegetarier vielleicht in Blau und Allergien in Orange. Arbeiten Sie immer so, wie es Ihnen am besten passt. Die schönste Tabelle mit den leuchtendsten Farben bringt Ihnen nicht viel, wenn Sie damit nicht klarkommen.

Die Dekoration

In diesem Kapitel

▶ Mit der richtigen Dekoration die Location und Feier in Szene setzen

▶ Blumen für Trauzeugen, Bridesmaids und Kinder

▶ Wichtige Kriterien für die Wahl eines Floristen

Es gibt heute unendlich viele Möglichkeiten, die Säle, die Trauzeremonie oder auch die Braut mit floralen und anderen Dekorationsmitteln auszustatten. Oft ist die Auswahl im Internet so groß, dass viele Bräute im ersten Moment verzweifeln, da sie sich nicht mehr entscheiden können, in welche Richtung es mit der Dekoration gehen soll. Gut gemeinte Ratschläge aus der Familie und dem Freundeskreis erhöhen oft noch die Verwirrung, statt dass Ordnung in das Gedankenchaos kommt.

In diesem Kapitel erfahren Sie, welche Möglichkeiten der Dekoration Sie haben und welche Bereiche Sie zum Beispiel in oder an der Location mit einbeziehen können, aber nicht müssen. Die Entscheidung, welche Dekoration für Sie die richtige ist, kann ich Ihnen leider nicht abnehmen. Sie erhalten in diesem Kapitel einen Überblick über verschiedene Elemente der Dekoration, an die Sie vielleicht noch nicht gedacht haben oder von denen Sie noch gar gehört haben. An Blumen denkt jede Braut sofort, wenn es um die Dekoration geht. Aber auch Lichtquellen, Feuertöpfe, Wandverkleidungen und andere Elemente, die im Folgenden vorgestellt werden, gehören in diesen Bereich und helfen, Ihre Location und Feier aufzuwerten. Grundsätzlich wählen Sie bei der Planung Ihrer Hochzeit immer zuerst eine Location aus, in der Sie feiern oder sich auch trauen lassen wollen. Befassen Sie sich vorher am besten gar nicht oder nur wenig mit dem Thema Dekoration, denn einen barocken Saal dekorieren Sie ganz anders als eine rustikale Partyscheune oder den Raum eines Restaurants. Seien Sie also beruhigt und verlassen Sie sich auch auf den Rat eines professionellen Hochzeitsplaners, der Ihnen ein Dekorationskonzept schreiben kann, oder eines Floristen, der Sie kompetent zu dekorativen Elementen berät.

 Gehen Sie Schritt für Schritt bei Ihrer Planung vor, dann wachsen Ihnen die einzelnen Schritte auch nicht über den Kopf. Wenn Sie das Kleid gewählt und auch die passende Location gefunden haben, haben Sie bereits eine erste Grundlage geschaffen, in welche stilistische Richtung Ihre Dekoration mit den entsprechenden Elementen gehen soll.

Dekoration der Location

Haben Sie Ihre Traumlocation gefunden und fest reserviert, so liegen Ihnen zu diesem Zeitpunkt sicherlich auch die allgemeinen Geschäftsbedingungen oder andere Vorgaben der Location vor. In manchen Fällen sind hier Besonderheiten zu Kerzen auf den Tischen, auf den

Böden und in den Fensternischen oder zum Abhängen der Wände mit Stoff, dem Anbringen von Dekorationsgegenständen an Wänden und Decken und so weiter festgehalten.

Deutschland, das Land der Bürokratie

Ich kenne Locations, in denen ein Mitarbeiter der Feuerwehr ab einer bestimmten Personenzahl aus Brandschutzgründen vor Ort sein beziehungsweise die Dekoration offiziell genehmigen muss. In diesem Fall müssen alle Materialien nach DIN-Norm schwer entflammbar sein – ein nicht unerheblicher Aufwand, solche Materialien zu beschaffen. In anderen Locations ist das Aufstellen von Kerzen nur auf bestimmten Untersetzern genehmigt, da es sich um ein denkmalgeschütztes Gebäude mit ebensolchen Möbeln handelt. Erkundigen Sie sich also in jedem Fall nach solchen Vorschriften, bevor Sie mit der Planung Ihrer Dekoration beginnen oder wenn Sie unsicher sind!

So kompliziert muss es jedoch nicht immer sein. Es kann Ihnen auch ein Teil der Dekoration bereits durch vorhandenes Material vor Ort abgenommen werden. In manchen Fällen ist in dem Pauschalpreis, den Sie pro Person für Ihre Hochzeitsfeier vor Ort bezahlen, auch eine Grunddekoration im Außenbereich und/oder auf den Tischen inklusive. Lassen Sie sich Beispielbilder vergangener Hochzeiten und Tischdekorationen zeigen. Oft haben Sie die Wahl zwischen verschiedenen Farben und auch Blumensorten. Wenn Ihnen die vorhandene Dekoration so ausreicht, müssen Sie nicht noch einmal extra Geld ausgeben und haben mehr finanziellen Spielraum in anderen Bereichen Ihrer Hochzeitsplanung.

Stimmungsvolle Ideen für den Außenbereich

Licht ist ein besonders schönes Gestaltungsmittel. Mit Fackeln oder Lichtertüten, die die Auffahrt oder den Weg zum Eingang Ihrer Location säumen, können Sie eine feierliche Atmosphäre schaffen. Sie können die Fackeln und Lichtertüten zudem bereits vor der Ankunft der ersten Gäste an Ihrem Hochzeitstag aufstellen und sie erst am Abend anzünden lassen. Auch einen Innenhof können Sie mit diesen Elementen dekorieren. Alternativ sind große Wachskerzen, Flammschalen oder LED-Lichterbögen passende Accessoires, die dem Außenbereich eine ganz persönliche und romantische Note geben können.

 Mit Strahlern in verschiedenen Stärken können Sie ganze Außen-, aber auch Innenbereiche optisch aufwerten. Bäume und Pflanzen können im Außenbereich weiß oder farbig angestrahlt werden. Ebenso die Außenwände der Location. Foyer und Saal verwandeln sich von einem anfangs vielleicht eher öde wirkenden Raum schnell – und kostengünstig – in einen echten Hingucker!

Wenn Ihnen die Dekoration sehr wichtig ist und Sie daher bereit sind, etwas tiefer in die Tasche zu greifen, empfehle ich Ihnen Blumenbögen oder einzelne Blumen mit langen Satin- oder Organzabändern, die an – im Boden befestigten – Tomatenranken hängen. Sie können sich zudem kleine Bäumchen und Pflanzen in Gefäßen von einem Floristen leihen, die Ihnen Sichtschutz vor anderen Gästen auf dem Gelände geben, oder den Einfahrts- und Eingangsbereich etwas grüner gestalten, wenn dieser eher »nackt« wirkt.

16 ▶ Die Dekoration

Amerikanische Vorbilder

Sofern es eine lange Auffahrt oder einen Innenhof in der Location gibt, bietet es sich unter Umständen an, den Weg zum Eingang in den Saal mit Fackeln oder Lichtertüten zu säumen. Aus amerikanischen Filmen kennen viele von Ihnen sicherlich auch Fontänen, aus denen bei der Ausfahrt des Brautpaares Feuerwerke in die Höhe schießen. Dies ist in Deutschland wenig sinnvoll, da das Brautpaar hierzulande mit den Gästen bis zum Schluss feiert und bei der Einfahrt des Brautpaares nicht alle Gäste im Außenbereich stehen beziehungsweise es noch hell genug ist, sodass der Effekt unter Umständen verloren ginge.

Eine weitere schöne Dekorationsidee können Holzschilder sein, die den Gästen den Weg in die Location, zur Trauung oder anderen Orten weisen. Sie können solche Schilder bei professionellen Anbietern oder Hochzeitsplanern kaufen oder, mit etwas handwerklichem Geschick, selbst gestalten und aufstellen. Auch Ballons sind ein schönes Element für die Außendekoration, das das Gesamtbild und auch die Hochzeitsfotos aufwerten kann.

Sie können die Ballons selbst mit Helium befüllen und somit Kosten sparen. Doch das Befüllen kann viel Zeit in Anspruch nehmen. Als Brautpaar sollten Sie sich nicht darum kümmern müssen. Auch die Heliumflasche ist bereits ab einer relativ kleinen Größe sehr schwer und muss von einem Fachhändler ausgeliehen werden. Bei starker Sonneneinstrahlung können Heliumballons platzen, bei Regen in sich zusammensacken und am Boden liegen. Bei Wind hingegen verheddern sich die Schnüre der Ballons sehr schnell. Wenn Sie die Ballons für eine spätere Aktion noch einmal verwenden wollen, ist das Auseinanderfummeln der Ballonschnüre so gut wie unmöglich.

Je nachdem, wie aufwendig Sie die Ballondekoration gestalten wollen, ist es ratsam, einen professionellen Anbieter zu beauftragen. Er kann Ihnen zudem nach Absprache die Ballondekoration vor Ort entsprechend zeitnah zu Ihrer Trauung beziehungsweise der Ballonaktion herrichten. Am Abend können Sie zum Beispiel auch mit heliumgefüllten Ballons arbeiten, an denen ein kleines LED-Licht befestigt ist. Der Lichteffekt beim Steigenlassen der Ballons ist besonders schön. Ein professioneller Anbieter kann zudem genau abschätzen, wie groß die Ballons sein müssen, damit sie auch mit dem LED-Licht ohne Probleme in die Luft steigen. Auch ein dekorierter Tisch mit kleinen Snacks sowie Getränkeflaschen und -dosen in einem edlen Silbercooler, mit Ihrem Namen und Hochzeitsdatum individualisiert, zählt zu den ersten Eindrücken, die Ihre Gäste mitnehmen und im weiteren Sinne auch zur Dekoration.

Generell sollte sich der erste Eindruck des Außenbereichs in Stil und Farbe auch im Innenbereich und bei der Trauung (dazu erfahren Sie mehr im Abschnitt »Dekorationen in der Kirche und bei der freien Trauzeremonie« weiter hinten in diesem Kapitel) widerspiegeln.

Tisch- und Stehtischdekorationen

Stehtische können im Außenbereich oder im Flur beziehungsweise Foyer der Location stehen. Die Dekoration auf den Stehtischen sollte nicht zu üppig sein, da sich die Gäste in kleinen Gruppen an den Tischen aufhalten, um ihre Gläser, Kuchenteller, gereichte Snacks und auch Geschenke kurz abzustellen. Auch Aschenbecher, wenn im Außenbereich oder im Foyer geraucht wird, gehören auf die Stehtische, damit die Gäste ihre Zigaretten nicht auf den Boden im Hof werfen. Stehtische könne mit lockeren sogenannten *Hussen* (weißen oder andersfarbigen Überzügen) oder Stretchhussen verkleidet werden. Stretchhussen werden stramm über den Tisch gezogen und fest an den Tischbeinen befestigt. Normale Tischhussen fallen locker am Tisch herunter und können mit einem weißen oder andersfarbigen Schleifenband zusammengeknotet werden. Das Schleifenband kann dabei auch quer über den Tisch verlaufen, sodass sich die Farbe Ihrer Wahl mehrfach widerspiegelt.

Bei Stretchhussen ist es möglich, dass ein LED-Licht unter dem Tisch angebracht wird, das ein einheitliches oder wechselndes Licht durch die Husse schimmern lässt. Das LED-Licht sollten Sie erst bei Einbruch der Dunkelheit aktivieren. Die Laufzeit solcher akkubetriebener Lichter liegt bei etwa sechs bis acht Stunden. Es wäre schade, wenn der Akku gerade bei völliger Dunkelheit zur Neige ginge, da er bereits seit dem Nachmittag auf Hochbetrieb läuft.

LED-Licht für ausgefallene Inszenierungen

Nicht ganz günstig, aber in ihren Effekten kaum schlagbar, wenn Sie LED-Licht mögen, sind beleuchtete LED-Möbel für den Außen- und auch Innenbereich. Neben der dezenten Beleuchtung durch ein LED-Licht unter der Tischhusse zählen hierzu komplett ausgeleuchtete Tische. Auch diese können in ihrer Farbgebung variieren und verzaubern den ganzen Außen- oder Innenbereich, je nachdem, wo Sie sie platziert haben. Diese Tische werden von Brautleuten aufgrund der nicht ganz geringen Kosten für die Anmietung oft als Highlight als sogenannte *Loungeecke* eingesetzt. Zu weißen Loungemöbeln wie Sesseln oder Couchen werden die beleuchteten Tische als farbliches Highlight zum Einsatz gebracht.

Da die Dekoration auf den Stehtischen nicht allzu viel Platz einnehmen sollte, bieten sich in der Regel kleine Glasgefäße mit neutralem oder farbigem Wasser mit mehreren oder auch nur einer Blume darin an. Dabei orientieren sich die Blumen auf den Tischen an den Blumen, die auch sonst auf der Hochzeit verwendet werden. Die Blumen können natürlich auch als kleine Kugeln oder Gestecke auf den Tischen stehen. Alternativ können Sie eine kleine Kerze verwenden – bestenfalls in einem Glasgefäß, um sie vor Wind zu schützen. Ihrer Fantasie sind hier keine Grenzen gesetzt.

Vielleicht ist Ihre Hochzeit eher mediterran angehaucht, sodass sich kleine, mit schönen Sprüchen versehene Terrakottatöpfchen auf den Tischen anbieten, inklusive darin gepflanzter Blumen oder Pflanzen. Auch Kräuterpflanzen in silbernen Übertöpfen mit einer Schleife Ihrer Farbwahl machen sich toll. Herzen aus Moos oder mittelhohe Vasen sehen besonders edel aus. Lassen Sie sich auch hier von Ihrem Floristen inspirieren. Insgesamt sollte alles aufeinander abgestimmt sein. So sollten Sie im Fall der Terrakottatöpfchen auf einen LED-beleuchteten Tisch verzichten.

Bei der Dekoration der Banketttische, also den Tischen, die Sie im Festsaal aufstellen lassen, hängt die Art der Dekoration zum einen davon ab, ob die Tische rund oder eckig sind und wel-

16 ▶ Die Dekoration

che Farbe die Tischdecken haben. Zum anderen spielt auch die Breite beziehungsweise der Durchmesser der Tische eine wichtige Rolle. Warum denn das, fragen Sie sich jetzt vielleicht? Nun, die meisten Brautpaare vergessen bei den ersten Überlegungen, wie üppig die Dekoration auf den Tischen sein soll, welche Elemente bereits auf den Tischen stehen.

Bedenken Sie also, dass auf jedem Tisch von Beginn an die Gläser für Weine und Wasser stehen. Haben Sie Weiß- und Rotweine zur Auswahl, sind es drei Gläser, denn zu jedem Wein gibt es ein anderes Glas plus ein Wasserglas für jeden Gast. Hinzu kommt das Besteck. Da Sie entweder ein mehrgängiges Menü anbieten oder ein Buffet, kann die Anzahl der Bestecke auf den Plätzen der Gäste variieren. Sie werden aber Besteck für die Vorspeise, den Hauptgang und den Nachtisch vorfinden. Ebenso kann das Besteck erweitert werden, wenn Sie mehr als drei Gänge anbieten. Dann finden sich unter Umständen auch spezielle Fisch- oder Fleischbestecke auf den Plätzen wieder. Ebenso erhält jeder Gast eine Serviette. Auch bei einem Buffet sollte die Serviette bereits auf dem Platz der Gäste liegen oder stehen. Unter Umständen liegt auf jedem Platz ein silberner oder gläserner Platzteller; dies kann den Tisch insgesamt sehr edel wirken lassen.

Sie bieten jedem Gast ein Gastgeschenk an? Dann befinden sich auch diese bereits auf den Tischen, unter Umständen kombiniert mit der Tischkarte, also dem Namensschild des Gastes, oder das Namensschild steht noch einmal separat auf dem Platz.

In der Regel stehen auch Wasserkühler auf den Tischen. Auch Menükarten, Getränkekarten und Tischnummern sind feste Bestandteile, die Sie auf den Tischen wiederfinden. Haben Sie sich grundsätzlich schon für niedrige oder hohe Kerzenleuchter entschieden, so muss die restliche Dekoration auch um dieses Element herum geplant werden. Viele Brautpaare gehen heute dem Trend nach, Einwegkameras auf den Tischen zu verteilen, ebenso wie kleine Booklets mit Stiften, in denen die Gäste Kommentare zur Feier oder zum Brautpaar hineinschreiben können. Auch Ministaffeleien mit kleinen Sprüchen zu dem jeweiligen Tisch und seinen Gästen können zu den Dingen gehören, die Sie auf den Tischen wiederfinden.

 All diese Elemente nehmen nicht unerheblich Platz ein, sodass die Blumen, Kerzen, das Streumaterial und sonstige zu planende Dekorationselemente in vielen Fällen nicht mehr so umfangreich ausfallen müssen. Hier können Sie also gut und gerne den ein oder anderen Euro sparen!

Nichtsdestotrotz möchte jedes Brautpaar neben diesen Elementen natürlich auch Blumen und Beleuchtungselemente wie Kerzen, Kerzenleuchter, Knicklichter oder LED-Lichter auf den Tischen arrangieren. Die Palette ist auch hier groß und sollte sich in erster Linie an dem Stil der Location und Ihren Vorlieben orientieren.

Nicht jede Blume blüht zu jeder Jahreszeit. Lassen Sie sich von Ihrem Floristen beraten, welche Blumen Saison haben und welche Blumen miteinander korrespondieren, mit andern Worten gut miteinander kombiniert werden können. Fragen Sie auch nach Alternativen, wenn die Blume Ihrer Wahl in dieser Saison besonders teuer im Einkauf ist. Vielleicht können Sie sich auch mit einer anderen Sorte, aber in der gleichen Farbe anfreunden und sparen dadurch einen nicht unerheblichen Betrag!

Blumen lassen sich verschiedenartig anrichten. So können Sie sich für runde, knubbelige Arrangements auf den Tischen entscheiden, ebenso wie für lockere und herabhängende Blumenvarianten, die Sie von den hohen Kerzenleuchtern herabfließen lassen. Auch hohe oder niedrige Vasen sind in ihrem Erscheinungsbild ganz unterschiedlich. Gefäße müssen Sie nicht kaufen, ebenso wenig wie Kerzenleuchter. Sie können sie bei Ihrem Floristen, bei einem Hochzeitsplaner sowie anderen Anbietern ausleihen. Ein professioneller Florist wird Ihnen in seiner Werkstatt verschiedene Gefäße und Kataloge zeigen können, wie die Dekoration arrangiert werden kann. Besprechen Sie gemeinsam, welche Elemente noch auf Ihrem Tisch stehen und was Sie sich an Blumenschmuck wünschen. Auf dieser Basis wird dann ein Angebot erstellt, die Grundlage für Ihren Auftrag an den Floristen.

Lassen Sie die gesamte florale Dekoration aus einer Hand liefern. Floristik ist Handwerk und jeder Handwerker hat seine ganz eigene Handschrift. Um nicht im Stil abzuweichen, sollte also alles vom Brautstrauß über den Anstecker für den Bräutigam, die Blumen für die Trauzeugen, unter Umständen der Haarschmuck oder Ähnliches für die Blumenkinder und so weiter bis hin zur Tischdekoration aus einer Hand kommen. Sie sparen dadurch zudem doppelte Lieferkosten.

Auch die Papeterie, also alles, was bedruckt und gedruckt wird, gehört zur Dekoration und sollte bei Ihren Überlegungen, welche Blumen und Beleuchtungselemente Sie wählen, berücksichtigt werden! Ausführliche Informationen zu Papeterien erhalten Sie in Kapitel 14. Schauen Sie dazu gerne auch auf www.meine-papeterie.de, um sich Anregungen zu holen, in welchem Stil Sie Ihre Hochzeit feiern und Ihre Tischdekoration hierzu gestalten wollen.

Dekoration auf den Toiletten

Auch der Toilettenbereich kann dekoriert werden und muss nicht »stiefmütterlich« behandelt werden. So können Sie Ihren Gästen beispielsweise sogenannte WC-Körbchen mit Artikeln zur Hygiene, Zahnpflege, Haarspray oder Haargel und anderen kleinen Aufmerksamkeiten zur Verfügung stellen, die zeigen »Wir denken an euch«. Vergewissern Sie sich im Vorfeld, dass auch Platz im Waschbereich für die Körbchen ist. In manchen Fällen ist der Platz so knapp bemessen, dass sich ein Körbchen dort leider nicht platzieren lässt. Auch könnte es sein, dass Sie sich die Toilettenanlagen mit anderen Gästen in der Location teilen müssen.

Rosenblätter, kleine Kerzen in Glasgefäßen oder auch Duftgefäße verleihen den Toilettenanlagen eine persönliche Note. Auch bedrucktes Toilettenpapier als kleiner Gag kommt bei den Gästen gut an. Insbesondere die Damen schätzen zudem Hygienetücher oder Hygienesprays auf den WCs.

Sofern Sie Familien mit kleinen Kindern dabeihaben, sorgen Sie im besten Fall für einen separaten Raum, in dem die Kinder gewickelt werden können. Ein Tisch, Hygienespray und möglichst eine Wickelauflage erleichtern den Eltern die Versorgung der Kinder enorm!

Dekorationen in der Kirche und bei der freien Trauzeremonie

Als Braut in spe haben Sie sich in Ihren Vorstellungen bestimmt schon einige Male zum Altar schreiten sehen. Egal ob Sie von Ihrem Vater oder von einem anderen Vertrauten geführt werden oder zusammen mit Ihrem zukünftigen Ehemann eingehakt Richtung Altar laufen, die Dekoration wird Ihren Weg säumen. Auch hier gibt es schöne Möglichkeiten, Ihre Ideen und den sogenannten roten Faden wieder aufzugreifen, der sich im besten Fall bereits von den Drucksachen über die Hochzeitstorte bis hin zur Dekoration in Ihrer Location durchzieht.

Dekoration der Außenbereiche

Die allgemeinen Außenbereiche der Location, in der Sie feiern, habe ich im vorangegangenen Abschnitt angesprochen. Allerdings kann es ja auch sein, dass Sie sich an dem gleichen Ort frei trauen lassen, an dem Sie dann auch mit den Gästen feiern.

Benutzen Sie Ihre Trauungsdekoration wieder! Zum Beispiel stellen Sie das Gesteck vom Altar auf Ihren Brautpaartisch und streuen Sie die Blütenblätter auf die Ablageflächen auf den Toiletten aus. Geben Sie den weiblichen Gästen die Blumen, die an den Bänken oder Stühlen befestigt waren, als Geschenk mit nach Hause und befestigen Sie den Blumenschmuck Ihrer Traustühle an den Stühlen an Ihrem Brautpaartisch. Gehen wir zunächst einmal davon aus, dass Sie kirchlich heiraten und den Außenbereich der Kirche etwas schmücken wollen.

 Sprechen Sie bei der Planung der Dekoration in jedem Fall vorher mit dem Pfarramt beziehungsweise mit den Pächtern der Location. Unter Umständen sind nicht alle Elemente wie Leihpflanzen oder auch Ballons erlaubt. Zudem dürfen Grünflächen vielleicht nicht einfach so betreten werden oder andere Regulierungen erlauben Ihnen nicht, die Deko so zu gestalten, wie Sie es anfangs vorhatten.

Der Außenbereich von Kirchen kann ganz unterschiedlich aussehen. Viele Brautpaare wünschen sich bereits hier einen roten oder weißen Teppich, der dem ganzen Ambiente noch einmal die besonders festliche Note verleiht. Zudem können Sie kleine Buchsbäume in schönen Vasen mieten, in die Sie dann Seidenbänder einstecken, die leicht im Wind flattern. Auch einen Rosenbogen vor der Eingangstür finden manche Brautpaare besonders schön.

 Bei besonders schweren oder sperrigen Dekorationselementen sollten Sie im Vorfeld abklären, wer diese Elemente nach der Trauung wieder abbaut. Zum einen muss diese Person kräftig genug sein, unter Umständen Wechselklamotten zur Verfügung haben, falls Erde oder auch Blütenstaub auf dem Kleid oder dem Anzug landet, zum anderen muss auch der Platz im Fahrzeug vorhanden sein. Ein Teppich zum Beispiel muss gerollt, getragen und transportiert werden. Gemietete Pflanzen müssen hingegen aufrecht transportiert werden, um die Blumenerde nicht zu verschütten.

Gibt es links und rechts des Kircheneingangs eine Rasenfläche, so denken Sie über sogenannte Tomatenranken nach, die mit Blumen, Satinbändern oder auch kleinen Glasvasen verziert werden können. Eine leichte Brise bringt die Bänder in Bewegung, die Ihnen und den Gästen den Weg zur Kirche säumen, ein schöner Anblick, nicht nur für Ihre Erinnerungsfotos. Lassen Sie sich hingegen frei vor Ort trauen, können Sie die Außendekoration etwas aufwendiger gestalten, als dies auf Kirchengrund möglich ist. Auch hier können Sie zum einen die gleichen Elemente wählen wie im Außenbereich einer Kirche. Aber auch große Ballontrauben oder üppige Rosenbögen stören in der Regel bei einer freien Trauzeremonie niemanden.

Bei großer Hitze lassen Sie die mit Gas gefüllten Ballontrauben lieber im Schatten stehen, da sie bei starker Sonneneinstrahlung schnell platzen. Bei viel Wind reiben die Ballons zudem aneinander, was eine Geräuschkulisse erzeugt, die bei einer Rede zur Trauung eher störend wirkt.

Heiraten Sie auf einer grünen Wiese mit Bäumen um Sie herum, so gestalten Sie den Außenbereich besonders schön und romantisch, wenn Sie Dekorationselemente in die Bäume hängen. Dies können bei dem sogenannten *Vintage Look* kleine und große verzierte Vogelkäfige sein, Glasgefäße, in denen Kerzen für den Abend eingelassen sind, oder wiederum lange mehrfarbige Satinbänder. Auch Lampions sehen besonders schön aus! Ihrer Fantasie sind hier keine Grenzen gesetzt. Holen Sie sich aber immer die Erlaubnis der Pächter oder Inhaber der Location ein!

Ein Teppich in der Farbe Ihrer Wahl hat im Außenbereich, insbesondere auf einer Wiese, nicht nur optische Vorzüge. Bedenken Sie, dass Sie als Braut in den meisten Fällen Schuhe mit einem relativ hohen Absatz tragen und die Gefahr besteht, dass Sie im Gras einsinken. Mit einem Bodenbelag wie einem Teppich kann dies nicht passieren. Sie können alternativ auch einen Holzboden verlegen lassen, auf dem Sie zum Altar schreiten. Diesen müssen Sie aufgrund der Konstruktion nicht wie einen Teppich an den Seiten und Enden mit langen Nägeln, Stangen oder Ähnlichem fixieren.

Der Braut- und Wurfstrauß

Ein Brautstrauß gehört zu der Ausstattung jeder Braut einfach dazu. Abgestimmt auf Farbe und Stil von Brautkleid, Frisur und Make-up sowie den Wünschen der Braut komplettiert dieser Blumenschmuck das Outfit perfekt. Traditionell sucht der Bräutigam den Brautstrauß aus und bringt ihn mit zur Trauung. Allerdings findet diese alte Tradition kaum noch Anwendung, da die Bräute alles rund um das Thema Dekoration und Blumenschmuck oft lieber selbst in die Hand nehmen.

Die Blumen in Ihrem Strauß sollten Sie der Jahreszeit entsprechend wählen, zudem sollten Sie sich nicht für zu empfindliche Blumen entscheiden, die bereits nach ein oder zwei Stunden die Köpfe hängen lassen. Von eingefärbten Elementen wie zum Beispiel blauen oder schwarzen Rosen ist wegen der Gefahr des Abfärbens eher abzuraten. Auch Blumen mit einem großen Blumenstempel, also mit viel Blütenstaub, sind für den Brautstrauß eher ungeeignet, da sie unschöne Flecken auf dem Brautkleid hinterlassen können. Ein professioneller Florist wird diese sogenannten Staubgefäße allerdings auch entfernen können.

16 ➤ Die Dekoration

Blumensorte	Bedeutung
Adonisröschen	schmerzliche Erinnerung
Alpenrose	Sehnsucht nach Wiedersehen
Amaryllis	Stolz
Anemone	verlassen fühlen
Belladonna	schön, aber keineswegs ungefährlich
Butterblume	Undankbarkeit
Calla	Bewunderung, Schönheit

Chrysanthemen
    gelbe:
    weiße:
    rote:
	freies Herz
	    Oberflächlichkeit
	    Aufrichtigkeit
	    innige Liebe

Dahlie	vergeben sein
Dotterblume	Erwartung
Heidekraut	Einsamkeit
Hortensie	Wichtigtuerei
Hyazinthe	Kälte, Abweisung
Jungfernrebe	geschwisterliche Liebe
Kamille	Eifersucht
Klatschmohn	Schweigen
Krokus	noch Zeit brauchen, Geduld
Löwenmaul	gute Vorsätze ins Wanken bringen
Margeriten	Abweisung, Abwendung
Mohn	Nacht, Gefängnis
Moosrose, Wildrose	Weigerung, Ungeduld
Nachtschatten	unbegründete Eifersucht
Narzisse	Eitelkeit, Egoismus

Nelke
    gelb:
    rot:
	
	Verachtung
	innige Liebe, unerfüllte Leidenschaft

Pfingstrose, weiße	Scham
Rhododendron	Sehnsucht
Rose, gelb	Eifersucht, Untreue
Tulpe	Gefühlskälte
Weißdorn	Klugheit, Hoffnung
Zitrone	unerfüllte Bitte
Zypresse	unglücklich

Tabelle 16.1: Bedeutung verschiedener Blumen

Im Laufe des Abends wird traditionell der Strauß von der Braut in die Menge der unverheirateten Frauen geworfen. Die glückliche Fängerin darf den Strauß behalten und soll der Tradition nach die nächste Braut sein. Wenn Sie Ihren Brautstrauß jedoch als Erinnerung an Ihren Hochzeitstag behalten möchten, lassen Sie sich einen sogenannten *Zweitstrauß* oder auch *Wurfstrauß* anfertigen. Dieser ist oft eine Miniatur des richtigen Brautstraußes.

Ich werde von Bräuten oft nach der besonderen Bedeutung von bestimmten Blumensorten gefragt. Natürlich möchte keine Braut und auch kein Bräutigam im wahrsten Sinne des Wortes etwas Falsches »durch die Blume« sagen. Wie bei so vielen Traditionen sollte es jedoch in erster Linie um Ihre Vorlieben und nicht um eine vermeintliche Bedeutung der bestimmten Blumensorte gehen. Um Ihnen ein paar Beispiele aufzuzeigen, welche Blume angeblich welche Bedeutung hat, finden Sie in Tabelle 16.1 eine kleine Auswahl.

Widmen wir uns nun doch lieber wieder den schönen Dingen rund um den Brautstrauß wie der Form. Die Form eines Brautstraußes lässt sich in vier Grundformen einteilen.

Die Biedermeier oder auch Kugelform

Der Biedermeierstrauß ist der Klassiker unter den Sträußen. Der Strauß wird zentral zusammengebunden, sodass er eine einfache und runde Form erhält. Er wirkt dadurch sehr elegant und passt zu jedem Brautkleid. Ein Brautstrauß in dieser Form kann entweder sehr kompakt oder locker gesteckt werden, es ergeben sich außerdem viele Gestaltungsmöglichkeiten, indem Tüll, Kreppapier, Schleifen, Perlen oder sonstige Dekorationselemente hinzugefügt beziehungsweise eingefügt werden. Beliebt ist auch die sogenannte *Zeptervariante*, bei der die Stiele der Blumen des Brautstraußes fest zusammengebunden werden und etwas länger aus dem Strauß herausragen. Die Braut hat den Strauß so fest in der Hand.

Die Tropfenform oder Wasserfallform

Wegen ihrer herunterfließenden Form passen diese Sträuße besonders gut zu langen Brautkleidern mit Schleppe und zu hochgewachsenen Bräuten. Bei dieser Bindung fallen Blüten und Ranken herab und umspielen das Brautkleid. Bei der Tropfenform läuft der herabhängende Teil spitz zu, bei der Wasserfallform bleibt die Form im abfallenden Teil eher gleich. Ein wasserfallförmiger Strauß kann aus fast allen Blumen gebunden werden.

Der Armstrauß

Der Armstrauß passt sehr gut zu eher schlichten, aber zugleich elegant wirkenden Kleidern. Dabei wird der Strauß nicht in der Hand, sondern quer über dem Arm getragen. Besonders langstielige Blumen wie zum Beispiel die Calla eignen sich gut für diese Straußform. Gerade durch seine Einfachheit wirkt dieser Brautstrauß sehr exklusiv.

16 ➤ Die Dekoration

Besondere Brautstraußformen

Natürlich können Sie auch eine ganz andere Form wählen. Es gibt Sträuße, die wie eine Handtasche aussehen oder zu Ringen, Spiralen oder Herzen gebunden sind. Diese Formen des Brautstraußes sind sehr individuell und sollten immer in Absprache mit dem Floristen angefertigt werden.

Welche Farben Sie für den Strauß wählen, hängt davon ab, welche Farben sich auch in der sonstigen Dekoration widerspiegeln, welche Blumen Saison haben und ob Sie auch hier, wie bei den Blumensorten, Wert auf »Interpretation« bei der Farbwahl legen. Schauen Sie sich dazu Tabelle 16.2 an.

Farbe der Blume	Bedeutung
Weiß	Diese Farbe verkörpert Reinheit und Unschuld, Ehrlichkeit, Eleganz und Anmut. Teilweise werden weiße Blumen heute noch als klassische Friedhofsblumen angesehen und deshalb auch mit dem Tod in Verbindung gebracht.
Rot	Rot, die Farbe der Liebe! Je dunkler der Rotton, desto größer Zuneigung und Leidenschaft.
Blau	Blaue Blumen stehen für Treue und Beständigkeit.
Grün	Die traditionelle Farbe der Hoffnung strahlt Kraft aus und steht für Lebendigkeit und den Neuanfang in ein gemeinsames Leben als Ehepaar.
Violett	Diese Blumen deuten auf Individualität und Würde hin. Sie vermitteln Herzlichkeit, Mystik und Spiritualität.
Rosa	Diese Blumen wirken sehr romantisch.
Orange	Diese Blumen versprühen viel positive Energie, Wärme und Ausdauer. Sie vermittelt zudem Optimismus und Lebenslust.
Gelb	Diese Farbe symbolisiert die Sonne und bringt Energie, Wärme, Lebensfreude und Sorglosigkeit. Vorsicht: Gelbe Rosen stehen traditionell auch für Eifersucht!

Tabelle 16.2: Beliebte Farben und ihre Bedeutungen

Blumen für den Bräutigam

Natürlich soll auch der Bräutigam für den großen Tag perfekt gestylt sein. Dazu gehört neben dem Anzug und den dazugehörigen Accessoires auch der Blumenschmuck, den er in den meisten Fällen am Revers trägt.

Ob sich Ihr geplanter Blumenschmuck auch mit Ihrem Styling, also dem Anzug, den Sie tragen und auch den dazugehörigen Accessoires verträgt, lässt sich sicherlich gut in einem Beratungsgespräch bei dem Floristen besprechen. Bringen Sie zu diesem Gespräch am besten Fotos Ihres Anzugs mit. Welche Anzugtypen und dazugehörigen Accessoires es gibt, können Sie in Kapitel 11 nachlesen.

Der Blumenschmuck, den der Bräutigam an seinem Anzug trägt, kann verschiedene Formen und Arten der Befestigung haben. Wenn Sie sich für eine oder mehrere Blumen entscheiden, orientieren sich diese immer an den Blumen, die Sie auch für den Brautstrauß gewählt haben.

Besprechen Sie mit Ihrem Floristen, wie die Blumen befestigt werden sollen. Oft sind noch zusätzliche Elemente wie kleine Blätter oder Gräser um die Blüte herum gebunden. Handelt es sich um eine Blüte, die einen eher zarten Stiel hat, verwenden Sie am besten einen Draht um bei der Befestigung nicht aus Versehen den Kopf vom Stiel abzuknicken. Dabei kann der Draht golden oder auch silbern sein. Andersfarbige Drähte erhalten Sie in der Regel auf Anfrage bei Ihrem Floristen. Wenn Sie keine Nadel durch Ihren neuen Anzug stechen wollen, fragen Sie nach einem Magnetverschluss. Nicht nur Blumen, sondern auch Elemente wie Federn, Broschen oder Satinbänder, die um den Stiel der Blume gewickelt sind, setzen tolle Akzente und passen sich so dem Stil der Blumenpracht auf Ihrer Hochzeit an.

 Eine besonders schöne Idee sind kleine Schlüssel und Schlösser, die in Kombination mit einer schönen Nadel oder einem Satinband am Revers befestigt sind. Das Gegenstück wird im Brautstrauß oder an der Halskette der Braut befestigt. Diese »Schlüssel zum Herzen« sind eine gelungene Alternativen zu der herkömmlichen Wahl des Bräutigamschmucks .Lassen Sie sich am besten einen zweiten Anstecker für den Bräutigam anfertigen. Es passiert nicht selten, dass bei den vielen Umarmungen zur Gratulation die Blume beziehungsweise der Anstecker leidet oder gar verloren geht. Für die Zweisamkeitsfotos bietet es sich in jedem Fall an, einen »frischen« Anstecker anzulegen. Diesen können Sie bis zum Einsatz in einer kleinen Plastikfolie im Kühlschrank aufbewahren. So sieht die Blume in keinem Fall verwelkt aus!

Blumenschmuck für die Gäste

Sie freuen sich über jede Zusage zu Ihrer Hochzeit und über jeden Gast, der diesen wundervollen Tag mit Ihnen gemeinsam verbringt. Einige Gäste haben jedoch eine besondere Stellung und sollten in diesem Zuge auch mit besonderem Blumenschmuck bedacht werden.

Blumen für die Trauzeugen

Ihre Trauzeugen gehören in jedem Fall zu dieser Gruppe besonderer Menschen, die einen Blumenstrauß beziehungsweise einen Reversschmuck von Ihnen erhalten sollten. Zum einen wertschätzen Sie so, dass diese Personen Sie an Ihrem Tag begleiten, zum anderen signalisieren Sie gegenüber den anderen Gästen, dass diese Personen eine besondere Stellung einnehmen. Der Strauß der Trauzeugin ist dabei, ähnlich wie der Wurfstrauß, eine Miniaturnachbildung des Brautstraußes. Der Reversschmuck des Trauzeugen ist ebenso weniger auffällig als der des Bräutigams. Braut und Bräutigam mit allen ihren Accessoires stehen immer im Mittelpunkt und sollten von nichts und niemandem in diesem Punkt infrage gestellt werden.

 Kann sich Ihre Trauzeugin so gar nicht mit der Blumenwahl anfreunden und hat auch ein Kleid, das nicht mit diesen Blumen korrespondiert, so besprechen Sie gemeinsam, welche Blumen und welche Form des Straußes für Sie beide infrage kommt. Die Form der Sträuße für Trauzeugen ist in der Regel übrigens rund und kugelig. Ausgefallene Formen werden eher selten verwendet, um auch hier wieder nicht von der Braut abzulenken. Ebenso verhält es sich mit dem Reversschmuck Ihres Trauzeugen.

Blumen für Bridesmaids und Groomsmen

Bridesmaids und Groomsmen sollten ebenso Blumenschmuck von Ihnen erhalten. (Falls Sie nicht wissen, was es mit den Bridesmaids und Groomsmen auf sich hat, schauen Sie sich den entsprechenden Abschnitt in Kapitel 10 an.) Haben Sie mehrere Bridesmaids und mehrere Groomsmen, die Ihnen bei der Trauung und Ihrem großen Tag zur Seite stehen, erhalten diese alle den gleichen Blumenschmuck. Im besten Fall tragen sie ja auch die gleichen Kleider und Anzüge. Die Sträuße können vollkommen identisch aussehen oder Sie wählen nur die gleiche Blumenart, dafür aber verschiedene Farben oder Farbabstufungen. Die Fotos, die Sie mit diesen farbenfrohen Accessoires machen können, werden einfach wunderbar sein! Wenn es sich anbietet und Ihre Bridesmaids damit einverstanden sind, denken Sie vielleicht auch über Alternativen zum Strauß nach. Blüten in den Haaren der Bridesmaids oder auch Armbänder aus Blumen sind eine schöne Alternative.

Auch die Anstecker für die Revers der Groomsmen sollten alle gleich aussehen. Farbkombinationen bei den Blumen für die Groomsmen würde ich eher nicht empfehlen, gemeinsame Bilder mit den Bridesmaids wirken dann unter Umständen zu unruhig und die Einheitlichkeit geht insgesamt etwas verloren.

Blumen für die Kinder

Kinder für eine Hochzeit auszustatten, macht sicherlich am meisten Spaß. Etwas ältere Mädchen freuen sich über schöne Blumen. Ob an einer Spange im Haar oder gar überall im Haar mit kleinen Klammern verteilt, in der Regel nehmen ältere Mädchen diesen Schmuck sehr gern an. Auch kleine Armbänder erfreuen sich großer Beliebtheit.

Bedenken Sie bei all der Vorfreude auch, dass dieser Tag auch, oder insbesondere, für Kinder aufregend ist. Nicht jedes Kind findet es spannend, Blumen auf dem Weg zum Altar zu streuen, wenn dabei zig Menschen zusehen. Auch das Spängchen mit der Blume, was die Mama so toll findet, kann ziemlich ziepen. Seien Sie also nicht traurig oder gar wütend, wenn die Kinder am Hochzeitstag nicht so mitmachen wollen wie geplant.

Kleineren Mädchen stehen oft sogenannte *Kopfkränze* aus Blumen auch ganz wunderbar. Wenn Sie sich für solche Kränze entscheiden, sollten Sie dem Floristen den Kopfumfang des Kindes mitteilen. Im besten Fall sitzt der Kranz so perfekt auf dem Kopf des Kindes, dass er nicht mit Spangen oder Haarnadeln befestigt werden muss. Natürlich können Sie den Mädchen auch kleine Ministräuße anfertigen lassen. Bedenken Sie aber, dass die Kinder, wenn sie auch noch Blüten auf dem Weg zum Altar streuen sollen, auch nur zwei Hände haben. Sie müssten dann den Strauß und den Korb halten und auch noch streuen. Praktisch unmöglich. Auch liegen die Sträuße unter Garantie nach den ersten Minuten unbeachtet in einer Ecke, ein bisschen schade, hierfür dann Geld ausgegeben zu haben.

Für die kleinen Herren der Schöpfung bieten sich kleine Blumen an, die Sie an das Revers des Kinderanzugs stecken. Um die Verletzungsgefahr zu minimieren, sollten Sie hier auf Magneten zurückgreifen. Haben Sie Bedenken, dass dieser verschluckt werden könnte, lassen Sie den Blumenschmuck am besten ganz weg. Wenn Sie viele zusätzliche Sträuße und Anstecker oder sonstigen Blumen bei Ihrem Floristen bestellen, können Sie den Preis sicher noch einmal etwas herunterhandeln.

Einen Floristen auswählen

Welchen Floristen Sie auswählen, kann von verschiedenen Faktoren abhängen. Ratsam ist es, sich einen Eindruck vor Ort zu machen und sich Fotos von bereits durchgeführten Hochzeiten zeigen zu lassen. Auch Brautsträuße können ganz unterschiedlich gebunden werden und erfordern, ebenso wie die Tischdekoration, nicht selten viel handwerkliches Geschick.

Die Beratung macht es aus

Zudem sollte der Florist Ihnen ein kostenloses Beratungsgespräch in seinem Laden oder auch in der Location anbieten. Wünschen Sie eine sehr aufwendige Tischdekoration, in die zum Beispiel auch Kerzenhalter oder andere Gefäße des Floristen integriert werden sollen, so bietet es sich an, diese zum Termin mitzubringen. In einigen Fällen kann auch ein sogenannter *Probetisch* mit den Blumen Ihrer Wahl angefertigt werden. Bedenken Sie aber bitte, dass Sie nicht beliebig nach einem Probetisch verlangen können. Einen solchen Tisch zu dekorieren, bedeutet viel Zeit- und auch Materialaufwand für den Floristen, daher müssen Sie unter Umständen mit einem entsprechenden Preisaufschlag rechnen.

Die Angebotserstellung

Bei der Angebotserstellung sollten Sie darauf achten, dass Liefer- und auch Abholkosten darin enthalten sind. Die Blumen müssen entweder an eine oder gar mehrere Locations geliefert werden. Das ist der Fall, wenn der Florist zum Beispiel erst das Standesamt, dann die Kirche und schließlich die Location dekoriert. Auch der Schmuck für Trauzeugen oder Kinder muss unter Umständen an eine andere Adresse geliefert werden. Im besten Fall geben Sie zum Beispiel eine Adresse an, an die der Schmuck für die Braut und die Trauzeugin geliefert werden soll. Die restlichen Blumen könnten dann auch in der Kirche oder dem Ort der freien Trauung bereitliegen, da sich die Gäste, Kinder und auch der Bräutigam vor der Trauung dort einfinden und die Blumen dann anstecken können.

Bitten Sie den Floristen, kleine Zettel an die Blumen zu stecken, welche Blumen für wen bestimmt sind, so müssen Sie in all dem Trubel nicht auch noch schauen, wer welche Blumen bekommt!

Teil VI

Besuchen Sie uns auf www.facebook.de/fuerdummies!

In diesem Teil ...

In diesem Teil widmen wir uns den wichtigen Tipps rund um Ihren schönsten Tag, wenn es zum Beispiel darum geht, die Stimmung mit Musik in Schwung zu bringen und auch zu halten. Außerdem erfahren Sie, wie Sie – auch bei kleinen und großen Katastrophen – die Nerven behalten, denn jedes Brautpaar ist sowohl am Tag vor der Hochzeit als auch natürlich am Hochzeitstag selbst fürchterlich aufgeregt. Zu guter Letzt gebe ich Ihnen zehn romantische Liebesfilme rund um das Thema Heiraten und Hochzeitsplanung mit auf den Weg, die Sie sich entweder mit Ihrem Liebsten oder Ihrer Liebsten oder natürlich auch mit den besten Freundinnen – mit Schokolade in der einen und einem Glas Sekt in der anderen Hand – in Vorbereitung auf Ihren großen Tag immer wieder ansehen können.

Fast zehn Tipps für die richtige Musik zum richtigen Zeitpunkt

17

In diesem Kapitel

▶ Ihre Trauung und die Party mit Musik unterlegen

▶ Musik zum Anschneiden der Torte oder dem Hochzeitstanz wählen

▶ Mit Musikwünschen von Gästen umgehen

▶ Liveband und DJ engagieren

Musik verbindet Menschen – auf jeder Feier und zu jedem Anlass. Viele Brautpaare, die sich mit der Planung ihrer Hochzeit auseinandersetzen, beschäftigt insbesondere die Frage, wie sie die Stimmung auf ihrer Hochzeit durchgängig auf einem hohen Niveau halten. Es möge »bloß keine Langeweile aufkommen«, das ist oft die größte Angst von Braut und Bräutigam in spe. Dabei stellt sich zum einen die Frage nach der richtigen Musikauswahl zur Trauung, um durch die musikalische Begleitung gezielt Emotionen zu unterstreichen und die Erinnerungen an den Hochzeitstag damit umso lebendiger zu halten, und zum anderen nach der richtigen Mischung der Musik zum Sektempfang, zum Essen und später dann zur Party.

Musikalische Begleitung zur Trauung

Grundsätzlich sollten Sie zu Ihrer Trauung Musikstücke auswählen, an die Sie zum Beispiel romantische Erinnerungen knüpfen. Vielleicht haben Sie sich bei einem bestimmten Lied zum ersten Mal gesehen, geküsst oder sich Ihre Liebe zueinander gestanden. Auch Lieder, die vom Textinhalt zu Ihrer Beziehung passen, sind eine gute Wahl, wenn es darum geht, die Musik zur Trauung festzulegen. (Blättern Sie auch zu den Kapiteln 8 und 9, dort finden bereits einige Informationen zur musikalischen Begleitung.) Für welche Lieder Sie sich auch immer entscheiden, Sie werden jedes Mal, wenn Sie später die Lieder Ihrer Trauung hören, in wunderbaren Emotionen schwelgen!

Musik zum (Sekt-)Empfang

Der Empfang auf einer Hochzeit findet in der Regel direkt nach der Trauung statt, in wenigen Fällen gibt es auch vor der Trauung bereits einen Empfang, bei dem die Gäste in der Location willkommen geheißen werden. Ein Empfang dauert in der Regel zwischen zwei bis vier Stunden; während dieser Zeit gilt es, Ihre Gäste unter anderem durch musikalische Begleitung bei Laune zu halten.

Viele Gäste kennen sich untereinander nicht und kommen deswegen auch eher langsam oder gar nicht ins Gespräch. Auch hier gilt, dass Musik Menschen verbindet. Wenn es Ihr Budget erlaubt, sorgen Sie (bereits) am Nachmittag für Livemusik. Live gespielte Musik verbreitet eine angenehme Atmosphäre und verbindet Ihre Gäste, indem sie sich über die gute Musik unterhalten können. Ihre Gäste gehen so gut gelaunt und voller Feierlaune in den abendlichen Teil über. Als Livemusik am Nachmittag bietet sich zum Beispiel eine Saxofon-Piano-Kombination besonders an. Moderne Jazzklänge verbreiten eine angenehme und entspannte Atmosphäre unter den Gästen.

Musik zum Abendessen

Viele Brautpaare stellen sich zudem die Frage, ob eine musikalische Begleitung zum Essen, also zum Buffet oder zu einem gesetzten Dinner, überhaupt nötig ist. Meiner Meinung nach sollte es zum Essen nicht ganz ohne Musik sein. Meist ist entweder eine Musikanlage vor Ort vorhanden oder der DJ beziehungsweise die Band, den beziehungsweise die Sie für den späteren Teil des Abends gebucht haben, hat bereits vor dem Essen das Equipment aufgebaut. So können Sie entweder Livemusik, Musik über einen DJ oder über die Anlage vom Band spielen lassen. Wählen Sie zum Essen Lieder aus, die ruhig im Hintergrund laufen können. Regeln Sie zudem die Lautstärke so herunter, dass Ihre Gäste sich beim Essen noch ohne Probleme unterhalten können.

Wenn Sie allerdings auch beim Essen Wert auf eine hochklassige musikalische Begleitung legen, macht sich ein Geiger, eine Harfenspielerin oder auch ein Künstler am Piano sowohl optisch als auch musikalisch besonders gut. Sie können natürlich auch Ihre Liveband, die Sie gegebenenfalls auch für den Partyteil engagiert haben, bereits während des Dinners leise Musik spielen lassen. Einen DJ bitten Sie, entsprechend Musik vom Band für das Essen zu wählen und abzuspielen.

Let's Party – Musik zum tanzbaren Teil des Abends

»Eine gute Party soll es sein, an die sich die Gäste noch lange erinnern!« Diesen Wunsch höre ich sehr oft von den Brautpaaren, die ich begleite. Was das Wort Party dabei für *Sie* bedeutet, kann ganz unterschiedlich sein. Vielleicht stehen Sie auf Musik der 80er und 90er, andere Brautpaare mögen ausschließlich die Charts der letzten zehn Jahre und wieder andere Paare mögen spezielle Richtungen wie Oldies. Hochzeitsgesellschaften sind immer bunt gemischt, was das Alter und somit auch oft die Musikgeschmäcker angeht. Aus diesem Grund ist es nicht immer ganz einfach, es allen Gästen auf einer Hochzeitsfeier recht zu machen. Diesen Anspruch sollten Sie grundsätzlich auch nicht stellen, denn den Geschmack von allen zu treffen, ist so gut wie unmöglich.

Überlegen Sie bei der Planung der musikalischen Begleitung am Abend, welche Musikrichtung grundsätzlich infrage kommt. Besprechen Sie dies mit Ihrem DJ oder Ihrer Liveband und geben Sie auch an, welche Musikstücke oder Musikrichtungen auf gar keinen Fall an Ihrem Abend gewünscht sind. Schlager sind nämlich nicht jedermanns Sache!

17 ➤ Fast zehn Tipps für die richtige Musik zum richtigen Zeitpunkt

Aber bitte mit Sahne – Musik für die Torte

Der Anschnitt der Hochzeitstorte ist für viele Brautpaare noch einmal ein ganz besonderes Ereignis, das entsprechend in Szene gesetzt werden sollte. Ein Lied zum Hereinfahren der Torte oder auch beim Anschneiden macht sich daher ganz besonders gut. Besprechen Sie mit Ihrem DJ oder auch mit Ihrer Liveband, welches Lied Sie sich bei dem Hereinfahren und auch zum Anschneiden der Torte wünschen. Im Folgenden eine kleine Auswahl möglicher Lieder für Ihre Torte:

✔ *Aber bitte mit Sahne* – Udo Jürgens

✔ *Celebration* – Kool and the Gang

✔ *Candyman* – Christina Aguilera

✔ *He's a Pirat* – Soundtrack aus Fluch der Karibik

✔ *Love and a Marriage* – Frank Sinatra (Musik aus »Eine schrecklich nette Familie«)

Letzten Endes können Sie jedes Lied für den Anschnitt Ihrer Torte wählen, das Ihnen für diesen Moment passend erscheint. Egal ob ein langsames oder schnelles Musikstück, auch hier sind Ihrer Fantasie keine Grenzen gesetzt.

Der Tanz der Tänze – Musik zum Eröffnungstanz

Der Eröffnungstanz spaltet viele Gemüter. Einige Brautpaare fiebern diesem freudig entgegen und studieren einen ganz besonderen Tanz für den Abend ein, anderen wiederum graust es nur bei der Vorstellung, Tanzstunden nehmen zu müssen, um sich nicht vor allen Gästen furchtbar zu blamieren.

Lassen Sie sich nicht unter Druck setzen und wählen Sie ein Lied aus, zu dem Sie beide auch wirklich gut tanzen können. Mit »gut« meine ich, dass Sie sich dabei wohlfühlen. Dabei spielt es keine Rolle, ob Sie einen ganz besonderen Hochzeitstanz einstudieren, wie Sie ihn vielleicht in einem Spielfilm oder auch im Internet schon gesehen haben. Üben Sie mit einem Tanzlehrer zu Hause oder auch in einer Tanzschule entweder einen eher fetzigen Hochzeitstanz, der über mehrere Minuten geht und aus einem oder mehreren zusammengeschnittenen Liedern besteht, oder wählen Sie die ganz klassische Variante und tanzen Sie den ersten Tanz als Brautpaar zu einem Wiener Walzer. Wie auch immer Sie sich entscheiden, Sie beide müssen sich dabei wohlfühlen. Wenn Sie sich für einen eher exotischen Tanz entscheiden, zu dem eine ganze Reihe von Tanzschritten eingeübt werden muss, sollten Sie diesen Tanz auch wirklich gut geübt haben, um ihn praktisch im Schlaf tanzen zu können. Es sieht sonst eher gewollt, aber nicht gekonnt aus, wenn Sie einen solchen Tanz auf Ihrer Hochzeit aufführen.

Sterne am Himmel – Musik zum Feuerwerk

Ein Feuerwerk wird von vielen Brautpaaren heute als krönender Abschluss des offiziellen Teils gebucht, um anschließend zum tanzbaren Teil des Abends überzuleiten. Auch hierzu wünschen sich Braut und Bräutigam oft eine musikalische Untermalung. Die musikalische

Hochzeitsplanung für Dummies

Untermalung eines Feuerwerks muss noch einmal spezielle Kriterien erfüllen, da das Feuerwerk an sich laut ist und die Musik beim Abfeuern der Pyrotechnik nicht untergehen soll.

Entweder die Location kann die Musik im Außenbereich so laut ansteuern, dass die Gäste auch beim Abfeuern des Feuerwerks die Musik noch hören, oder Sie sprechen sich im Vorfeld mit dem Pyrotechniker ab, ob er über eine mobile Anlage verfügt, mit der Sie das Feuerwerk im Außenbereich musikalisch unterlegen können.

Oft werden von Brautpaaren Soundtracks von Filmen für die Musik zum Feuerwerk gewählt. Auch hier gilt, dass Sie in Ihrer Entscheidung, welche Musik Sie wählen, völlig frei sind. Hier einige Vorschläge:

✔ *Two Steps form Hell* – Undying Love

✔ *He's a Pirat* – Soundtrack aus Fluch der Karibik

✔ *It's a beautiful day* – U2

✔ *What I've done* – Linkin Park

Musikwünsche der Gäste

Nicht nur Sie haben für Ihre Hochzeit Musikwünsche, auch Ihre Gäste freuen sich auf diesen Tag und treten unter Umständen an die Liveband oder auch den DJ auf Ihrer Feier heran, um einige persönliche Musikwünsche zu äußern. Grundsätzlich spricht nichts dagegen, solange sich die Musikwünsche in dem Rahmen bewegen, den Sie als Brautpaar gesetzt haben. Mit anderen Worten: Haben Sie mit dem DJ abgesprochen, dass auf keinen Fall Schlager oder sogenannte Ballermannhits gespielt werden sollen, muss der Gast eben dies respektieren, auch wenn er noch so gerne Jürgen Drews hören würde. Besprechen Sie also mit der Band oder dem DJ im Vorfeld, wie mit besonderen Wünschen von Gästen umgegangen werden soll. Die Band beziehungsweise der DJ kann dann freundlich, aber bestimmt darauf hinweisen, dass bestimmte Musikrichtungen oder spezielle Lieder nicht gewünscht sind.

Zehn Tipps, wie man die Nerven behält

In diesem Kapitel
▶ Sich auf den Hochzeitstag optimal vorbereiten
▶ Mit kleineren und größeren »Katastrophen« souverän umgehen

Sie haben sich monatelang mit den Vorbereitungen auf Ihren schönsten Tag beschäftigt. Haben Ratgeber wie diesen gelesen, sind vielleicht auf mehreren Hochzeitsmessen gewesen, haben Ihr Traumkleid gefunden und gekauft und sich viel Arbeit und Mühe gemacht, damit alles an Ihrem großen Tag so abläuft, wie Sie es sich wünschen. Leider gibt es Situationen, die Ihnen Kopfzerbrechen bereiten werden, obwohl Sie alles bis ins kleinste Detail geplant haben. In diesem Kapitel gebe ich Ihnen einige Tipps, wie Sie sich optimal auf mögliche brenzlige Situationen an Ihrem Hochzeitstag vorbereiten und wie Sie mit solchen vermeintlichen »Katastrophen« umgehen können.

Grundsätzlich gilt jedoch: Eine gute Vorbereitung und ein kompetenter Ansprechpartner, an den sich das Brautpaar, die Gäste und auch die Dienstleister wenden können, wenn es Fragen gibt, sind Gold wert! Gut gemeintes, aber dennoch oft unkoordiniertes und hektisches Verhalten von Gästen verschlimmert die Dinge oft nur. Suchen Sie sich einen festen Ansprechpartner, auf den Sie bei Fragen und Problemen verweisen können. Sie sollen sich an Ihrem großen Tag um nichts kümmern müssen, erst recht nicht um die Lösung vermeintlich unlösbarer Situationen!

Vom Regen in die Traufe

Jedes Brautpaar wünscht sich an seinem Hochzeitstag schönes Wetter. Sei es leise rieselnder Schnee mit ein bisschen Sonnenschein oder – wie die meisten von uns – strahlender Sonnenschein mit angenehm sommerlichen Temperaturen. Leider ist dies in Deutschland nicht immer der Fall und ob die Sonne an Ihrem Hochzeitstag scheint oder nicht, wissen Sie erst wenige Tage vor Ihrem Hochzeitstag.

Grundsätzlich sollten Sie immer einen Plan B für die Regenalternative haben, insbesondere dann, wenn Sie im Freien heiraten! Ein Regenschauer vor der Trauung bedeutet nasse Sitzplätze und eine unter Umständen unschön aussehende Dekoration. Regen während der Trauung bedeutet für Sie und Ihre Gäste, dass Sie nass werden beziehungsweise die Trauung unterbrechen müssen.

Wenn Sie sich für eine Location entschieden haben, die keinen Plan B anbietet, auf den Sie bei Regen zurückgreifen können, bereiten Sie sich und Ihre Gäste auf die Möglichkeit vor, die Trauung und gegebenenfalls auch den Sektempfang im Nassen zu verbringen. Weiße oder farblich auf Ihr Thema abgestimmte Regenschirme helfen, die Gäste von den Autos zu den

Hochzeitsplanung für Dummies

Sitzplätzen zu bringen. Allerdings versperren Schirme während der Zeremonie oft die Sicht auf das Brautpaar, sodass Sie auch auf transparente oder wiederum farblich abgestimmte Regenponchos zur Einmalbenutzung ausweichen können. Im ersten Moment denken Sie vielleicht, dass dies nicht so schön aussieht. Nasse Gäste, die Ihre Feier früh wieder verlassen, weil sie vollkommen durchnässt sind, wären sonst die Alternative – sicherlich auch nicht viel besser. Zumal Gäste mit Regenschirmen und Regenponchos auch einmalige Motive für den Hochzeitsfotografen abgeben!

Informieren Sie Ihre Gäste im Vorfeld, dass sie sich bei Regen möglichst für geschlossene Schuhe und gegebenenfalls lieber für einen Hosenanzug als für ein dünnes Kleidchen entscheiden. Auch eine selbst mitgebrachte Regenjacke kann helfen, damit sich die Gäste auch bei einem kleinen Schauer noch wohlfühlen. Übrigens sind auch Sitzkissen mit einer feuchtigkeitsundurchlässigen Unterlage eine gute Idee. Lassen Sie sie beim Eintreffen der Gäste verteilen, um das Beste aus der Situation zu machen!

Die Ringe vergessen

Kurz vor der Trauung fällt Ihrem Trauzeugen oder einem anderen Vertrauten, der die Ringe mitbringen sollte, auf, dass er sie zu Hause oder auf dem Hotelzimmer vergessen hat. Bei einer kirchlichen Trauzeremonie werden die Ringe gesegnet, sind also ein wichtiger Bestandteil der Zeremonie. Auch in einer freien Trauzeremonie oder auf dem Standesamt gehören die Ringe in der Regel zum Ablauf der Trauung dazu.

Wenn Ihnen also mitgeteilt wird, dass die Ringe vergessen wurden, stellt sich zuerst einmal die Frage, ob es zeitlich noch möglich ist, sie von zu Hause oder aus dem Hotel zu holen. Ist das der Fall, vertrauen Sie darauf, dass Ihr Trauzeuge und somit auch die Ringe rechtzeitig zur Trauung »ankommen«, auch wenn Sie bis dahin eben auf die mentale Unterstützung zum Beispiel Ihres Trauzeugen verzichten müssen. Eine andere Möglichkeit ist, mit dem Pastor, Redner oder Standesbeamten zu sprechen, ob Sie die Zeremonie um wenige Minuten verschieben können, wenn der Trauzeuge es bis dahin schafft, die Ringe zu holen. Dies ist allerdings nicht in allen Fällen möglich.

Wenn Sie die Trauung tatsächlich ohne Ringe vollziehen müssen, so denken Sie nicht die ganze Trauung darüber nach, wie schade es ist, dass Sie die Ringe nicht vor Ort haben. Sonst erinnern Sie sich später nur noch daran, wie schlecht gelaunt oder enttäuscht Sie waren, und nicht mehr an all das Schöne während der Zeremonie. Sie heiraten den Mann oder die Frau Ihrer Träume, die Ringe sind zwar das Symbol der Liebe, aber nur ein kleiner Bestandteil der gesamten Zeremonie. Versprechen Sie sich Ihre Liebe und Treue und denken Sie daran, dass Sie die Ringe Ihr gemeinsames, ganzes restliches Leben lang tragen werden, nicht nur an Ihrem Hochzeitstag.

In der heutigen Zeit der Smartphones und intelligenten Kalender können Sie Ihren Trauzeugen oder wem auch immer Sie Ihre Ringe anvertrauen, bitten, dass sie oder er sich eine Erinnerung mit einem akustischen Signal im elektronischen Kalender einstellt. So wird die Vertrauensperson rechtzeitig noch einmal daran erinnert, die Ringe einzustecken!

Der Schuh drückt

Sie haben Ihre Hochzeitsschuhe gewissenhaft eingelaufen und trotzdem drückt der Schuh bereits nach wenigen Minuten und die erste Blase kündigt sich an. Zu einer guten Vorbereitung auf den Hochzeitstag gehört es unter anderem, dass Sie Pflaster und auch Blasenpflaster dabeihaben. Laufen Sie nicht unnötig lange in unbequemen Schuhen herum, nur weil diese so perfekt zu dem Kleid passen! Wechseln Sie die Schuhe sofort!

Meist tragen Bräute heute lange Brautkleider, unter denen der Brautschuh so gut wie nie zu sehen ist. Tragen Sie die Schuhe, in denen Sie gut und gerne laufen und auch tanzen können! Für die Hochzeitsfotos – bei denen Sie in der Regel ja nicht viel hin- und herlaufen müssen, ziehen Sie die unbequemen, aber eben farblich passenden Brautschuhe noch einmal kurz an. Somit gehören auch Wechselschuhe, in denen Sie in jedem Fall bequem laufen und auch tanzen können, zu dem Equipment, das Sie als Vorbereitung auf Ihren großen Tag eingepackt haben sollten. Dies gilt natürlich nicht nur für die Braut, sondern auch für den Bräutigam!

Der Fleck muss weg

Sie haben sich beim Sektempfang, beim Anschneiden der Torte oder einfach bei den vielen Gratulationen von geschminkten weiblichen Gäste das Kleid beziehungsweise das Hemd beschmutzt, aber noch keine Zweisamkeitsfotos mit dem Fotografen gemacht. Nun machen Sie sich natürlich Sorgen, dass der Fleck auf jedem der Bilder zu sehen ist. Grundsätzlich gibt es hier mehrere Alternativen, um der Situation Herr zu werden.

Zum einen können Sie als Bräutigam das beschmutzte Hemd gegen ein neues austauschen, das Sie im Rahmen der Vorbereitungen im Auto oder auch auf dem Zimmer in der Location haben. Als Braut haben Sie natürlich kein alternatives Kleid dabei, das heißt, Sie müssen in diesem Fall eine andere Lösung finden. Packen Sie vorsorglich Fleckentücher, einen Fleckenstift, Haushaltssalz (zum Beispiel für Weinflecken) und auch Reinigungstücher in Ihre Tasche. Ein Fleck, der schnell mit den richtigen Mitteln bekämpft wird, kann sich oft leichter in Luft auflösen, als Sie denken. Sprechen Sie zudem kurz mit dem Fotografen, ob er die Flecken auf dem Foto nachträglich retuschieren kann, dann steht romantischen, ausgefallenen und auch witzigen Zweisamkeitsfotos nichts mehr im Wege!

Ohne Musik keine Stimmung

Der von Ihnen gebuchte DJ kommt nicht oder verletzt sich beim Aufbauen des Equipments so sehr, dass er nicht mehr in der Lage ist, die musikalische Begleitung auf Ihrer Hochzeit zu übernehmen.

Zu einer guten Vorbereitung auf Ihren Hochzeitstag gehört es, dass Sie einen Ablaufplan erstellen, in dem auch die Rufnummern und Kontaktdaten aller Dienstleister und sonstiger Ansprechpartner vermerkt sind. Es sollte auch hier wieder einen festen Ansprechpartner geben, der den Tagesablauf im Auge behält und schnell reagiert, wenn sich ein Dienstleister offensichtlich verspätet oder vor Ort ausfällt.

Hochzeitsplanung für Dummies

Erscheint ein Dienstleister nicht zum vereinbarten Zeitpunkt, so sollte er frühzeitig angerufen werden und nach dem Grund der Verspätung gefragt werden. Vielleicht sorgt ein Stau oder eine Autopanne für die Verspätung. Musik ist zu jedem Zeitpunkt Ihrer Feier wichtig. Wenn es eine Anlage vor Ort gibt, schließen Sie wenn möglich Ihr Smartphone an und spielen die dort abgespeicherten Lieder ab, bis der verspätet eintreffende DJ angekommen ist.

Auch auf solche Situationen können Sie sich somit gut vorbereiten. Fragen Sie im Bekanntenkreis nach, wer eine sogenannte Dockingstation hat und Ihnen diese ausleiht. Speichern Sie eine Playliste auf Ihrem Smartphone ab, die Sie zum Sektempfang oder zur Party für rund zwei Stunden abspielen lassen könnten. So sind Sie immer auf der sicheren Seite, auch wenn keine Musikanlage vor Ort ist.

Übrigens bieten professionelle DJs immer den Service an, für Ersatz zu sorgen, wenn sie ausfallen. Halten Sie, wenn Sie ganz sichergehen wollen, auch eine zusätzliche Fassung Ihres Hochzeitslieds bereit, wenn es sich zum Beispiel um eine spezielle Version eines Liedes oder mehrere zusammengeschnittene Lieder handelt – in digitaler Form auf Ihrem Smartphone mit einem Adapterkabel für einen Laptop und auf CD gebrannt.

Versprecher sind nicht immer Zungenbrecher

Sie haben sich lange überlegt, welche Zeilen Sie sich im Rahmen Ihres Eheversprechens sagen wollen. Entweder Sie lernen diese auswendig oder Sie lesen sie von einem kleinen Zettel ab. Das wirkt im ersten Moment vielleicht etwas unromantisch, hat aber nichts damit zu tun, dass die Worte nicht von Herzen kommen. Viele Brautpaare sind, wenn es zum Eheversprechen kommt, das sie sich gegenseitig geben wollen, sehr aufgeregt und vergessen einfach alles, was sie vorher immer und immer wieder geübt haben. Da ist es überhaupt nicht verwerflich, wenn Sie Ihre persönlichen Worte an Ihren Ehepartner ablesen.

Schreiben Sie Ihr Eheversprechen auf besonders schönem Papier nieder und binden Sie eine kleine Schleife darum. Wenn es dann so weit ist, können Sie dieses Papier wie eine kleine Schriftrolle ausrollen und gebührend vorlesen. Auch ist dieses schöne Papier eine wundervolle Erinnerung an die von Ihnen gesprochenen Worte an Ihren Ehepartner.

Love is in the air – oder auch nicht

Sie haben sich schon während der Planungsphase auf die von Ihren Gästen oder auch von Ihnen selbst geplante Ballonaktion gefreut. Nach der Trauung wollen Sie farblich passende Heliumballons in den Himmel steigen lassen und sich dabei gute Wünsche zusprechen. Bei Regen ist es in der Regel leider so, dass die meisten Heliumballons einfach nicht steigen wollen – oder wenn, dann nur sehr langsam und nicht alle zugleich. Es kann natürlich auch passieren, dass, wenn Sie die Ballons selbst befüllt und einen Abend vor der Hochzeit in einem Raum in der Kirche oder der Location gelagert haben, das Gas, aus welchen Gründen auch immer, entwichen ist und die Ballons nun schlapp auf dem Boden liegen.

Natürlich ist auch diese Panne ärgerlich und keinem Brautpaar zu wünschen. Vorbereiten lässt sich ein Plan B für alle Ballons eher schlecht, da Sie im Grunde genommen noch einmal die gleiche Menge Ballons, Helium und auch Zeit aufbringen müssten. Wenn sich allerdings früh am Morgen herausstellt, dass die Ballonaktion wegen »schlappen« Ballons nicht stattfinden kann, gäbe es immer noch die Möglichkeit, zumindest zwei große Ballons für Sie als Brautpaar steigen zu lassen. Diese Ballons können Sie auf Lager halten und bei Bedarf am Hochzeitstag von Ihren Trauzeugen befüllen lassen. Alternativ bestellen Sie die Ballons bei einem entsprechenden Anbieter, der Ihnen die Ballons erst kurz vor der geplanten Aktion anliefert. Eine solche Panne wie entwichenes Gas dürfte dann nicht auftreten.

Das tapfere Schneiderlein

Diese Märchenfigur hätten Sie sicherlich gerne an Ihrem großen Tag dabei, wenn Ihnen die Kleidung an brisanten Stellen einreißt. Als Hochzeitsplanerin benutze ich keine Utensilien so häufig wie Textilkleber, Nadel und Faden und Sicherheitsnadeln, das ist sicher! Nadel und Faden sowie klarer Nagellack und Textilkleber sollten auf jeden Fall in Ihrem Notfallkoffer mit dabei sein. Ein gerissener Träger, ein abgerissener Knopf, ein Häckchen an Ihrem Kleid, was einfach nicht mehr halten will, oder auch Nähte, die aufplatzen, sind Dinge, die Sie an Ihrem großen Tag nicht brauchen können. Auch Sicherheitsnadeln oder kleine Stecknadeln helfen, diese Pannen schnell und unkompliziert aus dem Weg zu schaffen!

Übrigens können Sie mit Nadel und Faden sowie mit Stecknadeln auch kleine Unzulänglichkeiten bei Ihrer floralen Braut- und Bräutigamausstattung wie zum Beispiel einem abgeknickten Reversschmuck oder auch einem lockeren Band um die Stiele des Brautstraußes Abhilfe schaffen.

Blumenkinder und ihre Besonderheiten

Was »man« oder genauer gesagt »Kind« alles so mit Blütenblättern anstellen kann, ist schon verwunderlich. Viele Brautpaare wünschen sich ihre eigenen oder Kinder von guten Freunden oder der Familie als Blumenkinder. Nicht immer freuen sich die Kleinen genauso auf das Event wie die Eltern selbst. Anfangs sind viele Kinder noch Feuer und Flamme, auf der Hochzeit ein tolles Kleid tragen zu dürfen und eine so wichtige Rolle zu spielen. Je nach Alter der Kinder werden jedoch ganz andere Töne angeschlagen, wenn es ernst wird. Streukörbchen werden am Anfang des Teppichs ausgeleert, Dekorationen aus Versehen umgeworfen oder anstatt den Teppich entlangzulaufen, wird sich einfach auf diesen hingesetzt. Abgesehen von lautem Gebrüll und vielen Tränen habe ich schon so einiges auf Hochzeiten gesehen.

Wählen Sie am besten nur dann kleine Kinder als Blumenkinder aus, wenn Ihnen grundsätzlich egal ist, ob diese auch wirklich den Teppich entlanglaufen werden. Planen Sie den Einzug jedoch ganz akribisch – mit Musiktiteln, die auf die Minute genau auf den Einzug abgestimmt sind –, so wählen Sie nur etwas ältere Kinder aus, mit denen Sie den Einzug vorher üben können. Seien Sie aber auch dann nicht enttäuscht, wenn sich das Kind oder die Kinder es in letzter Minute noch anders überlegen. Kinder bleiben nun einmal Kinder und in Ihren Vorbereitungen gilt es, sich darüber im Klaren zu sein, ein kurzentschlossenes »Nein« der Blumenmädchen auch noch kurz vor dem Einzug mit Humor und Gelassenheit hinzunehmen.

Wer sein Auto liebt, der schiebt

Einige Brautpaare mieten sich an ihrem Hochzeitstag ein spezielles Brautgefährt, wie einen Oldtimer, eine Limousine oder einen Sportwagen. Andere wiederum polieren ihren eigenen Wagen noch einmal so richtig auf, knoten zwei Schleifen links und rechts an die Türgriffe und lassen sich von den Trauzeugen zum Ort der Trauung und danach zur Feier fahren. Ein Hochzeitsgefährt oder Ihr eigener Wagen kann eine Panne haben und nicht mehr fahrbereit sein. Behalten Sie auch in diesem Fall die Nerven. Bei einer guten Vorbereitung haben Sie die Nummer eines Ansprechpartners für die Trauung oder die Location, in der Sie feiern, zur Hand beziehungsweise Ihre Trauzeugen haben diese zur Hand und melden, dass Sie ein bisschen später als geplant kommen.

Auch wenn Ihnen im ersten Moment vielleicht nicht danach zu Mute ist: Wenn Sie den Fotografen erreichen können oder dieser sogar mit im Wagen gesessen hat, dann nutzen Sie die Gelegenheit, um diesen Moment in spaßigen Posen festzuhalten. Glauben Sie mir, wenige Tage oder Wochen nach Ihrem großen Tag können Sie wirklich darüber lachen, was Sie alles durchmachen mussten!

Ist der Wagen offensichtlich nicht zu reparieren und haben Sie auch keine Zeit, auf den Pannendienst zu warten, so gibt es zwei Möglichkeiten: Sie rufen einen Vertrauten an, der Sie in seinem oder Ihrem Privatwagen abholen und weiterfahren kann, oder Sie rufen ein Taxi. Auch diese Nummer können Sie bei einer guten Vorbereitung einspeichern oder in Zeiten von Smartphones »googeln«. Auch mit einem Taxi bei der Kirche oder der Location vorzufahren, gibt »Futter« für außergewöhnliche Fotos von Ihnen und Ihrem Brautfahrzeug. Letzten Endes gibt es, meiner Meinung nach, keine Situation, die nicht durch eine gute und professionelle Vorbereitung oder durch Gelassenheit und Humor gerettet werden kann.

Nehmen Sie die Dinge so an, wie sie sind. Suchen Sie nach einer passenden Lösung beziehungsweise geben Sie das Problem an jemanden ab, dem Sie vertrauen und der für Sie eine Lösung findet. Sie als Brautpaar sollen sich nur auf sich und Ihre Gäste konzentrieren und den Tag genießen – komme, was wolle!

Anhang A: Übersichtstabellen für das Hochzeitsbudget

Lassen Sie sich hinsichtlich der Kosten, die Sie vielleicht auf den ersten Blick nicht abschätzen können, nicht verunsichern. Benutzen Sie die folgenden Budgetlisten, um Ihre Kostenplanung im Blick zu haben, und arbeiten Sie parallel mit den Informationen aus den Zeitablauflisten, die Sie in Anhang B finden, um konkrete Fragen vor Ort zu stellen.

Amtliches Weitere Informationen hierzu finden Sie in den Kapiteln 7 und 8.	Geplante Kosten	Tatsächliche Kosten
Anmeldung zur Eheschließung		
Außen- oder Ambientetrauort		
Beschaffung der Dokumente, die zur Anmeldung zur Eheschließung vorgelegt werden müssen		
Neue Ausweisdokumente wie Reise- und Personalausweis		
Heiratsurkunde(n)		
Alternativkosten für die Beglaubigung von Heiratsurkunden		
Stammbuch		
Aufsetzen eines Ehevertrags durch einen Notar		
Notarielle Beglaubigung des Ehevertrags		
Kostenpuffer: 5 Prozent		

Tabelle A.1: Amtliches

Der Polterabend Weitere Informationen hierzu finden Sie in Kapitel 10.	Geplante Kosten	Tatsächliche Kosten
Einladungen		
Raummiete des Saals und/oder Außenbereichs		
Miete für technisches Equipment vor Ort		
Miete für Tische und Stühle		
Miete für Geschirr		

Hochzeitsplanung für Dummies

Der Polterabend Weitere Informationen hierzu finden Sie in Kapitel 10.	Geplante Kosten	Tatsächliche Kosten
Personalkosten		
Musikalische Unterhaltung		
Essen und Snacks		
Getränke		
Dekoration		
Reinigung des Geschirrs		
Reinigung der Räume		
Bereitstellung eines Containers und Entsorgung der Abfälle		
Kostenpuffer: 10 Prozent		

Tabelle A.2: Polterabend

Das Standesamt Weitere Informationen hierzu finden Sie in Kapitel 7.	Geplante Kosten	Tatsächliche Kosten
Eheringe		
Anmietung einer Musikanlage		
Musikalische Begleitung (Livemusik)		
Ringkissen		
Aktionen nach der Trauung wie Tauben, Ballons, Schmetterlinge		
Sektempfang auf dem Amt – inklusive eventuell anfallender Gebühren		
Reinigung der Örtlichkeit vor Ort nach einem Empfang		
Gebühren, um vor Ort Fotos machen zu dürfen (zum Beispiel im angeschlossenen Park)		
Aufmerksamkeiten für die Gäste wie Taschentücher oder Seifenblasen		
Essen mit allen Gästen (zum Beispiel im Restaurant)		
Getränke zum Essen		
Raumkosten oder Personalkosten		
Hochzeitstorte		
Ein gegebenenfalls anfallendes Gabelgeld, wenn nur die Hochzeitstorte als Dessert gereicht wird		
Kostenpuffer: 10 Prozent		

Tabelle A.3: Standesamt

A ➤ Übersichtstabellen für das Hochzeitsbudget

Kirche oder freie Trauung Weitere Informationen hierzu finden Sie in den Kapiteln 8 und 9.	Geplante Kosten	Tatsächliche Kosten
Kirchenspende		
Spende für den Organisten/die Organistin		
Spende für sonstige Künstler/Künstlerinnen		
Freier Redner oder freier Theologe		
Externe Musiker wie Geiger, Sopranisten, Trompeter etc.		
Gebühren für ausgestellte Dokumente		
Aufmerksamkeiten für die Gäste wie Taschentücher, Seifenblasen etc.		
Aktionen nach der Trauung wie Tauben, Schmetterlinge, Ballons etc.		
Ringkissen		
Traukerze		
Kostenpuffer: 10 Prozent		

Tabelle A.4: Kirche oder freie Trauung

Die Hochzeitsfeier	Geplante Kosten	Tatsächliche Kosten
Raummiete		
Weitere Raummieten (zum Beispiel für Kinder oder Künstler)		
Mieten für den Außenbereich		
Miete für Tische und Stühle		
Miete für Gedecke (Teller, Gabel, Messer, Gläser und so weiter)		
Miete für Tischdecken und Stoffservietten		
Weitere Mieten für Sonnenschirme, Loungemöbel, Lichtanlage, Zelte etc.		
Miete für Verlängerung der Mietdauer		
Sektempfang (Sekt, Kaltgetränke und Häppchen)		
Kaffee und Kuchen am Nachmittag		
Hochzeitstorte		
Gabelgeld, wenn die Torte nachmittags als Kuchen gereicht wird (Gabelgeld fällt dann an, wenn in der Feierlocation ein Aufwand entsteht, zum Beispiel Teller und Besteck nach Kaffee und Kuchen zu spülen, da Sie die Torte oder anderen Kuchen selbst mitgebracht haben, diese aber auch vor Ort hätten beziehen können.)		
Menü oder Buffet		
Getränke zum Abendessen		

Hochzeitsplanung für Dummies

Die Hochzeitsfeier	Geplante Kosten	Tatsächliche Kosten
Getränke außerhalb der vereinbarten Pauschale wie Aperitifs oder Digestifs		
Zusätzliche Personalkosten (zum Beispiel nach 1 Uhr nachts)		
Mitternachtssnack		
Musikalische Begleitung zum Sektempfang		
Musikalische Begleitung zum Essen		
Musik zur abendlichen Feier		
Tanzstunden		
Kostenpuffer: 15 Prozent		

Tabelle A.5: Hochzeitsfeier

Bekleidung und Pflege Weitere Informationen hierzu finden Sie in Kapitel 11.	Geplante Kosten	Tatsächliche Kosten
Bekleidung Bräutigam für das Standesamt (Anzug, Hemd, Krawatte oder Fliege, Gürtel, Schuhe, Manschettenknöpfe)		
Bekleidung Braut Standesamt (Kleid, Schuhe, unter Umständen Unterwäsche, Schmuck, Hut)		
Bekleidung kirchliche oder freie Trauung Bräutigam (Anzug, Hemd, Krawatte oder Fliege, Gürtel, Schuhe, Manschettenknöpfe)		
Bekleidung kirchliche oder freie Trauung Braut (Kleid, Schleier, Hut oder anderen Kopfschmuck, Handschuhe, Unterwäsche und Strümpfe, Schuhe, Handtasche, Schmuck)		
Kosten sonstige Accessoires für den Bräutigam		
Kosten sonstige Accessoires für die Braut		
Kosten für Änderungen an der Kleidung des Bräutigams		
Kosten für Änderungen an der Kleidung der Braut		
Friseur Braut		
Friseur Bräutigam		
Kosten für sonstige Pflegeprodukte oder Pflegebehandlungen wie Maniküre, Waxing, Haarverlängerungen und so weiter		
Make-up der Braut inklusive Probe-Make-up		
Kostenpuffer: 10 Prozent		

Tabelle A.6: Bekleidung und Pflege

A ➤ Übersichtstabellen für das Hochzeitsbudget

Übernachtungs- und Reisekosten	Geplante Kosten	Tatsächliche Kosten
Übernachtung Brautpaar vor Ort		
Alternativ Taxikosten für das Brautpaar nach Hause		
Anreisekosten Brautpaar zur Location		
Reise- und/oder Flugkosten, die Sie für die Familie oder Freunde tragen		
Übernachtungskosten, die Sie für die Familie tragen		
Shuttleservice von den Hotels zu der Feierlocation tagsüber und auch nachts		
Shuttleservice vom Flughafen zu den Hotels		
Kostenpuffer: 5 Prozent		

Tabelle A.7: Übernachtung und Reise

Rund um das Gedruckte Weitere Informationen hierzu finden Sie in Kapitel 14.	Geplante Kosten	Tatsächliche Kosten
Hochzeitsanzeige in der Zeitung		
Save-the-Date-Karten und Porto		
Einladungskarten und Porto		
Menü- oder Buffetkarten		
Tischnummern		
Sitzplan		
Heft mit Ablaufplan zur Trauung		
Sitzplatzkarten für die Gäste, unter Umständen kombiniert mit Gastgeschenken		
Gästebuch		
Sonstiges Gedrucktes		
Danksagungskarten und Porto		
Kostenpuffer: 10 Prozent		

Tabelle A.8: Rund um das Gedruckte

Dienstleister der Hochzeitsbranche Weitere Informationen hierzu finden Sie in Kapitel 12.	Geplante Kosten	Tatsächliche Kosten
Brautfahrzeug wie Limousine, Oldtimer oder Kutsche		
Cocktailmixer		
Comedy-Kellner oder Karikaturist		
Hochzeitstorte		

Hochzeitsplanung für Dummies

Dienstleister der Hochzeitsbranche Weitere Informationen hierzu finden Sie in Kapitel 12.	Geplante Kosten	Tatsächliche Kosten
Feuerwerk		
Fotograf		
Kinderbetreuung		
Videograf		
Zauberer		
Kostenpuffer: 10 Prozent		

Tabelle A.9: Dienstleister der Hochzeitsbranche

Die Dekoration Weitere Informationen hierzu finden Sie in Kapitel 16.	Geplante Kosten	Tatsächliche Kosten
Brautstrauß		
Wurfstrauß für das Standesamt		
Sträuße für Brautjungfern oder die Trauzeugin		
Anstecker Bräutigam		
Anstecker für Väter und Trauzeugen		
Blumen für Groomsmen und Bridesmaids		
Streublumen Blumenkinder		
Sonstige Blumen für Blumenkinder		
Kleider, Streukörbchen und so weiter für Blumenmädchen und -jungen		
Stuhlhussen mit oder ohne Schleife		
Schleifen für Autos der Gäste		
Weißer oder roter Teppich inklusive Lieferung und Verlegen		
Blumenschmuck für das Brautauto oder die Kutsche		
Dekoration Trauung (zum Beispiel Altargesteck, Blumen an den Bänken oder Stühlen, Blumen links und rechts des Teppichs)		
Dekoration im Außenbereich der Trauung		
Dekoration der Tische		
Dekoration der Stehtische		
Kostenpuffer: 15 Prozent für die Dekoration		

Tabelle A.10: Dekoration

318

A ➤ Übersichtstabellen für das Hochzeitsbudget

Die Flitterwochen	Geplante Kosten	Tatsächliche Kosten
Pauschalangebot		
Zug zum Flug		
Parkgebühren für das eigene Auto		
Gebühren für Geldwechsel		
Gebühren für Geldabbuchungen		
Kostenpuffer: 10 Prozent für die Reise		

Tabelle A.11: Flitterwochen

Die Gesamtkosten der Hochzeit	Geplante Kosten	Tatsächliche Kosten
Amtliches		
Der Polterabend		
Das Standesamt		
Die Kirche oder freie Trauung		
Die Hochzeitsfeier		
Bekleidung und Pflege		
Übernachtungs- und Reisekosten		
Rund um das Gedruckte		
Dienstleister rund um die Hochzeit		
Die Dekoration		
Die Flitterwochen		
Gesamtpuffer: noch einmal 5 Prozent auf alles		

Tabelle A.12: Gesamtkosten der Hochzeit

Anhang B:
Tabellen für die Planung

Passen Sie zu Beginn Ihrer Planung diese Tabellen an Ihre Bedürfnisse an, da nicht für jedes Brautpaar die gleichen Vorbereitungszeiten und Aufgaben anfallen. Fügen Sie Bereiche ein, die auf Sie zutreffen, in den Listen vielleicht aber so nicht zu finden sind. Wichtig ist, dass Sie immer in der gleichen Tabelle arbeiten. Notieren Sie sich nicht in verschiedenen Tabellen verschiedene Dinge. So verlieren Sie schnell den Überblick oder wissen nicht mehr genau, welche Tabelle nun die aktuelle ist. Seien Sie außerdem nicht beunruhigt, wenn Ihnen bis zu Ihrer Hochzeit weniger als neun Monate Zeit zur Vorbereitung bleiben. Gehen Sie Schritt für Schritt die Planung durch und haken Sie die entsprechenden Punkte für sich ab.

	Einzuhaltende Termine	Dienstleister Ansprechpartner	Kontaktdaten	Bemerkung
Wunschtermin für Heirat festlegen				
Festlegen, ob standesamtliche, kirchliche oder freie Trauung				
Anzahl der Gäste festlegen				
Erwachsene				
Kinder bis 6				
Kinder bis 12				
(Geh-)Behinderte Gäste				
Grundsätzlichen finanziellen Rahmen festlegen/ Budgetplan				
Location besichtigen und Angebote vergleichen				
Sofern entscheidend für Festlegung der Location: Probeessen, sonst später				
Hochzeitssuite buchen				
Zimmerkontingente für Gäste einrichten				
Benötigte Anzahl der Doppelzimmer				

Hochzeitsplanung für Dummies

	Einzuhaltende Termine	Dienstleister Ansprechpartner	Kontaktdaten	Bemerkung
Benötigte Anzahl der Einzelzimmer				
Besonderheiten wie Beistellbetten abklären				
Übersicht optionierte Hotels mit Optionsende Datum _____				
Bestätigte Doppelzimmer				
Bestätigte Einzelzimmer				
Standesamt festlegen				
Unterlagen zur Anmeldung besorgen				
Zur Trauung anmelden				
Stammbuch kaufen				
Dekoration auf dem Standesamt abklären				
Sektempfang beim Standesamt gewünscht?				
Snacks gewünscht?				
Equipment für Empfang beim Standesamt nötig?				
Highlights nach oder bei der Trauung gewünscht?				
Kirche und Uhrzeit festlegen (Name und Anschrift der Kirche – Name Pfarrer, Name Küster)				
Unterlagen zur Anmeldung besorgen				
Zur kirchlichen Trauung anmelden				
Trauzeugen auswählen				
Brautjungfern auswählen				
Brautführer auswählen				
Organist für Trauung organisieren, wenn nicht vor Ort vorhanden				

B ➤ Tabellen für die Planung

	Einzuhaltende Termine	Dienstleister Ansprechpartner	Kontaktdaten	Bemerkung
Sonstige Musik in der Kirche gewünscht?				
Highlights nach Trauung gewünscht?				
Sektempfang nach der Trauung vor Ort gewünscht?				
Equipment hierfür nötig?				
Dekoration in der Kirche klären				
Freie Trauzeremonie:				
Freien Redner/Theologen buchen – Name des Redners/Theologen				
Location besichtigen, welches Equipment für die Zeremonie gebraucht wird:				
Altar (Tisch mit Tischdecke)				
Stühle für Brautpaar und Trauzeugen				
Altargesteck				
Bodenbelag wie Teppich				
Große Schirme als Schutz vor Hitze oder Regen				
Kerzenständer				
Rosenbögen				
Stehtische				
Stühle oder Bänke				
Stuhlhussen				
Windlichter				
Zelt				
Sektempfang nach der freien Trauung gewünscht?				
Highlights nach Trauung gewünscht?				
Kleidung und Reise				

323

Hochzeitsplanung für Dummies

	Einzuhaltende Termine	Dienstleister Ansprechpartner	Kontaktdaten	Bemerkung
Brautkleid kaufen				
Ringe kaufen				
Flitterwochen planen				
Urlaub für die Hochzeitsreise einreichen				
Impfungen kontrollieren und gegebenenfalls auffrischen				
Neuen Reisepass und Personalausweis mit neuem Namen beantragen				
Unter Umständen (neues) Visum mit neuem Namen beantragen				
Gedanken machen über Unterbringung von Haustieren				
Gedanken machen über Schlüsselübergabe zur Wohnung				
Papeterie				
Gedanken über Geschenke machen				
Endgültige Gästeliste erstellen				
Trausprüche gemeinsam durchlesen, um gegebenenfalls auf Einladungen zu integrieren				
Save-the-Date-Karten versenden				
Gedanken zu einem Konzept oder roten Faden machen				
Dienstleister buchen – und Genehmigungen einholen:				
Auto				
Ballons				
Band				

B ➤ Tabellen für die Planung

	Einzuhaltende Termine	Dienstleister Ansprechpartner	Kontaktdaten	Bemerkung
Cocktailmixer				
Comedy-Kellner				
DJ				
Feuerwerk				
Friseur				
Floristik				
Fotograf				
Kutsche				
Kinderbetreuung recherchieren				
Porträtzeichner				
Stylistin				
Tortenanbieter recherchieren				
Tauben				
Videograf				
Zauberer				
Mietmobiliar wie Loungemöbel				
Stuhlhussen mit oder ohne Schleife				
Anmeldung zum Tanz-kurs				
Grundsatzentscheidung treffen, ob ein Polter-abend gewünscht ist				

Tabelle B.1: Planungsschritte neun bis fünf Monate vor der Hochzeit

	Einzuhaltende Termine	Dienstleister Ansprechpartner	Kontaktdaten	Bemerkung
Ehevertrag aufsetzen				
Einladungskarten aussuchen				
Einladungskarten drucken lassen				
Sonderbriefmarken kaufen				
Karten versenden				

Hochzeitsplanung für Dummies

	Einzuhaltende Termine	Dienstleister Ansprechpartner	Kontaktdaten	Bemerkung
Gästebuch aussuchen				
Brautaccessoires kaufen				
Anzug und Schuhe für den Bräutigam kaufen				

Tabelle B.2: Planungsschritte fünf bis drei Monate vor der Hochzeit

	Einzuhaltende Termine	Dienstleister Ansprechpartner	Kontaktdaten	Bemerkung
Treue- oder Trauverspre-chen auswählen				
Ablauf Zeremonie Standesamt				
An welchen Stellen kann Gesang eingebunden werden?				
Wann darf fotografiert werden?				
Ablauf Zeremonie Kirche				
An welchen Stellen kann Gesang eingebunden werden?				
Wann darf fotografiert werden?				
Termin mit dem Pfarrer machen				
Ablauf Zeremonie freie Trauung				
An welchen Stellen kann Gesang eingebunden werden?				
Termin mit freiem Redner vereinbaren				
Wann darf fotografiert werden?				
Ringträger auswählen				
Kerzenträger auswählen				
Zeremonienmeister auswählen				

B ➤ Tabellen für die Planung

	Einzuhaltende Termine	Dienstleister Ansprechpartner	Kontaktdaten	Bemerkung
Brautschuhe kaufen und einlaufen				
Details zur Hochzeit auswählen:				
Seifenblasen				
Taschentücher				
Roter Teppich				
Ringkissen				
Hochzeitskerze				
Dekoration endgültig mit dem Floristen besprechen				
Gastgeschenke auswählen				
Shuttleservice für Gäste organisieren				
Termin Änderung Brautkleid				
Termine bestätigen lassen				
Auto				
Ballons				
Band				
Cocktailmixer				
Comedy-Kellner				
DJ				
Feuerwerk				
Friseur				
Floristik				
Fotograf				
Kutsche				
Kinderbetreuung (wenn Kinderzahl feststeht)				
Porträtzeichner				
Stylistin				
Tauben				
Videograf				
Zauberer				
Sind alle nötigen Genehmigungen vorhanden?				
Wurde alles benötigte Equipment gebucht?				

Hochzeitsplanung für Dummies

	Einzuhaltende Termine	Dienstleister Ansprechpartner	Kontaktdaten	Bemerkung
Endgültige Menü- oder Buffetauswahl treffen				
Sektempfang besprechen				
Getränkeauswahl zur Feier besprechen				
Übrige Papeterie festlegen und in Auftrag geben				
Gästeliste aktualisieren				
Probestecken beim Friseur				
Probe-Make-up bei der Stylistin				
Ersten Sitzplan erstellen				
Trauringe abholen oder gravieren lassen				
Garderoben noch mal anprobieren				
Brautkleid				
Kleid(er)				
Anzug/Anzüge				
Termine Körperpflege				
Massage				
Maniküre				
Pediküre				
Pension für Haustiere buchen				
Reiseunterlagen für die Flitterwochen prüfen				
Unter Umständen für die Hochzeitsreise Fremdwährung tauschen				
Einkäufe für die Hochzeitsreise erledigen (Sonnencreme, After-Sun-Lotion ...)				
Wer kümmert sich um die Wohnung im Urlaub?				
Shuttle zum Flughafen geklärt?				

Tabelle B.3: Planungsschritte drei bis einen Monat vor der Hochzeit

B ➤ Tabellen für die Planung

	Einzuhaltende Termine	Dienstleister Ansprechpartner	Kontaktdaten	Bemerkung
Generalprobe Kirche oder freie Trauzeremonie, wenn möglich				
Trauanzeige aufgeben				
Trauzeugen/Eltern				
Fragen				
Aufgaben				
Zeiten durchgehen und festlegen				
Brautvorbereitungen				
Braut zum Friseur				
Farbe auffrischen				
Haare schneiden				
Bräutigamvorbereitungen				
Bräutigam zum Friseur				
Anprobe Anzug				
Location				
Location die aktuelle Gästezahl mitteilen				
Aktuellen Zeitplan an Location übermitteln				
Sitzordnung noch mal prüfen				
Aktuellen Sitzplan an Location übermitteln				

Tabelle B.4: Planungsschritte zwei bis eine Woche vor der Hochzeit

	Einzuhaltende Termine	Dienstleister Ansprechpartner	Kontaktdaten	Bemerkung
ENTSPANNEN				
Eheringe bereitlegen				
Dokumente zur Eheschließung bereitlegen				
Garderobe und Accessoires bereitlegen, flache Schuhe einpacken, Blasenpflaster				
Accessoires für die Haare bereitlegen				

Hochzeitsplanung für Dummies

	Einzuhaltende Termine	Dienstleister Ansprechpartner	Kontaktdaten	Bemerkung
Handy aufladen				
Handtasche packen (Taschentuch, Traubenzucker, Lippenstift, Make-up und einen Minzebonbon, Kopfschmerztablette)				
Ausreichend Wasser trinken am Vorabend				
Gegebenenfalls Koffer für Hochzeitsreise packen und Ausweise sowie ausländische Währung und Reisetickets bereitlegen				
Unter Umständen Haustier mit Impfpass bereits in die Pension bringen				

Tabelle B.5: Der Tag vor der Hochzeit

	Einzuhaltende Termine	Dienstleister Ansprechpartner	Kontaktdaten	Bemerkung
Gemeinsam zur Bank gehen oder Namen für das Konto ändern lassen				
Kleider reinigen lassen				
Klingel- und Postkastenschild ändern				
Neue Namen bei offiziellen Stellen bekanntgeben				
Steuerklasse ändern				
Danksagungskarten auswählen und versenden				
Fotos nachbestellen				
Offene Rechnungen begleichen				
Doppelte Versicherungen kündigen				

Tabelle B.6: Nach der Hochzeit

Anhang C: Wichtige Fragen für die Auswahl von Dienstleistern

Fragen zur Location

1. Liegt die Location in der Nähe des Trauortes? Kann vor Ort eine freie Trauung durchgeführt werden, auch bei schlechtem Wetter?
2. Kostet das Equipment zur Trauung extra?
3. Wie viele Gäste haben im Innenbereich und im Außenbereich Platz?
4. Gibt es, wenn nötig, behindertengerechte Zugänge und Toiletten?
5. Sind genügend Parkplätze vorhanden?
6. Buchen Sie die gesamten Räumlichkeiten exklusiv? Sind andere Gesellschaften vor Ort?
7. Ist die Dekoration, die Sie unter Umständen vor Ort sehen, inklusive?
8. Können Sie Garten oder Terrasse ebenfalls nutzen? Exklusiv? Oder müssen Sie sich diese mit anderen Gesellschaften/Gästen teilen?
9. Was kostet die Anmietung der Location? Was kostet die exklusive Anmietung?
10. Können die Gäste auch übernachten? Wie viele Zimmer gibt es und was kosten sie?
11. Wird ein gemeinsames Frühstück oder ein Brunch für den nächsten Morgen angeboten?
12. Gibt es eine Hochzeitssuite, die im Preis inbegriffen ist?
13. Ist genug Platz für den DJ beziehungsweise die Band? Sind Stromanschlüsse vorhanden?
14. Ist die Tanzfläche groß genug? Wird ein Bodenbelag benötigt?
15. Wie lange darf die Feier dauern? Gibt es eine Sperrstunde für draußen oder drinnen?
16. Gibt es eine Pauschale, die ab einer bestimmten Uhrzeit gezahlt werden muss?
17. Gibt es eine Reinigungspauschale?
18. Bis wann muss die Deko am nächsten Tag abgeholt werden und wo kann sie über Nacht gelagert werden?
19. Gibt es einen kostenlosen Raum, in dem Kinder betreut werden können?
20. Können Geldgeschenke über Nacht in einem Tresor verschlossen werden?

Fragen ans Catering

1. Welche Häppchen werden zum Sektempfang angeboten? Wie viel kostet das pro Person?

2. Gibt es Standardmenüs oder einen Buffetvorschlag? Können die Vorschläge kombiniert werden? Wie viel kostet das pro Person?

3. Ist ein Probeessen möglich? Wenn ja, kostet das extra?

4. Wird das Essen in Gängen am Tisch serviert oder kann es ein großes Buffet geben? Kann alternativ auch kombiniert werden?

5. Wie sieht es mit Alternativen für Kinder und Vegetarier aus?

6. Kann Rücksicht auf Allergiker genommen werden?

7. Woraus setzt sich der Preis pro Person zusammen? Bedienung inklusive? Tafelwäsche? Geschirr? Besteck? Gläser?

8. Gibt es eine Getränkepauschale? Bis wann gilt sie und welche Getränke sind darin enthalten? Wie wird abgerechnet?

9. Wie berechnet sich der Sektempfang – welche Getränke werden in der Pauschale für den Sektempfang angeboten?

10. Werden auch Kaffeespezialitäten und Tee angeboten? Zu welchem Preis?

11. Ist es möglich, für ein bestimmtes Korkgeld auch selbst Getränke mitzubringen?

12. Kann zwischen langen Tafeln und runden Tischen gewählt werden? Welche Tischordnung ist im Raum möglich?

13. Kosten runde Tische extra? Ist Tischwäsche in allen Formen vorhanden? Welche Farben haben Tischwäsche und Servietten? Gibt es Stoffservietten?

14. Wer kümmert sich um die Tischdekoration?

15. Wie viel Personal ist während der Hochzeitsfeier anwesend?

16. Wann und wie wird das Catering bezahlt, ist eine Anzahlung fällig? Wenn ja, in welcher Höhe und bis wann?

Fragen zur Torte

1. Welche Torte eignet sich am besten für Ihre Gästezahl und den Stil der Hochzeit?

2. Können Sie die verschiedenen Geschmacksrichtungen probieren?

3. Kann auch Ihr eigener Entwurf, passend zu Ihrem Konzept, umgesetzt werden?

4. Können verschiedene Geschmacksrichtungen in einer Torte verwendet werden?

5. Woraus bestehen die Füllung und die Umrandung der Torte?

6. Welche Tortenfiguren gibt es?

C ➤ Wichtige Fragen für die Auswahl von Dienstleistern

7. Können natürliche Elemente verwendet werden wie zum Beispiel echte Blüten?

8. Welche Geschmacksrichtungen passen am besten zur Jahreszeit?

9. Gibt es Alternativen wie Cupcakes oder Törtchen?

10. Möchten Sie neben der Torte noch Cupcakes oder Törtchen bestellen?

11. Kann man die oberste Schicht der Hochzeitstorte für den ersten Hochzeitstag einfrieren?

12. Wie lange im Voraus muss die Torte bestellt werden?

13. Fallen Mietkosten für die Etagere an oder werden sie bei Rückgabe zurückerstattet?

14. Sind die Lieferkosten im Tortenpreis enthalten?

15. Wann und wie muss die Torte bezahlt werden?

16. Muss die Torte bis zum Anschnitt gekühlt werden? Wie breit ist die Torte?

17. Wird die Torte komplett geliefert oder muss sie vor Ort noch zusammengebaut und dekoriert werden, wer übernimmt das?

18. Gibt es ein besonderes Anschneideset?

Fragen zum Brautkleidkauf

1. Welche Brautmodenfachgeschäfte gibt es in Ihrer Nähe?

2. Welche Marken führt das Brautmodengeschäft?

3. Müssen Sie einen Termin für eine Anprobe vereinbaren?

4. Gibt es Privattermine? (Privattermine eignen sich gut für Bräute, die sich in einem Geschäft mit vielen anderen Menschen unwohl fühlen.)

5. Wie viel Zeit plant das Brautmodengeschäft für Ihren Termin?

6. Gibt es auch Kleider in größeren Größen?

7. Ist es möglich, ein Stückchen Stoff zur Abstimmung mit dem Bräutigam mitzunehmen?

8. Kann das Traumkleid Ihren Wünschen entsprechend geändert werden – können beispielsweise zusätzliche Träger angebracht werden? Und was kostet das?

9. Wie lange dauern die Änderungen?

10. Wird Ihr Kleid bestellt und welche Lieferzeiten gibt es?

11. Führt das Geschäft auch passende Accessoires?

12. Was passiert, wenn Sie nach der Anprobe zu- oder abgenommen haben?

13. Wann und wie muss das Kleid bezahlt werden?

14. Bietet das Brautmodengeschäft an, das Kleid bis zur Hochzeit aufzubewahren?

Hochzeitsplanung für Dummies

15. Kann das Kleid auch nach Hause geliefert werden?

16. Benötigen Sie eine Hochzeitskleiderbox für die Aufbewahrung des Kleides nach der Hochzeit und wenn ja, bietet das Brautmodengeschäft das an? Was kostet so eine Box?

Fragen zum Fotografen

1. Gibt es eine Website, auf der eigene Arbeiten zu sehen sind?

2. Gibt es zusätzliche Services wie ein Zweisamkeitsshooting vor der Hochzeit, die Herstellung von Fotobüchern, einen Onlinezugang und so weiter?

3. Was passiert, wenn der Fotograf am Tag der Hochzeit krank wird? Wird Ersatz gestellt?

4. Hat der Fotograf Ersatzequipment mit, falls eine Kamera defekt sein sollte?

5. Gibt es einen Kennenlerntermin? Und wird dieser separat berechnet?

6. Wie viele Fotos soll es insgesamt geben? Gibt es »Best-of-Abzüge«, und wenn ja wie viele?

7. Sind Abzüge im Tagessatz des Fotografen enthalten?

8. Besteht die Möglichkeit, die Fotos im Nachhinein zu bearbeiten?

9. Wer behält die Rechte an den Bildern?

10. Wann bekommen Sie die fertigen Bilder?

11. Wie lange können Fotos nachbestellt werden?

12. Ist eine Anzahlung zur Reservierung des Fotografen nötig?

Fragen an den DJ

1. Ist der DJ auf Hochzeiten spezialisiert?

2. Ist ein persönliches Treffen mit dem DJ vor der Hochzeit möglich beziehungsweise auch nötig? Kostet das etwas?

3. Wie erfährt der DJ von den persönlichen Musikwünschen? Zum Beispiel auch von dem Lied zum Anschneiden der Torte oder dem Lied zum Eröffnungstanz. Gibt es einen Musikwunschbogen?

4. Geht der DJ auf die Wünsche der Gäste während der Hochzeitsfeier ein? Wollen Sie das?

5. Spielt der DJ alle Musikrichtungen, die Sie sich wünschen, auch besondere Musikrichtungen oder Musikstücke?

6. Wie lange legt der DJ auf? Was kostet die Verlängerungsstunde?

7. Macht der DJ Spielpausen, wenn ja, welche Musik läuft dann?

8. Kann der DJ moderieren und wenn ja, wollen Sie das überhaupt?

9. Müssen dem DJ Essen oder Getränke für die Veranstaltungsdauer gestellt werden?

C ➤ Wichtige Fragen für die Auswahl von Dienstleistern

10. Fallen für die Anreise Kosten an?

11. Welche Kleidung trägt der DJ bei Ihrer Veranstaltung?

12. Hat der DJ zusätzliches Equipment wie eine Lichtanlage, eine Nebelmaschine, ein (Funk-) Mikrofon und so weiter? Was kostet dieses Equipment?

13. Welche Stromanschlüsse sind in der Location für die Ton- und Lichtanlage erforderlich?

14. Wie viel Platz benötigt der DJ für die Ton- und Lichtanlage? Braucht er einen Tisch und Stuhl?

15. Wann erfolgt der Aufbau und Abbau? Wird diese Zeit separat berechnet?

16. Wie lange dauert der Aufbau und Abbau der Ton- und Lichtanlage?

17. Was passiert, wenn der DJ kurzfristig ausfällt? Ist dann für Ersatz gesorgt? Kostet dieser Service extra?

18. Wann und wie wird der DJ bezahlt?

Fragen an den Floristen

1. Gibt es Beispiele oder Bilder von Hochzeitsbouquets und -dekorationen?

2. Welche Bindungsformen für Brautsträuße und Blütenkombinationen sind aktuell im Trend?

3. Welche Blumen eignen sich besonders für die jeweilige Jahreszeit?

4. Welche Bouquetform unterstreicht den Look des Brautkleides am besten?

5. Können Elemente von Kleid oder Accessoires (Perlen, Schleifen, Spitze und so weiter) in den Brautstrauß eingearbeitet werden?

6. Kann der Florist Haarschmuck für die Braut und Blumenkinder anfertigen?

7. Gibt es Körbe für die Blumenkinder?

8. Kann der Florist den Autoschmuck liefern?

9. Wie lange dauert es, die Location zu dekorieren?

10. Können Sie Vasen für die Blumengeschenke mieten?

11. Was kostet die Lieferung und Abholung der Blumen und geliehenen Artikel?

12. Können Blumenelemente auch an verschiedene Orte geliefert werden?

13. Wer öffnet dem Floristen die Kirche beziehungsweise weist die Lieferanten/den Floristen vor Ort ein, wo dekoriert werden soll?

14. Kann das Planungsgespräch für die Dekoration auch in der Location stattfinden?

15. Kann ein Probetisch angefertigt werden, was kostet das und kann das auf die Kosten des Auftrags angerechnet werden?

16. Wann und wie wird der Florist bezahlt?

Abbildungsnachweis

Abbildung 5.2: Fotolia © crimson

Abbildung 8.1: Fotolia © Fotomicar

Abbildung 8.2: Fotolia © bilderstoeckchen

Abbildung 11.1 links, 11.1 rechts, 11.2, 11.3 links, 11.3 rechts, 11.4 links, 11.4 rechts, 11.5 links, 11.5 rechts, 11.6 links, 11.6 rechts, 11.7 links, 11.7 rechts, 11.8 links, 11.8 rechts, 11.9 links, 11.9 rechts, 11.10, 11.11, 11.12, 11.13 links, 11.13 rechts, 11.14 links, 11.14 rechts, 11.15, 11.16: Christian Kalkert, Birken-Honigsessen

Abbildung 12.1: Fotolia © Sandra Knopp

Abbildung 12.2: Fotolia © shooterg03

Abbildung 13.1, 13.2, 13.3: www.weddingrepublic.com

Abbildung 14.1, 14.2, 14.3: www.weddingrepublic.com

Farbteil

Abbildung 1,2,3,4,5,6,7,8,9 und 13: www.seel-hochzeitsfotografie.de

Abbildung 10, 12: fotografiert von »Udo Blick«, zur Verfügung gestellt von Claudia und Holger Schorn

Abbildung 11, 14: www.korte-fotografie.de (Fabian Korte)

Die Autorin bedankt sich ganz herzlich bei den folgenden Brautpaaren und den Fotografen für die Zurverfügungstellung der im Buch verwendeten Bilder: Andreas und Sandra Durth, Lisa und Lars Peters, Marcus und Stefanie Lucht, Marion Lohmar-Engeln und Ralph Lohmar, Maren und Harald Buchholz sowie Claudia und Holger Schorn.

Stichwortverzeichnis

A

Ablauf
freie Trauung 147
standesamtliche Trauung 117
Abnehmen *siehe* Diät
Abstandsgeld 162
Accessoires
für den Bräutigam 205, 208
zum Brautkleid 192
Allgemeine Geschäftsbedingungen
50, 75
Ambientetrauort *siehe* Außentrau-
ort
Angebote
mündliche Vereinbarungen 75
Animation
Comedy-Kellner 237
Karikaturist 233
Zauberer 232
Anmeldung zur Ehe 109
Unterlagen 110
Anmeldung zur Eheschließung
43
Kinder 44
Anzahlungen 50
Anzug des Bräutigams 205
passend zum Brautkleid 205
passend zum Typ 208
Schnittformen 205
Apostille 98
Armstrauß 296
Auflösungsvermerk 111
Augenbrauen 214
Ausland *siehe* Heiraten im Ausland
Außentrauort 109, 120

B

Ballerinas 201
Ballettschleier 196
Ballonaktion 272, 310
Ballons 165, 289
Banner 258, 269
Beauty *siehe* Styling
Behördengänge nach der
Hochzeit 59
Best Man 172
Bettlaken 165

Biedermeierstrauß 296
Bildrechte 229
Black Tie 206
Blumen
Bedeutung 296
für Bridesmaids und Grooms-
men 299
für den Bräutigam 297
für die Trauzeugen 298
für Kinder 299
Kopfkränze 299
Blumenkinder 174, 311
Accessoires 176
Kleidung 176
launische 311
Blusher 194
Bodenfeuerwerk 235
Boleros 192
Booklets 269
Bräuche 164, 203, 246, 252
Bräunen 214
Bräutigam
Accessoires 205, 208
als Gastgeber 169
Anzug 205
Aufgaben 168
Blumenschmuck 297
Brautbecher-Legende 150
Brautentführung 58, 279
Brautfrisuren 219
Brautführer 172
Brautjungfer 171
Brautkleid
Abnehmen 185
Accessoires 192
Anprobetermin 183
Bräuche 203
Halsausschnitt 185
Kosten 187
Lieferzeiten 185
Reifröcke 191
Silhouette 187
Brautmodengeschäft 183
Brautpaartisch 67
Brautraub 173
Brautstrauß 294
besorgen 168
Formen 296

Brautstraußwerfen 166
Bridesmaids 171
Blumenschmuck 299
Kleidung 173
Briefumschläge 283
Budget 41, 47 ff., 84, 87, 103
Buffet
Flying Buffet 81
mit Menü kombinieren 81
Buffetkarten 263, 264

C

Candy-Bar 267
Cape 192
Catering 80
Buffet 81
Crêpes-Station 82
Eiswagen 82
Empfang 82
Flying Buffet 81
Gabelgeld 85
Getränkepauschalen 84
Korkgeld 85
Live Cooking Station 82
Logistikkosten 86
Menü 80
mitgebrachte Speisen 86
Mitternachtsimbiss 83
Personalkosten 86
Probeessen 92
Unternehmen auswählen 80
Checklisten 53
Chiffonhut 199
Close-up-Zauberei 232
Clutch 194
Comedy-Kellner 237
Kosten 238
Curlies 198
Currywurst-Brunnen 83
Cut 205
Cutaway-Kragen 209

D

Danksagungskarten 268
Dekoration
auf den Toiletten 292

Hochzeitsplanung für Dummies

Ballons 289
Banketttische 290
der Location 287
freie Trauung 294
für den Außenbereich 288, 293
Kirche 293
leihen 51
Lichteffekte 288
Stehtische 289
Stuhlhussen 78
Diadem 198
Diät 217
Dienstleister
buchen 46
plötzlicher Ausfall 309
Vertrag 48
Dimissoriale 102, 122
Dinnerjacket 207
Dispens 121
Doppelname 113
Dresscode 206
Duchesse-Kleid 190
Duttband 198
DVD 272
DVD-Gästebuch 232

E

Ehen
frühere 111
Ehenichtigkeitsverfahren 131
Eheseminar 102, 130
Eheversprechen 310
Ehevertrag 115
Ehevorbereitungskurs 130
Ehevorbereitungsprotokoll 130
Einladungen 261, 273
Adressaufkleber 283
Anrede 284
Antwortkarte integrieren 281
Aufbau 274
Briefumschläge 283
Design 261
Flugbuchungen 278
formulieren 274
Hotelempfehlungen 278
Karten aus dem Internet 261
Kinder 277
Titel 283
Trauspruch 274
Umfang 261, 273
Wegbeschreibungen 277
Einladungskarten 234
Einstecktuch 211

Einzug in die Kirche 125
Ellenbogenschleier 195
Empfang 82
Hochzeitstorte 83
Empire-Kleid 190
Endreinigung 79
Enthaarung 215
Entlassschein 132
Entlassungsschreiben 122
Eröffnungstanz 305
Essgewohnheiten
berücksichtigen 80
Etui-Kleid 190
Evangelische Trauung 121
Einzug in die Kirche 125
Kirche auswählen 122
Kosten 124
ohne standesamtliche Heirat 122
Termin 123
unterschiedliche Konfessionen 121
Exklusivbuchung 64, 76
Exname 113

F

Familienbuch 119
Familienstammbuch 119
Farben 297
Farbkonzept 258, 259
Feuerwerk 235
Genehmigung 236
Kosten 236
mit Musik 305
Fishtail-Linie 188
Flecken 309
Fliege 209
Flittermeilen 177
Flitterwochen 39
neuer Pass 44
Floristen 300
Flugbuchungen 278
Flyaway-Schleier 196
Flying Buffet 81
Fontänenschleier 197
Fotobooth 227, 239 ff.
Fotobox 239, 240, 241
Fotobuch 229
Fotograf 226
Auswahlkriterien 226
Booklets 269
Kosten 228
Motive festlegen 228
unterschiedliche Stile 226
Zusatzservices 227

Fotos siehe auch Fotograf
mit Selbstauslöser 239
nachbestellen 229
Polterabend 164
Frack 207
Freie Trauung 143
Ablauf 147
Ablaufheft 262
Dekoration 294
Gäste in Zeremonie
einbeziehen 147
Inhalte 146
Musik 149
Organisation 153
Rechtsgültigkeit 144
Rede 147
Rituale 150
symbolische Handlungen 150
Freier Redner 144 ff.
Freier Theologe 144 ff.
Frisur siehe auch Brautfrisuren
Färben und Strähnen 216
Fürbitten 126

G

Gabelgeld 85
Gästeanzahl 56
Gästebuch 164
Gästeliste 42, 160
Gastgeschenke 271
Geburtsurkunde 44
Geldgeschenke 178
Geschenke 161
Geschenketisch 177, 180
Get-together 35
Getränke
alkoholische 84
Happy Hour 85
Korkgeld 85
Getränkekarten 52
Getränkepauschale 49, 84
Glockenhut 199
Groomsmen 172
Aufgaben 172
Blumenschmuck 299
Kleidung 173
Güterstand 116

H

Haarreif 198
Haarspange 198
Häppchen 58
Haifischkragen 209

340

Stichwortverzeichnis

Halskette 200
Handschuhe 192 f.
Handtaschen 193
Happy Forks 81
Happy Hour 85
Happy Spoons 81
Heiraten im Ausland 95
   aktuelle Bestimmungen 97
   Beispiel Las Vegas 100
   Beispiel Mauritius 99
   Beratung 96
   Dienstleister 105
   gebündelte Flüge 105
   kirchliche Trauung 102
   Kosten der Gäste übernehmen 104
   Rechtsgültigkeit in Deutschland 97
   Shuttle 105
   Unterbringung 104
   Unterlagen 96
   Wahl des Ortes 103
Heiratsantrag 30
   Dos and Don'ts 32
   Familien und Freunde informieren 33
   Fettnäpfchen 32
   negative Reaktionen 34
   um die Hand anhalten 31
   Zeit und Ort 31
Heiratsurkunde 119
   ausländische 97
   verkürzte 98
Hinweisschilder 267
Hochsaison 45
Hochzeits-Abc 279
Hochzeitsanzug 207
Hochzeitsbudget *siehe* Budget
Hochzeitsfotograf *siehe* Fotograf
Hochzeitsgefährt 164
   Aufkleber 270
   Panne 312
Hochzeitskerze 152
Hochzeitsmagazine 38
Hochzeitsmessen 37
Hochzeitsplaner 247
Hochzeitsreise
   neuer Pass 44
Hochzeitsspiele 58
   Ansprechpartner bestimmen 58
   passive 58
Hochzeitstorte 242
   auf Etagere 243
   bei Empfang 83

Bräuche 246
Dekoration 246
Formen 242
Füllungen 245
Gabelgeld 85
musikalische Begleitung 305
Traditionen 166
Umhüllungen 245
Ursprung 242
Hochzeitswebseite 179, 282
   für Zu- und Absagen nutzen 282
Honorar 146
Hotelunterkünfte 278
Hüte 199
Hussen 290

I

I-Linie 189
Internetseiten 37

J

Jahreszeit 46

K

Käppchen 198
Kamm 198
Karat 222
Karikaturist 233
Kathedralschleier 196
Katholische Trauung 129
   Kosten 131
   ohne standesamtliche Heirat 131
   Trauzeugen 131
   Unterlagen 132
   Voraussetzungen 131
   Wunschtermin 131
Kennenlernen der Familien 35
Kentkragen 209
Kinder 277
   Blumenschmuck 299
Kinderbetreuung 68
Kinderprogramm 233
Kirchenschleier 196
Kirchenspende 124
Kirchliche Trauung 121
   Ablaufheft 262
   Dekoration 293

im Ausland 102
standesamtliche
Heiratsurkunde 122
Termin 123
Klappkragen 209
Kollekte 124
Konfessionen
   unterschiedliche 121
Konfetti 165
Kopfkränze 299
Kopfschmuck 194
Korkgeld 52, 85
Kosten
   Getränke 52
   Getränkepauschale 49
   katholische Trauung 131
   Personal 49
   sparen 51
   standesamtliche Trauung 110
Kosten sparen
   Wahl der Jahreszeit 46
Kostenfallen 49
Kostengruppen 47
Kostenpuffer 48
Kragen 209
Kranz 198
Kronen 197
Kummerbund 210
Kuppel-Linie 188

L

Las Vegas 100
LED-Licht 288, 290
Legalisation 98
Live Cooking Station 82
Location
   andere Hochzeitsgesellschaften 64
   Anordnung der Tische 65
   buchen 45
   Dekoration nutzen 77
   endgültige Gästeanzahl mitteilen 56
   Endreinigung 79
   exklusiv buchen 76
   Exklusivbuchung 64
   Mindestumsätze 76
   Parkplätze 72
   Raumbedarf 63
   Raummieten 75
   Raumplan 63
   Vertrag 48
Longsakko 205

M

Maid of Honor 172
Make-up 218
Maniküre 216
Manschetten 210
Mauritius 99
Meerjungfrauen-Linie 188
Mehrsprachige Trauung 40
Menü 80
  besondere Essgewohnheiten
  der Gäste 80
Menükarten 263
  beleuchtete 264
  individualisierte 264
Mieten anstatt kaufen 51
Mindestumsätze 76
Mitternachtsimbiss 83
Monogramm 256
  entwickeln 256
  Verwendung 257
Morgengabe 168
Morning Cut 205
Motto *siehe* Thema für die
  Hochzeit
Mündliche Vereinbarungen 75
Musik
  für den Polterabend 163
Musikalische Begleitung 303
  für Feuerwerk 305
Musikfragebogen 163

N

Nachehelicher Unterhalt 116
Nachweis über die Vaterschafts-
  anerkennung 44
Nähzeug 311
Namensänderung
  Pass 44
Namensänderung mitteilen 59
Namenswahl 112
  für gemeinsame Kinder 114
Nebenkostenpauschale 49

O

Ökumenische Trauung 136
  Ablauf 136
  Traugespräch 136
  Wunschtermin 136
Ohrringe 199

P

Papeterie 259
  Banner 269
  Danksagungskarten 268
  Einladungen 261
  Hinweisschilder 267
  Menü- und
  Buffetinformationen 263
  mit Karikaturen 234
  Save-the-Date-Karten 259
  Sitzpläne 266
  Tischnummern 266
  Trauheft 262
Parkplätze 72
Partnerschaftsurkunde 111
Pastor 130
Paten 139
Patenbescheinigung 140
Pediküre 216
Peeptoe 201
Personalkosten 49, 86
Pfarrer 130
Pillbox-Hüte 199
Piqué-Weste 211
Planungsschritte 53
  Accessoires 54
  Anzug 54
  Art der Trauung 54
  Aufgaben verteilen 55
  Budgetplan 53
  Dekoration 55
  Einladungskarte 54
  Flitterwochen 54
  Gästeliste 54
  Kauf des Brautkleids 54
  Location 53
  Treue- und Trauversprechen
  55
  Wunschdatum 53
Plastron 211
Pochette 211
Polterabend 159
  Einladung 160
  Fotos 164
  Gästebuch 164
  Gästeliste 160
  Geschenke 161
  Getränke und Essen 161
  Location 162
  Musik 163
  Planung 161
  Termin 161
  Tradition 159

Pouf 197
Priester 130
Probeessen 92
  Getränke 94
  Varianten 93
Probetisch 300
Professionelle Hochzeitsplaner 42
  auswählen 43
  Honorar 42
Pyrotechnik *siehe* Feuerwerk

R

Raubehe 173
Raumbedarf 63
  Brautpaartisch 67
  Dienstleister 69
  Gästetische 65
  Kinder 68
  sonstige Dinge 68
Raummieten 75
Rechtsgültigkeit
  freie Trauung 144
Redner
  freier *siehe* Freier Redner
Regen 64, 307
Reifröcke 191, 202
Reis 165
Reiswerfen 118
Repunze 222
Reservierungspauschale 50
Revers 211
Ring *siehe* Trauring
Ringe
  vergessen 308
Ringe am Faden 148
Ringwechsel 127
Rituale
  während der freien Trauung
  150
Rückantwortkarten 281
Rücktrittskosten *siehe* Storno-
  kosten

S

Sakkokombinationen 207
Sakrament 129
Sandaletten 201
Sandgießen 152
Save-the-Date-Karten 259
  alternative Gestaltung 270
Scheidung 111

Stichwortverzeichnis

Scheidungsfolgenvereinbarung 116
Schlecht-Wetter-Alternativen 64
Schleier 194
Schleife 209
Schmetterlinge 165
Schuhe
    drückende 309
    einlaufen 202
    für den Bräutigam 207
    für die Braut 201
Schwelle 167
Seifenblasen 165
Sektempfang 64
Shuttleservice 72
Sirenen-Linie 188
Sitzordnung 69
    Streithähne 70
Sitzpläne 266
Slingpumps 201
Smoking 206
Something old, something new
    167
Spalierstehen 165
Speisen
    mitgebrachte 86
Spenden 179
Staatsbürgerschaft
    ausländische 111
Standesamt
    Aktionen nach der Trauung
    165
    Anmeldung zur Ehe 109
    Anmeldung zur
    Eheschließung 43
    Außentrauort 109
    Räumlichkeiten 120
    Unterlagen 43
    Wunschtermin 109
Standesamtliche Trauung 109
    Ablauf 117
    Kosten 110
    Unterlagen 110
Steckkarten 261
Stehkragenjackett 207
Stilettos 201
Stirnreif 198
Stola 192
Stornokosten 50
Stresemannhose 205
Stretchhussen 290
Strumpfband 167, 203
    Tradition 167
Stuhlhussen 78
    ausleihen 78

Maß nehmen 79
    überziehen 78
Styling 213
    Augenbrauen 214
    Bräunen 214
    Enthaarung 215
    gepflegte Haut 215
    Haare färben 216
    Make-up 218
    Maniküre und Pediküre 216
    Strähnen 216
    Wimpernverlängerung 217
    Zahnpflege 219
Symbolische Handlungen
    während der freien Trauung
    150

T

Tag vor der Hochzeit 56
Tanning 215
Tauben 165
Taufspruch 141
Taufzeuge 139
Teppich im Freien 155
Thema für die Hochzeit 251
    Einfluss auf To-do-Liste 251
    Farbkonzept 258
    Jahreszeit 253
    Mittelalter 252
    Weltenbummler 254
Theologe
    freier siehe Freier Theologe
Tiara 198
Tischdekoration 289
    Probetisch 300
Tische 65
    für das Brautpaar 67
Tischnamen 266
Tischnummern 266
To-do-Liste
    Thema für die Hochzeit berück-
    sichtigen 251
Topfhut 199
Traditionen
    am Standesamt 165
    Brautkleid 203
    Brautstrauß besorgen 168
    Brautstraußwerfen 166
    Gastgeschenke 271
    Hochzeitsgefährt 164
    Hochzeitstorte 166, 246
    Polterabend 159
    Something old, something

new 167
Strumpfbandwerfen 167
Trauring 221
Türschwelle 167
Traufe 138
    Paten auswählen 139
    Taufspruch 141
    Unterlagen 140
Traufragen 127
Traugeschenk 127
Trauheft 262
    alternative Gestaltung 271
    zweisprachiges 262
Trauring 221
    aus organischen Stoffen 224
    aus Papier 224
    Edelstahl 225
    Edelsteinbesatz 225
    Gold 222
    Goldlegierungen 222
    Gravuren 225
    Palladium 225
    Platin 224
    Silber 223
    Traditionen 221
Trauspruch 126, 274
Trautasche 262
Trauung
    evangelische siehe Evangelische
    Trauung
    freie siehe Freie Trauung
    im Freien 154
    katholische siehe Katholische
    Trauung
    mehrsprachige 40
    ökumenische siehe Ökumeni-
    sche Trauung
    standesamtliche siehe Standes-
    amtliche Trauung
    und Taufe siehe Traufe
Trauversprechen
    Ablauf der Trauung 55
Trauzeugen 170
    Aufgaben 170
    Blumenschmuck 298
    Kleidung 171
    Notwendigkeit 170
Tropfenform 296

U

Übernachtungsmöglichkeiten 71
Umlegekragen 209
Umverpackungen 272

Hochzeitsplanung für Dummies

Unterlagen
 beglaubigte Kopie des Eheregisters 45
 Geburtsurkunde Ihrer Kinder
 44
 katholische Trauung 132
 Standesamt 43
 standesamtliche Trauung 110
 Traufe 140
Unterstützung 42
 aus Familien- oder Freundeskreis 42
 durch professionelle Hochzeitsplaner 42
Unterwäsche 202

V

Verlobung 35
 Auflösung 36
 Bräuche 35
 rechtliche Auswirkungen 35
 Ring 35
 Zeugnisverweigerungsrecht 36
Verlobungsring 35
Verpartnerung 43
Versorgungsausgleich 116
Verträge 48
 AGB 50
 Dienstleister 48
 Kostenfallen 49
 Location 48

Video *siehe auch* Videograf
 Licht 230
 musikalische Untermalung 231
 Ton 230
Videograf 230
 Ausrüstung 230
 Auswahlkriterien 230
 Kosten 232
Vorlaufzeiten 43
 Buchung einer Location 45
 Buchung von Dienstleistern 46
 freie Trauung 45
 kirchliche Trauung 45
 standesamtliche Trauung 43

W

Walltattoos 258, 270
Wasserfallform 296
Wedding Tree 271
Wedges 201
Wetter
 schlechtes 64
 Schutz vor Sonne 155
White Tie 206
Wimpernverlängerung 217
Wünsche formulieren 38
Wunschlicht 148
Wunschsteine 148
Wunschtermin
 freie Trauung 45
 katholische Trauung 131

kirchliche Trauung 45
ökumenische Trauung 136
standesamtliche Trauung 43
Wurfstrauß 296

X

X-Linie 189

Z

Zahnpflege 219
Zauberer 232 f.
Zelthochzeit 87
 Abfallentsorgung 91
 Ansprechpartner 87
 Boden 89
 Cateringangebot 90
 Equipment 88
 Heizmöglichkeiten 92
 hygienische Aspekte 91
 Logistik 87
 Stromanschluss 92
 Termin mit Zeltbauer 88
 Toilettenwagen 91
 Wasseranschluss 92
 Zelt auswählen 87
Zeptervariante 296
Zeugnisverweigerungsrecht 36
Zugewinnausgleich 116
Zwei-Schichten-Schleier 195